谨以此书纪念我敬爱的导师傅懋勣先生

国家语委"十二五"科研规划重大项目"中国跨境语言现状调查研究"（ZDA125-6）

中央民族大学"985工程""跨境语言研究系列丛书"

北京语言大学中国周边语言文化协调创新中心丝路基金资助

总主编◎戴庆厦

# 图瓦语和图瓦人的 多语生活

宋正纯◎著

*Tuva Language and the Multi-lingual*

LIFE OF THE TUVINIAN PEOPLE IN CHINA

中国社会科学出版社

**图书在版编目（CIP）数据**

图瓦语和图瓦人的多语生活／宋正纯著 . —北京：
中国社会科学出版社，2015.12
ISBN 978-7-5161-7227-8

Ⅰ.①图… Ⅱ.①宋… Ⅲ.①图瓦语-研究
Ⅳ.①H526

中国版本图书馆 CIP 数据核字（2015）第 291102 号

| | | |
|---|---|---|
| 出 版 人 | 赵剑英 |
| 责任编辑 | 任　明 |
| 责任校对 | 冯　玮 |
| 责任印制 | 何　艳 |

| | | |
|---|---|---|
| 出　　版 | 中国社会科学出版社 |
| 社　　址 | 北京鼓楼西大街甲 158 号 |
| 邮　　编 | 100720 |
| 网　　址 | http://www.csspw.cn |
| 发 行 部 | 010-84083685 |
| 门 市 部 | 010-84029450 |
| 经　　销 | 新华书店及其他书店 |

| | | |
|---|---|---|
| 印刷装订 | 北京市兴怀印刷厂 |
| 版　　次 | 2015 年 12 月第 1 版 |
| 印　　次 | 2015 年 12 月第 1 次印刷 |

| | | |
|---|---|---|
| 开　　本 | 710×1000　1/16 |
| 印　　张 | 22.75 |
| 插　　页 | 2 |
| 字　　数 | 411 千字 |
| 定　　价 | 75.00 元 |

白哈巴蒙古族学校那瑟克老师一家（1984 年拍摄）

Oba 节上一个有突厥人像貌的
图瓦人（1984 年拍摄）

图瓦女学生在跳图瓦民族舞（1984 年拍摄）

吹奏图瓦笛子的农民
（1984 年拍摄）

Oba 节祭祀用的供品：奶酒、酸奶疙瘩、羊肉等（1984 年拍摄）

Oba 节上图瓦人围绕 Oba 进行
祭祀活动（1984 年拍摄）

Oba 祭祀活动中，法师在诵经（1984 年拍摄）

年轻的图瓦妇女（1980
年拍摄）

芦苇秆做的笛子（1984 年拍摄）

身着民族服装站在哈纳斯河桥
上的图瓦儿童（1984 年拍摄）

演唱民间故事的苏仁加甫老汉，
身着图瓦民族服装，现已不穿
（1980年拍摄）

讲述图瓦历史、民俗的满
金老汉（1980年拍摄）

左为哈巴河县体委翻译约孜
1980年调查时的主要合作人、
助手。1984年再去白哈巴时，
人已去世（1980年拍摄）

白哈巴哈萨克族小学波多力老师一家，左站立者为波多力（1980 年拍摄）

白哈巴村的木房为土瓦人现在居住的房屋（1980 年拍摄）

图瓦妇女在做奶酒（1980 年拍摄）

图瓦妇女在打羊毛，准备做羊毛毡（1980 年拍摄）

约孜在自家的土屋门前（白哈巴哈拉峪）（1980 年拍摄）

# 前　言

　　20 世纪 50 年代，中央民族学院耿世民先生赴阿勒泰地区调查哈萨克语时发现在这一地区生活的一部分蒙古人说着一种突厥语族的语言——图瓦语。1978 年秋，我考取了中国社会科学院民族研究所的硕士研究生，跟随我的导师傅懋勣先生学习少数民族语言调查研究的理论和方法。

　　1980 年春夏之交的 5 月份，我去了阿勒泰地区哈巴河县城附近的哈拉峪乡，历时半年往返于县城和哈拉峪之间。在调查合作人约孜（曾于"文化大革命"期间在中央民族学院学习的图瓦青年，粗通汉语），当地小学校长塔琅海（图瓦人）和学校其他教师的帮助下比较全面深入地调查了图瓦语。从语音、词汇、语法三个方面对图瓦语进行了描写，完成了我的硕士论文《图瓦语研究》，是当时国内第一份全面描写图瓦语的论文。

　　1983 年秋，我又师从傅先生攻读博士学位，研究社会语言学。1984 年，我又用了半年多的时间做田野调查，期间曾在白哈巴哈萨克族小学教师波多力的陪同下，历时半个月骑马走访了阿勒泰地区图瓦人居住的全部村落：哈巴河县白哈巴村，布尔津县的哈纳斯湖周边和霍姆河村，富蕴县地区，采集了 2000 余人（几乎是当时全部的图瓦人）的样本，了解了图瓦人在使用图瓦语的同时，也在学习使用着蒙古语、哈萨克语。根据自己的实地调查，我完成了博士论文《论图瓦人的双重语言制》。

　　在 1980 年第一次调查图瓦语时，我还记录了一些长篇语言材料。此次择选其中的两篇一并交予中国社会科学出版社出版，以飨国内外研究图瓦语的学者。1984 年我第二次去阿拉泰地区调查时发现当年为我提供这些语言材料的图瓦老人大多已作古，甚至与我合作过的中央民族学院的学生约孜也已不幸去世，我怀念他们并感谢他们当年对我的无私帮助。

**2014 年 9 月**

# 目　录

# 引　言

　　我国新疆维吾尔自治区阿勒泰地区居住着一部分图瓦人。他们主要分布在哈巴河、布尔津两县。阿勒泰、清河、富蕴和富海几县也居住着为数不多的图瓦人。初步统计人口约 1500 人（1980）。

　　我国的这部分图瓦人和原苏联境内图瓦自治共和国的主要居民——图瓦人属同一个民族。他们自古以来就繁衍生息在唐努乌梁山和萨彦山之间的广阔土地上。在历史上这一地区一直由我国统辖，只是在 1914 年时才最后被沙俄侵占。

　　我国的史籍中对图瓦人的记载，最早有唐初成书的《北史》和《隋书》，当时他们被称作"都播"（或"都波"）。《北史》云："铁勒之先，匈奴之苗裔也。种类最多，自西海以东，依山据谷，往往不绝……北海南，则都播等。虽姓氏各别，总谓为铁勒。并无君长，分属东西两突厥。居无恒所，随水草流移。"①

　　《隋书》中的记载与此大致相同。《通典》和《太平寰宇记》中还有有关图瓦的专传。《新唐书》《旧唐书》中对他们也有记载。

　　在辽代的史籍中称图瓦为"嗢良改、嗢良罕"，估计这是以地名"乌梁海"的谐音来命名的。②元朝的时候，图瓦被译为"秃巴思"。③清时，阿勒泰地区的图瓦人被称作"阿尔泰乌梁海人"。图瓦人自称[dɤba]，哈萨克人称他们为[khøkh muŋ tʃhaqh]。④蒙古人称他们为[zuaŋxaj]。⑤图瓦人有自己

---

　　①《北史》卷九十九，列传八十七，三三零三页。引自韩儒林先生《唐努都波》一文。该文请见《中国边疆》杂志，一九四四年第三、四期合刊。

　　②《元朝秘史》第二三九节《屠寄蒙兀儿史记》卷一五三"氏族表"。

　　③（清）徐松《西域水道记》卷五。原文为："纳林喀喇，亦喀勒扎尔巴什淖尔（即布伦托海）北岸山……山之东为阿勒坦乌梁海种人，山之西为和博克萨里（即和布克赛尔）土尔扈特种人。"

　　④ 据图瓦族老人说[khøkh muŋ tʃhaqh]一名的起源距今不甚久远。大约在 18 世纪中叶，阿睦尔撒纳叛乱的时候，图瓦曾派人协助清廷平乱。共分四队兵士，每队百人，均用蓝色布带系箭袋，斜挎胸前，因此被称为[khøkh muŋ tʃhaqh]，[khøkh]在哈语中是蓝色的意思，[muŋ tʃhaqh]可能是[mojvntʃhaq]的讹音，意思是脖子的。

　　⑤ 关于[zuaŋxaj]一名的来源，图瓦族老人说：据传元朝时，蒙古人西进，经唐努乌梁海地区与图瓦人交战，蒙军一将大败溃逃，口中连说[zuaŋxaj]，据传意思是魔鬼、厉害。

的语言，没有文字。

图瓦语属于阿尔泰语系突厥语族，关于它的进一步分类问题，国外学者意见分歧。①图瓦语和国内的维吾尔语、哈萨克语、柯尔克孜语、西部裕固语和萨拉语是亲属语言，图瓦人自己认为，他们的语言和柯尔克孜语比较接近。根据这次调查所得材料分析、归纳，图瓦语除了具有突厥语族语言的某些共同特点之外，在语音和语法方面还有以下一些特点：

图瓦语的元音系统比较复杂，除了有正常长度的基本元音（或称单元音）之外，还有国内突厥语族大多数语言所没有的长元音。

图瓦语的元音系统中还有为其所特有的紧喉元音。由于以上原因在图瓦语中的元音音位多于辅音音位。辅音的语音结合规律较严密，同化的现象较多。

名词的宾格附加成分除了-ni、-nɣ、-ti、-tɣ、-di、-dɣ之外，还保留了古代突厥语的宾格附加成分-n、-in 和-ɣn。

名词的向格附加成分除了-ke、-ka、-ge、-ga 之外，还有-dibe、-dybe、-dɣba、-duba 几种形式，这种附加成分可能是由古代突厥语的后置句"tapa"变来的。

代词的种类比较繁多，除了一般常有的人称、指示、疑问、肯定、不定、反身和物主代词外，代数词、代动词和代副词是图瓦语所特有的。

在同族语言中，图瓦语所保留的古代突厥语的词语是比较多的。在它的词汇中，蒙古语的借词也比较多。

本文主要以原哈巴河县胜利公社哈拉峪生产队 1980 年的图瓦人所说的图瓦话为代表。现将它的语音、词汇、语法的基本情况介绍如下。

---

① 苏联马洛夫·巴斯卡科夫：《突厥语分类问题》，第 29-44 页。

# 图瓦人历史简况

图瓦是我国固有的古老民族之一。早在公元前 200 年，图瓦就是当时北方（蒙古）草原上的游牧民族——匈奴人的属民。匈奴被鲜卑击败后，图瓦便成为鲜卑的附庸。以后，鲜卑被柔然所取代，图瓦就又依附于柔然。公元 6—8 世纪中叶，图瓦臣属于突厥可汗国。在比尔格·凯格汗死后，图瓦则受到了回鹘人的辖制。公元 840 年来自叶尼塞河流域的黠戛斯人掌握了图瓦地区的统治权。1206 年，成吉思汗统一了蒙古诸部，1207 年就派他的长孙术赤进行东征和西征。在西征中，术赤很快就收服了万斡亦剌、秃马惕、不里牙惕和秃巴思（即今图瓦，史称唐努乌梁海）等十余个部落。成吉思汗暮年时，把图瓦人居住的阿勒泰地区作为封地分给了他的第三个儿子窝阔台。蒙古人作为整个中国的主宰者，它的统治一直延续到 14 世纪中叶。

明朝的时候，图瓦人属蒙古瓦剌部，和明朝中央政权始终保持着密切的联系，岁岁朝贡，互市贸易活动频繁。他们以牲畜和皮货换取内地的锦罗绸缎、金银饰物、书籍纸张和贵重药品等生活用品。

1715 年 7 月，唐努乌梁海的首领派遣他的儿子万里迢迢来到清廷，报请康熙皇帝允许他们北面称臣。42 年后，即在阿睦尔撒纳叛乱被粉碎，准噶尔帝国彻底分崩离析之后的 1757 年，图瓦才真正属于清朝的统治之下。在清廷平息阿睦尔撒纳叛乱期间，图瓦人曾组织了军队协助平乱，他们每百人一队，斜跨蓝色箭袋，作战异常勇敢，屡屡击败阿睦尔撒纳叛匪，成为清军的得力助手。图瓦人为维护祖国西北边疆的统一，立下了不朽的战功。清政府对图瓦地区的统辖一直持续到 20 世纪初期。

1914 年，沙俄帝国趁我国国内军阀混战、内乱频仍，无暇顾及边政之机，乘虚而入，强行占领了图瓦人居住的唐努乌梁海地区。

国内外史籍中有关图瓦的记载，最早当推我国唐初成书的《北史》和《隋书》。此后编纂的《通典》和《太平寰环记》中记有图瓦的专传。《旧唐书》和《新唐书》中也有记述。辽、元、明、清的史籍中也不乏他们的踪迹。

由于图瓦人世代居住的唐努乌梁海地区（现在俄罗斯境内），被沙俄侵占，从那时起，绝大部分的图瓦人滞留在那里，在前苏联时期建立了图瓦自治共和国，留在我国境内的目前只有两千余人。他们主要居住在阿勒泰地区的布尔津、哈巴河、富蕴和阿勒泰四个县。

# 语　音

## 一　元音音位

根据调查所得材料，归纳出元音音位三组共 26 个，它们是：

基本元音（即正常长度的单元音）9 个：

i、e、ɛ、y、ø、u、o、ɣ、ɑ

长元音（用基本元音的双写表示）9 个：

ii、ee、ɛɛ、yy、øø、uu、oo、ɣɣ、ɑɑ

紧喉元音（用基本元音下加短横"–"表示）8 个：

i̠、e̠、y̠、ø̠、u̠、o̠、ɣ̠、ɑ̠

### （一）基本元音

按照发音时舌位的前后，口的开合和唇的圆展，图瓦语的基本元音可分为以下几组：

1. 按照舌位的前后可分为前元音和后元音。这种区分对图瓦语来说是十分重要的。它决定着词干和附加成分之间的元音的组合，是元音和谐的最根本原则。

（1）前元音：i、e、ɛ、y、ø

（2）后元音：u、o、ɣ、ɑ

2. 按照口的开合可分为宽元音和窄元音

（1）宽元音：e、ɛ、ø、o、ɣ、ɑ

（2）窄元音：i、y、u

3. 按照唇的圆展可以分为圆唇元音和展唇元音

（1）圆唇元音：y、ø、u、o

（2）展唇元音：i、e、ɛ、ɣ、ɑ

| 唇的圆展 | 圆唇元音 | | 展唇元音 | |
| --- | --- | --- | --- | --- |
| 口的开合<br>舌的前后 | 窄元音 | 宽元音 | 窄元音 | 宽元音 |
| 前元音 | y | ø | i | e、ɛ |
| 后元音 | u | ø、ɣ | | ɑ |

4. 基本元音的描写

（1）[i]——窄　高　展唇　前元音

读国际音标的[i]，有时读[ɪ]。它可以出现在词首、词间和词尾。如：

| izix | 热的 | elʤigen | 驴 | giʒi | 人 |
|---|---|---|---|---|---|
| iler | 挂 | deskiner | 周围 | edikʃi | 鞋匠 |
| sigin | 草 | ezinge | 马蹬 | tergin | 车 |

当 i 位于词首并出现在擦音[s]、[ʃ]之前时（多是维吾尔语、哈萨克语借词），这个音就清化并有喉塞现象。如：

| iʃpijon | 特务 | 读[ʔiʃpijon] |
|---|---|---|
| isteer | 寻找 | 读[ʔisteer] |
| iʃpeksi | 工人 | 读[ʔiʃpeksi] |

（2）[e]——宽　高中　展唇　前元音

读[e]，它可以出现在词首、词间和词尾。当它位于词首时，有强烈的 je 化现象。如：

| jer | 男人 | ʃimʤeniir | 暴动、起义 | pe | 母马 |
|---|---|---|---|---|---|
| jezer | 马鞍 | simʤediir | 使掀起 | jerke | 权利 |
| jenɛ | 祖母 | jepteʤiir | 团结 | depse | 长形木盆 |

（3）[ɛ]——宽　低中　展唇　前元音

读[ɛ]，它可以位于词首、词间和词尾。（但在词首出现的频率很低。）如：

| ɛnɛj | 山羊羔 | ørdɛniir | 燃烧 | degɛ | 公山羊 |
|---|---|---|---|---|---|
| ɛdedi | 器官 | ørdɛdiir | 使燃烧 | tebɛ | 骆驼 |

（4）[y]——窄　高　圆唇　前元音

读[y]，它可以出现在词首、词间和词尾。如：

| yʃ | 三 | yrgylʤe | 经常 | syzy | 叩头 |
|---|---|---|---|---|---|
| ys | 油 | kyndylyx | 珍贵的 | øʃgy | 山羊 |

（5）[ø]——窄　高中　圆唇　前元音

读 ø，它可以出现在词首、词间和词尾，当它位于词首时，有较强烈的 yø 化现象。如：

| yøkpɛ① | 肺 | sølønyr | 依靠 | børø | 狼 |
|---|---|---|---|---|---|
| yøløkʃyn | 母狗 | bødøne | 鹌鹑 | | |

（6）[u]——窄　高　圆唇　后元音

读[u]，它可以出现在词首、词间和词尾。如：

| uʒwar | 飞 | burun | 从前 | kodu | 城市 |
|---|---|---|---|---|---|

---

① yøkpɛ 中的 p 读[p]。

| uzun | 长的 | doburar | 泥土 | buru | 二岁牛 |
|------|------|---------|------|------|--------|
| us | 工匠 | | | sulu | 燕麦 |

（7）[o]——宽　高中　展唇　后元音

读[o]，有时读[ɔ]，它可以出现在词首、词间和词尾，如：

| on | 十 | suxbojdy | 天堂 | burko | 旱獭 |
|----|----|---------|------|-------|------|
| orun | 位置 | xorkolʤin | 铅 | ʤuŋko | 刨花 |
| ol | 他（她、它） | | | | |

（8）[ɣ]——宽　高中　圆唇　后元音

它的实际音值比国际音标的[ɣ]偏上靠后。它可以出现在词首、词间和词尾。如：

| ɣmra | 蚊子 | durazynda | 当然 | dopʃɣ | 扣环 |
|------|------|----------|------|-------|------|
| ɣndɣx | 那样的 | baatɣrlɣx | 英雄的 | ʃarɣ | 犍牛 |
| ɣʃ | 火焰 | dalaʃdɣrar | 急躁 | zadɣʃɣ | 商人 |

（9）[a]——宽　低　展唇　后元音

它的读音变动在国际音标的[a]—[ɑ]之间。当它位于辅音如 k、g、ŋ 后，读[a]。当它位于其他辅音后或位于词首时，读[ɑ]。如：

| askɣr | 公马 | dolana | 一种野果 | kɣzaka | 小野猪 |
|-------|------|--------|----------|--------|--------|
| aj | 月、月亮 | kɣjkadak | 粗暴的 | barba | （短）皮口袋 |
| ak | 白色的 | kɣmɣskaʃak | 蚂蚁 | ʤuŋma | 野母山羊 |

## （二）长元音

（1）长元音：图瓦语的长元音在发音的时值上比基本元音长一些，我们用基本元音的双写来表示。我国图瓦语共有 9 个长元音，它们都是独立的音位，可以出现在词首、词间和词尾。如：

| al | 拿 | aal | 乡村 |
|----|----|-----|------|
| ol | 他（她、它） | ool | 男孩 |
| xan | 血 | xaan | 汗（皇帝） |
| dyn | 夜 | dyyn | 昨天 |
| ber- | 给 | beer | 这边、以来 |
| ɣʃ | 烟 | ɣɣʃ | 声音 |
| bisti | 我们（宾格） | bistii | 我们的、属于我们的 |
| sok- | 啄 | sook | 冷的、寒冷的 |
| ʃa | 衣领 | ʃaa | 时代 |
| er | 男人 | eer | 弯曲的 |
| ʤok | 没有 | ʤook | 近的 |
| bo | 这 | boo | 枪 |

| balɤk | 鱼 | baalɤk | 山颈 |
|---|---|---|---|
| orar | 撕 | oraar | 卷（东西） |
| bar | 有 | baar | 肝 |
| soldʒur | 对眼 | soldʒuur | 交换 |
| sabar | 手指 | sabaar | 打、抽打（羊毛） |
| øʃ | 仇恨、报仇 | øøʃ | 食道 |
| kirɛ | 大约、大概 | kirɛɛ | 锯 |

（2）关于图瓦语中长元音的来源

根据调查所得材料分析，图瓦语的长元音不是原始长元音，它的来源有以下两种情况：

① 有些以[kh]、[qh]、[w]、[x]结尾的词在加领属附加成分时，按照一般的规律，上述辅音中的清辅音弱化成相应的浊辅音（原来是浊辅音则没有这一过程）后，逐渐消失，后面的元音与前一元音合并，同时受前一元音的影响，同化而成为一个长元音。如：

inek　（小牛）+i—ine　（g-i）>ine-i>inee・　他的小牛

karak　（眼睛）+ɤ—kara　（G-ɤ）>kara-ɤ>karaa・　他的眼睛

øw　（房子）+y—ø　（w-y）>ø-y>øø・　他的房子

adɤx　（熊）+ɤ—adɤ　（ɤ-ɤ）>adɤ-ɤ>adɤɤ　他的熊

② 有些古代突厥语的词由于两个元音之间的辅音的脱落，发生了音节合并的现象，从而形成了长元音，原来的双音节词也变成了单音节的词。如：

| 古代突厥语 | | | | 现代图瓦语 | |
|---|---|---|---|---|---|
| a-ɣïz > | a-ïz > | aïz > | aaz > | aas | 咀 |
| sï-ɣun > | sï-un > | sïun > | sïïn > | sɤɤn | 鹿 |
| meŋ-I > | me-I > | mei > | | mee | 脑子、头脑 |
| o-ɣul > | o-ul > | oul > | | ool | 男孩 |

（三）紧喉元音

图瓦语中还存在着一种特殊形式的元音——紧喉元音。

在这次调查中，我所接触的图瓦人，大部分能区分松紧元音（多是三四十岁以上的人），有少部分人由于受哈萨克语的影响而对紧喉元音的存在持否定态度。

也有个别人虽然在读音时带有较清晰的喉塞音，但在辨析拼读形式相同、语义不同的单词时却不能给出明确的答复。

根据这次调查所得的材料归纳出 8 个紧喉元音。以基本元音下方加横线表示。这 8 个紧喉元音是：i̠、e̠、y̠、ø̠、u̠、o̠、ɤ̠、a̠。

它们都是独立的音位，一般只出现在词的第一音节中。如：

| | | | |
|---|---|---|---|
| ɑt | 马 | at | 名字 |
| ɑʃ | 吃的东西 | aʃ | 打开 |
| ɑrka | 山上的树林 | arkɑ | 办法、方法 |
| et | 肉 | et | 财产、器具、家什 |
| ot | 草 | ot | 义 |
| ok | 箭 | ok | 袜子 |
| øt | 穿透、穿过 | øt | 胆（脏器） |
| irt | 公绵羊 | irt | 酸奶和热奶混合成的类似奶酪的奶制品 |
| uk- | 懂得，明白 | uk | 袜子 |
| ɣs | 烟，炊烟 | ɣʃta- | 熏 |
| ɣn- | 出，冒出 | ɣne | 价值 |

综上所述，当时的图瓦语包括紧喉元音共有 26 个元音音位。（下文的材料中不再标注紧喉元音）。

# 二　辅音音位

（一）辅音音位：我国的图瓦语共有 20 个辅音音位，它们是：p、b、m、w、s、z、t、d、n、r、l、tʃ、ʤ、ʃ、ʒ、k、g、ŋ、x、j

按照发音的部位，辅音可以分为：

双唇音：p、b、m、w　　舌尖前音：s、z　　舌尖中音：t、d、n、r、l

舌叶音：tʃ、ʤ、ʃ、ʒ　　舌面中音：j　　舌根音：k、g、ŋ、x

按照发音的方法可以分为：

塞音：p、b、t、d、k、g　　塞擦音：tʃ、ʤ

鼻音：m、n、ŋ　　　　　　颤音：r

边音：l　　　　　　　　　擦音：s、z、ʃ、ʒ、x、w　　半元音：j

*1. 辅音的描述*

（1）p 送气 双唇 清塞音，读[pʰ]，它可以出现在词首、词间和词尾。如：

| | | | | | |
|---|---|---|---|---|---|
| paʃ | 锅 | dopʃɣ | 扣子 | tulup | （细长的）皮囊 |
| pe | 母马 | taptɣx | 甜的 | dop | 球 |
| par | 老虎 | ʤɣpʃɣraar | 贴 | kanʤap | 为什么 |

（2）b 不送气 双唇 浊塞音，读[b]，它可以出现在词首、词间，很少出现在词尾。在个别词中出现在词尾时，失去爆破。如：

辅 音 表

| 发音方法 ＼ 发音部位 | | 双唇音 | 舌音 | | | |
|---|---|---|---|---|---|---|
| | | | 舌尖前 | 舌尖中 | 舌叶 | 舌根 |
| 塞音 | 清 | p | | t | | k |
| | 浊 | b | | d | | g |
| 擦音 | 清 | | s | | ʃ | x |
| | 浊 | w | z | | 3 | |
| 塞擦音 | 清 | | | | ʧ | |
| | 浊 | | | | ʥ | |
| 鼻音 | 浊 | m | | n | | ŋ |
| 边音 | 浊 | | | l | | |
| 颤音 | 浊 | | | r | | |
| 半元音 | 浊 | | | | j | |

　　baʃ　　　头　　　sabar　手指　　　xabᵒ　　口袋
　　balɣk　　鱼　　　ʃabar　奔驰（动词）　ʃabᵒ　　骑马跑的动作
　　（3）t 送气 舌尖 中 清塞音，读[th]，它可以出现在词首、词间和词尾。如：
　　tergin　　车　　　beletniir　准备　　meʃibet　上衣
　　tas　　　秃子　　beletteer　管理　　magarmut　身体
　　t 只在个别词中出现在两个元音之间，如 sɛtin 缎子（哈借），baatɣr 英雄。当 t 在词干中出现在清辅音 p、s、t、ʃ、k 和 x 之后时，读[t]，这时位于[t]之前的 p、t、k 有时会失去爆破。如：

| | | | |
|---|---|---|---|
| dop-tɣ | 球（宾格） | bistii | 我们的，属于我们的 |
| beletteer | 整理 | diʃ-tin | 牙（从格） |
| biʥik-te | 信（位格） | beʃtix-ti | 五的（宾格）① |

　　（4）d 不送气 舌尖中 浊塞音，读[d]，它只出现在词首和词间，不出现在词尾。
　　daʃ 石头，xadaar 钉（钉子），dɣl 舌、语言，zadɣxʃɣ 商人。
　　（5）k 送气 舌面后 清塞音，读[kh]，它可以出现在词首、词间和词尾。如：

| | | | | | |
|---|---|---|---|---|---|
| kin | 肚脐 | sidikteer | 撒尿 | dɣk | 毛、发 |
| ken | 河 | ʥykteer | 背负 | ʥɣryk | 心脏 |
| kɣn | 天，日子 | ʥeʥekteer | 开花 | gøk | 蓝色 |

_____

① 这个词是由数词 beʃ（五）先变成形容词 beʃtix（五的），然后再加宾格附加成分 ti 构成的。

当 k 位于前元音之前时，有腭化现象。k 和后元音连用时变读小舌清塞音[q]。这时根据它在音节中位置的不同而有不同的读音。当它位于音节首时读[q]，当它位于音节尾时读[qh]。如：

| | | | | | |
|---|---|---|---|---|---|
| kɥmɥskajak | 蚂蚁 | aksak | 瘸子 | oruk | 路 |
| kulak | 耳朵 | kɥska | 短的 | ʤook | 近的 |

在下列一些词 k[q]中与 x 可以自由变读：

| | | | |
|---|---|---|---|
| kara-xara | 黑色的 | karaŋkɥ-xaraŋkɥ | 黑暗 |
| kurmustɥ-xurmustɥ | 上天，老天（爷） | | |

（6）g 不送气 舌面后 浊塞音，读[g]，它可以出现在词首和词间，不出现在词尾。

当它位于前元音前时，有腭化现象。如：

| | | | |
|---|---|---|---|
| girbik | 睫毛 | gɥsgɛ | 鼠 |
| gidis | 毡子 | dɛgɛ | 公山羊 |

g 和后元音连用时，变读小舌浊塞音[ʁ]，这时它可以出现在词间和词尾。如：

| | | |
|---|---|---|
| sogar | 读[soʁar] | 打铁 |
| dogul | 读[doʁul] | 织（布、网等） |
| nogan | 读[noʁan] | 绿色的 |
| bag | 读[baʁ] | 捆 |

k、g 在个别词中有唇化变体 kʷ、gʷ。如：

| | | | |
|---|---|---|---|
| kʷanʤjuk | 很，非常 | bugʷa | 渠、公牛 |
| ugʷalaʤɣɣr | 商量，参谋 | | |

（7）s 舌尖 清擦音。读[s]，它可以出现在词首、词间和词尾。如：

| | | | | | |
|---|---|---|---|---|---|
| sɛs | 八 | deskek | 膝 | ʤes | 铜 |
| søs | 话 | toosun | 灰尘 | bis | 我们 |

（8）z 舌尖 浊擦音，读[z]，它只出现在词首和词间，不出现在词尾。如：

| | | | |
|---|---|---|---|
| zaan | 大象 | kɥzɥl | 红色的 |
| zukar | 钻（动词） | uzun | 长的 |

当 z 位于音节尾或当词尾的 s 弱化时，一般读[z]，当它位于音节首时，多变读为舌尖前不送气浊塞擦音[ʣ]。

| | | | | |
|---|---|---|---|---|
| 读[z]的： | søs | → | søzɥ | （他的）话 |
| | kas | → | kazɥm | （我的）鹅 |
| | øzgørtɥr | 改变 | | |
| 读[ʣ]的： | arzalaŋ | 狮子 | zɣptɥx | （有）把子的 |
| | ʤazaar | 修理，造 | kazar | 挖 |

（9）ʃ 舌叶 清擦音，读[ʃ]，它可以出现在词首、词间和词尾。

| ʃaj | 茶 | ʤaʃtʏ | 外边 | baʃ | 头 |
| ʃarʏ | 犍牛 | kuʃkaʃ | 雀 | daʃ | 石头 |

（10）ʒ 舌叶 浊擦音，读[ʒ]，它只出现在词间。在图瓦语中这是个出现频率较低的音位。

如：giʒi 人  aʒyl 工作  biʒek 小刀

在个别词中，ʒ 有个唇化变体 ʒw，如：uʒwa 屁股  uʒwar 飞（动词）

（11）x 舌根 清擦音，读[x]，它可以出现在词首、词间和词尾。如：

| xoj | 羊 | xʏdʏxlaar | 虐待 | ʏndʏx | 那样 |
| xol | 手 | duxlaar | 堵塞 | kwanʤjux | 非常 |

在个别词中，x 有个唇化变体 xw。如：oxwan  yʃkʏnʏr 昏迷

（12）ʧ 舌叶 送气 清塞擦音，读[ʧh]，它只出现在词首和词间，不出现在词尾。如：

| ʧilajlʏx | 漂亮的 | birinʧi | 第一 |
| xarʧak | 箱子 | malʧʏ | 牧民 |

（13）ʤ 舌叶 不送气 浊塞擦音，读[ʤ]，它只出现在词首和词间，不出现在词尾。如：

| ʤer | 土地 | ʤeʤe | 多少 |
| ʤaak | 下巴 | | |

（14）m 双唇 浊鼻音，读[m]，它可以出现在词首、词间和词尾。如：

| mʏs | 猫 | maɣamut | 身体 | nom | 书 |
| myn | 汤 | amtan | 人 | ʃokum | 尺子 |

（15）n 舌尖 中 鼻音，读[n]，它可以出现在词首、词间和词尾。如：

| negej | 光板皮大衣 | kyndʏs | 白天 | men | 我 |
| nogan | 绿色的 | ʏndʏx | 这样 | ʃuluun | 快 |

当 n 位于 k 之前时，变读为舌根浊鼻音[ŋ]。如：

xol（手）+ʏn+ka→xolʏŋka 手（宾格、向格）

burun（以前）+kaar（看）→buruŋkaar 前进（副词—动词）

（16）ŋ 舌面后 鼻音，读[ŋ]，它只出现在词间和词尾。如：

| maŋnaj | 前额 | kʏstʏŋ | 腮 |
| maŋkʏs | 寄生虫，剥削者 | diŋ | 平等，相等 |

（17）l 舌尖 中 边音，读[l]，它可以出现在词首、词间和词尾。如：

| labʏlaar | 显示 | ʃalbul | 裤子 | ol | 他（她、它） |
| lama | 喇嘛 | bilen | 和、同 | xʏl | 鬃 |

（18）r 舌尖　颤音，读[r]。在图瓦语的固有词中，它只出现在词间和词尾，在一些外来借词中它可以出现在词首。如：

| resporika | 共和国 | sarɣx | 黄色的 | askɣr | 公马 |
| radijo | 收音机 | kyrɛ | 喇嘛庙 | bir | 一 |

（19）w 双唇　浊擦音，读[β]，它只出现在词间和词尾。如：

| ʤuwak | 小渠 | suw | 水 |
| | | øw | 房子 |

这个音位有个条件变体[v]，它只出现在借词的词首和词间，不出现在词尾。如：

| welispet | 自行车 | sɛwɛt | 苏联 | zawot | 工厂 |

（20）j 舌面　中　半元音，读[j]。在图瓦语的固有词中，它只出现在词间和词尾，不出现在词首。如：

| mɣjɣn | 脖子 | anɑj | 一岁山羊 |
| ajtɣr | 说，告诉 | tølɛj | 聋子 |

# 三　元音和谐

在突厥语族的语言中，元音和谐的现象是普遍存在的。其中有的语言元音和谐保持得很严整，有的语言由于本身的发展变化或受临近语言的影响致使元音和谐的规律遭到破坏，变得不那么规则了。就图瓦语的现状来说，元音的部位和谐还保持得十分严整，唇状和谐已经不很严整了。

以往的学者在著述中，多把元音和谐解释成词根固有元音或词根与附加成分之间的元音高度同化的现象，这种解释没能揭示出问题的本质，和语言实际也不相符合。应该说，元音和谐是黏着语类型语言在语音结构上的一个特点，它表示的是词根词素的固有性质，即词根本身的元音之间或词根与附加成分的元音之间在搭配上存在着一种模式；前元音与前元音搭配，后元音与后元音搭配（元音的部位和谐），展唇元音与展唇元音搭配，圆唇元音与圆唇元音搭配（元音的唇状和谐）。这两种和谐在语言实际中表现出一定的层次，其中元音按部位和谐是最根本的规则，唇状和谐依赖于部位和谐，它是在部位和谐的基础上实现的，也就是说，在唇状和谐中，圆唇元音也是按照它的发音的部位进行和谐的。而且在图瓦语中，圆唇元音往往也是跟它同部位的展唇元音和谐的。

（一）图瓦语中元音和谐的模式

1. 词根本身各音节元音和谐的模式

这种元音和谐的模式只是指图瓦语固有词汇中元音和谐的模式。

## 元音和谐表

| 词第一音节中的元音 | 第二音节及其他音节的元音 | 例　　词 |
|---|---|---|
| i | i e ɛ | gidis 毡子　iler 挂　ʤige 正确的 |
| e | e i ɛ | ege 好　edik 靴子　dege 公山羊 |
| ɛ | e ɛ | sɛzen 八十　mɛerer 羊叫 |
| y | y i ɛ ø e | ʤystyk 戒指　yrøsin 种子　yje 世纪　kyreʃ 摔跤，搏斗 |
| ø | ø i ɛ y e | børø 狼　øʃgy 山羊　økpe 肺 |
| u | u y ɣ o a | xuruk 套马杆　uʒɣ 尖、顶端　uno 蒙古包的木架　munar 骑 |
| o | o a u y | oʤok 锅灶圈　bojdak 二岁羊　ʤoruur 走　ojalɣk 低洼的 |
| a | a ɣ | saŋmaj 马前额的毛　ʃarɣ 犍牛 |
| ɣ | ɣ a | bɣgɣn 马肚带两侧的地方　kɣrgan 老的，老人 |

## 2. 附加成分和词根之间元音和谐的模式

| | | |
|---|---|---|
| kirɛɛ+ni | — | kirɛɛ+ni | 把锯 |
| ʃirɛ+de | — | ʃirɛ+de | 在桌（上） |
| er+ni | — | er+ni | （把）男人 |
| bel+di | — | bel+di | （把）腰 |
| sɛzen+intʃi | — | sɛzen+intʃi | 第八十 |
| ɛnɛj+ge | — | ɛnɛj+ge | （向）山羊羔 |
| ʤystyk+ti | — | ʤystyk+ti（-ty）[①] | （把）戒指 |
| ys+ke | — | ys+ke（-ky）[①] | （向）油 |
| øʃgy+ni | — | øʃgy+ni（-ny）[①] | （把）山羊 |
| børø+ni | — | børø+ni（-ny）[①] | （把）狼 |
| xuruk+ka | — | xuruk+ka | （向）套马杆 |
| uno+nɣ | — | uno+nɣ[①] | （把）蒙古包的木架 |
| boo+lar | — | boo+lar | 枪（多数） |
| ool+dar | — | ool+dar | 男孩们 |
| daʃ+ta | — | daʃ+ta | 在石头（上） |
| zɣp+tɣx | — | zɣp+tɣx | 把子的（形容词） |
| xɣl+dɣ | — | xɣl+dɣ | （把）鬃 |

---

① 在这些例词中展唇元音和圆唇元音的附加成分都可使用，但在实际语言中展唇的比圆唇用得多。

从以上两方面的例子我们看出，在图瓦语中元音的唇状和谐已经不那么严整了，而部位和谐还保持得十分严整，这是图瓦语元音和谐的一个基本规律。①

（二）图瓦语元音和谐的层次

从以上的例子中我们也看出图瓦语的元音和谐有部位和谐和唇状和谐两个层次，后者是依附于前者的。语言材料的实际表明，它们也是遵守语词中元音搭配的模式的。例如：

1. olur 坐　　　　　　olur-dɤ-m 或 olur-du-m 我们坐下了。
2. ʤoruur 走　　　　　ʤor-udɤ-bɤs 或 ʤor-udɤ-bus 我们要走了。
3. øk 扁桃腺　　　　　øk-ym-ti 或 øk-ym-ty 我的扁桃腺（宾格）
4. xoj 羊　　　　　　　xoj-lar-bɤs-tan 从我们的羊那里（从格）

从以上前三例中，虽然每个例子都有两种表达方式，但在语言实际中都是展唇的比圆唇的更为常见。在例3中，虽然词干元音是圆唇元音，然而附加成分却都是展唇元音。这说明在图瓦语中部位和谐在元音和谐中占主导地位，是元音和谐的基础，是主要的层次，唇状和谐是在部位和谐的基础上实现的。同时也说明部位和谐决定了语词音节结构中元音搭配的模式，它清楚地表现出了黏着语类型语言在语音结构上的特点。

# 四　语音的变化

## （一）辅音的同化

### 1. 前进的同化

在图瓦语中，词干与附加成分之间（大多是复数以及各种格的附加成分）在辅音的搭配上存在着高度同化的现象。这表现为凡是词干或词根是以元音或浊辅音结尾的，后面的附加成分一般以浊辅音起首，凡是以清辅音结尾的，附加成分也以清辅音起首。凡以鼻辅音结尾的，附加成为一般也以鼻辅音起首，例如：

| | | | |
|---|---|---|---|
| buru-lar | 二岁牛（复数） | børø-ler | 狼（复数） |
| nom-nar | 书（复数） | kem-ner | 河（复数） |
| bøs-ter | 布（复数） | balɤk-tar | 鱼（复数） |
| xoj-nɤŋ | 羊的（属格） | xol-dɤŋ（-duŋ） | 手的（属格） |
| mɤs-tɤŋ | 猫的（属格） | pe-ni | （把）母马（宾格） |

---

① 在图瓦语中，复合词一般不遵守元音和谐的规则。如：xara seek 苍蝇　kɤzɤl øøʃ 食道。

| bel-di | （把）腰（宾格） | bɣjlaŋ-ga | （给）小鱼（向格） |
| oorka-ga | （给）檩（向格） | at-tɣ | （把）马（宾格） |
| daʃ-ka | （给）石头（向格） | buza-da | （在）一岁牛（位格） |
| ambar-da | （在）仓库（位格） | bøøk-te | （在）围嘴（位格） |

2. 后退的同化

在图瓦语中凡是以清辅音[p]、[t]、[k]、[s]、[ʃ]结尾的名词，当后面加上以元音起首的从属附加成分时，这些清辅音被附加成分中的元音同化成相应的浊辅音[b]、[d]、[g]、[z]和[ʒ]。例如：

（1）[p]→[b]

| dop→dobɣm 或 dobum | 我的球 |
| tulup→tulubɣ或 tulubu | 他的皮口袋 |

（2）[t]→[d]

| syt→sydybis 或 sydybys | 我们的奶 |
| meʃibet→meʃibediŋ | 你的上衣 |

（3）[k]→[g]

| bøøk→bøøgiŋ 或 bøøŋyŋ | 你的小围嘴 |
| dyk→dygy | 他的头发 |

（4）[s]→[z]

| kas→kazɣ | 他的鹅 |
| søs→søzyŋ | 你的话 |

（5）[ʃ]→[ʒ]

| diʃ→diʒim | 我的牙 |
| baʃ→baʒɣŋ | 你的头 |

（二）辅音的异化

凡以 l 结尾的名词在加复数附加成分 lar//ler 时，附加成分中的起首 l 异化为 d。如：

| aal | → | aal-dar | 乡村（复数） |
| ool | → | ool-dar | 男孩们 |
| ʤel | → | ʤel-der | 鬃（复数） |
| køl | → | køl-der | 湖（复数） |

（三）减音

有些名词在加从属附加成分时，丢失词尾的辅音，这个辅音前的元音因此得以延长。产生这种现象可能是词尾的辅音由弱化导致最后消失的结果。如：

| inek | → | inege | → | inee | | （他的）牛 |
|---|---|---|---|---|---|---|
| edik | → | edige | → | ediɣi | → edii | （他的）靴子① |

下面把这次调查所记录到的有这种语音变化的词全部列出，例子中"他"代表"他、她、它"，为简便起见，只写"他"。

| Kørymʤik | → | kørymʤii | （他的）镜子 |
|---|---|---|---|
| døʒøk | → | døʒøø | （他的）床 |
| ʃiirdek | → | ʃiirdee | （他的）花毡 |
| elik | → | elii | （他的）獐 |
| biʒek | → | biʒee | （他的）小刀 |
| øw | → | øø | （他的）房子 |
| suw | → | suu | （他的）水 |
| doburak | → | doburaa | （他的）泥土 |
| xumux | → | xumuu | （他的）水桶 |
| urux | → | uruu | （他的）女儿 |
| buduk | → | buduu | （他的）墨水 |
| boorsak | → | boorsaa | （他的）油炸果 |
| domak | → | domaa | （他的）话 |
| baʃtʏk | → | baʃtʏʏ | （他的）领导 |
| xajɣk | → | xajʏʏ | （他的）船 |
| ʃax | → | ʃaa | （他的）时代 |
| karak | → | karaa | （他的）眼睛 |
| balʏk | → | balʏʏ | （他的）鱼 |
| balʏx | → | balʏʏ | （他的）伤口 |
| dax | → | daa | （他的）山 |

## （四）语流音变

在语流中，辅音 k、s、ʃ、t 有构成表辅音 kk、ss、ʃʃ 和 tt 的情况。kk、ss、ʃʃ、tt 读长音。如：

| edʒik→edʒik-ke | （向）门 |
|---|---|
| dʒabʏs→dʒabʏs-sʏn | 认为矮、觉得矮 |
| jijaʃ→jijaʃ-ʃʏ | 木匠、樵夫 |
| at→at-tʏ | 马（宾格） |

---

① 这两例的语音变化过程是根据推断构拟的。

**（五）某些词中圆唇元音和展唇元音的自由变读**

u / ɣ

| | |
|---|---|
| kodu / kodɣ | 胃 |
| olur / olɣr | 坐 |
| bolur / bolɣr | 成为，是 |

y / i

| | |
|---|---|
| ølyr / ølir | 杀死 |
| ʤødyl / ʤødil | 咳嗽（名词） |
| øøryr / øørir | 高兴（动词） |

ø / e

| | |
|---|---|
| kara byyrøk / kara byyrek | 肾 |
| tyløj / tylej | 聋子 |
| øtkøk / øtkek | 痢疾 |

根据这次调查所得材料，在图瓦语中只有个别的清辅音——k、s、t 能够在固有词根中出现在两个元音之间。如：

k：alakak　鸟，裤裆　　　　kakaj　　猪　　　　daka　　鸡

zukar　　钻、塞（动词）　　sokar　　打铁

s：adɣsɣn　家畜　　　　　　xulusun　一种野草　　yrøsin　种子

synøsin　灵魂

t：baatɣr　英雄　　　　　　sɛtin　　缎子（哈借）

# 五　音节和音节结构

## （一）组成词的音节数目

跟其他突厥语一样，图瓦语也是以元音为音节的要素，词中有几个元音就有几个音节。

单音节词：　at 马　　　　　　　xol 手　　　　　　　dop 球

双音节词：　ku-da 亲家　　　　a-ba 母亲　　　　　am-tan 人

三音节词：　ku-du-ruk 尾巴　　ør-de-niir 燃烧

四音节词：　du-ra-zɣn-da 当然　kɣ-mɣs-ka-jak 蚂蚁

五音节词：　ʃi-rɛ-ler-bis-te 在我们的桌子那儿（复数，位格）

在图瓦语中，一个单词最多可以有 9 个音节。如：

meen　øømni bo　ʤɣɣlka alɣtkannɣm enir　ʤɣlkɣ

我的　房子 这 年　　扩大的　　 去　年

ɑl-kɤt-tɤ-rɑ-rɤm-dɑ-kɤm-nɑn-dɑ　ɑlkɤj　bɑrdɤ

扩大的（从格）（位格）　　　　　　　扩大　（助动词）

我的房子今年扩大的面积比去年扩大的面积大。

（二）音节的划分

在由"元音—辅音"或"辅音—元音"这种形式组成的单词中，音节划分在元音之后。如：ɑ-bɑ 母亲　ɑr-zɑ-lɑŋ 狮子　xu-dɑ 亲家　ku-du-ruk 尾。

当元音之间有两个辅音时，音节便划分在两个辅音之间。如：kɤ-mɤs-kɑ-jɑk 蚂蚁、kes-pɛ 面条、gɤs-ke 鼠 、bɑr-dɤ（他）去了（过去时）。

（三）音节的结构

图瓦语音节结构的类型可以用以下的这些公式来表示（Y 代表元音，F 代表辅音）：

1. Y:　　　ɑ-bɑ 母亲　　　o-rɑr 卷起，包起　　　　　e-nɛj 祖母

2. YF:　　on 十　　　et 肉　　　ɑl-dɤ 六　　　ool 男孩

在单音节词中，只有辅音[m]、[w]、[s]、[t]、[r]、[l]、[ʃ]、[k]、[n]、[ŋ]、[j]可以出现在元音后。

除了上述辅音外，[p]和[x]也可以出现在词的音节尾。如：bex 王爷，tɑp 阶级

| em | 药 | ɑm-dɤ | 现在 |
|---|---|---|---|
| øw | 房子 | ɑw-dɑn-nɑn | 从县（从格） |
| ɑɑs | 嘴 | | |
| et | 肉 | ɑt-tɤ | 马（宾格） |
| er | 男人 | er-ge | 男人（向格） |
| ol | 他 | ool-dɑr-kɑ | 男孩们（向格） |
| ɤʃ | 烟 | ɤʃ-ti | 烟（宾格） |
| øk | 扁桃腺 | øk-tɑr-nɤ | 箭（复数宾格） |
| on | 十 | on-nɑn | 从十（从格） |
| eŋ | 很，特 | ɑŋ-nɑr-kɑ | 野兽（复数向格） |
| ɑj | 月亮 | ɑj-dɑn | 从月亮（从格） |
| | | ep-te-ʥiir | 团结 |
| | | ɤx-lɑɑr | 哭 |

3. FYF:　xoj 羊　　　dop 球　　　bɑʃ 头

bir-kuʃ 鸟　　gøk 蓝色的

4. FY:　　bø-rø 狼　　dɑɑ-bɤ 大布、土布　bu-zɑ 一岁牛

ki-le 秤

5. YFF:　irt 阉羊　　yst 上面　　　ɑrt 人民

　　　　　　　　ajt 说

6. FYFF:　　　kurt 虫子　　　dørt 四　　　　　　　børt 帽子

　　　　　　　　gerk 星期　　　kork 害怕

在这六种类型中，前四种音节结构的类型是图瓦语中常见的。

# 六　重音

　　图瓦语的词重音一般落在最后一个音节上，加附加成分后，重音后移，一般仍落在最后一个音节上。（必须指出重音时，可在音节的左上方加 "'" 符号表示，一般情况下不必表示）如：ky-zyl 红色 sa-bar 手指 ʤy-gy-ryk 跑（马）ter-gin-ʃi 车夫 xoj-lar 羊（复数）xol-bus-tɤ我们的手（宾格）e-ʤik-ter-de 在门那儿（复数，位格）xu-ra-kan-nar-dan 从羊羔那儿（复数，从格）

# 词　汇

## 一　图瓦语词汇的构成

### （一）图瓦语的固有词

这些词是构成图瓦语词汇的最基本部分。其中有大量的词是突厥语族语言共同的词汇成分。在保留古代突厥语词汇这方面，图瓦语在同族语言中是比较突出的。下表右上角带有*符号的单词是现在仍保留在图瓦语中的古代突厥语单词。

| | | | | | |
|---|---|---|---|---|---|
| at* | 马 | daɣ* | 山 | ak* | 白色的 |
| dazɣl | 根 | aj* | 月亮 | der* | 汗 |
| aldɣ* | 六 | dus | 盐 | aldɣn* | 金子 |
| dørt* | 四 | alɣr* | 拿 | dɣrk | 毛、发 |
| adɣx* | 能 | kɣn* | 天、日子 | amdɣ* | 现在 |
| kerektix* | 需要的 | bir* | 一 | kyndɣs* | 白天 |
| balɣk* | 鱼 | giʒi | 人 | baʃ | 头 |
| gøk* | 蓝色的 | baj* | 富人、财富 | kuʃ* | 鸟 |
| børø* | 公狼 | kɣzɣl* | 红色的 | burun* | 以前 |
| kara* | 黑色的 | bøgyn | 今天 | men* | 我 |
| børt | 帽子 | ol* | 他、她、它 | daʃ* | 石头 |
| ok* | 箭 | ot* | 火 | ege | 好 |
| ot* | 草 | ee | 主人 | orun* | 位置 |
| em | 药 | olur〞*① | 坐 | er* | 男人 |
| on* | 十 | eŋ | 最 | ool | 男孩 |
| ɣt* | 狗 | oruk* | 路 | ɣnda* | 那里 |
| suwsa〞* | 渴 | ɣxla〞* | 哭 | suw | 水 |
| ɣr | 歌 | sarɣx | 黄色的 | ɣndɣx* | 那样 |
| sen* | 你 | xoj* | 羊 | sigin | 草 |

---

① 右上角带有〞符号的表示是动词词根。

| | | | | | |
|---|---|---|---|---|---|
| xol* | 手 | temir | 铁 | xan* | 血 |
| tal | 柳 | øw | 房子 | ʤer* | 土地 |
| ulus | 部落、人民 | ʤor ″ | 走 | ulux* | 大的 |
| ʤɣlan | 蛇 | uʒun* | 为了 | | |
| yst | 上面 | et* | 肉 | | |

### （二）蒙古语和哈萨克语借词

图瓦人和蒙古族、哈萨克族人民在历史上和现代生活中有着较频繁的交往和联系。大量的蒙古语、哈萨克语单词不断地渗透到图瓦语中，并且有很多词已经进入了图瓦语的基本词汇。

蒙古语借词

| | | | | | |
|---|---|---|---|---|---|
| ʃire | 桌子 | dørbølʤin | 正方形 | ʃyyʤe | 凿子 |
| kynʤyl | 被子 | | | oba | 堆，墓冢 |
| darka | 主席 | tyykø | 历史 | sambar | 黑板 |
| dalaj | 海洋 | tøp | 中央 | nom | 书 |
| nikim | 社会 | surkujlɣ | 学校 | nɛsil | 首都 |

哈萨克语借词

| | | | | | |
|---|---|---|---|---|---|
| bekɛ | 小刀 | awdan | 县 | kørʃi | 邻居 |
| koldaar | 支持 | orunduk | 椅子 | sezer | 发现 |

### （三）汉语、梵语、俄语及其他语言的借词

这些语言的借词绝大部分是通过蒙古语或哈萨克语转借来的或是从古代突厥语词汇中保留下来的。

1. 汉语借词

早期借词：luza 骡子 daabɣ 大布 lazy 辣子 dɣŋnaar 听 ʃaj 茶 burkan 佛、神 saŋ 仓 muʤaŋ 木匠 tuk 旗

近期借词：ʤuʃi 主席 kunʃɣ 公社 ʤixy 几何 dajʃu 代数

2. 俄语借词：barʤija 党 samabar 茶炊 søkøne 呢子 mergep 黄萝卜 zawot 工厂 xandala 臭虫 mɛʤinɛ 汽车 dogtur 医生 kino 电影

3. 梵语借词：arʃaan 温泉、泉 ʃerix 军队，兵士

4. 维吾尔语借词：ambar 仓库 yzym 葡萄 ʤegde 沙枣 ʃaptal 桃子

5. 古伊朗语借词：bøs 棉布 arzalaŋ 狮子

6. 阿拉伯语借词：mektep 学校 sajasat 政治、政策 ɛdibijet 文学

## 二  图瓦语词的构成形式

图瓦语的语词按其构成情况分为根词、派生词、合成词和谐音词。

（一）根词：多是单音节或两个音节组成的词。如：

| giʒi | 人 | paʃ | 锅 | ʃax | 时代 | xoj | 羊 |
|------|-----|------|------|------|------|------|------|
| dax | 山 | eldʒigen | 驴 | baʃ | 头 | ʃarɣ | 犍牛 |
| suw | 水 | dʒel | 鬃 | dɣl | 舌头，语言 | dyyn | 昨天 |
| orun | 位置 | ɣnjaʃ | 木头，树木 | kuʃ | 鸟 | xaan | 汗，皇帝 |
| søs | 话 | diʃ | 牙 | kas | 鹅 | adʒa | 父亲，爸爸 |
| edʒik | 门 | kɣrkɣr | 剪（羊毛） | kulun | 一岁马 | ʃoor | 图瓦的笛子 |
| baatɣr | 英雄 | | | | | | |

（二）派生词：由根词和构词附加成分构成。如：

| mal（牲畜）+dʒɣ | → | maldʒɣ | 牧民 |
|------|------|------|------|
| baʃ（头）+tɣk | → | baʃtɣk | 领导 |
| sɣɣn（鹿）+dʒɣ | → | sɣɣndʒɣ | 养鹿人 |
| dʒor（走）+uk | → | dʒoruk | 行军 |
| diʃ（牙）+teer | → | diʃteer | 咬 |
| der（汗）+diir | → | derdiir | 出汗 |
| mal（牲畜）+daar | → | maldaar | 放牧 |
| baʃ（头）+taar | → | baʃtaar | 开始 |
| dʒel（鬃）+dix | → | dʒeldix | 鬃的 |
| suw（水）+lux | → | suwlux | 带水的 |
| duŋma（妹）+lɣx | → | duŋmalɣx | 妹妹的 |
| diʃ（牙）+tix | → | diʃtix | 有牙的 |
| dʒor（走）+udʒak | → | dʒorudʒak | 游手好闲的人 |

（三）合成词：由根词和根词组成

| daʃ（石头）+paka（青蛙） | → | daʃpaka | 乌龟 |
|------|------|------|------|
| kɣzɣl（红色的）+øøʃ（食管） | → | kɣzɣløøʃ | 食道 |
| xara（黑色的）+seek（蝇子） | → | xaraseek | 苍蝇 |

（四）谐音词：dalaʃ-dulaʃ 急忙地，匆忙地 eli-seli 搭上，系上 ɣjiŋ-xɣjiŋ 摇摇晃晃的样子，azɣk-sezek 不慌不忙的。

# 三　主要的构词附加成分

用基本词加构词附加成分和吸收借词是图瓦语词汇不断发展、丰富的两个主要手段。图瓦语属于黏着语类型的语言，有十分丰富的构词附加成分。下面是主要的和常用的构词附加成分。

（一）构成名词的附加成分

1. 由名词构成名词的附加成分

（1）由名词构成名词的附加成分主要有-dʒi、-dʒɣ（在日常话语中这两个附加成分往往也说成-ʃi和-ʃɣ），-tʃin和-tʃɣn。其附加方法如下：

凡词干是前元音的名词，词干附加-dʒi（-ʃi）或-tʃin；凡词干是后元音的名词，词干附加-dʒɣ（-ʃɣ）或-tʃɣn。这两种附加成分都构成表示从事某种工作或职业的人的名称。在使用频率上，-dʒi（-ʃi）、-dʒɣ（-ʃɣ）的一组比-tʃin、-tʃɣn的一组要高得多。如：

| | | | |
|---|---|---|---|
| edik（靴子） | → | edikʃi（dʒi） | 靴匠 |
| temir（铁） | → | temirʃi（dʒi） | 铁匠 |
| temir（铁） | → | temirtʃin | 铁匠 |
| møgøn（银） | → | møgøntʃin | 银匠 |
| aŋ（野兽） | → | aŋdʒɣ（-ʃɣ） | 猎人 |
| balɣk（鱼） | → | balɣkʃɣ（-dʒɣ） | 渔民 |
| ɣnjaʃ（树、木头） | → | ɣnjaʃʃɣ（-dʒɣ） | 木匠、樵夫 |
| adʒɣ（工作） | → | adʒɣltʃɣn | 工人 |
| mal（牲畜） | → | maltʃɣn | 牧民 |

（2）凡以辅音结尾的表示人或亲属称谓的名词词干后加——-ɣʃkɣlar、-ɣʃkular、-iʃgiler、-yʃgyler；

凡以元音结尾的表示人或亲属称谓的名词词干后加——-lɣʃkɣlar、-liʃgiler、-leʃgiler。

构成按照人的亲属关系组成的集合名称的名词。如：

| | | | |
|---|---|---|---|
| eʃ（同志） | → | eʃiʃgiler | 同志们，朋友们 |
| aba（母亲） | → | abalɣʃkɣlar | 母子们，母女们 |
| adʒa（父亲） | → | adʒalɣʃkɣlar | 父子们，父女们 |
| ada（父亲） | → | adalɣʃkɣlar | 父子们，父女们 |
| xa（哥哥） | → | xalɣʃkɣlar | 兄弟们 |
| kat adʒa（岳父） | → | kat adʒalɣʃkɣlar | 翁婿们 |
| kwandʒiu（媳妇） | → | kwandʒiulɣʃkɣlar | 婆媳们 |
| egidʒe（姐姐） | → | egidʒeleʃgiler | 姐妹们 |
| dʒiŋge（嫂子） | → | dʒiŋgeleʃgiler | 姑嫂们 |

2. 由动词构成名词的附加成分

（1）凡以辅音结尾的动词词干加-ɣk、-uk、-ik、-yk；凡以元音结尾的动词词干加-k，构成表示某行为动作的抽象名词或由某行为动作产生的某种事物的名词。如：

| ʤor-（走） | → | ʤor-uk | 行军 |
|---|---|---|---|
| bil-（知道） | → | bilik | 知识 |
| ʤɣr-（发亮） | → | ʤɣr-ɣk | 光明 |
| biʤi-（写） | → | biʤi-k | 文字 |

（2）凡前元音的动词词干加-iiʃgin、-yyʃgyn；凡后元音的动词词干加-ɣɣʃkɣn、-uuʃkun，构成表示某行为动作的名词。如：

| ber-（给） | → | beriiʃgin | 供给 |
|---|---|---|---|
| yn-（出） | → | ynyyʃgyn | 出现 |
| al-（拿） | → | alɣɣʃkɣn | 拿 |
| dur-（站） | → | duruuʃkun | 站立 |

（3）凡以辅音结尾的动词词干加-ɣm、-um、-im、-ym；凡以元音结尾的动词词干加-m，按动词的行为动作构成抽象名词或实物名词的名词。如：

| bas-（踩） | → | bazɣm | 步子 |
|---|---|---|---|
| bil-（知道） | → | bilim | 知识 |
| øl-（杀死） | → | ølym | 死 |
| kɣʃkɣr-（喊） | → | kɣʃkɣrɣm | 里（喊声可听到的距离，约一里） |
| alda-（引诱） | → | aldam | 骗术 |
| dora-（切） | → | doram | 块，片 |

（4）以元音结尾的动词词干加-l，构成表示某行为动作的抽象名词。如：

| boda-（想） | → | bodal | 思想 |
|---|---|---|---|
| saktɣ-（想） | → | saktɣl | 思念 |
| kajka-（看） | → | kajkal | 凝视 |
| makta-（夸奖） | → | maktal | 赞誉 |
| komda-（后悔） | → | komdal | 懊悔 |
| muŋkara-（情绪低） | → | muŋkaral | 消沉 |

（5）凡以辅音结尾的动词词干加-ɣlka、-ulka、-ilge、-ylge，凡以元音结尾的动词词干加-lka、-lge，构成表示某行为动作的抽象名词。如：

| baʃda-（开始） | → | baʃdalka | 开头 |
|---|---|---|---|
| boda-（想） | → | bodalka | 想法、思想 |
| biʤi-（写） | → | biʤilge | 手迹、笔迹 |
| ʤɣtkɣ-（努力） | → | ʤɣtkɣlge | 努力 |
| ul-（连接） | → | ululka | 结合 |
| sɣn-（考验） | → | sɣnɣlka | 考验 |

（6）凡以元音结尾的动词词干加-ɛʃ、-aʃ，构成表示某行为动作的抽象名词或实物、现象等的名词。如：

| bilektɛ | -（往手腕上戴） | → | bilektɛɛʃ | 手镯 |
| sirliŋnɛ | -（摇动） | → | sirliŋnɛɛʃ | 摇头 |
| kediŋnɛ | -（头后仰走） | → | kediŋnɛɛʃ | 骆驼走的样子 |
| duŋkaŋna | -（啄） | → | duŋkaŋnaaʃ | 啄 |

（7）凡以辅音结尾的动词词干加-ymal、-umal、-imel、-ymel；凡以元音结尾的动词词干加-mal、-mel，构成表示从事某项行为动作者的名称或按行为动作产生的实物综合名称的名词。如：

| ʤor- | （走） | → | ʤormal | 行人 |
| gel- | （来） | → | gelimel | 来人 |
| bar- | （去） | → | barymal | 去者 |
| biʤi- | （写） | → | biʤimel | 写的人、文书 |
| ʤaza- | （制造） | → | ʤazamal | 产品、成品 |

3. 名词的指小——表爱附加成分

图瓦语的名词有指小——表爱的语法形式，它表现对某物的喜爱、亲昵的感情色彩。

（1）最常用的指小附加成分

凡前元音的名词词干后加-ʤek；凡后元音的名词词干后加-ʤak。如：

| kulun | （一岁马） | → | kulunʤak | 一岁小马驹 |
| dilge | （狐狸） | → | dilgeʤek | 小狐狸 |
| børø | （狼） | → | børøʤek | 小狼崽 |
| ørgø | （山鼠） | → | ørgøʤek | 小山鼠 |
| tajka | （猎狗） | → | tajkaʤak | 小猎狗 |
| dijiŋ | （松鼠） | → | dijiŋʤek | 小松鼠 |
| ʤuŋma | （野山羊） | → | ʤuŋmaʤak | 小野山羊 |

这个附加成分一般多用于走兽类动物，而且以狐狸、狼、马驹、猎狗等等最常使用。

（2）最常用的指小表爱附加成分

在名词词干后加-aj、-ej；在表示人的名词词干后加均可构成带有表示喜爱、亲昵色彩的名词。如：

| ʤer | （土地） | → | ʤermej | 我亲爱的土地 |
| aba | （妈妈） | → | abamaj | 我亲爱的妈妈 |
| at | （马） | → | atymaj | 我亲爱的马 |
| ool | （孩子） | → | oolmaj | 我亲爱的孩子 |

（二）构成形容词的附加成分

形容词的构成分两种方式。一种是附加法（又叫派生法），即由形容词、名词、副词或动词词干加一定的附加成分构成。另一种是合成法，即由两个形容词或两个形容词词干结合而成。

1. 附加法：由名词、形容词、动词或副词加附加成分构成的形容词

（1）凡以清辅音结尾的名词词干后加-tʏx、-tix、-tyx、-tux；凡以-l 结尾的名词词干后加-dʏx、-dix、-dyx、-dux；凡以元音或除-l 外的浊辅音结尾的名词词干后加-lʏx、-lix、-lux；凡以-m、-n、-ŋ 结尾的名词词干后加-nʏx、-nix、-nyx、-nux，构成表示物体性质、特征或富有什么的形容词。如：

| zʏp 柄、把子 | → | zʏp-tʏx | 带把儿的 |
| at （名字） | → | at-tʏx | 名字的 |
| ʃʏl | → | ʃʏl-dʏx | 弦的 |
| ʤel | → | ʤel-dix | 鬃的 |
| dax （山） | → | dax-lʏx | 多山的 |
| oba （堆） | → | oba-lʏx | 堆堆的 |
| ʏnjaʃ （树木） | → | ʏnjaʃ-tʏx | 木头的 |
| ʃʏdam | → | ʃʏdam-nʏx | 结实的 |
| duŋma 弟、妹 | → | duŋma-lʏx | 弟（妹）的 |

（2）表示时间的名词。凡词干元音是前元音的加-gy、-ky、-gi、-ki；凡词干元音是后元音的加-kʏ、-gʏ、-ku、-gu，构成表示时间特征的形容词。如：

| kʏʃ （冬天） | → | kʏʃkʏ | 冬天的 |
| gys （秋天） | → | gysgy | 秋天的 |
| dyn （晚上） | → | dyngy | 晚上的 |
| daŋ （黎明） | → | daŋkʏ | 黎明的 |
| kyn （天） | → | kyngy | 一天的 |
| aj （月） | → | ajkʏ | 一个月的 |
| ʤʏl （年） | → | ʤʏlkʏ | 一年的 |

（3）名词或动词词干加附加成分　凡词干（根）元音是前元音的，附加-ʤi；凡词干（根）元音是后元音的，附加-ʤʏ，构成表示具有某种特长或特征，或从事某项行为动作的人的形容词。这个附加成分也是由名词构成名词的附加成分。如：

| ʃoor （笛子） | → | ʃoorʤʏ | 吹得好的，会吹的（吹笛子） |
| dopʃuur[①] | → | dopʃuurʤʏ | 弹得好的，会弹的（弹~的人） |

①　图瓦的一种弹拨乐器，形状类似柯族的 kumus 库姆兹。

| aӡɣl | （工作） | → | aӡɣldӡɣ | 工作的，工作者 |
|---|---|---|---|---|
| xaram | （吝啬，抽象名词） | → | xaramdӡɣ | 吝啬的 |
| katkɣ | （笑） | → | katkɣdӡɣ | 爱笑的，笑的人 |

（4）以清辅音结尾的名词加-takɣ、-tegi；以元音或浊辅音结尾的名词加-dakɣ、-degi，构成表示时间、位置以及人的生理器官部位的形容词。如：

| ɣnjaʃ | （树） | → | ɣnjaʃtakɣ | 树上（旁）的 |
|---|---|---|---|---|
| edӡik | （门） | → | edӡiktegi | 门旁的 |
| mees | （阳坡） | → | meestegi | 位于阳坡的 |
| køl | （湖） | → | køldegi | 湖里（边）的 |
| suw | （水） | → | suwdakɣ | 水里（边）的 |
| bøgyn | （今天） | → | bøgyndegi | 今天的 |
| dyyn | （昨天） | → | dyyndegi | 昨天的 |
| nom | （书） | → | nomdakɣ | 书里的 |
| karak | （眼睛） | → | karaktakɣ | 眼睛的 |
| kulak | （耳朵） | → | kulaktakɣ | 耳朵的 |

（5）凡词干是前元音的名词加-sek，凡词干是后元音的名词加-sak，构成表示人或动物对某事物或某行为的爱好的形容词。如：

| ojun | （游戏） | → | ojunsak | 爱玩的、淘气的 |
|---|---|---|---|---|
| aŋ | （野兽） | → | aŋsak | 爱打猎的 |
| balɣk | （鱼） | → | balɣksak | 爱鱼的 |
| boo | （枪） | → | boosak | 喜欢枪的 |
| at | （马） | → | atsak | 爱马的 |
| arakɣ | （酒） | → | arakɣsak | 爱喝酒的 |
| tamɣkɣ | （烟） | → | tamɣkɣsak | 爱抽烟的 |
| tarbakan | （旱獭） | → | tarbakansak | 爱旱獭的 |
| ʃebir | （清洁） | → | ʃebirsek | 爱干净的 |

（6）以辅音结尾的动词词干加-ɣmal、-umal；以元音结尾的动词词干加-mal、-mel，构成表示由这个动词的动作所产生的某种特点的形容词。如：

| darɣ- | （印刷） | → | darɣmal | 印刷的 |
|---|---|---|---|---|
| dӡazar- | （制造） | → | dӡazarmal | 制造的 |
| tar- | （种植） | → | tarmal | 长出的 |
| budu- | （上色） | → | budumal | 上色的 |
| dӡur- | （画） | → | dӡurumal | 图画的 |
| bar- | （去） | → | barɣmal | 去的 |
| gel- | （来） | → | gelimel | 来的 |

| byt- | （形成） | → | bytymel | 自然的 |
| bidʑi- | （写） | → | bidʑimel | 书写的 |

（7）凡以辅音结尾的动词词干加-idʑek、-ydʑek、-ydʑak、-udʑak；凡以元音结尾的动词词干加-dʑek、-dʑak，构成表示某种现象、事物的性质或人的特点的形容词。如：

| iler | （悬挂） | → | il-idʑek | 容易挂的 |
| dʑoruur | （走） | → | dʑor-udʑak | 游手好闲的 |
| duŋar | （冻） | → | duŋ--udʑak | 爱发抖的 |
| gelir | （来） | → | gel-idʑek | 常来的 |
| berir | （给） | → | ber-idʑek | 乐善好施的 |
| bodar | （想） | → | boda-dʑak | 善于思考的 |

（8）凡以辅音结尾的动词词干加-ɣk、-ik、-uk、-yk；凡以元音结尾的动词词干加-k，构成表示与该行为动作有关的特点或性质的形容词。如：

| dʑygyryr | （跑） | → | dʑygyr-yk | 跑得快的 |
| ymrar | （破裂，弄裂） | → | ymra-k | 裂了的（多指碗） |
| dɣrtɣr | （拉、拽） | → | dɣrt-yk | 拉扭歪的 |
| dydyyr | （发霉） | → | dydy-k | 霉了的 |
| yzyr | （弄断、弄坏） | → | yzy-yk | 坏了的、断了的 |

（9）以清辅音结尾的名词词干附加-six、-syx、-sɣx、-sux；以元音或浊辅音结尾的名词词干附加-zix、-zyx、-zɣx、-zux，构成表示某种事物的特征或表示和某事物相似的事物的形容词。如

| daʃ | 石头 | → | daʃsɣx | 像石头的 |
| temir | 铁 | → | temirsix | 像铁的 |
| balɣk | 鱼 | → | balɣksɣx | 带鱼味的，像鱼的 |
| doburak | 土 | → | doburaksɣx | 土味的 |
| et | 肉 | → | etsix | 肉味的 |
| syt | 奶 | → | sytsɣx | 奶味的，像奶的 |
| dʑigir | 糖 | → | dʑigirzix | 甜味的，像糖的 |
| tarbakan | 旱獭 | → | tarbakanzɣx | 像旱獭的 |
| gygyr | 硫磺 | → | gygyrzɣx | 像硫磺的，硫化的 |
| giʒi | 人 | → | giʒizix | 人性的，人味的 |

（10）凡词干是前元音的名词词干加-lik；凡词干是后元音的名词词干加-lɣk。这个附加成分和哈萨克语由名词构成形容词的附加成分-lik、-lɣk 相同。如：

| dʑer | （土地） | → | dʑerlik | 野生的 |

baatɣr　　　（英雄）　　→　　baatɣrlɣk　　勇敢的

此外，还有-taan，如：aʃ（吃，吃的东西）+taan→aʃtaan（饥饿的）；-saan，如：suw（水）+saan→suwsaan（渴的）等由名词构成形容词的附加成分以及-ʤɣx、-ʤux、-ʤix、-ʤɣx，如 kajkan（看望）+ʤɣx→kajkanʤɣx（显著的，惊奇的）；ijadɣn（惭愧）+ʤɣx→ijadɣnʤɣx（羞愧的）等由动词构成形容词的附加成分。

2. 合成法

（1）形容词的结合。如：

| ak | （白） | +gøk | （蓝） | → | ak-gøk | 浅蓝的 |
|---|---|---|---|---|---|---|
| ak | （白） | +sarɣx | （黄） | → | ak-sarɣx | 浅黄的 |
| ak | （白） | +kɣzɣl | （红） | → | ak-kɣzɣl | 粉红的 |
| ak | （白） | +xara | （黑） | → | ak-xara | 灰色的 |

（2）形容词和名词的结合。如：

| gøk | （蓝） | + | ʃookar | （麻子） | → | gøk-ʃookar | 青斑的 |
|---|---|---|---|---|---|---|---|
| ak | （白） | + | ʤɣryk | （心） | → | ak-ʤɣryk | 全心全意的 |
| ørde | （价格） | + | ʤiik | （轻） | → | ørde-ʤiik | 便宜的 |
| ørde | （价格） | + | aar | （重） | → | ørde-aar | 贵的 |

（3）名词和 ʤok（没有）结合。如：

| san | （数目） | + | ʤok | → | san-ʤok | 无数的 |
|---|---|---|---|---|---|---|
| eli | （力气、力量） | + | ʤok | → | eli-ʤok | 软弱的、无力的 |
| ʤɣryk | （心） | + | ʤok | → | ʤɣryk-ʤok | 胆小的 |

（4）简单形容词词干的融合。如：

| xara | （黑的） | + | ala | 杂色的 | → | xarala | 黑花斑的 |
|---|---|---|---|---|---|---|
| gøk | （蓝色的） | + | ala | 杂色的 | → | gøkaka | 蓝花斑的 |
| sarɣx | （黄色的） | + | ala | 杂色的 | → | sarɣxala | 黄花斑的 |

**（三）副词的构词附加成分**

1. 在名词词干或代词后加-ʃɣ或-ʃi 构成表示"像……一样的"意思的副词。如：

| men | （我） | +ʃi | → | men-ʃi | 像我一样的 |
|---|---|---|---|---|---|
| sen | （你） | +ʃi | → | sen-ʃi | 像你一样的 |
| daʃ | （石头） | +ʃɣ | → | daʃ-ʃɣ | 像石头一样的 |
| kulak | （耳朵） | +ʃɣ | → | kulak-ʃɣ | 像耳朵一样的 |

2. 在名词或形容词词干后加-daj、-taj、-tej、-laj、-lej 构成副词。

| dakʃa | （碗） | + daj | → | dakʃa-daj | 像碗一样的 |
|---|---|---|---|---|---|
| tawak | （盆） | + taj | → | tawak-taj | 像盆一样的 |

| ʃuluun | （快）+ daj | → | ʃulu-daj[①] | 快快的 |
|---|---|---|---|---|
| aar | （重）+ daj | → | aar-daj | 重重的 |
| kʏska | （短）+ laj | → | kʏska-laj | 短短的 |
| ʥiik | （轻）+ tej | → | ʥiik-tej | 轻轻的 |
| biʥii | （小）+ lej | → | biʥii-lej | 小小的 |

## （四）动词的构词附加成分

1. 由名词、形容词构成动词

（1）以 -l 结尾的词干后加 -da、de，以 -m、-n、-ŋ 结尾的词干后加 -na、-ne；以元音或辅音 -r、-j、-w、-ŋ 结尾的词干后加 -la、-le；以其他辅音结尾的词干后加 -ta、-te。构成与名词或形容词所表示的内容有关的行为动作。如：

| mal | （牲畜） | + da | → | malda- | 放牧 |
|---|---|---|---|---|---|
| sigin | （草） | + ne | → | siginne | 锄草 |
| aŋ | （野兽） | + na | → | aŋna | 打猎 |
| bʏʒʏx | （结实的） | + la | → | bʏʒʏxla- | 加强、巩固 |
| ʥige | （正确的） | + le | → | ʥigele- | 修改、改正 |
| ʥiik | （轻的） | + te | → | ʥiikte- | 变轻、减轻 |
| suw | （水） | + la | → | suwla- | 浇水 |
| xajʥʏ | （剪子） | + la | → | xajʥʏla- | 剪 |
| mege | （胡话、瞎话） | + le | → | megele- | 欺骗 |
| doj | （喜事） | + la | → | dojla- | 办喜事 |
| dakʃʏ | （感冒） | + la | → | dakʃʏla- | 患感冒 |
| balʏk | （鱼） | + ta | → | balʏkta- | 打鱼、钓鱼 |
| ʥʏk | （负载物） | + te | → | ʥʏkte- | 驮、背 |
| baʃ | （头） | + ta | → | baʃta- | 开始 |
| iʃ | （工作） | + te | → | iʃte- | 做工作 |
| ot | （草） | + ta | → | otta- | 喂草，牵马吃草 |
| bag | （捆） | + la | → | bagla- | 绑、捆 |
| adʏr | （树杈） | + lʏ | → | adʏrlʏ- | 离开 |
| daga | （马蹄铁） | + la | → | dagala- | 钉马掌 |

（2）以清辅音结尾的名词后加 -sʏra、-sire，以浊辅音或元音结尾的名词后加 -zʏra、-zire，构成希望或想要做某事的动词。如：

---

① ʃuluun 在加附加成分 -daj 时，丢掉词尾的辅音 n，长元音 uu 变成相应的短元音 u，因此成为 ʃulu-daj。

| myn | （汤） | + zire | → | mynzire- | 想喝汤 |
| kep | （衣服） | + sire | → | kepsire- | 想有衣穿 |
| aʒɣl | （工作） | + zɣra | → | aʒɣlzɣra- | 希望工作 |
| ujkɣ | （瞌睡） | + zɣra | → | ujkɣzɣra- | 想睡觉 |
| ʤem | （吃的） | + zire | → | ʤemzire- | 想吃 |
| et | （肉） | + sire | → | etsire- | 想吃肉 |

（3）凡词干是前元音的名词加-ger；凡词干是后元音的名词加-kar，构成表示与这个名词内容有关的行为动作的动词。如：

| ʤem | （吃的东西,饲料） | + ger | → | ʤemger- | 饲养 |
| baʃ | （头） | + kar | → | baʃkar- | 管理、领导 |
| ot | （草） | + kar | → | otkar- | 喂草 |
| at | （马） | + kar | → | atkar- | 启程 |
| suw | （水） | + kar | → | suwkar- | 灌水 |

（4）以辅音结尾的名词或形容词后加-ar、-er、-yr、-ur、-ir、-yr；以元音结尾的名词或形容词后加-r 构成动词。如：

| gøk | （蓝色的） | + er | → | gøker | 变蓝 |
| ak | （白色的） | + ar | → | akar | 变白 |
| alkɣ | （喊叫声） | + ɣr | → | alkɣr | 叫喊 |
| kɣzɣl | （红色的） | + ar | → | kɣzar | 变红① |

（5）以清辅音结尾的形容词加-sɣn、-sin、-sun、-syn，或以元音或浊辅音结尾的形容词加-zɣn、-zin、-zun、-zyn，构成表示对于某物的特点或性质带有主观看法的动词。如：

| ʤook | （近） | + sun | → | ʤooksun- | 认为近 |
| ʤoon | （粗） | + zun | → | ʤoonzun- | 觉得粗 |
| aar | （重） | + zɣn | → | aarzɣn- | 感觉重 |
| ʤiŋge | （细） | + zin | → | ʤiŋgezin- | 认为细 |
| ɣrak | （这） | + sɣn | → | ɣraksɣn- | 感觉远 |
| ʤabɣs | （矮） | + sɣn | → | ʤabɣssɣn- | 觉得矮 |
| pedik | （高） | + sin | → | pediksin- | 觉得高 |
| ʤɣdɣx | （臭） | + sɣn | → | ʤɣdɣxsɣn- | 认为臭 |

（6）在以辅音结尾的名词词干后加-sa、-se、-za、-ze，构成动词。如：

| suw | （水） | + sa | → | suwsa- | 渴，想喝水 |
| ijat | （愧疚） | + sa | → | ijatsa- | 感到惭愧 |

---

① kɣzar（变红）一词的变化情形为：kɣzɣl→kɣz+ar→kɣzar。

（7）在以辅音结尾的名词词干加-ɑ、-e、-i、-ɣ、-u、-y，构成动词。如：

| øør | （高兴） | +y | → | øøry- | 高兴（动词） |
|---|---|---|---|---|---|
| bɑj | （财富） | +ɣ | → | bɑjɣ- | 发财 |

（8）以清辅音结尾的名词词干或形容词词干后加-ʃi、-ʃɣ，以浊辅音或元音结尾的加-ʤi、-ʤɣ，构成动词。如：

| ʃirik | （草皮） | +ʃi | → | ʃirikʃi- | 变成草皮 |
|---|---|---|---|---|---|
| kɣlɑŋ | （平的） | +ʤɣ | → | kɣlɑŋʤɣ- | 变平 |
| ødyk | （牲畜类） | +ʃi | → | ødykʃi- | 粪越积越多 |
| elbek | （富有） | +ʃi | → | elbekʃi- | 变富有 |

（9）以元音结尾的名词词干后加-rɑ、-re 构成动词。如：

| ʃyly | （雪水） | +re | → | ʃylyre- | 融化 |
|---|---|---|---|---|---|
| kɣʃkɣ | （喊声） | +rɑ | → | kɣʃkɣrɑ- | 喊叫 |
| møø | （牛叫声） | +re | → | møøre- | 牛叫 |
| mɛɛ | （羊叫声） | +re | → | mɛɛre- | 羊叫 |

（10）以辅音结尾的动词词干后加-ɣksɑ、-ikse、-uksɑ、-ykse、-uksɑ、-ykse；以元音结尾的动词词干后加-ksɑ、-kse，构成表示想要做某事意愿的动词。如：

| ber- | （给） | +ikse | → | berikse- | 想给 |
|---|---|---|---|---|---|
| al- | （拿） | +ɣksɑ | → | alɣksɑ- | 想拿 |
| ajt- | （说） | +ɣksɑ | → | ajdɣksɑ- | 想说 |
| ʤor- | （走） | +uksɑ | → | ʤoruksɑ- | 想走 |
| gel- | （来） | +ikse | → | gelikse- | 想来 |
| dur- | （站） | +uksɑ | → | duruksɑ- | 想站 |
| ʤan- | （回） | +ɣksɑ | → | ʤanɣksɑ- | 想回 |
| iʃ | （喝） | +ikse | → | iʃikse- | 想喝 |

| ol | ʤanɣksɑ | | geep | duro | 他想回去。 |
|---|---|---|---|---|---|
| 他 | 想回 | | 来 | 助动词 | |
| sen | beiʤiŋge | | barɣksɑ | gelerbe | 你想去北京吗？ |
| 你 | 北京（向格） | | 想去 | 来吗 | |

（11）以辅音结尾的动词词干后加-ɣrkɑ、-urkɑ、-irge、-yrge，构成带有自以为好，自夸自吹含义的动词。如：

| biʤi- | （写） | +irge | → | biʤiirge | 自夸写得（好） |
|---|---|---|---|---|---|
| køreʤi- | （摔跤） | +irge | → | køreʤiirge | 自夸摔跤（厉害） |
| ʤi- | （吃） | +irge | → | ʤiirge | 自夸能吃 |
| bodɑ- | （想） | +arkɑ | → | bodɑɑrkɑ | 自认为 |

bodaarka   gelerde      menge      ʤedir    giʃi ʤok
自认为     来（位格）   我（向格）  到、赶上   人   没有
我想没有人赶得上我

biʤiirge    men   ekemen
自认为写    我    好我
我看是我写得好。

køyɛʤiirge    men   gyʃdyxmen
自认为摔跤    我    有力气的我
在摔跤上我厉害。

ʤiirge      gelerde      menge      ʤetbes    senner
自认为吃    来（位格）   我（向格）  达不到    你们
在吃上你们赶不上我。

（12）在以辅音结尾的动词词干后加-ɣʤaŋna、-uʤaŋna、-iʤeŋne、
-yʤeŋne，构成带有装作怎样的含义的动词。如：

bar-   （去）  + ɣʤaŋna    →      barɣʤaŋna- 装作去
ʤor-   （走）  + uʤaŋna    →      ʤoruʤaŋna- 装作走
iʃ-    （喝）  + iʤeŋne    →      iʃiʤeŋne-  装作喝

ol   kurux        ʃaʤaŋnɣ   megelep    iʤiʤeŋnedi
他   空的、干的   碗（宾格）  撒谎、欺骗  装作喝
他捧着空碗假装喝

men   gøryp   dursamda   bilbeeʤenep   gørbedim didim
我    看见    的话       装作没        我看见
我看见了，可我说没看见

taraanɣ        mal   ʤip dursada       ol   gørbeeʤeŋnep   ʤoj
庄稼（宾格）   牲畜  吃  （正在吃时）   他   装作没看见     走
bardɣ
（去了）
牲畜在吃庄稼，可他却装作没看见似的走了。

# 语　法

## 一　词法

### （一）词类

图瓦语所有的词按照它们的形态、语法功能和语义特征可分为以下几类：1. 名词 2. 数量词 3. 代词 4. 形容词 5. 动词 6. 副词 7. 连接词 8. 后置词 9. 语气词 10. 感叹词。

（1）这些词类根据其语义特征又可分为实词和虚词两大类：

① 实词包括名词、数词、形容词、代词、动词、副词六类

② 虚词包括后置词、连接词和语气词三类

③ 感叹词既不属于实词也不属于虚词。

（2）图瓦语实词的特点：

① 在句子中可以重读；

② 都可以运用加附加成分的办法构成一定的语法范畴；

③ 可借助构词附加成分构成新词。

（3）图瓦语虚词的特点：

① 在句子中一般不重读；

② 一般没有构词和词形变化。

下面逐一介绍：

### 1. 名词

图瓦语的名词有数、格、人称的变化，可以用形容词、代词、数词修饰，在句子中可以充当主语、谓语、定语和宾语。

（1）名词的数的范畴

图瓦语名词分单数和复数。我们将单数形式的名词作为零形态，复数表示某种物体或人的多数。

名词的复数是借助于附加成分-lar//-ler 及它的变体-tar//-ter、-dar//-der、-nar//-ner 构成的。通过这种后缀不仅可以用图瓦语的固有名词，而且也可以用借词中的名词构成复数。

附加后缀的规则如下：

① 凡以元音、半元音[j] 浊辅音[r] [β]结尾的名词构成复数时，在词尾附加词缀-lar//-ler。如：

| alma（苹果） | + lar | → | almalar | 很多苹果 |
|---|---|---|---|---|
| bedɛ（苜蓿） | + ler | → | bedɛler | 很多苜蓿 |
| buru（两岁牛） | + lar | → | burular | 一群两岁牛 |

② 凡以辅音[l]结尾的名词附加-dar//-der。如：

| ool（男孩子） | + dar | → | ooldar | 男孩子们 |
|---|---|---|---|---|
| xool（烟筒） | + dar | → | xooldar | 很多烟筒 |
| bel（腰） | + der | → | belder | 腰（哈借） |

③ 凡以清辅音结尾的名词后加-tar//-ter。如：

| daʃ（石头） | + tar | → | daʃtar | 石头 |
|---|---|---|---|---|
| ok（箭、子弹） | + tar | → | oktar | 箭、子弹 |
| bøøk（小孩围嘴） | + ter | → | bøøkter | 小孩围嘴 |
| bøs（棉布） | + ter | → | bøster | 棉布（古伊朗语借词） |
| zawot（工厂） | + tar | → | zawottar | 工厂（俄借） |

④ 凡以鼻辅音[m] [n] [ŋ]结尾的名词后加-nar//-ner。如

| aŋ（野兽） | + nar | → | aŋnar | 野兽 |
|---|---|---|---|---|
| kyn（天、日子） | + ner | → | kynner | 天、日子 |
| nom（书） | + nar | → | nomnar | 书（蒙借） |

⑤ 名词进行复数变化时的一些问题：

A. 图瓦语名词的复数是不定复数，因此，凡是名词的复数不能再用数词或（多）（少）一类表示不定数目的形容词修饰。如：

| on dørt giʃi | 十四个人 | beʃ nom | 五本书 |
|---|---|---|---|
| gøbej dekter | 很多本子 | dʒerbe dʒedʒe xoj | 二十几只羊 |
| ebeʃ boorsak | 很少的油炸果 | | |

B. 在句子中，如果有许多并列的名词都表示复数时，这时附加成分可以只加在最后一个名词上，也可以加在并列的每一个词上。一般以每一个词都加附加成分的情况居多，而且有强调多数的意思。如：

xabada　　　zawot（tar）makazyn（nar）baza　surkujlɣlar　kaaldɣ
（在）哈巴河　工厂　　　商店　　　　还　学校　　　（放下）
在哈巴河建立了许多工厂、商店和学校。

C. 在图瓦语中某些抽象名词没有复数。有些物质名词虽然可以加复数附加成分，但是并不表示多数，只表示与它相关的同类事物。如：

抽象名词——kɣdattʃil 大汉族主义　sotsijalizɣm 社会主义
物质名词——suw 水　suwlar 河　syt 奶　sytter（许多桶、碗）奶

（2）名词的从属人称范畴

图瓦语的名词在表示领属关系时，需附加某些表示从属关系的词缀，除特别强调时，在一般情形下，表示了从属关系名词前的领属代词可以不使用。

附加从属人称词缀的规则如下：

① 以辅音和半元音[j]结尾的词

A. 第一人称单数加-im 或-ym、-ɣm、-um，表示"我的……"。如：

| diʃ（牙） | diʃim | 我的牙 |
| syt（奶） | sydym | 我的奶 |
| kas（鹅） | kazɣm | 我的鹅 |
| xan（血） | xanɣm | 我的血 |
| xoj（羊） | xojɣm、xojum | 我的羊① |
| nom（书） | nomɣm、nomum | 我的书② |

第一人称复数加-ibis 或-ybys、-ɣbɣs、-ubus，表示"我们的……"。如：

| dekter（本子） | dekteribis | 我们的本子 |
| gyʃ（力量） | gyʒybys | 我们的力量 |
| kastɣŋ（腮） | kastɣŋɣbɣs | 我们的腮 |
| oruk（路） | oruubus | 我们的路③ |

B. 第二人称单数加-iŋ 或-yŋ、-ɣŋ、-uŋ，表示"你的……"。如：

| meʃibet（上衣） | meʃibediŋ | 你的上衣 |
| ys（油） | yzyŋ | 你的油 |
| kas（鹅） | kazɣŋ | 你的鹅 |
| kuʃ（鸟） | kuʒuŋ | 你的鸟 |

第二人称复数加-iger 或-yger、-ɣkar、-ukar，表示"你们的……"。如：

| køjliŋ（衬衣） | køjliŋiger | 你们的衬衣 |
| ørym（钻子） | ørymyger | 你们的钻子 |
| ʃadʒaŋ（碗） | ʃadʒaŋɣkar | 你们的碗 |
| kundus（水狸） | kunduzukar | 你们的水狸 |

C. 第三人称单、复数都加-i 或-y、-ɣ、-u，表示"他（她、它）的，他（她、它）们的……"。如：

| diʃ（牙） | diʒi | 他（们）的牙 |
| bøs（布） | bøzy | 他（们）的布 |

---

① 在语音实际中，展唇元音的附加成分比圆唇元音的附加成分使用频率高，以下同。

② 同上。

③ 这个词加附加成分时，词尾的 k 脱落，k 前面的元音 u 得以延长，但由于附加成分是-ubus，所以读成 oruubus。

| daʃ（石头） | daʒɤ | 他（们）的石头 |
| xol（手） | xolɤ,xolu | 他（们）的手 |

② 以元音结尾的词

A. 第一人称单数加-m，表示"我的……"。如：

| kazra（三岁母牛） | kazram | 我的三岁母牛 |
| øʃgy（山羊） | øʃgym | 我的山羊 |
| ʥelgɛ（后颈） | ʥelgɛm | 我的后颈 |
| xooʥɤ（故事） | xooʥɤm | 我的故事 |

B. 第一人称复数加-bis 或-bys、-bɤs、-bus，表示"我们的……"。如：

| pe | pebis | 我们的母马 |
| øʃgy | øʃgybis，øʃgybys | 我们的山羊 |
| ʃirɛ | ʃirɛbis | 我们的桌子 |
| baxʃy | baxʃybɤs | 我们的老师 |
| bura | burabus | 我们的二岁牛 |

C. 第二人称普通称谓单数加-ŋ，尊称加-kar、-ger，表示"你的……"。如：

| xooʥɤ | xooʥɤŋ | 你的故事 |
| xooʥɤ | xooʥɤkar | 您的故事 |
| ʃirɛ | ʃirɛŋ | 你的桌子 |
| ʃirɛ | ʃirɛger | 您的桌子 |

D. 第二人称复数加-kar、-ger，表示"你们的……"。如：

| xooʥɤ | xooʥɤkar | 你们的故事 |
| ʃirɛ | ʃirɛger | 你们的桌子 |

E. 第三人称单、复数均加-zi 或-zɤ，表示"他（她、它）的……"或"他们（她们、它们）的……"。如：

| boo | boozɤ | 他（们）的枪 |
| øʃgy | øʃgyzi | 他（们）的山羊 |
| baxʃɤ· | baxʃɤzɤ | 他（们）的老师 |
| pe | pezi | 他（们）的母马 |
| yzymʥe | yzymʥezi | 他（们）的展览会（蒙借） |

现在表列以上的附加规则如下：

以辅音[j]或半元音结尾的词

|  | 单数 | 复数 |
| --- | --- | --- |
| 第一人称 | -im、-ym、-ɤm、-um | -ibis、-ybys、-ɤbɤs、-ubus |
| 第二人称 | -iŋ、-yŋ、-ɤŋ、-uŋ | -iger、-yger、-ɤkar、-ukar |

第三人称　　　-i、-y、-ɤ、-u

以元音结尾的词

|  | 单数 | 复数 |
|---|---|---|
| 第一人称 | -m | -bis、-bys、-bɤs、-bus |
| 第二人称 | -ŋ（尊称：-ger、-kɑr） | -ger、-kɑr |
| 第三人称 | -zi、-zɤ | |

（3）名词的格的范畴

图瓦语名词共有六个格，即：① 主格、② 属格、③ 向格、④ 宾格、⑤ 从格和⑥ 时位格。

① 主格：名词的主格用名词词干本身来表示，没有附加成分。如：

bɑxʃɤlɑr　　　geldi.

老师们　　　来了

老师们来了。

ʃuurkɑn　　　ʃuurdɤ

风　　　　　刮了

刮风了。

以上两句中的名词 bɑxʃɤlɑr（老师们）和 ʃuurkɑn（风）即主格形式的名词。

② 属格：表示某人或物对另一人或物的领属关系，回答"kɤmnɤŋ（谁）"的问题。它是在名词后加一定的附加成分构成的。

表列附加规则如下：

| 名词 | 附加成分 |
|---|---|
| 以清辅音结尾 | -tiŋ、-tyŋ、-tɤŋ、-tuŋ |
| 以浊辅音[l]结尾 | -diŋ、-dyŋ、-dɤŋ、-duŋ |
| 以元音、半元音及除[l]外的浊辅音结尾 | -niŋ、-nyŋ、-nɤŋ、-nuŋ |

例词：

| | | | | | |
|---|---|---|---|---|---|
| ɑt | （马） | → | ɑttyŋ | ʤeli | 马鬃 |
| mɤs | （猫） | → | mɤstyŋ | bɑʒɤ | 猫头 |
| dyk | （毛发） | → | dyktyŋ | uzunɤ | 发的长度 |
| dop | （球） | → | doptuŋ | eezi | 球的主人 |
| diʃ | （牙） | → | diʃtiŋ | bøʒøø | 牙床 |
| xol | （手） | → | xolduŋ | bɑʒɤ | 手掌 |
| ool | （男孩） | → | oolduŋ | nomu | 男孩的书 |
| gɛdil | （水桶） | → | gɛdildiŋ | tutkuʒu | 水桶把 |
| dɑzɤl | （根） | → | dɑzɤldɤŋ | uʒu | 根的尖 |
| søjyk ʤøryl | （部落） | → | søjyk ʤøryldɤŋ | bɑʃɤɤ | 部落头领 |

| | | | | | |
|---|---|---|---|---|---|
| sajman | （工具） | → | sajmannyŋ | zγbγ[1] | 工具的种类 |
| øw | （房子） | → | øønyŋ | gereme | 房子的墙 |
| nom | （书） | → | nomnyŋ | kadarγ | 书的封皮 |
| gydyr | （麝） | → | gydyrnyŋ | zɛrɛ[2] | 麝香 |
| gegɛɛn | （活佛） | → | gegɛɛnniŋ | olbu[3] | 活佛的座位 |

属格表示的基本意义

A. 表示某人或物对另一人或物的领有关系时，前者需用属格名词。如：

bo　arttyŋ　et-ʤyrøzi
这　人民的　财产

这是人民的财产。

bardijanyŋ　dyrymin　　　buzurka　　　bolbas
党的　　　纪律（宾格）　破坏（动名）　不可以

党的纪律不容破坏。

kuʃynyŋ　malγ　gøbej
公社的　牲畜　多

公社的牲畜多。

B. 和某些地点副词或表示方位的助（名）词结合，说明某人或物存在的位置。如：

ʃireniŋ　kyrγndakγ　　　nomnar　　　ʤapʤa.
桌子的　上边（方位名词）　书（复数）　新

桌子上的书是新的。

øliŋ　xara　duŋmazy　ergeniŋ　ʤyynijge　ʤedip　geldi.
约玲　哈拉　妹妹　　门框的　左边（副词）到　　来了

妹妹约玲·哈拉来到了门的左边。　　　　　　（引自《古南·哈拉》）

③ 向格（或称与格）：图瓦语名词有表示向格的语法范畴。在句中回答"kymka（给谁）""kajnaarka（去哪）"等问题。它在名词词干后加-ka、-ke、-ge、-ga 或-dγba、-duba、-dibe、-dybe、-tγba、-tuba、-tibe、-tybe 等附加成分构成。附加规则如下：

A. 凡以清辅音结尾，词干是前元音的名词加-ke 或-tibe、-tybe；凡以清辅音结尾，词干是后元音的加-ka，或-tγba、-tuba。如：

gidis　（毡子）　→　gidiske　（给、向）毡子　gidistibe　（向）毡子

---

① zγp 种类。

② zɛrɛ 分泌物。

③ olbuk——olbu 宝座。

øsgys　（孤儿）　→　øsgyske　（给、向）孤儿　øsgystybe　（向孤儿）

yt　（狗）　→　ytka　（给、向）狗　yttyba　（向狗）

at　（马）　→　atka　（给、向）马　attyba　（向马）

B. 凡以元音或浊辅音结尾的前元音的名词词干加-ge 或-dibe、-dybe；凡以元音或浊辅音结尾的后元音的名词词干加-ga 或-dyba、-duba。如：

ʃirɛ　（桌子）　→ʃirɛge　（给、向）桌子　ʃirɛdide　（向）桌子

bødøne（鹌）　→bødønege（给、向）鹌鹑　bødønedybe（向）鹌鹑

buza　（一岁牛）→ buzaga　（给、向）一岁牛　buzadyba　（向）一岁牛

byjlaŋ　（小鱼）　→ byjlaŋga　（给、向）小鱼　byjlaŋdyba　（向）小鱼

bejʤiŋ　（北京）　→ bejʤiŋge　（给、向）北京　bejʤiŋdibe　（向）北京

ʃaŋxaj（上海）　→ ʃaŋxajga　（给、向）上海　ʃaŋxajdyba　（向）上海

køl　（湖）　→ kølge　（给、向）湖　køldybe　（向）湖

dalaj　（海）　→ dalajga　（给、向）海　dalajdyba　（向）海

awdan　（县）　→ awdanga（给、向）县　awdandyba　（向）县

giʒi　（人）　→ giʒige　（给、向）人　giʒidibe　（向）人

C. 向格的基本意义

a. 表示行为动作的方向

men　bejʤiŋge　baarmen.

我　（向）北京　将要去（我）

我将要去北京。

men　bejʤiŋdibe　baarmen.

我将要去北京。

men　erden　zadyxka　baaryp　ʤibe　zadyp　alyrmen.

我　明天　（向）商店　将去　东西　买　拿我

我明天要去商店买东西。

b. 表示承受行为动作的间接宾语

ol　atka　sigin　berdi.

他　（给）马　草　给了

他给马草（吃）。

siler　biʤii　durup　durkar,

您　小　站　站（第二人称尊称祈使式）

men silerge　køʤø　ʤazap　berejin.

（给）您　面条　做　我给

请您稍等会儿，我给您做碗面条吃。

D. 附加成分-ke（及其变体）与-tibe（及其变体）的差别

　　附加成分-ke（及其变体）兼有向格和与格的含义，既可以表示行为动作的方向又可以表示行为动作涉及的对象；附加成分-tibe（及其变体）则多用于表示行为动作的方向。

　　在古代突厥语中有个后置词"tɑpɑ"，表示"朝……方向""对……"之意。

　　根据它的语义和语法功能，对照现代图瓦语的向格附加成分-tipe，可以推断，它就是-tipe 的前身。从这一点可以反映出现代图瓦语中某些词的来源、特点以及它们之间的相互关系，同时，也体现出图瓦语像其他突厥语一样，在词的变化上有"实词→虚词→附加成分"的发展趋势这一特点。

　　另一可以证明这种发展趋势的例证是并列连词"bir ijinin…bir ijinin（一边……一边）"。bir 和 iji 原来都是数词（实词）。它们的词义分别是"一"和"二"。在 bir 和 iji（带从格附加成分-nin）连用后，它们失去了原来的词义，成为并列连词，词性也就由实词变成了虚词。

　　④　宾格

　　图瓦语名词有宾格的语法范畴，它是在名词词干后附加-nɣ（-ni、-nu、-ny），-dɣ（-di、-du、-dy），-tɣ（-ti、-tu、ty）构成的。宾格的名词回答"kɣmnɣ（谁）、kɣmnɑrnɣ（谁）、ʤɣny（什么、谁）、ʤynerni（什么、谁）"的问题。

　　表列附加规则如下：

A. 名词　　　　　　　　　　　　　　　　　　附加成分

以清辅音结尾　　　　　　　　　　　　　　　-tɣ、-ti、-tu、-ty

以浊辅音[l]结尾　　　　　　　　　　　　　-dɣ、-di、-du、-dy

以元音、半元音结尾及除[l]外的浊辅音结尾　-nɣ、-ni、-nu、-nu、-ny

例词

| at | （马） | → | attɣ | （把）马 |
|---|---|---|---|---|
| morzuk | （豺狗） | → | morzuktɣ | （把）豺狗 |
| inek | （牛） | → | inekti | （把）牛 |
| tal | （柳树） | → | taldɣ | （把）柳树 |
| xol | （手） | → | xoldɣ、xoldu | （把）手 |
| bel | （腰） | → | beldi | （把）腰 |
| oorka | （檩） | → | oorkanɣ | （把）梁 |
| sajman | （工具） | → | sajmannɣ | （把）工具 |
| em | （药） | → | emni | （把）药 |
| nom | （书） | → | nomnu、nomnɣ | （把）书 |
| gydyr | （麝） | → | gydyrni、gydyrnɣ | （把）麝 |

　　在图瓦人的民间故事（说唱文学）中还保留了古代突厥语的宾格附加成分-n（-in、-ɣn、-un、-yn）。它用于第三人称从属附加成分后。如：

◇bartʃin　kaldarka　døʒe-xara　taŋkɤt　ezerin　　　ezerdedi.
（马名）　　　　　　黑黑的　　唐古特　马鞍（宾格）放上
给马备上了唐古特式的黑色鞍子。　　　　　　（引自《古南·哈拉》）

◇tordɤ-sakaan　ʤonɤnan　ʤonap,　suŋkar　sujmap, zukaj-sakaan
雪白的　　　　毡鞍垫　　垫上　　后边　　摸　　粉色的
xudurkasɤn　zuktɤ,　buruŋkar　sujmap　køø　　xara
后鞍（宾格）套上了　前边　　摸　　炭　　黑色
kømer-dɤrgesin sup　olɤjsolɤj durdɤ, elikbejsøjykbej　kolɤnɤn.
前带（宾格）　放上 从容不迫地　乱七八糟　　马肚带（宾格）
垫上雪白的毡鞍垫，摸一摸后边，套上粉色的后鞍，再摸一摸前边，
绑上了炭黑色的前带，把原来交叉乱绑的马肚带从容不迫地系好了。

（引自《古南·哈拉》）

B. 附加宾格词缀时的几点说明：

a. 专有 C 词作宾语时，宾格后缀不能省略。如：

◇solaŋkɤnɤ　xabada　　　gørdim.
索朗格　　哈巴河（在）我看见了
我在哈巴河看见了索朗格。

◇ol　"kɤzɤl toktɤ"　nomʃup　olur.
他　红旗（宾格）读　　　（助动词）
他在读《红旗》（杂志）。

◇bis　kulɤ　　　ʤabɤla　ʃøleribis.
我们　奴隶（宾格）一定　　我们解放
我们一定要解放奴隶。

b. 指示代词作定语时，被修饰名词的宾语词缀不能省略。如：

◇bo nomnɤ　　nomsaŋnan　surap　aldɤm.
这书（宾格）从图书馆　　向　　拿
这书是我从图书馆借来的。

◇ol biʤikti　dyyn　mektepte biʤidi.
那信（宾格）昨天　在学校　写的
那封信是他昨天在学校写的。

◇bo ʤibeni　　koʒanan　zadɤp　aldɤm.
这东西（宾格）从街上　买　　拿
这个东西是我从街上买来的。

c. 如果作宾语的名词后带有人称词尾时，其宾格词缀不能省略。如：

◇bister　<u>øøbysti</u>　　　　ʃebirledibis.
　　我们　房子（宾格）　　打扫
　　我们打扫了教室。

◇bister　<u>gyrynybisti</u>　　ege　gørybis.
　　我们　祖国（宾格）　　好　看
　　我们热爱祖国。

d. 作宾语的名词如果带有复数附加成分时，宾语词缀不能省略。如：

◇bis　<u>gezetterni</u>　　　nomʃudubys.
　　我们　报纸（宾格）　读
　　我们读报了。

◇men　<u>xojlarny</u>　　　　kadardym.
　　我　举（复数、宾格）　放牧
　　我放了羊。

e. 代词、数词以及名物化的形容词、形动词作宾语时，宾格词缀不能省略。如：

◇bøgyn　men　dekternen　<u>onny</u>　　nomnan　<u>beʃti</u>
　今天　我　　本子（从）　十（宾）　书（从）　五（宾）
zadyp　aldym.
买　　　拿
　今天我买了十本练习本、五本书。

◇ol　bøstyŋ　<u>egezin</u>　zadyp　aldy.
　他　布的　　好的　　买　　拿
　他买了好布。

◇sen　<u>ony</u>　　ege　gørsen　be?
　你　他（宾格）喜欢　看　　吗
　你喜欢他吗？

◇bis　<u>iʃkyryrny</u>　ege gøribis.
　我们喜欢工作。（我们愿意工作。）

f. 普通名词作定语时，如果是特指，则宾格词缀不能省略。

◇men　<u>almany</u>　dʒidim.
　我　苹果（宾格）吃了
　我吃了（那）个苹果。（特指某个苹果）

◇men　<u>alma</u>　dʒidim.
　我　苹果　吃了
　我吃苹果了。（非特指某个苹果，只是想说明吃的是苹果，不是其他

种类的水果）

◇ol ʃinxuanomsaŋnan　<u>nomnɣ</u>　aldɣ.

　他（从）新华书店　　书（宾格）　拿

他从新华书店买了那本书。（特指某一本书）

◇ol ʃinxuanomsaŋnan　<u>nom</u>　aldɣ.

　他（从）新华书店　　书　　拿

他从新华书店买了本书。（非特指某一本书，只是说明了买了一本书这种情况）

g. 除了以上特别强调的情况，宾格词缀一般可以省略。如下：

◇men dyyn solaŋkɣnɣŋ øønin ʤem iʃtim.

　我　昨天　索朗格的　　家　饭　吃

昨天我在索朗格家吃了饭。

◇sen menge <u>biʤik</u> biʤip beer!

　你　给我　信　　写　给

你给我写信呵！

◇men birde　<u>giʃi</u>　tanɣwasmen.

　我　一个也　人　不认识

我一个人也不认识。

⑤ 从格

从格是在名词词干后附加-tan、-tin、-dan、-din、-nan、-nin 构成的。从格名词回答"kɣmnan（从谁），kɣmnarnan（从谁，复数）"或"ʤynim（从谁、从什么），ʤylernin（从谁、从什么,复数）"等问题。

从格词缀的附加规则如下：

A. 凡以清辅音结尾的前元音词干后加-tan；凡以清辅音结尾的后元音词干后加-tin。如：

| | | | | |
|---|---|---|---|---|
| kuʃ | （鸟） | → | kuʃtan | （从）鸟 |
| xartʃak | （箱子） | → | xartʃaktan | （从）箱子 |
| diʃ | （牙） | → | diʃtin | （从）牙 |
| ys | （油） | → | ystin | （从）油 |

B. 凡以[l]结尾的前元音名词词干后加-dan，后元音名词词干后加-din。如：

| | | | | |
|---|---|---|---|---|
| dazɣl | （根） | → | dazɣldan | （自）根 |
| aal | （乡村） | → | aaldan | （自）乡村 |
| gerel | （光） | → | gereldin | （自）光 |

C. 以元音和除了[l]之外的浊辅音结尾的名词词干后加-nan、-nin。这种

形式的附加成分我们认为是从哈萨克语借入的。理由如下：

a. 在古代突厥语和国外有关图瓦语的资料中，都没有-nan、-nin 这种形式的从格附加成分。

b. 在对图瓦语影响较大的同族语言中，只有哈萨克语有这种形式的从格附近成分。

据此，我们认为这个附加成分是从哈萨克语中借入的，而且这个附加成分在图瓦语中的使用频率比哈萨克语中高。（哈萨克语只在鼻辅音及第三人称从属附加成分后使用。）如：

| arka | 森林 | → | arkanan | （从）森林 |
| dalaj | 海 | → | dalajnan | （从）海 |
| dax | 山 | → | daxnan | （从）山 |
| degɛ | 山羊 | → | degɛnin | （从）山羊 |

D. 从格的基本意义

a. 表示行为动作的出发点。

◇ol aaldan koduga geldi.
　他 （从）农村 （到）城市 来了
　他从农村来到了城市。

◇men solaŋkynan bir nom ʤelep aldym.
　我 （从）索朗格 一 书 借 拿
　我从索朗格那儿借来一本书。

◇ej uda ban-tyreben suŋkar oj ʤige suŋky ʤyktin
　哎 不一会 后 正 西 （从）方向
bir kyzyl toosun ynyp.
一 红色的 烟尘 出现了
哎，不一会，从正西方出现了一股红色的烟尘。

（引自《古南·哈拉》）

b. 表示某物是由某种材料或东西构成，或表示进行某行为动作时所采取的手段（这一点有些类似于古代突厥语的工具格或现代哈萨克语的造格的作用。）

◇bo ʃaʤaŋny balkaʃtan ʤazaan.
　这 碗（宾格） （用）泥 做的
　这碗是用泥巴做的。

◇syynnyŋ oolynyŋ geʒenin ak soduktaryn getgelip.
　鹿的 孩子的 （用）皮 白色的 摔跤时穿的背心 穿上
　穿上了用鹿羔皮做的白色背心。

c. 表示行为动作的原因

◇ol <u>aarkaʃtan</u>　mektepke　gelbεεn.
他　（因）病　　学校（向格）没来
他因病没来上学。

◇øw　<u>daʃkɤn-suwnan</u>　ʤuŋnup　kaldɤ.
房子　（因）洪水　　　倒　　（放下）
房屋被洪水冲倒了。

d. 加在名词、副动词或数词后表示行为动作的时间。

◇aldɤn　ʃalmanɤ　　<u>kabɤtkaʃtan</u>　duttuŋ　ba
金　套马绳（宾格）　放下（以后）你抓住了　吗
deple　kɤʃkɤ　berdi.
助动词　喊声　给了　　　　　　　　　（引自《古南·哈拉》）
金套马绳放下去以后，（妈妈喊道）你抓住了吗？

◇bo　ʤɤl　<u>kɤʃtan</u>　　baʃtaʃ　bis
这　年　冬天（从格）　开始　　我们
xanzuʃanɤ　ørønɤrge　　belettendibis.
汉语（宾格）学习（向格）准备（将要）
从今年冬天开始，我们将要学习汉语。

◇sagat　<u>beʃtin</u>　baʃtaʃ　gørgysbenni　ʃɤp　kaldɤ.
点钟　（从）五　开始　展览会（宾格）关　（放下）
从五点开始，展览会停止入场。

◇sawur　ege　bolsa　bis　<u>iji-yʃ xonuktan</u>　gedεεr　baarbis.
天气　好　如果　我们　二三天　　　后　　我们去
如果天气好的话，我们过两三天后就去。

e. 用于构成比较意义的句子。

◇ol　<u>duŋmasɤnan</u>　yʃ　ʤaʃ　ulux.
他　（比）弟弟（从格）三　岁　大
他比弟弟大三岁。

◇bo　meʃibet　de　<u>meʃibettin</u>　ulux.
这　衣服　那　衣服　　大
这件衣服比那件衣服大。

◇bøgyn　<u>dyyngynin</u>　　izix　irgen.
今天　（比）昨天（从格）热　（语气词）
今天比昨天热。

f. 在动词命令式中表示非特指的对方。

◇　xojbaktan　　　　kut!
　　酸奶（从格）　　倒
　　倒酸奶！

◇　ʤigirnin　　　　　kag!
　　糖（从格）　　　放
　　放糖！

◇　kørøktin　　　　　egel!
　　铁锹（从格）　　拿来
　　拿铁锹来！

这些动作谁完成都可以，不一定指对方，所以说是非特指的对方。

⑥ 时位格

A. 图瓦语名词有时位格的语法范畴。时位格名词回答"kɤmda、kɤmnarda（在谁那里），ʤyde、ʤylerde（在什么地方，在谁那里），kajda（在哪）"等问题。

a. 凡以清辅音结尾的名词后附加-ta、-te，如：

| doʃ | 冰 | → | doʃta | 在冰（上） |
| ɤnjaʃ | 树 | → | ɤnjaʃta | 在树（上） |
| mes | 山坡 | → | meste | 在山坡 |
| eʤik | 门 | → | eʤikte | 在门（那儿） |

b. 凡以元音或浊辅音结尾的名词后附加-da、-de。如：

| sɤɤn | （鹿） | → | sɤɤnda | 在鹿 |
| ʃire | （桌子） | → | ʃirede | 在桌子 |

B. 时位格的基本意义

a. 表示行为动作的时间、地点。

◇bis　　bejʤiŋ　daʃøzinde　　ørønyribis.
　　我们　北京　　大学（在）　学习
　　我们在北京大学学习。

◇ol　ʃaxta　　　ʃire　ʤazabas.
　　那（在）时候　桌子　不做
　　那个时候不（会）做桌子。（引自《图瓦历史简况》）

◇orʤalaŋ　ʤanbu-tibe　burun　ʃaxta　dekʃi　ʤaakaj bydyp
　　地球　　宇宙　　　　以前　时候　平平的　好　　　形成
　durkan　ʃax　　irgen　didir.
　（助动词）时候　语气词　说　　　　（引自《古南·哈拉》）
　据说在古时候，天地间的一切都那么好。

◇taptɣx　dyniŋ　ortusynda　duŋmasy　dokʃɣn-xara　yldene　adʒɣttaj
正好　夜的　（在）一半　妹妹　　乌黑色的　　大刀　　偷偷地

dudup　ap　ynyp　dʒoj　bardy.
拿、抓　拿　出去　走　（助动词）

夜半时，古南·哈拉的妹妹把他乌黑闪亮的大刀偷出去了。

（引自《古南·哈拉》）

◇dyyn　kozada　　duŋkurny　gørdym.
昨天　（在）街上　冬格尔　　我看见了

昨天我在街上看见了冬格尔。（引自《图瓦历史简况》）

b. 表示某物存在的地点或某种动作发生的地点。

◇kunʃyda　　gøbej　tiraktor　　bar.
（在）公社　多　　拖拉机　　　有

公社有许多拖拉机。

◇ol　izinde　　dʒytgyp　yyldɛɛr.
他　（在）工作　努力　　工作

他在工作上很努力。

◇meen　nom　dekterim　øw　iʃtinde.
我的　书　本子　　　房子（在）里

我的本子和书都在屋里呢。

（4）名词的谓语性人称范畴

像同语族的哈萨克语、柯尔克孜语、维吾尔语一样，图瓦语中也有谓语性人称这个语法范畴，而且在图瓦语的名词谓语性人称第一人称单数中还保留了古老的附加成分-ben。

谓语性人称主要使用在名词、形容词、形动词、数词等作谓语时。谓语性人称附加成分不带重音。图瓦语只有第一、第二人称谓语性人称附加成分，第三人称的单复数都没有谓语性人称附加成分。但有时可在第三人称复数形式后，附加名词复数的附加成分-tar、-ter、-dar、-der、-lar、-ler、-nar、-ner。

下面表列图瓦语的谓语性人称附加成分

|  | 单数 | 复数 |
| --- | --- | --- |
| 第一人称 | -men、-ben | -bis、-bys |
| 第二人称 | -sen、-siler（尊称） | -senner、-sileler（尊称） |
| 第三人称 | —— | -tar、-ter、-dar、-der、-lar、-ler、-nar、-ner |

例（1）名词作谓语

| men baxʃɣmen. | bis baxʃɣbɣs. | 我（们）是教师 |
| sen baxʃɣsen. | senner baxʃɣsenner. | 你（们）是教师 |
| ol baxʃɣ. | olalar baxʃɣ(lar). | 他（们）是教师 |

例（2）形容词作谓语

| men egemen. | bis egebis. | 我（们）好 |
| sen egesen. | senner egesenner. | 你（们）好 |
| siler egesiler. | sileler egesileler. | 您（们）好 |
| ol ege. | olalar ege(ler). | 他（们）好 |

例（3）形动词作谓语

| men gelgenmen. | bis gelgenbis. | 我（们）来过 |
| sen gelgensen. | senner gelgensenner. | 你（们）来过 |
| siler gelgensiler. | sileler gelgensileler. | 您（们）来过 |
| ol gegen. | olalar gelgen(ner). | 他（们）来过 |

例（4）数词作谓语

| men birinʃimen. | bis birinʃibis. | 我（们）第一 |
| sen birinʃisen. | senner biriʃisenner. | 你（们）第一 |
| siler birinʃisiler. | sileler birinʃisileler. | 您（们）第一 |
| ol birinʃi. | olalar birinʃi(ler). | 他（们）第一 |

2. 数量词

（1）数词

A. 数词表示物体的数目和顺序。量词表示个体事物的单位或行为动作的次数（动量词）或行为动作所需时间的单位（静量词）。

B. 数词的种类。图瓦语的数词可以分为：a. 基数词 b. 序数词 c. 约数词 d. 集合数词 e. 区分数词 f. 分数词 g. 倍数词

下面分类介绍：

a. 基数词：基数词表示物体的数目，回答"ʤeʤe、kanʤa（多少）"一类的问题。基数词和基数词结合起来表示的整数也是基数词。

ⓐ 属于这类数词的有：

| 个位 | | 十位 | | 百位千位 | |
|---|---|---|---|---|---|
| bir | 一 | on | 十 | ʤɣs | 百 |
| iji | 二 | ʤerbe | 二十 | mɣŋ | 千 |
| yʃ | 三 | yʒyn | 三十 | tømyn | 万 |
| dørt | 四 | dørdyn | 四十 | on tømyn | 十万 |
| beʃ | 五 | beʒen | 五十 | ʤɣs tømyn | 百万 |

| aldɤ | 六 | aldan | 六十 | mɤŋ tømyn | 千万 |
|------|----|-------|------|-----------|------|
| ʤede | 七 | ʤeden | 七十 | dunʃur | 亿 |
| sɛs | 八 | sɛzen | 八十 | | |
| tos | 九 | tozan | 九十 | | |
| nøl | ○ | | | | |

ⓑ 复合数词的构成：像绝大多数突厥族语言的复合数词的构成一样，也是先写高位数然后写低位数。如：

| on bir | 十一 | bezen sɛs | 五十八 | ʤerbɛ dørt | 二十四 |
|--------|------|-----------|--------|------------|--------|
| beʃ ʤɤs beʃ | 五百零五 | bir mɤŋ tos ʤɤs sezen | 一千九百八十 | | |
| dørt mɤŋ tømyn | 四千万 | | | | |

C. birɛɛ（一、一次）用于按顺序计数

◇bo　ak　xabanɤŋ　dɤbazɤ　taŋdɤɤ　birɛɛ,
　这　白　哈巴的　图瓦　倘德　一

　sojan iji,　ak　sojan　yʃ…
　萨彦 二　白　萨彦　三

白哈巴的图瓦人，有一个"倘德"（部落）、两个"萨彦"（部落）和三个"阿克萨彦"（部落）……（引自《图瓦历史简况》）

形容词"ʤaŋkɤs"的含义除表示"一"以外，还表示"唯一"的意思。如：

| ʤaŋkɤs ool | 独生子 | ʤaŋkɤs urux | 独女 |
|------------|--------|-------------|------|
| ʤaŋkɤs øw | 一所房子 | ʤaŋkɤs nom | 一本书 |

◇sileler　ʤeʤe　giʃi　geldiger?
　你们　几　人　你们来

　你们来了几人？

◇men　ʤaŋkɤs　geldiger.
　我　一　我来了

　我一个人来的。（强调只一个人来的）

◇men　birɛ　giʃi　geldim.
　我　一　人　我来的

　我一个人来的。（只说明这种情况）

基数词像名词一样有格的变化。如：

| 主格 | bir | 一 |
|------|-----|-----|
| 宾格 | birni | （把）一 |
| 向格 | birge | （向）一 |
| 时位格 | birde | （在）一 |

| 从格 | birnin | （从）一 |
| 属格 | birniŋ | 一（的） |

b. 序数词　序数词表示事物的先后顺序，回答"ʤeʤenʃi, kanʤanʃɣ（第几）"和"ʤeʤe　dukaar（第几）"的问题。

序数词的构成有两种方式：

ⓐ 附加法　在基数词后附加-inʃi、-ɣnʃɣ、-intʃi、-ɣntʃɣ（以辅音结尾的数词）；-nʃi、-nʃɣ、-ntʃɣ（以元音结尾的数词）。如：

| bir+inʃi(-intʃi) | birinʃi(birintʃi) | 第一 |
| iji+nʃi(-ntʃi) | ijinʃi(ijintʃi) | 第二 |
| dørdyn+inʃi(-intʃi) | dørdyninʃi(dørdynintʃi) | 第四十 |
| aldan+ɣnʃɣ(-ɣntʃɣ) | aldanɣnʃɣ(aldanɣntʃɣ) | 第六十 |

当有几个数合成序数词时，只在最后一个数词上附加序数词词尾。如：
bir mɣŋ tos ʤys sezeninʃi ʤyl(ɣ)　一九八〇年。

ⓑ 合成法　把基数词和 dukaar（号）这个词结合起来，这种说法一般很少使用。如：

| beʃ dukaar | 第五 |
| bir ʤys tozan dukaar | 第一百九十 |
| bir mɣŋ aldɣ ʤys nøl ʤede dukaar | 第一千六百〇七 |

c. 约数词　约数词表示物体的大概数目。图瓦语中约数词的表示法有以下七种：

ⓐ 基数词和"kirɛlix"这个词结合，表示不到该数的约数词。如：

| on kirɛlix | 大约十（不到十） |
| ʤys kirɛlix | 接近一百（不到一百） |

ⓑ 词干元音是前元音的基数词附加-ʤe；词干元音是后元音的基数词附加-ʤa，构成表示不到该数的约数词。如：

| ʤerbeʤe | 约二十 |
| aldanʤa | 近六十 |

ⓒ 基数词和 aʒɣx 结合，表示多于该数。如：

| mɣŋ aʒɣx | 一千多 |
| beʃ ʤys aʒɣx | 五百多 |
| bir aʒɣx | 一个多 |

ⓓ 基数词和疑问代词"ʤeʤe"（几个，多少）结合，表示约数。如：

| on ʤeʤe | 十几（个） |
| sɛzen ʤeʤe | 八十几 |

ⓔ 用邻近的两个基数词的结合表示约数。如：

dørt-beʃ　四五个；ʤerbe-yʒyn 二三十。

ⓕ 在基数词后先加向格附加成分，然后和 ʤook（近）、ʤykyy（近）结合表示约数。如：

ʤysge ʤook　近一百；beʃge ʤykyy　不到五；myŋka ʤook 差不多一千；onka ʤykyy约十。

ⓖ 在基数词后面连用副词 "iʃtinde（内、里）" "arasynda（之间）" 或 "ystinde（上面）" 等表示约数。如：

ʤerbe iʃtinde 二十以内；yʃyn ystinde 三十以上；on ʤerbe arasynda　十到二十之间。

d. 集合数词

在表示作为整数的数目时，使用集合数词。

集合数词的构成除了 "一" 的形式为 ʤaaskaan 之外，其余的均以基数词附加-eleen、-alaan、-leen、-laan 构成。

附加规则如下：

凡以辅音结尾的基数词加-eleen、-alaan；凡以元音结尾的基数词加-leen、-laan。

附加成分在和词干结合时，符合元音和谐律。

| | | | |
|---|---|---|---|
| ʤaaskaan | 一 | aldy-laan | 六 |
| iji-leen | 二 | ʤede-leen | 七 |
| yʒ-eleen | 三 | sɛz-eleen | 八 |
| dørt-eleen | 四 | toz-alaan | 九 |
| beʒ-eleen | 五 | on-alaan | 十 |

疑问代词 ʤeʤe 附加-leen 也可表示集合的概念，它既可用在肯定句中又可用在疑问句中。如：

◇sileler ʤeʤeleen geldiger？　您们几个人一起来的？

◇bis dørteleen geldibis.　我们四个人一起来的。

◇bis ʤeʤeleen geldibis.　我们几个人一起来的。

e. 区分数词　表示按一定数目分成一个个单位的数词称为区分数词。它由基数词的重叠构成。其中第二个基数词尾需附加从格词缀，区分数词在句中作状语。如：

◇senner bir-birnin søs ajt.　你们一个一个地说。

◇bo nomnarny beʃ-beʃtin gag.　把这些书按五本五本地放。

◇olalar iji-ijinin gel.　让他们两个两个地来。

如果第二个基数词不附加从格词缀，则其后必须有被修饰的名词出现，这时的区分数词在句中作定语。

◇<u>bir-bir</u>　ɑɑs　søs　ɑjtʏrsenner.

一　　　嘴　话　你们说

你们每人说一句。

f. 分数词　表示非整数概念的数词是分数词。它由基数词附加名词的物主附加成分作为表示分母部分的数词，作为分子的数词要加第三人称从属附加成分；或者，作为分母的数词由基数词附加从格附加成分表示，分子的数词用不变化的基数词表示。

分数词可分为单纯分数词和混合分数词两类。单纯分数词　没有整数部分的分数词称为单纯分数词。

ijiniŋ　biri　二分之一

ijinin　bir　二分之一

ʤystyŋ　ɑldan ʤede　百分之六十七

ʤystin　ɑldan ʤede　百分之六十七

ʤerbe　beʃtiŋ yʃi　二十五分之三

ʤerbe　beʃtin yʃ　二十五分之三

这两种形式的分数词，前一种比后一种用得多些。

混合分数词　带有整数部分的分数词。表示整数部分的数词后加 bydyn。如：

Bir bydyn ʤystin ʤerbe beʃ　　1.25

beʃ bydyn ɑldʏnan bir　　5 1/6

g. 倍数词　在基数词后附加 "-naan、-neen、-taan、-teen、-laan、-leen"等附加成分，可表示倍数。这时基数词多是 "千、万" 位的。如：

mʏŋnaan　　　　　tømynneen　　　　成千上万

ʤysteen　　　　　mʏŋnaan　　　　　成百上千

duŋʃurlaan　　　　mʏŋ duŋʃurlaan　成亿、成千亿

（2）算术四则

① 加法

位于前面的加数用向格形式表示，位于后面的被加数用宾格形式表示，后面跟动词 katza（条件式）和表示总数的数词，最后写上动词 bolur（成为、成）。如：

ʤerbege　　　beʃti　　katza,　　　ʤerbe　beʃ　bolur.

二十（向格）五（宾格）加的话　　二十　　五　成为

20+5=25

② 减法

减数在前用从格形式的数词表示，被减数用宾格表示，后面跟动词 dɣrza（条件式），再次写得数，最后写动词 kalɣr（剩余）。如：

| aldannan | ijini | dɣrza, | beʒen | sɛs | kalɣr. |
|----------|-------|--------|-------|-----|--------|
| 六十（从格） | 二（宾格） | 减的话 | 五十 | 八 | 余下 |

60−2=58

C. 乘法

被乘数用宾格形式的数词表示，乘数用向格表示，然后跟条件式动词 gøbøjze（倍），再次写积数，最后写动词 bolur。如：

| dørtti | dørtge | gobøjze, | on | aldɣ | bolur. |
|--------|--------|----------|-----|------|--------|
| 四（宾格） | 四（向格） | 乘的话 | 十 | 六 | 成为 |

4×4=16

d. 除法

被除数用宾格形式，除数用带有向格词尾的数词，然后跟条件式动词 "yylɛɛze（分）"，最后写商数和动词 bolur。如：

| sɛsti | ijige | yylɛɛze, | dørt | bolur. |
|-------|-------|----------|------|--------|
| 八（宾格） | 二（向格） | 除的话 | 四 | 成为 |

8÷2=4

由于受汉语的影响，学校授课时，一般以汉语叙述加、减、乘、除的方式来表示。如：

| 加法： | ijiniŋ | biri | kadar | ijiniŋ | biri |
|--------|--------|------|-------|--------|------|
| | 二的 | 一 | 加 | 二的 | 一 |

| diŋ | bir | bydyn. |
|-----|-----|--------|
| 等于 | 一 | 整个 |

1/2+1/2=1

| 减法： | ʤede | ʤys | ʤerbe | sɛs | dɣrtar |
|--------|------|-----|-------|-----|--------|
| | 七 | 百 | 二十 | 八 | 减 |

| yʃ ʤys | aldan | beʃ | diŋ | yʃ ʤys | beʒin | yʃ. |
|--------|-------|-----|-----|--------|-------|-----|
| 三百 | 六十 | 五 | 等于 | 三百 | 五十 | 三 |

728−365=353

| 乘法： | iji | bydyn | onnɣŋ | beʒin | gøbøkter |
|--------|-----|-------|-------|-------|----------|
| | 二 | 整个 | 十的 | 五 | 乘 |

| sɛs | diŋ | ʤerbe. |
|-----|-----|--------|
| 八 | 等于 | 二十 |

2.5×8=20

| 除法： | yʃ | ʤys | aldan | sɛs | ylɛɛr |
|---|---|---|---|---|---|
| | 三 | 百 | 六十 | 八 | 除 |

| yʃ | diŋ | bir | ʤys | ʤerbe | iji | bydyn |
|---|---|---|---|---|---|---|
| 三 | 等于 | 一 | 百 | 二十 | 二 | 整个 |

yʃtiŋ ilize.

三的　二　　368÷3=122 2/3

（2）量词

像突厥语族其他语言一样，图瓦语的量词也不发达。数词后面往往不用量词，而用数词直接修饰名词表示数量。量词由于有修饰名词（作定语）和修饰动词（作状语）的不同语法功能，因此，量词可分为名量词和动量词两大类。

① 名量词

A. 表示重量的量词

| tonna | 吨 | laŋ | 两 |
|---|---|---|---|
| ʤiŋ | 斤 | kile | 公斤 |
| （ʤardyk kile） | 半公斤 | | |

B. 表示容量的量词

| ʃiŋ | 升 | bødylge | 瓶 |
|---|---|---|---|
| xɣmyʃ | 大勺 | ʃaʤaŋ | 碗 |
| xumuʃ | 木桶 | depse | 木盆① |
| kønøk | 皮壶（扁圆形，长嘴） | tulup | 长皮口袋（装麦子、面粉等干东西用） |
| gøger | 皮口袋（装酸奶用） | daʒɣr | 皮壶② |

C. 表示长度的量词

| kɣʃkɣrɣm | 一（华）里 |
|---|---|
| iji- kɣʃkɣrɣm | 一公里（ʤyʃ iji- kɣʃkɣrɣm 一百公里） |
| durku | 长（一人长，一根木头长或一棵树长，等等） |
| arbanʤy durku | 一绳子（不超过十米） |
| kulaʃ | 度（一人平伸两臂间的长度，约五尺） |
| xos-kulaʃ | 丈（两个 kulaʃ，约一丈） |
| ardam | 一单步 |

---

① 图瓦人用长约一米的圆木，竖剖两段，取其一，挖制成的底半圆的长木盆。

② 扁圆、桃心形，嘴较 kønøk 短，壶面饰有花纹。

| | |
|---|---|
| kɤrɤ | 一尺（伸开手掌后，从中指尖到肘关节的长度） |
| bazɤm | 一脚长 |
| søøm | 一拃（平伸手掌，从中指尖到拇指尖的长度） |
| mukum | 一拃（平伸手掌，从食指尖到拇指尖类似八字形的长度） |
| mukum søøm | 一拃（平伸手掌后，将食指弯曲，从弯曲的顶部到拇指尖的长度） |
| mukum | 一寸（食指第三段骨节的长度。） |
| ilix | 一分（食指、中指或无名指的宽度） |
| ʃemiʃilix | 一小分（小指拇的宽度） |

D. 表示个体事物的量词

| | |
|---|---|
| baʃ | 头（牛、羊等） |
| ʃaa | 件（衣服等） |
| xos | 双（鞋等） |
| ødøk | 圈（羊等） |
| bag | 捆（草、麦等） |
| boja | 把（草、麦等） |
| ʃimʤim | 撮 |
| koba adɤʃ | 一捧（双手）（水、土、麦等） |
| zarsɤk adɤs | 一把（单手）（水、土、麦等） |
| møøŋ | 部位 |
| kat | 层 |

E. 表示时间的量词

| | |
|---|---|
| xonuk | 一昼夜 |
| kɤn | 一天（白天） |
| daŋadɤr | 夜 |
| sagat | 小时 |
| minot | 分 |
| (bir)et bɤʤɤrɤm | 肉烧好的时间 |
| (bir)ʃaj xandɤrɤm | 茶烧好的时间 |
| (bir)tamɤkɤ dɤrdɤm | 一支烟的工夫 |
| karaktɤ aʒɤp ʃimgiʤe | 一眨眼的工夫 |
| karak ʃimgiʤe | 一挑眼皮的工夫 |
| girbik kakɤm | 瞬间（眨眼的工夫） |

计算时间有时也用一天、半天作为基本计算单位。如：

| | |
|---|---|
| bir kynnyk oruk | 一天的路 |
| ʤardɤk kynnyk oruk | 半天的路 |
| bir kynnyk iʃ | 一天的劳动（工作） |
| ʤardɤk kynnyk iʃ | 半天的事情（劳动） |

② 动量词

| | |
|---|---|
| sɑɑm | 次、趟、遍 |
| adɑɑ | 次、趟、遍（蒙借） |
| dagɤn | 次、回 |

3. 代词

（1）基本概念：在图瓦语中，我们将那些具有人称、数、格的变化，不可以用形容词、数词修饰的，在句子中可以充当主语、谓语、定语、宾语和状语的词称为代词。在国内的同族语言中，图瓦语代词的范畴是比较复杂的。不仅包括可以代替体词（名词、形容词、数词）的代词，而且还包括可以代替动词，甚至可以代替副词的代词。

（2）图瓦语代词的分类：依其语义和语法功能的不同，图瓦语中的代词可以分为：① 人称代词② 指示代词③ 疑问代词④ 整体代词⑤ 不定代词⑥ 反身代词⑦ 物主代词⑧ 代数词⑨代动词⑩代副词。下面简要介绍一下这 10 类代词：

① 人称代词　人称代词指代某人或某物。图瓦语中的人称代词有以下这些。

| | 单　　数 | 复　　数 |
|---|---|---|
| 第一人称 | men（我） | bis（我们） |
| 第二人称 | sen（你）siler（您） | senner（你们）sileler（您们） |
| 第三人称 | ol（他、她、它）<br>de（他、她、它） | olar、olalar 他（她、它）们<br>degeler 他（她、它）们 |

第三人称有 ol、olar、olalar 和 de、degeler 两种形式，其中前一组单、复数人称代词用于近指，后一组用于远指。复数 olar 和 olalar 两种形式中后者比前者的使用频率高。

ol 这一形式与古代突厥语、土耳其语这一代词的古代形式相同。

图瓦语人称代词的变格。

## 单　数

|  | 第一人称 | 第二人称 | 第三人称 |
|---|---|---|---|
| 主格 | men | sen | ol，de |
| 属格 | meen | seen | ooŋ，degeniŋ |
| 宾格 | meni | seni | ony |
| 位格 | mende | sende | ynda |
| 从格 | mennin | sennin | olap、onun、delep、degenen |
| 向格 | menge、mendibe | senge、sendibe | ynka、ortta、oldyba |

## 复　数

|  | 第一人称 | 第二人称 | 第三人称 |
|---|---|---|---|
| 主格 | bis | senner | olar |
| 属格 | bistiŋ | sennerniŋ | olarnyy |
| 宾格 | bisti | sennerni | olarny |
| 位格 | biste | sennerde | olarda |
| 从格 | bistin | sennernin | olarnan |
| 向格 | biske、bistibe | sennerge、sennerdibe | olarka、olardyba |

在图瓦语中，人称代词的变格可以在一种附加成分后再加另一种附加成分重叠使用。如人称代词+宾格词缀+从格词缀：

| | | | |
|---|---|---|---|
| menninin | 从我 | bistinin | 从我们 |
| senninin | 从你 | sennerninin | 从你们 |
| onynan | 从他（她、它） | olarnynan | 从他（她、它）们 |

图瓦语人称代词的各格使用方法和名词基本相同，但又有所区别。

主格代词作主语时，一般可以省略。这时只用谓语的人称附加成分来表示主语的人称。如：

◇bøgyn　men　xabaka　　　bardym
　今天　我　哈巴河（向格）　去了
　今天我到哈巴河去了。（主格代词未省略）

◇bo nomny　　nomsaŋynan　surap　aldym
　这 书（宾格）　图书馆（从格）　问　拿了
　这本书是我从图书馆借来的。（主格代词省略）

◇ol bidʒikti　dyyn　mektepte　　bidʒidi
　那 信（宾格）　昨天　学校（位格）　写的
　那封信是他昨天在学校写的。（主格代词未省略）

◇kunan  xala  kajnaar  saldɯŋ  senni  gel  ʤɤdɯr     dɯŋnap  murnɯŋ
　古南　哈拉　那儿　你（宾格）　来（助动词）听　前边
utkɯj  geldim  didi
迎接　来了　她说

……她说："古南·哈拉，你这是到哪儿去呀？听说你来，我特来迎接你。"（主格代词 men 省略）（引自《古南·哈拉》）

A. 人称代词的宾格词缀不能省略。

◇men  xurmustɯ  xaannɯŋ  taʤʤezɯ  ijikmen  xordan  <u>menni</u>  gɯʃ  bilen
　我　上天　皇帝的　公主　　　　　妖怪　把我　力气　用
tonap  egeep  epʃi  kɯldɯ  didi.
抢　带来　老婆　做　她说

她说："我本是天帝的公主，是那妖怪把我强抢来做老婆的。"

（引自《古南·哈拉》）

◇ej,　<u>senni</u>　kanʤalajin…
　哎，把你　怎么办

哎，我可把你怎么处置……（引自《古南·哈拉》）

B. 当属格代词修饰它所领属的成分时，而后者又有人称从属词缀，属格代词可以省略。

◇ej,  oo<u>lum</u>　bardɯŋza  barkajsen.
　哎　我的孩子 去的话　　你去罢

哎，我的孩子，要去就去吧。（引自《古南·哈拉》）

◇ej,  duŋma<u>m</u>  dergim-ʃildekte  aŋnɯŋ  edin  dyʤyryp  al  didi.
　哎　我的妹妹　后捎绳（位格）野兽　肉　下来　　拿　她说

他说："哎，我的妹妹，把后捎绳上的野兽肉拿下来罢。"（引自《古南·哈拉》）

◇meen  eʤ<u>em</u>  ʃilerkep　ʤɤdɯr…
　我的　我妈妈　恶化　　（助动词）

我的妈妈病恶化了……（引自《古南·哈拉》）

② 指示代词　指示代词指代某人或某物或在句子的上文提到过的人或物。图瓦语中的指示代词有以下这些：

| | | | |
|---|---|---|---|
| bo | 这 | | |
| de | 那（近指） | ol | 那（稍远些的人或物） |
| dee | 那（指较远地方的人或物） | | |
| dii | 那 | | |
| dyy | 那（指更远地方的人或物） | | |

| mʏndʏx | 这样的 | ʏndʏx | 那样的 |
|--------|--------|-------|--------|
| bolʃu | 这样的 | olʃu | 那样的（部分人使用这两个词） |

uk　　　这、该（人、物）、本（人），
　　　　（原来的）那个

myn　　（就是）这①

| mʏnʤa | 这么多 | ʏnʤa | 那么多 |

图瓦语的指示代词有数及格的变化。

③ 疑问代词　询问时间、地点、人物、事物或其性状数量和行为动作的原因等方面情况的代词称为疑问代词。

图瓦语中有以下这些疑问代词：

| kʏm（复数：kʏmnar） | 谁 |
|---|---|
| kaʒan | 何时、什么时候 |
| ʤy（ʤyme） | 什么 |
| ʤyyl | 什么 |
| ʤeʤe, kaʃ, kaʤa（哈借） | 多少 |
| ʤeʤenintʃi, kanʤanʏntʃʏ（快说时为 ʤeʒentʃi, kaʒʏntʃʏ） | 第几 |
| kajnaar, kajda | （到）哪儿 |
| kajʏʏn, kajnʏʏn, kajlap | （从）哪儿 |
| kajnaardan | 从哪儿（不常用） |
| kajʏ, kajsʏ | 哪一个 |
| kajʃʏʏ | 什么样的 |
| kʏmnʏŋ, kʏmnʏʏ | 谁的 |
| ʤynyŋ, ʤymeniŋ | 什么的 |
| ʤynʏʏ, ʤymenii | 什么的（只能用于被限定的词后） |
| ʤyge, ʤyy uʒurnan | 为什么 |
| kandʏx, kandʏx ʤime | 什么样的，怎么样的 |

在古代突厥语中，kaj-kan 和 ʤy 是疑问代词的词根，其他均是加了各种后缀形成的。从现代图瓦语大部分疑问代词的构成形式来看，图瓦语疑问代词保留了古代突厥语疑问代词的词根 kaj-kan 和 ʤy。如 ʤynʏʏ（ʤy+nʏʏ），ʤynyn（ʤy+nyn），kajʃʏʏ（kaj+ʃʏʏ），kandʏx（kan+dʏx）。

疑问代词用法举例：

---

① myn 还可以和 ol、ʏndʏx 连用，表示"就是那，就是那样"的意思。

◇ol ʤyme nom nomnap ʤɣdɣrɣ?
　　他　什么　书　读　　　（助动词）

他读的是什么书？

◇kɣm geldi?
　　谁　　来了

谁来了？

◇silelerniŋ angigerde kaʃ （ʤeʤe, kanʤa） surukʤɣ bar?
　　您们的　　班（位格）多少　　　　　　　　　　　学生　　有

您们班有多少学生？

◇ol senge ʤymelerni ajttɣ?
　　他　对你（向格）什么（宾格）讲了

他对你讲了些什么？

◇xuŋkɣr kaʒan yrymtʃige ʤetti?
　　洪格尔　什么时候　乌鲁木齐（向格）　到达了

洪格尔什么时候到达乌鲁木齐的？

◇bo ʤynyŋ sydy?
　　这　什么的　奶

这是什么奶？

◇sen kajnɣn （kajɣɣn, kajlap） geldiŋ?
　　你　哪儿　　　　　　　　　　来了

你从哪儿来？

◇ol kandɣx ʤime?
　　它　什么样的　东西

它是什么？

◇sen bo ʤɣl kaʃtɣx　sen?
　　你　今　年　多少的　　你

　　　　　　　　kaʃka geldiŋ?
　　　　　　　　多少（向格）来了

　　　　　　　　ʤeʤege geldiŋ?
　　　　　　　　多少（向格）来了

你今年多大了？

④ 整体代词

整体代词确指人或物的整体。图瓦语中有以下这些整体代词：

A. ʤetgil 全部，整个（有全部都在，一个不少之意）这个词可以单独使用。

　　◇sennerniŋ　giʃiler　　ʤetgil　be?
　　　你们的　　　人（复数）全部　　吗

　　ʤetgil.　（或：tødybis　ʤetgil）
　　全部　　　　　　全体　　全部
　　你们的人都在吗？都在（我们都在）。

　B. tødy（蒙语借词）全部，全体
　　◇gøptiŋ　　tødyde　　geep　boldɣ.
　　　人民的　全部（都）来　　（助动词）
　　大家都来了。

　　◇bis　bardurkan　ʤɣldɣŋ　tødyn　aʒɣldap　birdirdibis.
　　　我们　过去的　　年的　　全部　工作　　完成了
　　我们把去年的所有工作都完成了。

　C. dooza 全部，整个（有穷尽之意）
　　◇men　ʤemni　　dooza　ʤip　kaɡdɣm.
　　　我　饭（宾格）全部　吃　　放了
　　我把饭全吃光了。

　　◇ogɣ　dooza　adɣp　kaɡdɣm.
　　　子弹　全部　射　　放了
　　子弹全都被我打光了。

　D. byryn 全体，整个（和 ʤetgil 同义）
　E. oonʤa 全体，整体（专用指牛、马、羊等牲畜，一般不用于指代人）
　　◇bistiŋ　　mal　　oonʤa.
　　　我们的　牲畜　全部
　　我们的牲畜全都在。

　⑤　不定代词
　　不专门指代某人或某事物或者不能明确表示人或事物数量的代词称为
不定代词。

　　图瓦语中的不定代词有以下这些：

| | | | |
|---|---|---|---|
| ʤamdɣk | 有些，某些 | kɣm-bir | 任何人 |
| ʤyy-bir | 任何东西 | kajsɣ-bir | 某个 |
| kaj-bir | 某个 | bir-ebeʃ | 一点儿 |
| kandɣx-bir | 任何一个 | bir-ʤeʤe | 一些 |

　　不定代词用法举例：

◇kɯm-bir  ʤime  ajttɯ?
　某人　　什么　说了
　谁（某人）说了些什么？

◇bo  surukʤɯlarnɯŋ  kajsɯ-bir  ege?
　这　学生的　　　　　哪一个　　好
　这些学生中哪一个好？

◇kajsɯ-birazɯ  ege,  kajsɯ-birazɯ  bakaj.
　有些　　　　　好　有些　　　　　坏
　有些好，有些坏。

◇bir-ʤeʤe  giʃi  geldi.
　几个　　　人　来了
　来了几个人。

⑥ 反身代词

反身代词指代人或事物的本身。图瓦语中有一个反身代词 bot。

反身代词的人称形式

|  | 单数 | 复数 |
|---|---|---|
| 第一人称 | bodum 我自己 | bodubɯs、bottarɯbɯs 我们自己 |
| 第二人称 | boduŋ 你自己 | boduŋar、bottarɯŋar 你们自己 |
| 第三人称 | bodu 他自己 | bottarɣ他们自己 |

以下是带有反身代词的例句

◇bo  ʤimeni  men  bodum  aʒɯldaajɯn.
　这　事　　　我　我自己　做
　这事让我自己来做吧。

◇ol  bodu  ʤyge  gelbedi?
　他　他自己　为什么　没来
　他自己为什么没来？

◇bis  bodubɯstɯŋ  ege orunɯbɯstɯ  xɛrɛldɛɛrbis.
　我们 我们自己　　好祖国（宾格）热爱
　我们热爱自己的祖国。

◇ʤɯɯʃtɯ  lao waŋ  bodu  aʒar ijik, ol  boduda  gelbedi.
　会议（宾格）老王　他自己　开　　　他　他自己也　没来
　这会议本由老王主持，但他自己也没来。

◇boduŋnɣ　　boduŋ　　maktaba！

你自己（宾格）你自己　　不夸

你不要自夸！

⑦ 物主代词

表示人或事物的所有者的代词称为物主代词。图瓦语中的物主代词如下：

| | 单数 | 复数 |
|---|---|---|
| 第一人称 | meeni 我的，属于我的 | bistii 我们的，属于我们的 |
| 第二人称 | seenii 你的，属于你的 | sennernii 你们的，属于你们的 |
| | silernii 您的，属于您的 | silelernii 您们的，属于您们的 |
| 第三人称 | oonɣɣ他的，属于他的 | olarnɣɣ 他们的，属于他们的 |

图瓦语物主代词只能使用于被说明的名词之后，此时被说明的名词不附加从属人称附加成分。

◇bo　　bistiŋ　　kazɣbɣs.　　（属格）

这　　我们的　　鹅

这是我们的鹅。

◇bo　　kas　　bistii.　　（物主代词）

这　　鹅　　我们的

这鹅是我们的。

但如果是在比赛的场合或小孩玩耍时，可以说

bistii、at、kas、xoj…　　　　（我们的马、鹅、羊……）

meenii、bir、iji、ɣʃ、dørt…　　（我的一、二、三、四……）

物主代词用法举例如下：

◇bo　　bijir　　meenii.

这　　笔　　我的

这笔是我的。

◇ol　　xoj　　degelernii.

那　　羊　　他们的

那羊是他们的。

◇bo　　dekter　　oonɣɣ　　ba?

这　　本子　　他的　　吗

这本子是他的吗？

◇bo　　ʃirɛ　　bistii,　　ege　　xajraldɣrɣbɣs　kerek.

这　　桌子　　我们的　　好　　爱护　　　　　要

这桌子是我们的，应该好好爱护。

⑧ 代数词　指代人或物体数目的代词称为代数词。

图瓦语中有以下这些代数词：

A. mɣnʤa, ɣnʤa 这（那）么多

◇ɣnʤa　gøbej　domak　danɣr　ʤyyl?

　　那么多　多　　话　　说　　为啥

　　说那么多干啥？

◇mɣnʤa　ulux　tiŋge　kanʤaar sen?

　　这么　　大　　钱　　你怎么办

　　你用这么多钱干啥？

　　mɣnʤala、　ɣnʤala　　（mɣnʤa+la，　ɣnʤa+la，-la 为语气词）

　　就这么（那么）多

◇ɣnʤala　ʤibeni　kanʤaarsen?

　　那么多　　东西　　做什么

　　那么多东西你做什么用？

B. mɣja, ɣja 这（那）么些，这（那）么点儿

◇men　bilirim　mɣjala.

　　我　知道的　这么些

　　我知道的就这么些。

◇mɣja　tiŋgen　ʤymege　ʤedir?

　　这些　钱　　什么　　到

　　你这点儿钱够干什么的？

◇berdim　deer　ʤiben　ɣjala ba?

　　我给的　说　东西　那么些

　　就你给的那点儿东西吗？

C. ɣndɣxjaŋ, mɣndɣxjaŋ 那（这）么点

◇ɣndɣxjaŋ　ʤibeni　ʤyny　deer　giʒi　durar　ba?

　　那么点　东西　大　　说　人　有　　吗

　　把这么点儿东西说成很多，有这样的人吗？

◇mɣndɣxjaŋ　ʤibeni　ʤyny　kɣlɣr　ijikben?

　　这么点　　东西　什么　做　（语气词）

　　这么点儿东西我能干啥？

⑨ 代动词

代动词指代人或物的动作行为。图瓦语中有以下这些代动词：

A. ɣnʤaar, mɣnʤaar 那（这）样做

◇ej, eʤej　　ony ɣnʤaar ba ʤok men　moomʃu　mɣnʤaar ba?
　哎　老爷爷　它　那样做　吗　或　我　　　　　　这样做
　哎，老爷爷,·那件东西那样做还是像我这样做？

◇ej,　　ɣnʤaar　deeniŋnin　mɣnʤaar　deeniŋ bodu　arttɣkjoŋ.
　哎　　那样做　说　　　　　这样做　说　　自己　多
　哎，你说的那样做不如这样做好。

B. ɣnʤal, mɣnʤal 那（这）样做

◇ony　ɣnʤal　kerek　bar　ba?
　它　那样做　必要　有　吗
　那样做有什么必要？

◇ʤok, ony　ɣnʤalbajin,　mɣnʤalɣr　kerek.
　不　它　不那样做　　这样做　要
　不，别那样做，要这么做。

◇geʤele irgen,　　ony　ɣnʤalɣr dep　　　kɣm bodaan.
　糟糕　（语气词）它　那样做　（副动词）谁　想
　哎，糟糕，谁想到他会那样做。

此外还有：

| mɣnʤabɣt，ɣnʤabɣt | （-bɣt 为动词结束体后缀） |
| mɣnʤalɣr，ɣnʤalɣr | （-ɣr 为现代将来时形动词附加成分） |
| mɣnʤalkaʃ，ɣnʤalkaʃ | （-kaʃ 为副动词附加成分） |
| mɣnʤaj，ɣnʤaj | （-j 为副动词附加成分） |
| mɣnʤalsa，ɣnʤalsa | （-sa 为条件式附加成分） |
| mɣnʤap，ɣnʤap | （-p 为副动词附加成分） |
| mɣnʤaldan，ɣnʤaldan | （-dan 为从格附加成分） |
| mɣnʤalda，ɣnʤalda | （-da 为位格附加成分） |

以上这些形式都是 mɣnʤa、ɣnʤa（mɣnʤal，ɣnʤal）附加各种词缀构成的。

⑩ 代副词

代副词指代行为动作的地点、状态等。图瓦语中的代副词有以下这些：

A. ɣnda，mɣnda 那（这）儿

◇sasɣnnɣŋ　mɣnda　　　duru.
　你的纸　那（这）儿　在
　你的纸在这儿。

◇adɰm　ɰnda　duru　ba?
　我的马　那儿　在　吗
　我的马在那儿吗？

B. degede 那儿（指远一点儿的地方）

◇degedege　ojunka　barsaŋ　ba?
　那儿　节目（向格）　你去　吗
　那个地方的节目你去不去看？

◇kyyrek　degede　duru　ba?
　铁锹　那儿　在　吗
　铁锹在那儿吗？

◇ʤok,　mɰnda　duru.
　不　这儿　在
　不，在这儿。

C. ɰnaar, mɰnaar 那（这）儿

◇ej,　adaʃ,　ɰnaar　barbakaj,　mɰnaar　barkaj.
　哎　同志　那儿　别去　这儿　去
　哎，同志，那儿别去，到这儿来。

◇men bodarɰmda ɰnaar　barkɰʤa,　mɰnaar barkanɰbɰs ege　keptix.
　我　想　那儿　去　这儿　去　好　可能
　我想去那儿可能要比去这儿好。

4. 形容词

图瓦语中将那些能够修饰名词的词称为形容词。有时候，有一些其他词类（如名词、数词、形动词等）在作修饰语时，也可获得形容词的意义。形容词和名词之间有时没有明显的形态标记可以把二者区分开来。因此，在图瓦语中只有一部分词可以归并为纯粹的形容词。这些词依其意义和用法表示事物的性质和特征的称为性质形容词，依其表示某物与另一物关系的称为关系形容词。下面分类做一简单介绍。

1）性质形容词：表示事物固有的性质和特征。有：

（1）分类

① 表示颜色的词。如：

ak 白色　　　　kɰzɰl 红色　　　xara 黑色　　　gøk 蓝色

sarɰx 黄色　　nogan 绿色　　　xara oj 灰色　　akʃɰl 青色

kɰzɰl sarɰx 紫红色

② 表示事物特征的词。如：

aʤɰx 苦的　　　kɰʤɰraŋ 酸的　　dustux 咸的　　amtannɰx 香的

taptɣx 甜的　　　　ʥiik 轻的　　　　　　kadɣx 硬的

③ 表示事物性状的词。如：

tøgøryk　　圆的　yʃ buluŋnɣx　三角的　ulux　大的　　　　biʥii 小的
dørbølʥin　四方的（蒙语借词）

④ 表示事物或人抽象品性的词。如：

ege　　　好的　　bakaj　　　坏的　　deget　较好的　belin　　容易的
bɣzɣk　聪明的　ugwannɣx　智慧的　azɣl　优良的　ʃɣnʤɣ　忠诚的

⑤ 表示人或动物的外表的生理性质或特征的词。如：

ysgɛ　爱顶的　ɣzɣrka　咬的（狗）dekbɛ　好踢的　　ʥakaj　新的
　　（牛）　　　　　　　　　　　　　　　　（马）

salak 散漫的　ʥalkɣɣ 懒惰的　arɣr　健康的　　aarɣx　有病的
semis 胖的　　arɣk　瘦的　　øŋnɣx　漂亮的　øŋʥok　丑的

⑥ 表示时间和空间的性质和关系的词。如：

ʥook　近的　　ɣrak　远的　　teriŋ　深的（水）sɣɣk　　浅的
bedik　高的　　ʥabɣs　低的　ortuzɣ 中间的　　　uzun　　长的
kɣska　短的

（2）性质形容词的级

在图瓦语中，性质形容词有级的变化，但和古突厥语及国内同族语的维吾尔语、哈萨克语有所不同的是，它的性质形容词没有比较级，只有弱级、原级和强级三个基本级。

性质形容词级的构成有词法法（附加法）和句法法（合成法）两种方式。

① 性质形容词词干本身即是原级形式。如：

ak　　　白色的　nogan　　绿色的　kɣzɣl　红色的　gøk　　蓝色的
sarɣx　黄色的　xara　　　黑色的　ulux　　大的　　biʥii　小的
bedik　高的　　gøbej　　多　　　ebɛʃ　　少　　　xoo　　直的
ɣrak　远　　　ʥook　　　近　　　izix　　热

② 弱级的构成

A. 附加法　在形容词词干后加附加-sɣmaar、-simɛɛr、-sumaar、-sɣmɛɛr。如：

sooksɣmaar　　稍冷的　　　　ʥiiksimɛɛr　　　稍轻的
uluxsumaar　　稍大的　　　　gøksɣmɛɛr　　　浅蓝的

B. 合成法　在形容词词干后加语气词 aarak。如：

dɣrdɣk aarak　　有点歪　　　semis aarak　　有点胖
kadɣx aarak　　有点硬　　　kɣlɣn aarak　　有点厚

③ 强级的构成

A. 附加法

a. 凡是前元音形容词词干后，加-kir、-kyr；凡是后元音形容词词干后，加-kyr、-kur。如：

| | | | |
|---|---|---|---|
| gøk | → | gøkkir | 很蓝的 |
| izix | → | izixkir | 很热的 |
| ak | → | akkyr | 很白的 |
| kyzyl | → | kyzylkyr | 很红的 |

b. 在形容词词干后加-iŋgir、-ɤŋkyr。如：

| | | | |
|---|---|---|---|
| gøk | → | gøkiŋgir | 非常蓝的 |
| izix | → | izixiŋgir | 非常热的 |
| ak | → | akɤŋkyr | 非常白的 |

实际语言中这种形式比前一种形式使用的频率高。

B. 合成法

形容词的第一音节以元音结尾则直接加-p，以辅音结尾则去掉辅音后加-p，然后与同一形容词重复结合而成谐音形式。如：

| | |
|---|---|
| ap-ak | 白白的（非常白的） |
| nop-nogan | 绿绿的（非常绿的） |
| gøp-gøk | 蓝蓝的（非常蓝的） |
| kyp-kyzyl | 红红的（非常红的） |

用一些表示"最、非常、很"的副词（eŋ 最、很，kwandʑjux 很、非常，dɤka 很、最，等等）修饰形容词或以形容词的原级重叠（前一个形容词使用从格或属格）的形式表示。如：

| | |
|---|---|
| eŋ dʑook | 最近的 |
| kwandʑjux ulux | 很大的，特别大的 |
| dɤka ege | 好的 |
| kyzyldan kyzyl | 红红的 |
| egeniŋ egezi | 最好的 |
| tuŋ dʑiik | 最轻的 |

（3）形容词的表爱——指小形式

有些形容词之后加-ginek、-nɤj、-kaj 等可以构成表爱——指小形式，表示减少原来形容词的程度或表示爱抚的意思。如：

| | |
|---|---|
| bidʑiginek | 小小的 |
| dʑɤlɤnɤj | 暖和一点儿 |
| dʑaakaj | 新新的 |

-ginek 这一附加成分和古突厥语中的表爱形后缀-ginε 极其相似，图瓦语可能保留了古突厥语的这一表爱形后缀。

2）关系形容词：表示某物与另一物关系的形容词称为关系形容词。

如：jijaʃ ʃirε　　　　　　　木头桌子

tebε syt　　　　　　　　骆驼奶

aldɣn ʃaaʤaŋ　　　　　　金碗

aldaj giʃi　　　　　　　阿勒泰人

5. 动词

（1）动词的概述

图瓦语动词有丰富的形态变化，能构成人称、数、时、式、态和体的语法范畴。

除了基本形式，即动词词根之外，还有三种派生形式：动名词、形动词和副动词。它们是由动词的词根加上一定的附加成分构成的。此外，图瓦语的动词还包括助动词和复合动词。

动词的基本形式即词根和命令式第二人称单数相同。

动词的肯定形式和否定形式

图瓦语的每一个动词都有肯定形式和否定形式，肯定形式没有特别的标志，由动词词干构成。如：ʤoruur 走，biʤiir 写，alɣr 拿，uduur 睡。

动词的否定形式是在动词词根后附加一定的词缀构成。其附加规则如下：

a. 凡以清辅音结尾的动词词根后附加-pa、-pe（这时 p 读[p]）。如：

| | | | | |
|---|---|---|---|---|
| soktaar | 啄 | → | sok-pa | 别啄 |
| yttεεr | 钻 | → | yt-pe | 不要钻 |
| egiʃtεεr | 喘 | → | egiʃ-pe | 别喘 |

b. 凡以元音或浊辅音或半元音结尾的词根后加-ba、-be

| | | | |
|---|---|---|---|
| xalɣ | 跳 | xalɣ-ba | 不要跳 |
| biʤiir | 写 | biʤi-be | 不要写 |
| ʤoruur | 走 | ʤor-ba | 别走 |
| dɣŋaar | 听 | dɣŋa-ba | 别听 |
| ynɣr | 出 | yn-be | 别出 |
| ʤygyrɣr | 跑 | ʤygyr-be | 不要跑 |

（2）动词的词形变化

图瓦语动词的基本形式按下列语法范畴进行变化：① 人称、② 数、③ 时、④ 式、⑤ 态 ⑥ 体。

① 动词的人称和数的范畴

图瓦语动词的人称和数是通过在词根后加一定的附加成分来表示的。

由于在应用上的不同，表示人称和数的附加成分可以清楚地分成两大类。

A. 第一类人称及数的附加成分

下表列出这些附加成分。

| | 第一人称 | -m、-ym、-im、-um、-ym |
|---|---|---|
| 单数 | 第二人称 | -ŋ、-yŋ、-iŋ、-uŋ、-yŋ |
| | 第三人称 | 零形态或-y、-i、-u、-y |
| | 第一人称 | -bys、-bis、-ybys、-ibis、-ubus、-ybys |
| 复数 | 第二人称 | -ger、-kar、-ner、-nar |
| | 第三人称 | 零形态或-ler、-lar |

以动词"barar（去）"为例：

| | 第一人称 | bardym | 我去了 | barkanym | 我去过 |
|---|---|---|---|---|---|
| 单数 | 第二人称 | bardyŋ | 你去了 | barkanyŋ | 你去过 |
| | 第三人称 | bardy | 他去了 | barkan（y） | 他去过 |
| | 第一人称 | bardybyr | 我们去了 | barkanybys | 我们去过 |
| 复数 | 第二人称 | bardykar | 你们去了 | barkannar | 你们去过 |
| | 第三人称 | bardylar | 他们去了 | barkan（lar） | 他们去过 |

这一类附加成分和名词的从属人称附加成分基本上一致。它可以构成陈述式的一般过去时。

B. 第二类人称及数的附加成分

| | 单数 | 复数 |
|---|---|---|
| 第一人称 | -men | -bis |
| 第二人称 | -sen | -senner |
| 第三人称 | 零形态 | 零形态或-nar、-ner、-lar、-ler |

以动词"gøryr（看见）"为例：

| | 第一人称 | gørgynmen | 我看过 | gøryrmen | 我将看 |
|---|---|---|---|---|---|
| 单数 | 第二人称 | gørgynsen | 你看过 | gøryrsen | 你将看 |
| | 第三人称 | gørgyn | 他看过 | gøryr | 他将看 |
| | 第一人称 | gørgynbis | 我们看过 | gøryrbis | 我们将看 |
| 复数 | 第二人称 | gørgynsenner | 你们看过 | gøryrsenner | 你们将看 |
| | 第三人称 | gørgyn（ner） | 他们看过 | gøryr（ler） | 他们将看 |

　　这一类人称及数的附加成分和人称代词基本一致。它是构成陈述式的过去完成时、过去确定时、过去曾经时、过去现在进行时、现在进行时、现在将来时、将来完成时、一般将来时等时态的附加成分。

　　② 动词 "时" 的范畴

　　图瓦语的动词有三个基本的 "时" 的范畴。即：过去时、现在时和将来时。这三种 "时" 的范畴通过动词词干加一定的附加成分或跟助动词结合的方式来表示。如：

　　bar-dɥ、bar-kan 去了、去过（过去时，用加附加成分的方法表示）

　　barɥpdurar 正在去，经常去（现在时，用跟助动词结合的方法表示）

　　baar 将去（将来时，用加附加成分的方法表示）

　　每个 "时" 的范畴中又可根据句子所表述时间的细微差别而分成若干范围更小的时间范畴（请参看 "式" 一节）。

　　下面是些使用各种 "时" 的例句。

　　A. 过去时

　　◇ol　daŋbilen　seen　øøŋge　　geldi.
　　　他　早晨　　你的　家（向格）　来了

　　他早晨时到你家来了。

　　◇ol　bisge　　bir　dʒakaa　dʒorutkan　ijik,　bisteler　oŋka
　　　他　我们（向格）一　　信　　走　　（语气词）　　我们　　他（向格）

　　xarɥɥ　dʒakaa　dʒorudɥj　albadɥbɥs.
　　但是　　信　　　走　　　没能

　　他给我们来过一封信，但我们都一直没有复信。

　　◇bis　daŋ dop　dʒarɥnka　dɥʒɥp　durar　　ijikbis　ɥndʒalkaʃtan.
　　　我们　常常球　比赛　　下　（助动词）（语气词）可是

　　dʒooktan　　beer　dʒardʒa　albas　bop　　kaldɥbɥs.
　　最近（从格）以来　　　不能（副动词）（助动词）

　　从前我们常常举行球赛，可近来不大举行了。

　　◇sen　dɥɥn　bistiijiŋe　barɥp　dursen　men　øøde
　　　你　昨天　我们的（向格）去　（助动词）我　房子（位格）

　　bolbadɥm.　sen　kønnɥŋe　aldɥŋ　ba?
　　没有　　你　生气　　拿了　吗？

　　昨天你去我们家时，我没在家。你生气了吗？

　　B. 现在时

　　◇øzi　kynde　geep　　durar.
　　　约孜 天天　来　（助动词）

　　约孜天天来。

◇men　bir　dʒimeni　<u>bodanyp　durumen</u>.
我　　一　　事情　　　想　　（助动词）
我正在想一件事情。

◇sileler　baza　dʒyme　<u>aʒyldap　durusiler</u>?
您们　　还　　什么　　做　　（助动词）
您们在干什么？

◇bistiŋ　kymdʒylybis　kynnin-kynge　artyp　<u>baar　dʒydyry</u>.
我们的　　文化　　　日益　　　多于去　（助动词）
我们的文化正在日益发展。

C. 将来时

◇bis　kuly　　　dʒaabyla　<u>ʃɵlɛlerbis</u>　kerek.
我们　奴隶（宾格）　一定　　　解放　　　要
我们一定要解放奴隶。

◇olalar　dʒookta　<u>dʒoruur</u>　dep　dur.
他们　　最近　　走　　副动词（助动词）
他们最近要走了。

◇sileler　kaʃkarka　<u>baar</u>，olalar　jilege　<u>barajin</u>　dep　dur.
你们　　喀什（向格）去　他们　伊犁（向格）去　（助动词）
你们将到喀什去，他们将到伊犁去。

◇bo　bir　gerkte　　　bir　saam　ʃiberlik　<u>dʒordurbys</u>.
这　一　星期（位格）一次　　扫除　　　做
这周内我们要进行一次大扫除。

③ 动词的"式"

式表示说话人对行为动作的态度或关系。图瓦语动词的式的范畴和同族的其他语言大致相同。计有 A. 陈述式、B. 愿望一命令式、C. 允许式、D. 必须式、E. 条件式。下面分类简述。

A. 陈述式　陈述式能最广泛地表现动词的"时"的范畴。图瓦语的陈述式有过去时、现在时和将来时三种时间形式。每种时间形式中又包括许多表示动作的各种细微差别的时间形式。

a. 过去时　过去时所表示的动作都发生在说话之前。可以在说话前某一时刻结束，也可以持续到说话后某时刻完成。按照所表示时间的差别，过去时又分为ⓐ 过去完成时、ⓑ 过去曾经时、ⓒ 一般过去时、ⓓ 过去确定时、ⓔ 过去现在进行时。

ⓐ 过去完成时　表示某行为动作在说话时的时刻之前已经完成。其构成方式如下：

　　肯定形式　凡前元音的动词词干后加-gen，再加人称附加成分；凡后元音的动词词干后加-kan，再加人称附加成分。

　　否定形式　凡前元音的动词词干后加-bεεn，再加人称附加成分；凡后元音的动词词干后加-baan，再加人称附加成分。这个形式一般不用时间状语修饰。

　　以动词"barar（去）"为例。

**单数**

| | | | |
|---|---|---|---|
| 第一人称 barkanmen | 我去过 | barbaanmen | 我没去过 |
| 第二人称 barkansen | 你去过 | barbaansen | 你没去过 |
| 第三人称 barkan | 他去过 | barbaan | 他没去过 |

**复数**

| | | | |
|---|---|---|---|
| 第一人称 barkanbɤs | 我们去过 | barbaanbɤs | 我们没去过 |
| 第二人称 barkansenner | 你们去过 | barbaansenner | 你们没去过 |
| 第三人称 barkan（nar） | 他们去过 | barbaan（nar） | 他们没去过 |

◇men　yrymtʃige　　　bir　dʒedʒe　saam　barkanmen.

　　我　鲁木齐（向格）　一　几　　次　　我去过

　　我去过好几次乌鲁木齐。

◇ol　　bejdʒiŋge　　　barkan　ba?

　　他　北京（向格）　去过　　吗

　　他去过北京吗？

◇bis　bo　kinonɤ　　　　　gørgynbis.

　　我们　这　电影（宾格）　看过

　　这个电影我们看过。

　　ⓑ　过去曾经时　表示在过去某一段时间内行为动作曾经发生过或未曾发生过。其构成方式如下：

　　以-p 结尾的副动词加过去形动词形式的助动词（dʒɤtkan、durkan、olurkan、dʒorkan）再加人称附加成分。即：

　　-p＋：dʒɤt kan、durkan、olurkan、dʒorkan ＋men、sen……

**肯定形式**

| | | | | |
|---|---|---|---|---|
| 单数 | 第一人称 | barɤp | durkanmen | 我曾去过 |
| | 第二人称 | barɤp | durkansen | 你曾去过 |
| | 第三人称 | barɤp | durkan | 他曾去过 |
| 复数 | 第一人称 | barɤp | durkanbɤs | 我们曾去过 |
| | 第二人称 | barɤp | durkansenner | 你们曾去过 |
| | 第三人称 | barɤp | durkan（nar） | 他们曾去过 |

**否定形式**

|  | | | | |
|---|---|---|---|---|
| 单数 | 第一人称 | barbajin | durkanmen | 我未曾去过 |
| | 第二人称 | barbajin | durkansen | 你未曾去过 |
| | 第三人称 | barbajin | durkan | 他未曾去过 |
| 复数 | 第一人称 | barbajin | durkanbis | 我们未曾去过 |
| | 第二人称 | barbajin | durkansenner | 你们未曾去过 |
| | 第三人称 | barbajin | durkan（nar） | 他们未曾去过 |

◇dyyn　men　surkujlɤka　<u>barɤp durkanmen</u>.

　昨天　我　学校（向格）去　（助动词）

　昨天我曾去过学校

◇dʒerbe　dʒɤldan　burun　men　aʒɤldap　durkanmen.

　二十　年（从格）以前　我　工作　（助动词）

　二十年前，我曾工作过。

ⓒ 一般过去时

表示说话前（或前不久）发生的行为动作。说话者所要说明的只是动作行为在说话前发生与否这一情况，其构成方式如下：清辅音结尾的动词词干+tɤ、tu、ti+tу+谓语性人称附加成分，浊辅音、元音结尾的动词词干+dɤ、du、di、dy、+谓语性人称附加成分

**肯定形式**

|  | 单　数 | | 复　数 | |
|---|---|---|---|---|
| 第一人称 | geldim | 我来了 | geldibis | 我们来了 |
| 第二人称 | geldiŋ | 你来了 | geldiger | 你们来了 |
| 第三人称 | geldi | 他来了 | geldi(ler) | 他们来了 |

**否定形式**

|  | 单　数 | | 复　数 | |
|---|---|---|---|---|
| 第一人称 | gelbedim | 我没来 | gelbedibis | 我们没来 |
| 第二人称 | gelbediŋ | 你没来 | gelbediger | 你们没来 |
| 第三人称 | gelbedi | 他没来 | gelbedi(ler) | 他们没来 |

◇baxʃɤ　biske　domak　dan<u>dy</u>.

　老师　我们（向格）话　说

　老师给我们讲了话。

◇bis　dʒapdʒala　dʒaʃdyjɤka　ynyribis　bilen　dʒaaʃkɤn　dʒagdɤ.

　我们　刚刚　外面（向格）出去　　　雨　下了

　我们刚刚出去就下起雨来了。

◇solaŋkʏ  bidʒii  surkujlʏka    dørt  dʒʏl  nomnadʏ.
索朗格　　小　学校（向格）四　年　　读书了
索朗格在小学学习了四年。

ⓓ 过去确定时

它是指某种行为动作过去是否确实发生过，说话人并以自己的话证实这一点。其构成方式如下：

凡以清辅音或-l、-m、-n、-ŋ 结尾的动词词干加-dʒik、-dʒʏk、-dʒɣk、-dʒuk，再加人称附加成分。

凡以元音或-g、-j、-r 结尾的动词词干加-ʒik、-ʒʏk、-ʒɣk、-ʒuk，再加人称附加成分。

**肯定形式**

| 单数 | 第一人称 | dʒorʒukmen | 我确实走了 |
|---|---|---|---|
| | 第二人称 | dʒorʒuksen | 你确实走了 |
| | 第三人称 | dʒorʒuk | 他确实走了 |
| 复数 | 第一人称 | dʒorʒukbʏs | 我们确实走了 |
| | 第二人称 | dʒorʒuksenner | 你们确实走了 |
| | 第三人称 | dʒorʒuk | 他们确实走了 |

**否定形式**

| 单数 | 第一人称 | dʒorbaʒɣkmen | 我根本就没走 |
|---|---|---|---|
| | 第二人称 | dʒorbaʒɣksen | 你根本就没走 |
| | 第三人称 | dʒorbaʒɣk | 他根本就没走 |
| 复数 | 第一人称 | dʒorbaʒɣkbʏs | 我们根本就没走 |
| | 第二人称 | dʒorbaʒɣksenner | 你们根本就没走 |
| | 第三人称 | dʒorbaʒɣk | 他们根本就没走 |

◇…on  ajda    søøgymne  gørdirʒik,  beʃ  ajda    aburaʒɣk
十月（位格）骨　　　怀　　　　五　月（位格）养育
edʒim  ʃilerkej  bardʏ  didir.
妈妈　恶化　　去　　他说
……她说：怀我十个月、养育了我五个月的妈妈病势恶化了。

（引自《古南·哈拉》）

◇…aal dʒurtʏŋʏ oldʒalajin dep  geldʒikmen dep  kʏʃkʏ  berdi.
乡村　部落　　抢夺　　来　　　　　　　喊　　给
……他喊道：我就是为了抢夺你的部落而来的。

（引自《古南·哈拉》）

ⓔ 过去现在进行时

表示其行为动作在说话前已经开始，说话时仍在继续。其构成方式如下：

以-biʃaan、-byʃaan 结尾的副动词构成。凡前元音动词词干加-biʃaan，再加人称附加成分。凡后元音动词词干加-byʃaan，再加人称附加成分。该时态只有肯定形式，没有否定形式。

| 单 | 第一人称 | dʒazabyʃaanmen | 我一直在修理 |
|---|---|---|---|
| 数 | 第二人称 | dʒazabyʃaansen | 你一直在修理 |
| | 第三人称 | dʒazabyʃaan | 他一直在修理 |
| 复 | 第一人称 | dʒazabyʃaanbis | 我们一直在修理 |
| 数 | 第二人称 | dʒazabyʃaansenner | 你们一直在修理 |
| | 第三人称 | dʒazabyʃaan（nar） | 他们一直在修理 |

◇dyynnyn　　beer　olalar　bo　medʒineni　dʒazabyʃaan.
昨天（从格）以来　他们　这　机器　　　修理
从昨天起他们一直在修理这机器。

◇ol　on　beʃ　dʒyldy　　bir　kynʃi　øtkyryp，ʃyn
他　十　五　年（宾格）一　天　过　真
bodunyŋ　ʃaɣyʃ　zetkele　bilen　gøpge　aʒyldabyʃaan.
自己的　注意　　（用）人民（向格）工作
他十五年如一日地全心全意为人民服务。

◇yʒyn　　dʒyldan　　beer　ege　orunnybys
三十　年（从格）　以来　祖　国
kwandʒjux　ulux　bødymdʒilerni　xolka　geldirbiʃaan.
很　　大　成　就　手　取得
三十年来，我国取得了巨大的成就。

◇enir　dʒyl　sezentʃi　ajnan　baʃdap，bo　zawot　radijo　yndyrbiʃaan.
去　年　第八　月（从格）开始　这　工厂　收音机，生产
从去年八月开始，这个厂就生产收音机了。

B. 现在时

现在时表示说话时行为动作正在进行中。这个动作可以在将来某一时刻结束（现在将来时）；也可以只说明正在进行这一情况（现在进行时），而不问动作何时结束。

a. 现在进行时　构成方式：以 p 结尾的副动词+助词词干+dur、dʒyt、olur、dʒor+人称附加成分

肯定形式

|  | 单　数 |  | 复　数 |  |
|---|---|---|---|---|
| 第一人称 | bidʒip durmen | 我正在写 | bidʒip durbis | 我们正在写 |
| 第二人称 | bidʒip dursen | 你正在写 | bidʒip dursenner | 你们正在写 |
| 第三人称 | bidʒip dur(ɣ) | 他正在写 | bidʒip dur(lar) | 他们正在写 |

否定形式

| 单 | 第一人称 | bidʒibejin | durmen | 我没在写 |
|---|---|---|---|---|
| 数 | 第二人称 | bidʒibejin | dursen | 你没在写 |
|  | 第三人称 | bidʒibejin | dur(ɣ) | 他没在写 |
| 复 | 第一人称 | bidʒbejin | durbis | 我们没在写 |
| 数 | 第二人称 | bidʒibejin | dursenner | 你们没在写 |
|  | 第三人称 | bidʒibejin | dur(lar) | 他们没在写 |

◇men　momnyŋ　taŋkɣramka　dʒaka　<u>bidʒip　　durmen</u>.
　我　　同　　学（向格）　信　　写　　（助动词）
　我正在给同学写信。

◇bo　zawot　amdɣ　xol　traktor　<u>yndyryp　dʒɣdyrɣ</u>.
　这　工厂　　现在　手　拖拉机　　出产　　（助动词）
　这个工厂目前生产手扶拖拉机。

◇tarandʒylar　taraanyŋ　ijintʃi　suu　<u>suwkarɣp　dʒɣdyrɣ</u>.
　农民们　　　麦子的　　第二　　水　　浇　　　（助动词）
　农民们正在给麦子浇第二遍水。

◇siler　amdɣga　taraa　<u>xadɣp　dʒɣdyrɣsiler</u>　be?
　您　　现在　　麦子　　种　　（助动词）　　　吗？
　您正在种麦子吗？

b. 现在将来时　构成方式：

以 p 结尾的副动词+助动词 durar、dʒɣdyr、olurar、dʒoruur +人称附加

成分

肯定形式

| 单数 | 第一人称 | manap | durarmen | 我将一直在等 |
|---|---|---|---|---|
|  | 第二人称 | manap | durarsen | 你将一直在等 |
|  | 第三人称 | manap | durar | 他将一直在等 |
| 复数 | 第一人称 | manap | durarbis | 我们将一直在等 |
|  | 第二人称 | manap | durarsenner | 你们将一直在等 |
|  | 第三人称 | manap | durar(lar) | 他们将一直在等 |

**否定形式**

| 单数 | 第一人称 | manabajin durarmen | 我将不再等 |
|---|---|---|---|
|  | 第二人称 | manabajin durarsen | 你将不再等 |
|  | 第三人称 | manabajin durar | 他将不再等 |
| 复数 | 第一人称 | manabajin durarbis | 我们将不再等 |
|  | 第二人称 | manabajin durarsenner | 你们将不再等 |
|  | 第三人称 | manabajin durar(lar) | 他们将不再等 |

◇geler  dʒyl  sezentʃi  ajda  baraka  <u>ørønyp durarmen</u>.
　明　　年　第八　 月（位格）这儿　学习　（助动词）
明年八月我仍会在这儿学习。

◇gerer  dʒyl  gyzyn  boraka  geler  bolsaŋ  ʏndʒan  men
　明　　年　秋天　这儿（向格）来　　如果　　你　那时　我
borada  <u>ørønyp durarmen</u>.
这儿（位格）　学习　（助动词）
明年秋天你来的话，我还将在这儿学习。

◇sen  gelernin  murun  men  boraka  <u>manap durarmen</u>.
　你　来（从格）前　　我　这儿　　等　　（助动词）
你来之前，我将一直在这儿等你。

◇ʃuurkan  beʒintʃi  ajka  dʒedir  <u>ʃuurup durar</u>.
　风　　　第五　　 月（向格）到　　刮　　（助动词）
风将一直刮到五月。

C. 将来时

将来时所表示的行为动作或在说话以后发生或动作行为发生在说话前而希望在说话后（时）完成。有 a. 将来完成时、b. 一般将来时。

a. 将来完成时　行为动作发生在说话前（时），期待在将来某一时刻完成。

其构成方式如下：凡前元音动词词干+gelek+人称附加成分；凡后元音动词词干+kalak+人称附加成分。这一时态只有肯定形式。

| 单 | 第一人称 | dʒorkalakmen | 我这就走 |
|---|---|---|---|
| 数 | 第二人称 | dʒorkalaksen | 你这就走 |
|  | 第三人称 | dʒorkalak | 他这就走 |
| 复 | 第一人称 | dʒorkalakbis | 我们这就走 |
| 数 | 第二人称 | dʒorkalaksenner | 你们这就走 |
|  | 第三人称 | dʒorkalak(tar) | 他们这就走 |

◇sen　manap　dur, 　ol　<u>gelgelek</u>.

你　　等　　（助动词）他　　这就来

你等一下，他这就来。

◇sen　dalaʃba, 　ol　　<u>dʒorukalak</u>.

你　　不急　　　他　　　这就走

你不用急，他这就走。

◇sen　dʒoruj　ber , 　ol　dʒazap　bolkalak.

你　　走　　（助动词）他　　修理　　这就成（助动词）

你出去走一走，他这就修好。

b. 一般将来时

表示行为动作在说话之后发生。它的肯定形式构成方式如下：

动词词干＋将来时形动词附加成分-ir、-er　-yr　-ar　ɣr -ur＋人称附加

成分

|  | 单　　数 |  | 复　　数 |  |
| --- | --- | --- | --- | --- |
| 第一人称 | barymen | 我将去 | baryrbis | 我们将去 |
| 第二人称 | baryrsen | 你将去 | baryrsenner | 你们将去 |
| 第三人称 | baryr | 他将去 | baryr(ler) | 他们将去 |

它的否定形式构成方式如下：

动词词干＋将一时形动词否定附加成分-bas 、-bes＋人称附加成分

|  | 单　　数 |  | 复　　数 |  |
| --- | --- | --- | --- | --- |
| 第一人称 | barbasmen | 我将不去 | barbasbis | 我们将不去 |
| 第二人称 | barbassen | 你将不去 | barbassenner | 你们将不去 |
| 第三人称 | barbas | 他将不去 | barbas(tar) | 他们将不去 |

◇gerer　dʒyl　men　xabaka　gelbes　keptix　men.

明　　年　　我　哈巴河　不来　　可能　　我

明年我可能不来哈巴河。

◇gerer　dʒyl　xabaka　baza　bir　saam　<u>gelermen</u>.

明　　年　哈巴河　还　一　次　　将来

明年我将再来哈巴河一次。

◇dʒyɣʃta　men　bodumnyŋ　saɣyɣymny　<u>gørgøzermen</u>.

会上　　我　　自己的　　主意（宾格）　表示

在大会上我将表示自己的态度。

D. 愿望命令式

表达行为动作者的愿望或命令；如请求或命令某人做某事等等。它的构

成方式是：

动词词干+如下相应的附加成分

| | 单数 | 复数 |
|---|---|---|
| 第一人称 | -ajn, -ejn | -igej, -akaj, ukaj, -aalɣ, -uulɣ, -iile |
| 第二人称 | 零形式 | -iger, -yger, -ɣkar |
| 第三人称 | -sɣn, -sin | -sɣn(nar), -sin(ner) |
| | -zɣn, -zin | -zɣn(nar), -zin(ner) |

据国外资料，[①]-aalɣ, -uulɣ, -iile 为第一人称命令式的双数形式。但我国的图瓦语已无这种双数形式。凡两人以上均可使用-aalɣ, -iile（还有-uulɣ）。另据国外资料，命令式第一人称复数的附加成分为-aalɣŋar、-ɛɛliŋer、-ɣɣlaŋar、-iiliŋer、-uuluŋar、-yylyŋer，而我国图瓦语第一人称复数命令式的附加成分为-igej, -akaj, 估计是受同语族的哈萨克语的附加成分-kaj、-gej 影响而产生的。

下面是一些使用愿望命令式语气的句子。

◇ijilɛen　kadɣ　dʒoruulɣ(dʒoruukaj).
　咱俩　　一块　走
　咱们俩一块去罢！

◇yʒylɛen　kadɣ　ɣrlaalɣ(ɣɣlaakaj).
　三　　　一起　唱
　咱们仨一起唱罢。

◇tødybis　kadɣ　ɣrlaalɣ(ɣrlaakaj).
　大家　　一起　唱
　咱们大家一起唱。

◇onɣ　yspejik　kag，　ol　gyldʒylyn　domak　danzɣn.
　他　不断（助动词）他　继续　　　话　　说
　别打断他，让他继续说。

◇eʃter，bister　kadɣ　bijige　dɣʒyyger.
　同志们　我们　一起　跳舞　跳
　同志们，让我们大家一起跳舞罢。

◇eʃter，baʃdaakaj.
　同志们　开始
　同志们，开始罢。

◇men　barkaʃ　gøryp　gelej，sen　dozup　dur.
　我　去　　看　　来　　你　等（助动词）
　让我去看看，你等一等。

---

① 萨特：《图瓦语俄语词典》（Тувинсково –русскии словарв）。

◇gel, bo　araka　olur.
来　这　这里　坐
来，你坐这里。

◇bo　emni　kyndə　kaʃ　saam　iʃ.
这　药（宾格）每天（次）　次　吃
这药一天服一次。

◇ej, nomnabyttan,　dʒyy　dʒime　irgenen.
喂　读一读　　什么　（语气词）
喂，读一读，看怎么回事。

◇sen　dan　kortba,　bo　at　dan　dʒaaʃ.
你　别怕　　这　马　很　老实
你别怕，这马很老实。

◇silerniŋ　søzyger　toda　emes　diŋsix　ajtkar!
您　话　停　不是　继续　讲
你怎么停下来了，讲下去呀！

◇dʒylɣx　gediniger,　dakʃyrlap　kalɣrnan　getʃɛɛniger.
暖和　　穿，　　感冒　（放）　注意
穿暖和点儿，注意别感冒！

◇ortta　ajtkar,　ol　gelsin.
他（向格）说　他　（让）来
告诉他，（叫他）来一下。

◇ulux, aldɣnnerelix　dʒigɛ　dʒuŋ　kuo　kuŋ　tʃan　daŋɣ　dʒaʒazɣn!
伟大　光荣　正确　中　国　共　产　党　万岁
伟大、光荣、正确的中国共产党万岁！

◇bis　eʃtedʒiigej!
我们　交朋友
让我们交个朋友吧！

◇eʃter,　bis　yr　yrlaakaj!
同志们　我们　歌　唱
同志们，我们唱支歌吧！

◇dʒoruukaj, bis　amdɣ　ony　dozbaakaj.
走　　我们　现在　他　别　等
我们走罢，别等他了。

　E. 允许式　表示从说话人的角度来看行为动作是否可以（允许）施行，在语气上要比命令式委婉、和缓。其构成方式如下：

动词词干+kaj gej +人称附加成分在使用时还可以和情态语气词-aan、-la（-le）之一连用。允许式没有疑问形式。下面是肯定形式：

| 单 | 第一人称 | gelgejmen(aan) | 我可以来了 |
|---|---|---|---|
| 数 | 第二人称 | gelgejsen(aan) | 你可以来了 |
| | 第三人称 | gelgej(aan) | 他可以来了 |
| 复 | 第一人称 | gelgejbis(aan) | 我们可以来了 |
| 数 | 第二人称 | gelgejsenner(aan) | 你们可以来了 |
| | 第三人称 | gelgej(aan) | 他们可以来了 |

**否定形式**

| 单 | 第一人称 | gelbesmen(aan) | 我不能来了 |
|---|---|---|---|
| 数 | 第二人称 | gelbessen(aan) | 你不能来了 |
| | 第三人称 | gelbes(aan) | 他不能来了 |
| 复 | 第一人称 | gelbesbis(aan) | 我们不能来了 |
| 数 | 第二人称 | gelbessenner(aan) | 你们不能来了 |
| | 第三人称 | gelbes(aan) | 他们不能来了 |

◇sen　bo　nomny　alkajsen　aan, de　nomny　ʃimdʒetbe.
　你　这　书　　拿　（语气词）那　书　　别动
　你可以拿这本书，那本书不要动。

F. 必须式　必须式表示从说话人的角度来看，某种行为动作必须发生与否。

在时间形式上只有 a. 过去时和 b. 将来时两种形式。

a. 过去时

构成方式：

以-ar、ʏr、-ir、-er、-ur、-yr 结尾的形动词加情态语气词 uʒurlʏx，再加过去时形动词 durkan 构成。

**肯定形式**

| 单 | 第一人称 | barʏr | uʒurlʏx | durkanmen | 我那时必须去 |
|---|---|---|---|---|---|
| 数 | 第二人称 | barʏr | uʒurlʏx | durkansen | 你那时必须去 |
| | 第三人称 | barʏr | uʒurlʏx | durkan | 他那时必须去 |
| 复 | 第一人称 | barʏr | uʒurlʏx | durkanbis | 我们那时必须去 |
| 数 | 第二人称 | barʏr | uʒurlʏx | durkansenner | 你们那时必须去 |
| | 第三人称 | barʏr | uʒurlʏx | durkan(nar) | 他们那时必须去 |

**否定形式**

| 单 | 第一人称 | barbas | uʒurlʏx | durkanmen | 我那时一定不去 |
|---|---|---|---|---|---|
| 数 | 第二人称 | barbas | uʒurlʏx | durkansen | 你那时一定不去 |
| | 第三人称 | barbas | uʒurlʏx | durkan | 他那时一定不去 |

| 复 | 第一人称 | barbas | uʒurlɣx | durkanbis | 我们那时一定不去 |
| 数 | 第二人称 | barbas | uʒurlɣx | durkansenner | 你们那时一定不去 |
| | 第三人称 | barbas | uʒurlɣx | durkan(nar) | 他们那时一定不去 |

◇kandɣx　bolsada　kandʒalsada　geler　uʒurlɣx　durkanmen.

　　什么样　　如果　　无论如何　　　来　　必须

　　无论如何，我必须来。

◇sen　ajtbajak　kag, men　dʒoruur　uʒurlɣx　durkanmen.

　　你　别说　　　我　走　　必须

　　你不要再说了，我必须得走。

b. 将来时　表示行为动作一定要完成。构成方式：

以-ar、-er、-ir、-yr、-ur、-ɣr 结尾的形动词加情态语气词 uʒurlɣx，然后再加人称附加成分构成。

**肯定形式**

| 单 | 第一人称 | bilir | uʒurlɣxmen | 我一定得知道 |
| 数 | 第二人称 | bilir | uʒurlɣxsen | 你一定得知道 |
| | 第三人称 | bilir | uʒurlɣx | 他一定得知道 |
| 复 | 第一人称 | bilir | uʒurlɣxbis | 我们必须知道 |
| 数 | 第二人称 | bilir | uʒurlɣxsenner | 你们必须知道 |
| | 第三人称 | bilir | uʒurlɣx | 他们必须知道 |

**否定形式**

| 单 | 第一人称 | bilbes | uʒurlɣxmen | 我一定不（能）知道 |
| 数 | 第二人称 | bilbes | uʒurlɣxsen | 你一定不（能）知道 |
| | 第三人称 | bilbes | uʒurlɣx | 他一定不（能）知道 |
| 复 | 第一人称 | bilbes | uʒurlɣxbis | 我们一定不（能）知道 |
| 数 | 第二人称 | bilbes | uʒurlɣxsenner | 你们一定不（能）知道 |
| | 第三人称 | bilbes | uʒurlɣx | 他们一定不（能）知道 |

G. 条件式

提出某种条件或某种假设，在现实生活中，这种条件或假设有可能实现，也有可能不实现。

任何语言发展的总趋势一般是在语法形式上由繁杂到简捷，在语义方面由表达含混模糊到准确明了。这其中自然也包括由于语言之间的相互影响而产生的一些发展变化。特别是那些使用人数较少的语言中会较多地出现另一种语言的成分，而当这两种语言是同族语言时，则这种现象会更明显。我国图瓦语条件式的构成就反映了这一特点。

根据国外图瓦语的有关资料来看[①]，其条件语气的构成是比较复杂的。请看以下例证：

第一人称单数附加成分-sɣmzɑ、-sumzɑ、-simze、、-symze、-zɣmzɑ、-zumzɑ、-zimze、-zymze

第一人称复数附加成分-sɣvɣssɑ[②]、-suvussa、-sivisse、-syvisse、-zɣvɣssɑ、-zuvussa、-zivisse、-zyyysse

第二人称单数附加成分-sɣŋzɑ、-suŋzɑ、-siŋze、-syŋze、-zɣŋzɑ、-zuŋzɑ、-ziŋze、-zyŋze

第二人称复数附加成分-sɣŋarzɑ、-suŋarzɑ、-siŋerze、-zɣŋarzɑ、-zuŋarzɑ、-ziŋerze、-zyŋerze

第三人称单数附加成分均为-sɑ、-se、-zɑ、-ze

图瓦语由于受同语族哈萨克语的影响，它的条件式的构成发生了很大变化。除了第二人称单数的附加成分仍然是-sɣŋzɑ、-siŋze（其他的变体几乎不用，因此从数量上看也简化了）。其余各人称、数，基本上都是采用了在动词词干后加-sɑ、-se、-zɑ、-ze，而后再加从属人称附加成分来表示的方法。（第二人称单数也有-saŋ、-siŋ 的形式）。条件式的构成：

**肯定形式**

|  | 单数 |  | 复数 |  |
|---|---|---|---|---|
| 第一人称 | barsam | 如果我去 | barsabɣs | 如果我们去 |
| 第二人称 | barsaŋ | 如果你去 | barsakar | 如果你们去 |
|  | barsaŋza |  |  |  |
| 第三人称 | barsa | 如果他去 | barsa | 如果他们去 |

**否定形式**

|  | 单 数 |  | 复 数 |  |
|---|---|---|---|---|
| 第一人称 | gelbezem gelbeziŋ | 如果我不来 | gelbezebis | 如果我们不来 |
| 第二人称 | gelbeziŋze gelbeziŋ | 如果你不来 | gelbezeger | 如果你们不来 |
| 第三人称 | gelbeze | 如果他不来 | gelbeze | 如果他们不来 |

◇sen　bara　<u>alsaŋ(za)</u>, bar.
　你　去　如能　　　去
　如果你能去，你就去吧。

◇senner　dʒoruj　<u>alsakar(za)</u>, dʒorukar.
　你们　　走　　如果能　　　　走
　如果你们能走，你们就走吧。

---

① 萨特：《图瓦语俄语词典》（*Тувинсково –русскии словарв*）。
② 这里的 SS 读长[S]。

◇ej, kunan　xaraŋ　ộsgyrsiŋze,　　ʃuluun　ộsgyr; kunan
　哎　古南　哈拉　如活　　　　快　活　古南

xaraŋ　ộlyrsiŋze, ʃuluun　ộlyr　dep　kyʃky　yndyr.
哈拉　如果杀死　快　　杀死　　　喊声　出

喊道：古南·哈拉，你要放就快放，要杀就快杀。

　　　　　　　　　　　　　　（引自《古南·哈拉》）

◇ol　bilgen　bolsa, bilsin.
　他　知道　如果　让他知道

如果他知道了，就让他知道罢。

◇yndʒan　bidʒii　oraj　gelze　daa　baar　ijikben.
　那时　小　　　的话（语气词）去　　我

要是有时间我一定去。（那怕有一点儿时间，我也一定去。）

◇gyzeer　boldukarza　kyj　deer　men.
　愿意　如果您　　邀请　　我

如果您愿意，我就邀请您。

◇gelbediŋze　kumdaar　ijik　men.
　如果您不来　生气　（语气词）我

如果您不来，我会生气的。

◇dʒuŋkwo　kuŋʃandaŋ　bolbaza　dʒaa　dʒuŋkuo　bolbas　ijik.
　中国　共产党　　如没有　新　中国　　没有

没有共产党就没有新中国。

◇ej, yndʒalkaʃtan　on　dʒyldan　suŋkarky　emidereldi　bilir
　哎　现在　十　年　　以后　情形　　知道

bolsam,　kandyx　ege bolur　ijik!
如果我　多么　好　是　（语气词）

哎，如果现在我就能知道十年以后的情景，那该多好呵！

◇yndʒan　ol　mynda　bolsa　daa　　tykte　dʒibe　bolbas　ijik.
　那时　他　这儿　有的话（语气词）一切　问题　没有（语气词）

要是他在这儿，一切就都没有问题了。

条件式的时间意义可由条件形式的助动词结合形动词或动名词来表示。

◇aʒyldaar　boldymza, tiŋgen　alyr　ijikben.
　工作　如果我　钱　有（语气词）

如果我工作，我就会有钱了。

◇<u>aʒɤldaar　boldɤmza</u>, ege ørønɤr ijikben.

　　工作　　如果我　　好　学习　（语气词）

　　如果我想工作，我就得好好学习。

◇ol　<u>bilgen bolsa</u>, bilsin.

　　他　知道了 如果　　让他知道

　　如果他知道了，就让他知道罢！

　④ 动词的态　表示谓语形式和主语或宾语的相互关系的语法范畴称之为语态。

　　图瓦语动词有五种态的形式，即：A. 基本态、B. 使动态、C. 交互共同态、D. 被动态、E. 自复态（反身态），态还可以重叠使用。下面分类简述。

　　A. 基本态：基本态用动词词干本身表示。

　　从基本态动词和宾语的关系来看，可以把动词分成及物动词和不及物动词两类。

　　不及物动词：barɤr 去　geler 来　　uduur 睡觉　dʒoruur 走　dʒrgrɤr 跑

　　及物动词：bidʒiir 写　gøryr 看　alɤr 拿　dɤŋnaar 听　iʒer 吃（喝）

　　B. 使动态　使动态表示行为动作是按照某人的要求、命令等被动施行的。它的构成方式如下：

　　凡以清辅音结尾的，前元音词干后加-tir、-tyr；后元单词干后加-tɤr、-tur。

　　凡以元音或浊辅音结尾的，前元音词干后加-dir、-dyr；后元音词干后加-dɤr、-dur。

◇bis　ortta　　　　　ɤr　　<u>ɤrladɤrdɤbɤs</u>.

　　我们　他（宾格）　歌　　让唱

　　我们让他唱了支歌。

◇ol　menni　　atka　　<u>mundurdɤ</u>.

　　他　我（宾格）马（向格）让骑

　　他让我骑马。

◇sen　bo　dʒemni　　ortta　<u>iʃtir</u>.

　　你　这　饭（宾格）他　　吃

　　你把这饭给他吃。

◇men　ortta　　　<u>ajttɤɤjin</u>.

　　我　她（宾格）　让说

　　我让她说话。

◇sen　bo　nomny　surukdʒylarka　<u>nomʃuttyr.</u>
　你　这　书　　学生们（向格）　让读
　你让学生们读这本书。

◇sen　yŋka　ajtyp　menge　bir　bidʒik　<u>bidʒittirip</u>　bernen.
　你　他（向格）告诉　我（向格）一　信　　让写　　给
　你告诉他让他给我写封信。

◇sen　yŋka　ajtyp　menge　bir　ʃire　<u>zadyrttyp</u>　bernen.
　你　他（向格）告诉　我（向格）一　桌子　让买　　给
　你告诉他让他给我买个桌子。

◇sen　yŋka　ajtyp　menge　at　munaryn　<u>ørettirip</u>　ber.
　你　他（向格）告诉　我（向格）马　骑　　让教　　给
　你让他教我骑马罢。

　C. 交互共同态　表示行为动作在两个主体之间或由两个以上的多个主体共同进行。构成方式如下：

以辅音结尾的动词词干加-yʃ、-uʃ、-iʃ、-yʃ；以元音结尾的动词词干加-ʃ。

◇sileler　bodyara　kaarda　<u>ʃoʃkylaʃbakar.</u>
　你们　　互相　　相处时　别吵架
　你们不要吵架。

◇aʒyltʃinnar　turʃulkazyn　<u>solyʃdy.</u>
　工人们　　　经验　　　　交流
　工人们交流了经验。

◇tødybis　kady　<u>yrlaʃdybys.</u>
　大家　　一起　唱歌
　我们大家一起唱了歌。

　D. 被动态　表示主语是行为动作的接受者的语态谓之被动态。被动态的构成如下：

凡以辅音结尾的词干后加-yl、-ul、-il、-yl；凡以元音结尾的词干后加-l。

◇købeŋ　zawotka　daʒyp　<u>abaryldy.</u>
　棉花　工厂（向格）运输　（被）送
　棉花运到工厂去了。

◇dʒidip　kalkan　xapʃyy　<u>dybyldy.</u>
　丢　了　的　钱包　（被）找到
　丢了的钱包找到了。

◇daman　tergin　yrøldi.
　　腿、脚　　车　　坏了
　　自行车坏了。

◇boonyŋ　darazy　kydat　ulustar　dʒazaldy.
　　枪的　　　药　　中国　人民　　发明
　　火药是中国人发明的。

　　E. 自复态（反身态）　表示句中的主语既是施动者又是受动者的语态称为自复态。它的构成如下：

　　凡以辅音结尾的词干后加-yn、-in、-un、-yn；凡以元音结尾的词干后加-n。

◇ol　bugwaka　　　dʒundy.
　　他　在水渠（向格）洗澡
　　他在水渠里洗了澡。

◇bidʒii　urux　baʒyn　dyrandy.
　　小　　女儿　头　　　梳
　　小女儿自己梳了头。

　　自复态还有一种较为复杂的构成方式，即：在以元音结尾的词干后加-tyn、-tun、-tin、-tyn。

◇sen　boduŋ　bodutunna　ber.
　　你　自己　　化装　　给
　　你自己化装吧。

　　F. 态的重叠　同一个动词有时可以以两种不同的态同时出现。一般常常是共同交互态和被动态重叠使用。如：

◇sileler　bir-birεgerge　gøryʃtirsilerbε?
　　你们　互相（向格）　关心　　吗
　　你们互相关心吗？

◇solaŋky　ooŋ　iʒin　kylyʃtyr.
　　索朗格　他　事情　让一同做
　　让索朗格和他一起做这事。

　　⑤ 动词的体

　　体是表示行为动作的状态、性质或时间界限的语法范畴。图瓦语中有以下一些主要的体的范畴：A. 完成体、B. 瞬时体（一次体）、C. 终止体、D. 未完成体、E. 多次体、F. 节奏体、G. 体的重叠。

　　A. 完成体

　　完成体表示行为（状态）的完结，达到目的，获得结果。完成体的构成有两种方式：

a. 附加法

凡以元音结尾的动词词干后加-bɣt、-bit；凡以辅音结尾的动词词干后加-ɣbɣt、-ibit。如：

◇ooŋ　　xoodʒɣzɣn　　bidʒibitti.
他的　　小说（宾格）写完了（过去时）
他的小说写完了。

◇taraanɣ　　xadɣbɣttɣ.
庄稼（宾格）收割完了（过去时）
庄稼收割完了。

◇kunan　xaraŋ　aŋnɣŋ　etin　yze-dʒaza　dɣrdɣp　dʒaʒɣbɣtkaʃ.
古南　　哈拉　野兽的　肉（宾）乱七八糟　　拉 扔了以后
gerε-xonɣp　　geldi.
立刻　　　　来了
古南·哈拉把野兽肉胡乱扔了下来，就立刻进屋了。

（引自《古南·哈拉》）

b. 合成法是以-p 或-a 结尾的副动词和助动词 bar-、gel-、ber-、al-、kir-、yn-、kaŋ-、tɣp-等结合表示体的范畴。如：

◇men　　dʒitgen　bijilimni　　tɣp　　aldɣm.
我　　丢了的　钢笔（宾格）找　　拿了
我找到了丢失了的钢笔。

◇aʒɣl　yløzenin　dɣʃgendin　aʒɣldaktar　øøŋge　dʒana　bardɣ.
工作　做　　　下工　　工作的人　　　家　　回　　去了
收工了，社员们都回家了。

B. 瞬时体（一次体）　表示一次的、瞬息间的短促行为。

它的构成是由拟声词或模仿行为方式的副动词和助动词 kɣl-、kɣlɣn-、de- 的结合表示。如：

◇lampɣʃka　kɣlaʃ　deeʃtin　busdudɣ.
电灯　　　闪了一下　　　坏了
电灯"闪"了一下就坏了。

◇boonɣ　adarɣmda　doburak　burt　kɣlnɣp　kaldɣ.
枪（宾格）打时　　尘土　　噗地一下　剩下
我打枪时，土"噗"地一下扑起来了。

◇tarbakan　menni　gørgøʃ　ʃimeʃ　kɣlnɣj　bardɣ.
旱獭　　我（宾格）看见　　以后嗖地一下（去）
旱獭看见我后，"嗖"地一下就跑了。

◇banzid(uŋŋy　　　adarda　dʒirt　kylnyj　bardy.
半自去步枪（宾格）射击时　　嗖地一下　　去了
打半自动步枪时，（子弹）"嗖"地一下就没了。

C. 终止体

终止体表示行为动作长时间的中断。它的构成方式如下：

凡以清辅音结尾的动词词干后加-peste、-pasta；凡以元音或浊辅音结尾的动词词干后加-beste、-basta。

如：iʃpeste　　不喝　ajtpasta　不说

◇ol　bistiŋ　øøge　gelbeste（boldy）.
他　我们的　家（向格）不来了
他再也不到我们家来了。

◇iji　　damanny　kyp　bolkan　ol　body　dʒerbe　dʒyl
两腿、脚（宾格）瘫痪（助动词）他　自己　二十　年
durarbasta(bolkan).
不站
由于双腿瘫痪，他已经二十年没站起来了。

◇ol　nomyŋny　menge　berbeste　emes　sen　be?
那　书（宾格）给我　　不给　　不是　　　吗
你那本书不是不给我了吗？

D. 未完成体　表示延续着的行为（状态）或经常反复多次发生的行为（状态）。它的构成方式如下：

以-P结尾的副动词和形动词形式的助动词dur-、dʒyt-、olur-、dʒor-等结合。

◇ol　daŋŋyŋ　ʃaj　idʒep　　　dʒaruur, nogan dʒibes ijik.
他　常常　茶　喝（助动词）　青菜　不吃（语气词）
他平常只喝茶、不吃菜。

◇men　daŋ　aaryp　durarmen.
我　常常　病　（助动词）
我常常生病。

◇ol　daŋ　kabaka　baryp　durkan, aldajka　　　barbaan.
他　常常　哈巴河（向格）去　（助动词）　阿尔泰（向格）没去过
他常去哈巴河，没去过阿尔泰。

E. 多次体

表示行为动作（或某种状态）在一段时间重复发生（或反复出现）。它的构成方法如下：

凡以清辅音结尾的动词词干后加-kele、-kʏʟɑ；凡以元音或浊辅音结尾的动词词干后加-gele、-gʏʟɑ。

◇øtken　ajda　　ol　koduka　(bir kaʃ saam)　barkʏʟadʏ.
　　过去的　月（位格）他　城（向格）　好　几　次　　去了几次
　　上个月他进了好几次城。

◇taraʟaŋ　　(bir kaʃ saam)　　suwgarkʏʟadʏ.
　　庄稼　　　　　好　几　　次　　　浇水多次
　　庄稼浇了好几遍水。

F. 节奏体　表示行为的节奏、规律性。它有两种附加成分

a. 凡以辅音结尾的某些动词词干后加-aŋna、-eŋne，再加助动词；凡以元音结尾的某些动词词干后加-ŋna、-ŋne，再加助动词。

◇biʒek　gesken　dʒere　aʒʏŋnap　durar.
　　小刀　　砍　　地方　　刺痛　　（助动词）
　　他感到小刀割的伤口一阵刺痛。

◇dʒʏʟdʏstar　xaarkanda　　kʏzaŋnap　dur.
　　星星（复数）天空（位格）　　闪耀　（助动词）
　　星星在天空中闪耀。

◇bedik　daxda　diŋ　kʏzaŋnap　dur.
　　高　　山（位格）灯　　闪烁　（助动词）
　　山上灯光闪烁。

b. 由某些动词词干后加-kajnʏn 构成。

◇disgeege　møŋgʏn　ine　ʃandʒʏrda　　aʒʏŋkajnʏn　dʒibe.
　　我（膝盖）银　　针　进时（位格）　　刺痛　（语气词）
　　银针扎进时，我的膝盖感到阵阵刺痛。

◇men　dʒorup　oʟururʏmda　ʏrakta　　ot　kʏzaŋkajnʏn　dʒibe.
　　我　走　　时（助动词）远处（位格）火　一闪一闪　（语气词）
　　我走路时，远处的火光一闪一闪的。

◇øzi　dʒorurda　　derdiŋkajnʏn　dʒibe.
　　约孜　走时（位格）　一甩一甩　（语气词）
　　约孜走路时，头往后一甩一甩的。

◇dʒʏʟannʏ　　xabʏttaxʏmda　　ereliŋkajnʏn　dʒibe.
　　蛇（宾格）　我打时（位格）　一扭一扭　（语气词）
　　我一打，蛇就一扭一扭地动。

G. 体的重叠　像态的形式一样，一个动词也可以有几种体的形式同时使用的情况。

◇ol　　kyrymdʒikterni　　tødyn　　aʃkylabytty.

他　　窗户（复数、宾格）　　全部　　打开了

他打开了所有的窗户。（多次体和完成体）

◇ol　bir　tynyl　bilen　beʃ　nomnyŋ　taŋkyrak taryŋka

他　一　口气　　　　五　　同　　　学

xaryy　　dʒakaa　　bidʒigelebitti.

回返　　　信　　　写了

他一下子给五个同学写了回信。（多次体、完成体）

◇dʒardyk　kyn　dʒetbes　øjide　　ølalar　makazynka

半　　　天　　不到　　时间（位）他们　　商店

aldy　saam　barkylabytty.

六　　次　　　去了

不到半天的时间他们就去了六次商店。（多次体、完成体）

（3）动名词、形动词和副动词

在图瓦语中，动词的基本形式加上一定的附加成分可以构成有双重作用的动词形式，即动名词、形动词和副动词。现分别描述如下：

① 动名词

动名词以动词词干加一定的附加成分构成。在形式上和将来时形动词一致。它的附加规则如下：

以元音结尾的动词词根按结尾元音分别加-ar、-yr、-ur、-ir、-er、-yr。以辅音结尾的动词词干，按照元音和谐律分别加上述附加成分。如：

dyŋna-ar　听　　　bidʒi-ir　写　　　baʃta-ar　开始

nomʃu-ur　读　　　ajt-yr　说　　　gør-yr　看

gel-er　来　　　bar-yr　去

动名词兼有动词和名词的语法功能，它在句中可以作主语、谓语、定语、宾语。它有格的变化。可以带有宾语。它的前面可以有定语性或状语性的修饰、限制成分。如：

◇nom　nomʃuur　tuŋ　duzalyx.

书　　读书　　很　必要的

读书是很必要的。（动名词的动宾词组作主语）

◇yrgyldʒe　bodaar　pajdalyx.

经常　　思考　有益处

经常思考是有益处的。（作主语，带有状语性修饰语）

◇bis　nomʃuur、bidʒiirni　makasaarbɤs.

我们　读书　写作　　喜欢

我们喜欢读书和写作。（作宾语）

② 形动词

形动词兼有动词和形容词的语法功能。在句子中可以充当定语、谓语，也可以作主语和宾语。它可以和后置词结合使用。形动词名词化后可以有格、数的变化。图瓦语中有过去时形动词、现在—将来时形动词和现在—完成时形动词。

A. 过去时形动词　表示某种行为动作或状态发生（或存在）在过去或说话之前。它的构成方法如下：

a. 凡前元音的动词词干后加-ken、-gen

dʒit-ken 丢了的　　kɤjdet-ken 叫了的　　gel-gen 来了的

b. 凡后元音的动词词干后加-kan

bar-kan 去了的　　dʒor-kan　走了的　　dut-kan 抓了的

◇bo　dʒɤl　dʒajin　dʒazalgan　zawot　amdɤ　aʒɤkadɤj　baʃdadɤ.

这　年　夏天　　建设了的　工厂　现在　　生产　　开始

今年夏天建设起来的工厂现已投入了生产。

◇daŋ　bilen　borada　gelgen　surukdʒɤ　sɛzentʃi　angide　nomʃuur.

早　　上　这儿　来过的　　学生　　第八　班（位格）读书

早上到我们这儿来的孩子在八班学习。

◇sen　ajtkannɤŋ　kwandʒux　dʒigɛ.

你　说过的　　很　　　　对

你说的话很对。

B. 现在—将来时形动词　表示行为动作在现在经常发生或在将来某一时刻发生的形动词是现在—将来时形动词。

构成：动词词干 + -ar、-ɤr、-ur、-ir、-er、-yr。

◇erden　geler　ol　giʃi　meen　nomnɤŋ　taŋkɤram.

明天　　来　那　人　我的　同　　学

明天要来的那个人是我的同学。

◇bejdʒiŋge　baar　giʃiler　erden　ynɤr.

北京（向格）将去　人（复数）明天　出发

去北京的人明天出发。

◇mende　ajtɤr　søs　dʒok.

我（位格）要说　话　没有

我没有要说的话。

◇taraa　xadɣrɣ　amdɣrala　geler.
小麦　收割　　马上　　要来
割小麦的马上就来。

◇ooŋ　baar　dʒere　kwandʒjux　gøbej.
他　将去　地方　　很　　　多
他要去的地方很多。

这种形动词的否定形式是在动词词干后附加-bas、-bes、-pas、-pes 等构成的。

◇geler　ʃinʃidɛge　dʒɣɣʃka　barbastar　bøgyn　dɣʃtin　gedɛɛr
来　　星期　　会议（向格）不去的人　今天　　下午　　以后
awdanka　barzɣn.
县（向格）　去
下星期不去开会的人，今天下午去县里。

◇geler　dʒɣl　dʒazɣnda　ooldabas　xojlarnɣ　gøzyn　ʃyyr
来　　年　　春天（位格）不下羔　羊（复数、宾格）秋天　淘汰
kerek.
要
明年春天不产羔的羊秋天都要淘汰。

C. 可能将来时形动词　表示行为动作在说话后可能完成或发生。动词词干在加了附加成分后构成的形动词包含有不能肯定、没有把握、推测或估计等含义。

它的附加成分有两种形式：

词干是前元音的动词词干后加-gelek；词干是后元音的动词词干后加 -kalak，如：

◇ol　øøŋge　barkalak.
他　家（向、宾）可能去
他可能回家了。

◇døʒøktege　durkalak　ol giʃi　meen　duŋmam.
床　　要站　　那 人　我的　弟弟
要起床的那个人是我的弟弟。

◇men　eziŋgege　depgeʃ　atka　muŋkalak　durarɣmda　at　maŋnaj
我　马镫子　踩　马　要骑　（助动词）马　跑
bardɣ.
（助动词）
我套上马镫子，刚要骑上，马就跑了。

动词词干附加-gidix、-kɣdax、-kudax 等可以构成表示有可能发生某行为动作的形动词。如：

dʒorukudax　可能走　　xalɣkɣdax　可能跳　　bidʒigidix 可能写

◇øzi　bøgyn　geler　be?　　<u>gelgidix</u>.
　约孜　今天　　来　　吗　　　可能来
　约孜今天来吗？可能来。

◇bøgyn　olalar　<u>gelgidix</u>　irgen.
　今天　　他们　　可能来　　（语气词）
　他们今天可能要来。

◇sen　de　uruxnɣ　<u>alɣkɣdax</u>　sen　be?
　你　那　姑娘　要娶的　　你　吗
　你要娶那个姑娘吗？

◇sen　bo　nomnɣ　menge　<u>bergidix</u>　sen　be?
　你　这　书　我（向格）可能给　　你　吗
　你能把那本书给我吗？

◇bis　xarojka　<u>barkɣdax</u>　keptixbis.
　我们　哈拉峪　可能去　　　可能
　我们可能去哈拉峪。

但是，以上这些说法不如以下的说法用得多。

◇bøgyn　olalar　<u>geler　keptix</u>.
　今天　　他们　　来　　可能
　今天他们可能来。

◇bis　xarojka　<u>baar　keptixbis</u>.
　我们　哈拉峪　将去　　可能
　我们可能去哈拉峪。

③ 副动词

副动词兼有动词和副词的语法功能。在句中可以作谓语、状语。副动词的构成有以下几种方式：

A. 在以辅音结尾的词干后附加如：-ɑ、-e、-u、-y、-ɣ。如：

bɑrɑ　去着　　　　gele　来着　　　　dʒoru　走着

在以元音结尾的动词词干后加-j。如：

ɣrlɑj　唱着　　　xalɣj　跳着　　　dɣŋŋaj　听着

这种副动词可以和附加成分-dɣr、-dir、-dur、-dɣr、结合，表示以旁观者的地位看待某种行为动作的发生。

◇øøniŋ　　dʒaʃɤnda　bir　giʃi　dʒorujdɤr.
　屋子的　　外边（位格）一　人　　　走
　屋子外边有个人走过去了。

◇men　dɤŋnasam　øøniŋ　　iʃtinde　　bireler　yrlajdɤr.
　我　听见　　屋子的　　里边（位格）有人　　唱歌
　我听见有人在屋里唱歌。

以-a、-e、-u、-y 和-j 结尾的同一副动词的重叠可以表示动作的持续性。

◇ol　bodaj-bodaj　tɤj　albadɤ.
　他　想　想　找　没能
　他想呀想呀，还是没想出来。

◇men　dura-dura　merej　bardɤm.
　我　站　站　冷　去了
　我站呀站呀，站得都冷了。

以-j 结尾的副动词和助动词或形动词等结合可以表示某一行为动作的
开始或完成。

◇dʒɤɤʃ　baʃdaj　bergende　geldim.
　会　　开始　（形动词）我来了
　会开始时，我来了。

◇ɤnjaʃ　byrøj　bergen　øji　ijik.
　树　　发芽　（形动词）时候（语气词）
　树木该发芽了。

B. 在以元音结尾的词干后加-p；在以辅音结尾的词干后加如-ɤp、-up、
-ap、-ip、-yp、-ep。如：

| bidʒi-p | 写着 | dʒor-up | 走着 |
| boda-p | 想着 | eder-ip | 跟着 |
| mana-p | 等着 | syr-ɤp | 追赶着 |
| ajt-ɤp | 说着 | | |

这种副动词表示行为动作持续着的状态。

◇tegendɛge　bistiŋ　ʃerixlerbis　istep syryp　durkan　kujdʒou
　原来　　　我们的　部队　　　找寻 追赶　（助动词）贵州
　ʃerixniŋ　boldɤŋ　waŋ　dʒaleniŋ　ʃerijin　syrdy.
　军队　　　头的　　王　家烈的　　部队　　追赶
　猛追原来尾随我军的贵州军阀王家烈部队。

（引自《一个红军伤员的故事》）

◇ol øjide eʃ xua kuo ɤyŋnyŋ iʒi kwandʒjux dalaʃtʏx
那 时候 同志 华 国 锋 的 工作 非常 忙
bolsada, yʃ øsgysty xɛrɛldip iʃtinde <u>bodap</u> durdy.
虽然 三个 孤儿 关怀 里（位格）想 （助动词）

那时，华国锋同志虽然工作非常忙，但他心里总是关怀惦记着那三个孤儿。

（引自《华主席关怀少年儿童》）

C. 凡前元音的动词词干后加 geʃ；后元音的动词词干后加-kaʃ。以这种方式构成的副动词可表示两个先后进行的动作。后一动作用另一动词表示。

◇men boʃtaga bir saam <u>barkaʃ</u> geldim.
我 邮局（向格）一次 去 回来了
我到邮局去了一趟回来了。

◇men nomnʏ bir saam ege <u>gørgeʃ</u> kaap kaɡdʏm.
我 书 一 遍 好 读 放 放下了
我把书读了一遍放下了。

◇ol dʒem <u>iʃgeʃtin</u> ynø bardʏ.
他 饭 吃以后 出 去了
他吃完饭出去了。

D. 以-byʃaan、-biʃaan 结尾的副动词。凡前元音的动词词干后加-biʃaan；凡后元音的动词词干后加-byʃaan。如：

gelbiʃaan （在）来　　　albyʃaan （在）拿
gørbiʃaan （在）看　　　yrlabyʃaan （在）唱
bodabyʃaan（在）想

这种副动词可以表示某一行为动作的持续性。如：

◇suw kojmazʏ ener dʒʏlʏ kʏʃtan baʃdap kalkaʃ
水 库 去 年 冬天（从格）开始 （副动词）
amdʏga <u>dʒazalbyʃaan</u>.
现在（向格） 在修理
水库从去年冬天开始到现在一直在修筑。

◇ol dʒerbe dʒʏl xoj kadardʒʏk ʏndʒanda <u>kadarbyʃaan</u> irgen.
他 二十 年 羊 放牧 在放
他放了二十年羊了，现在还在放。

◇øzi kurdʒokʏnka <u>yrgyldʒe</u> dʒakaa <u>bidʒibiʃaan</u>, ol
约孜 爱人（宾格）（向格）经常 信 在写 他

kurdʒokɤn　　saktap　durar.

爱人（宾格）想念（助动词）

约孜常给爱人写信，他很想念她。

◇øzi　dɤɤn　ulux　araky　iʒip　uʃdʒok,　ol　durban　ijoŋ

约孜　昨天　大　酒　喝　　　　　他　没起　（语气词）

dʒɤtbɤʃaan　durkaan.

在睡　　　（助动词）

约孜昨天酒喝多了，可能没起来，还在睡呢！

E. 以 gele、kala 结尾的副动词，凡前元音的动词词干后加-gele，后元音的动词词干后加-kala。这种副动词表示某一行为动作结束后，开始另一行为动作（由主要动词表示），副动词表示的行为动作作为主要动词的时间、方式状语。

◇solaŋkɤ　kabaka　gelgele　dʒardɤk　dʒɤl　boldɤ.

索朗格　哈巴河　来后　半　　年　成为

索朗格来哈巴河后，半年过去了。

◇kɤʃ　bolkala　mɤndɤx　sook　bolbaan　ijik.

冬天　成为　这样的　冷　没有　（语气词）

入冬以后还没有这样冷过。

F. 以-pajin、-pejin、-bajin、-bejin 结尾的副动词

凡以清辅音结尾的词干后加-pajin、-pejin；凡以元音和浊辅音结尾的词干后加-bajin、-bejin。

这种附加成分可以构成对行为动作进行否定的副动词。如：

iʃpejin　　没喝、不喝　　　　　barbajin　　没去、不去

dutpajin　没抓、不抓　　　　　duŋbajin　　没冻、不冻

gelbejin　没来、不来　　　　　dʒorbajin　　没走、不走

megelebejin 没欺骗、不欺骗

◇arakɤnɤ　iʒip　bolbajin　ol ezirip　kaldɤ.

酒（宾格）喝　没完　他　醉　（助动词）

酒还没喝完，他就醉了。

◇ol　dakʃɤrlaʃ　surkujlɤka　gelbejin　kaldɤ.

他　感冒　学校（向格）没来　（助动词）

他感冒了没来上学。

◇solaŋkɤ　dalkɤbɤrɤn　bɤtpejin　durkan.

索朗格　作业　没完成

索朗格没有完成作业。

G. 以-gidʒe、-kʏdʒa 结尾的副动词，前元音的动词词干后加-gidʒe，后元音的动词词干后加-kʏdʒa，构成表示动作界限的副动词。如：

◇dʒaaʃkʏn　dʒakʏdʒa　øwge　dʒedip　geldibis.
　雨　　　　下雨前　　家（向格）到达　　来
下雨之前，我们就已经到家了。

◇men　dʒøp　degidʒe，barʏŋka　bolbas.
　我　答应　说之前　　你去　　不行
我答应之前，你不能去。

◇bis　gelgidʒe　senner　barbakar.
　我们　来之前　　你们　　不要去
我们来之前，你们不要去。

◇men　gelgidʒe　dozʏp　durukar……
　我　　来之前　等待　（助动词）
你们等我来。　　　　　　　　　　　　　（引自《古南·哈拉》）

◇øl　ʏnjaʃ　øzøk　delgidʒe　kaktʏ，kuu　ʏnjaʃ　dozʏlkʏdʒa
　湿　木头　断了　打到　　　打　干　木头　　打到
kaktʏ　emesbelej.
打　　　不是吗　　　　　　　　　　　　（引自《古南·哈拉》）
湿木头打得断了，干木头打得碎了。

④ 不完全动词和助动词

A. 不完全动词

在图瓦语中有一类动词，在历史上它们曾经有过完整的动词形式，经过漫长时间的发展变化，如今它们只保留下来几种形式，而且已经基本上失去了它独立的词汇意义，变成了带有辅助作用的词类，只是在个别场合还隐约表现出原来的词义。这样的词在现代图瓦语中有 irgen、ijik、irgi、emes、ijin 等。它们是古老动词 "er-（是）" 的各种变化了的形式。如 irgen 是它的过去时形动词形式，emes 是其否定形式，ijik、irgi、ijin 用来表示肯定、疑问、感叹等各种语气。

图瓦语中的 "er-"、国内同语族中如维吾尔族的 "i-" "emes" 等、土耳其语中的不完全动词 "ermek" 以及古代突厥语中的助动词 "ər" 都是更为古老的同一原始动词的残留形式。

下面是一些在图瓦语中带有 "er-" 的各种变化形式的句子。

a. irgen

◇eʃ　balɣʏŋ　ʏndʏx ulux irgen！kandʒap　dʒoruj　alʏrsen?
　同志　你的伤　那样　重　　怎么　　走　（助动词）
同志，你的伤（是）这样重，哪里还能走呢？

◇bo　bolbas　<u>irgen</u>!
　这　不行
　这（是）不行的！

◇sen　dʒygɛɛrle　<u>irgensen</u>!
　你　女的
　原来你是个女的呀！

◇moŋ　bodɤ　bir　bɤldʒɤk　ʃirɛ　<u>irgen</u>!
　原来　这　一　坏　桌子
　原来这是个坏桌子呀！

◇kɤdɤnan　　gøørde　bir　　balɤxlankan　kɤzɤl　ʃerix　<u>irgen</u>!
　跟前（从格）看　　一　　受伤的　　　红　　军
　走到跟前一看，原来是个受了伤的红军战士。

　　在上述的句子中，ingen 除了表示行为动作曾经发生的时间范畴外，还表示了肯定（如 a、b），惊讶、恍然大悟（如 c、d、e）等语气。同时也隐约保留着原来"是"的语义。

　　b. emes

◇bo　bistiŋ　surkujlɤ　<u>emes</u>.
　这　我们的　学校　　不是
　这不是我们的学校。

◇øw　dʒook　kaldɤ, <u>emes be</u>?
　房子　近　剩余　不是　吗
　离房子很近了，不是吗？

　　c. ijik

◇1935　dʒɤlɤ　6　aj　<u>ijik</u>.
　1935　年　6　月
　这是 1935 年 6 月。

◇ol　bir　kaj　　kaldɤx solur bolur　<u>ijik</u>!
　那　一　奇怪的　事情　　　是
　那才是怪事呐！

◇mɤndɤx　bolsada　det tergɤɤlekdʒe dʒerlɛ　at　munbas　<u>ijik</u>.
　这样的　是的话　副　主席　　从来　马　不骑
　在这种情况下，副主席一向是不骑马的。

　　在以上各句中 ijik 主要表示肯定、惊奇的语气，在 a 句中还保留"是"的含义在内，而在 b、c 句中"是"的含义已看不出来了，成了辅助词。

　　d. irgi

◇ol　geler　<u>irgi</u>　be?

　　他　来　　　吗

　　他会来吗？（有希望来，盼望之意）

◇beer　　<u>irgi</u>　be?

　　给　　　　吗

　　给不给？（希望给）

　　如果是 ol　gelerbe，就只是单纯地询问他是否来，没有什么感情色彩，用了 irgi，就带有了主观愿望的感情色彩。

　　e. ijin 表示动作刚刚结束不久的情貌。

◇awdannan　geldim　<u>ijin</u>.

　　县（从格）　我来了

　　我刚从县上来。

◇dʒemni　　dʒidim　<u>ijin</u>.

　　饭（宾格）　我吃了

　　我刚吃了饭。

　　B. 助动词

　　在图瓦语中有一部分动词，当它们与另外的动词组成复合动词时，就不同程度地失去了自己原来的词义，而只对主要动词所表示的语义内容（如动作的延续、完成或某种状态等）起补充、辅助的作用。我们将这类动词称为助动词。

　　经常使用的助动词有：

| | | | |
|---|---|---|---|
| durar | （站）① | olurar | （坐） |
| dʒɣdɣr | （躺） | dʒoruur | （走） |
| alɣr | （拿） | berir | （给） |
| barɣr | （去） | geer | （来） |
| bolur | （是，成为） | kaɡar | （放） |
| kalɣr | （留下） | | |

　　使用助动词可以构成 a. 曾经过去时、b. 现在进行时和 c. 现在将来时，可以构成动词的 d. 能动形式以及 e. 完成体、f. 未完成体、g. 瞬时体、h. 节奏体、i. 终止体等语法范畴。

　　如果在一句话里使用了助动词，这时主要动词的语法范畴如人称、数、

―――――――――――――

　　① 括弧内所注的是作为一般动词时的词义。

时等都在助动词上来体现。

● 表示动作的延续：

◇ʃuurkan beʒintʃi ajka　　dʒedir ʃuurup durar.
　风　　第五　月（向格）　到　　刮（助动词）
　风将（一直）刮到五月。

◇sen gelernin murun　men bo araka manap durarmen.
　你 来（从格）以前　我 这 这儿（向格）等待 （助动词）
　你来之前，我就（一直）在这儿等你。

以上两例也是现在将来时的表现形式。

● 表示动作的完成：

◇men nomnɣ　　　biɣ saam ege nomnaʃ kaap kagdɣm.
　我　书（宾格）　一 遍 好 读 放 （助动词）
　我把书读了一遍放下了。

◇olar øøŋge　　dʒana bardɣ.
　他们 房子（向格）回去 （助动词）
　他们回家了。

● 表示动作的某种状态：

◇senner dʒornal nomʃup olursenner be?
　你们 杂志 读 （助动词）吗
　你们在读杂志吗？

◇ol dalaʃkannɣnan　　dʒɣɣ derin bilbejin kaldɣ.
　他 急得（宴、从格）什么 说 不知道（助动词）
　他急得不知道说什么了。

a. 构成曾经过去时

◇dyyn men sunkujlɣka barɣp durkanmen.
　昨天 我 学校（向格）去 （助动词）
　昨天我曾去过学校。

◇dʒerbe dʒɣldan burun men aɣɣldap durkanmen.
　二十 年（从格）以前 我 工作 （助动词）
　二十年前，我曾经工作过。

在这里，助动词是以过去时形动词的形式出现的。

b. 构成现在进行时

◇men nomnɣŋ taŋkɣrɣmka dʒakaa bidʒip durmen.
　我 同 学 信 写 （助动词）
　我正在给同学写信。

◇bo　　zawot　amdy　xol　traktor　　yndyryp　dʒɣdɣrɣ.
这　　工厂　　现在　手　拖拉机　　出　　（助动词）
这个工厂目前正在生产手扶拖拉机。

c. 构成现在将来时

◇ʃuurkan　beʒintʃi　ajka　　dʒedir　ʃuurup　durar.
风　　　第五　月（向格）到　　　刮　（助动词）
风将（一直）刮到五月。

◇sen　gelernin　murun　men　bo　araka　manap　durarmen.
你　来（从格）以前　我　这　这儿（向格）等待　（助动词）
你来之前，我就（一直）在这儿等你。

d. 构成动词的能动形式

◇ol　dʒuruk　dʒuruj　alɣr.
他　画　　绘画　（助动词）
他会画画。

◇at　tergin　dɣrdɣj　alɣr.
马　车　　拉　（助动词）
马能拉车。

◇ol　gelej　albas.
他　来　（助动词）
他不能来。

e. 构成完成体

◇men　dʒitgen　bijilimni　tɣp　aldɣm.
我　丢失的　笔　　　找　（助动词）
我找到了丢失的笔。

◇aʒɣltʃɣnnar　øøŋge　dʒana　bardɣ.
工人们　　家（向格）回去（助动词）
工人们都回家了。

f. 构成未完成体

◇men　daŋ　aarɣp　durarmen.
我　经常　生病　（助动词）
我常常生病。

◇ol　daŋnɣ　ʃaj　iʒep　dʒoruur, nogan　dʒibes　ljik.
他　平常　茶　喝　（助动词）绿色的　不吃　（语气词）
他平常只喝茶，不吃青菜。

g. 构成瞬时体

◇boonɣ　　adarɣmda　　doburak burt　kɣlnɣp　kaldɣ.

　　枪（宾格）我打时（位格）　土　　　溅起　（助动词）

　　我打枪时，土一下溅起来了。

h. 构成节奏体

◇bjзek　gesgen　dзere　aзɣŋnap　durar.

　　小刀　　割的　　地方　　疼痛　　（助动词）

　　他感到一阵疼痛。

◇bedik　daɣta　　diŋ　kɣзaŋnap　dur.

　　高　　山（位格）灯　闪耀　　　（助动词）

　　山顶上灯光闪耀。

i. 构成终止体

◇ol　yʃ　ajnan　　beer　øønin　　dзakaa gelbeste，ol　øøŋge

　　他　三个　月（从格）以来　房子（从格）信　没来　他　房子（向格）

dзakaa　bidзibeste　boldɣ.

信　　　没写　　　（助动词）

　　他三个月没有收到家信，也没有给家写信了。

◇ol　bistiŋ　　øøge　　gelbeste　boldɣ.

　　他　我们的　房子（向格）　不来　（助动词）

　　他不到我们家来了。

由以上例句看出：以-p 结尾的动词词组多表示动作的持续或处于某种状态。以-a 结尾助动词词组多表示动作的完成。以-j 结尾的助动词词组多表示动作的能动性或短暂性。

⑤ 复合动词

图瓦语中复合动词是很多的。这些词在构成和使用方面都有特点。这里只简要地介绍一下它们的构词特点。

图瓦语中的复合动词可由以下方式构成：

A. 实词+动词

a. 名词+动词

baʃ（头）+ gødyrɣyr（抬起）→baʃgødyrɣyr 翻身

tɣnɣn（生命）+beer（给）　　→tɣnɣnbeer　宣誓

kurmustɣ（天）+ka（向格）（去）→kurmustɣkabaar　朝圣

baʃ（头）+ ɣn（宾格）+ ka（向格）+ alɣr（拿）+→baзɣŋkaalɣr 承认

bot（身体）+baʃ（头）+ɣn（宾格）+ka（向格）+alɣr（拿）

→botbaʃɣŋkaalɣr　保证

b.　形容词+动词

kɑrɑ（黑色的）+bodɑɑr（想）→kɑrɑbodɑɑr　　　　阴谋

dʒɤryktix（有心的）+bolur（成为）→dʒɤryktixbolur　　敢于

ʃɑɡɤʃtɤx（安心的）+dʒoruur（走）→ʃɑɡɤʃtɤxdʒoruur　愉快

c.　副词+动词

ɛrɛj（慢慢地）+domɑkdɑnɤɤr（说话）→ɛrɛjdomɑkdɑnɤɤr 小声说话

ystyn（上）+ɡe（向格）+ɑlɤr（拿）→ystynɡe ɑlɤr 担负起来

d.　动词+动词

B.　动词（副动词形式）+动词

bɑzɤp（压）+dekʃileer（平整）→bɑzɤpdekʃileer　　压平

ølønej（学习）+ɑlɤr（拿）→ølønejɑlɤr　　　　　学会

ynyp（出）+ɡeler（来）→ynypɡeler　　　　　　出来

C.　副动词+助动词

图瓦语中大量的复合动词是由副动词和助动词结合构成的。经常使用的助动词有 durɑr、olur、dʒɤdɤr、dʒouuur 等。在这类复合动词中，助动词对副动词所表示的行为动作的状态、时间等方面进行补充说明。

这类复合动词如：

istep（寻找）+syryp（追赶）+durɑr→istep　syryp durɑr 追寻、尾随

dʒorup（走）+olur→dʒorup olur　　　　　　　行军（着）

kɑjkɑp（观看）+olur→kɑjkɑp olur　　　　　　观看、瞭望

bodɑp（想）+dʒorup（走）olur→bodɑp　dʒorup olur　想（着）

dʒɤɡyrtip（跑）+dʒoruur→dʒɤɡyrtip　dʒoruur　　跑着

dʒɑnɤp（回去）+dʒoruj（走）+bɑrɤr→dʒɑnɤp dʒoruj　bɑrdɤ 回去了

6.　副词

图瓦语的副词表示动作的方式、状态、时间、程度等特征，并且可以修饰形容词。副词依其表示的意义，可分为以下几类。

（1）地点副词 表示行为动作发生的地点

属于这类的副词有：

| mɤndɑ | 这里 | ɤndɑ | 那里 |
| ystynde | 上边 | ɑldɤndɑ | 下边 |
| iʃtinde | 里面 | dʒɑʃdɤjɤndɑ | 外面 |
| iʃtijinde | 里边 | dʒɑʃdɤjɤndɑ | 外边 |
| øryjinde | 上游、上风头 | kudujɤndɑ | 下游、下风头 |
| kɤdɤndɑ | 旁边、跟前 | kɤdɤjɤndɑ | 旁边一点 |
| beer | 这边 | bedijinde | 这边一点 |

| murnujɤ | 前边（较近） | muruŋkaar | 前边（较远） |
|---|---|---|---|
| artɤjɤ | 后边 | | |
| dʒynijinde | 左边 | barunijinde | 右边 |
| dedirijinde | 反面 | ooɲijinde | 正面 |

（2）时间副词

| yrgyldʒe | 经常 | kajkadʒan | 经常 |
|---|---|---|---|
| kandʒanda | 经常 | sooŋ | 以后 |
| yjide | 永远 | erden | 明天 |
| bøgyn | 今天 | dyyn | 昨天 |
| dyʃ | 中午 | xaja | 一点儿时间 |
| dora | 现在 | kenerdin | 忽然、突然 |
| dʒaa | 刚才 | soo | 以后 |
| darɤj | 一会儿 | burun | 以前 |
| birlɛ | 已经 | | |

（3）方式副词

| dalaʃ-dulaʃ | 急忙地 | dʒara | 竖着劈地 |
|---|---|---|---|
| edikdadak | 不一定 | ytgøj | 穿透地 |
| bykʃyŋ | 往前探（头） | yŋgyj | 凹陷地 |
| kerdiŋ | 往后甩（头） | syre | 跟随 |
| duŋkaŋ | 往下低（头） | geze | 横着、弄断 |
| bɤldʒa | （打、弄）碎 | øtgyr | 打（穿、透） |
| sija | （打、弄）断 | | |

（4）程度副词

| tuŋ | 最 | eŋ | 最、更 |
|---|---|---|---|
| kwandʒjux | 很、特别 | teʃtɛn | 较、很 |
| kerelix | 不到 | ɛrej | 慢慢的 |
| ʃuludaj | 快快的 | teginne | 原来 |
| ɤndɤx | 那样的 | mɤndɤx | 这样的 |
| birdora | 全 | eliŋkuja | 尤其是 |
| makat | 可能 | ulam | 越、更 |
| dʒabɤla | 一定 | tuŋ-tuŋ | 一定 |
| ʃɤnɤnda | 真的 | baza | 也、还 |

（5）副词按其构成方式又可分为基本副词、派生副词和重叠副词三种

① 基本副词　从形态学角度来讲，不能再作构词分析的副词为基本副词。如：

| mɣnda | 这里 | ɣnda | 那里 |
| øry | 向上 | kudu | 向下 |
| yrgyldʒe | 经常 | dʒaa | 刚刚 |
| dyn | 夜 | burun | 以前 |
| bykʃyŋ | 往前探（头） | dalaʃ-dulaʃ | 匆忙地 |
| eŋ | 最 | teginne | 原来 |
| ulam | 越、更 | | |

② 派生副词　通过加附加成分从其他词类构成的副词。

A. 借助于构词加成分-tɣr、-tir、-tur、-tyr、-dɣr、-dir、-dur、-dyr，把形容词变成副词。如：

ege（好）→egedir　　　　好好地

dʒɣlɣx（热）→　dʒɣlɣxdɣr　热热地

B. 在名词或代词后附加词缀-ʃy、-ʃi 构成表示"像……一样地"语义的副词。如：

men（我）　　　→menʃi　　　　像我一样地

sen（你）　　　→senʃi　　　　像你一样地

daʃ（石头）　　→daʃʃɣ　　　　像石头一样地

kulak（耳朵）　　→kulakʃɣ　　　像耳朵一样地

C. 把附加成分-daj 加在名词或形容词词干后构成副词。

dakʃa（碗）　　→dakʃadaj　　　像碗一样地

tawak（盆）　　→tawakdaj　　　像盆一样地

ʃuluun（快的）→ʃuludaj　　　　快快地

③ 重叠副词把两个副词或形容词词干重叠起来可以构成表示强调意思的副词。如：

| ɛrɛj-ɛrɛj | 慢慢地 | ʃuluun-ʃuluun | 快快地 |
| ege-ege | 好好地 | dakɣn-dakɣn | 一再地 |
| tuŋ-tuŋ | 一定 | | |

7. 连接词

连接词与词、词组与词组或句与句的词是连接词。

（1）表示并列关系的连接词有 bilen 和 bolkaʃ。

bilen 和、与，bolkaʃ 和、与。

dʒɣlkɣ <u>bilen</u> inek aralaʃ.

马　　和　　牛　　混合

马和牛混在起。

ʃireniŋ　　ysdynde　　　nom　bilen　dekter　bar.
桌子的　　　上面（位格）　书　和　　本子　　有
桌子上有书和本子。

bisterler　gyrgɛ　bilen　nomʃuur øw　ʃerbidibis.
我们　　　宿舍　和　　教室　　　打扫了
我们打扫了宿舍和教室。

beʃ　bilen　aldy
五　和　　六
五和六

xara　bilen　ak
黑　和　　白
黑和白

er　xoj　bilen　kɤs　xoj
公　羊　和　　母　羊
公羊和母羊

ulux　giʒi　bilen　bidʒii　ool
大　　人　和　　小　　男孩
老人和小孩。

在上述例子中凡 bilen 都可用 bolkaʃ 替换，语义不变。但在生活中多使用 bilen，而很少使用 bolkaʃ。

（2）表示不同方式的连接词有

birde…birde　　一边……一边

men　birde　dʒorup　birde　olurup　ɛrɛj　dep　　geldim.
我　一边　　走　　一边　坐　　慢慢　副动词）我来了
我走一阵坐一阵好不容易（慢慢地）来了。

ol　birde　durup　birde　olurup　ʃɤdabajin　duro.
他　一会　站　　一会　坐　　不安　　（助动词）
他一儿站一会儿坐，心神不安。

ʃuurkan　birde　dɤŋsɤp　birde　ɛrɛj　dep　　duro.
风　　　一会　紧　　　一会　慢　（副动词）（助动词）
风时而大（紧）时而小（慢）。

birde　ɤndʒaar　birde　mɤndʒaar.
一会儿 那 样做，一会儿 这样做。
一会儿这样做，一会儿那样做。

（3）表示选择关系的连接词有

① ne…ne 或……或，非此……即彼。这个选择连词可能是从哈语借入的。

<u>ne</u>　men　bidʒijin　<u>ne</u>　sen　boduŋ　bidʒi.
或　　我　　写　　　或　　你　　自己　　写

或让我写或你自己写。

<u>ne</u>　kɣzɣlɣ　<u>ne</u>　gøge　ergiŋ　kajsɣ　bolsada.
或　　红　　　或　　蓝　　随便　那个　成的话

或红或蓝，随便那个都可以。

<u>ne</u>　nom　zadɣp al　<u>ne</u>　dekter　zadɣp al.
或　　书　　买　　　或　　本子　　买

不买书就买本子。（或是买书或是买本子）

② ɣndʒan…ɣndʒan　或……或

<u>ɣndʒan</u>　sen　baar　<u>ɣndʒan</u>　baza　de　baarzɣn.
或　　　你　　去　　或　　　还是　他　去

或是你去或还是他去。

③ bireze…bireze　　　　　有时……有时
kejde…kejde　　　　　　有时……有时……

bireze…bireze 是从哈萨克语借入的选择连词。

xaarkan　<u>bireze</u>(kejde)　azɣk　<u>bireze</u>(kejde)　buluttɣx.
天气　　　有时　　　　晴　　　有时　　　　　多云的

天时晴时阴（多云）。

④ dʒok　或者，还是

sen　baarsenbe　<u>dʒok</u>　men　barajin　ba?
你　　去　　　　还是　我　　去　　　吗

你去还是我去？

⑤ azɣ还是，或者

berɛkej　be　<u>azɣ</u>　berbɛkej　be?
给　　　嘛　还是　不给　　　嘛

到底给不给嘛？

sen　ajtɣrsen　be　<u>azɣ</u>　ol　ajtsɣn　ba?
你　　说　　　呢　还是　他　让说　　呢

你说还是让他说？

de　ijiktin　　baralɣ　ba　<u>azɣ</u>　bo　ijiktin　　baralɣ　ba?
那　方向？（从格）去　　呢　还是　这　方向（从格）去　　　呢

走那边还是走这边？

（4）表示转折关系的连接词有

① xarɣn 可是

gøbødiŋ tøzø iʃke bardɣ xarɣn sen amdɣka durabajin
人们的 全部 劳动（向格）去了 可是 你 现在 不起
dursen.
（助动词）

大家都去劳动了，可你还没起来。

② ɣndʒalsada 但是、然而

xaarkan buluttɣx ɣndʒalsada dʒaaʃkɣn dʒagbas
天气 多云彩的 但是 雨 不下

天（虽然）阴了，但不会下雨。

有些熟语在句中也起转折连词的作用，例如：ɣndʒalsa dʒok 但是、然而

dʒobalaŋ bolsada ɣndʒalsa dʒok korkbasbɣs.
困难 虽有 但是 我们不怕

虽然有困难，但是我们不怕。

men bidʒi albas ijikben ɣndʒalsa dʒok bidʒip gørøjin.
我 写 不能 （语气词）但是 写 看一看

我（虽）不会写。但让我写写（试试）看。

③ ɣndɣxta bolsa 那样的话

men dʒaldɣr bidʒize bolur ba? ɣndɣxta bolsa bolur aan.
我 写 行 吗 那样的话 行 （语气词）

我这样写行不行？

那样（的话），也行罢。

bir-iji dekter bar ol bolur ba?
一 二 本子 有 那 行 吗

ee ɣndɣxtabolsa bolur aan.
哎 那样的话 行 （语气词）

有一两本，行吗？

那样（的话），也行了。

（5）表示原因、假设关系的连接词有

① kerbɛdʒim 如果

kerbɛdʒim sen dʒoruur bolsaŋ, nom al.
如果 你 走 的话 书 拿

如果你走，把书拿走。

kerbɛdʒim　sen　aʃtaar　bolsaŋza　ʃirɛde　dʒem　duro.
如果　　　你　　饿　　　的话　　　　桌子（位格）饭　有
如果你饿了，桌上有饭。

② ɣndʒan…ɣndʒaarɣ　如果……因为

ɣndʒan baar bolsaŋ　sen kandʒalsada　kɣlɣn　gedinip　al, ɣndʒaarɣ ol
去　　的话　　　你　　　无论如何　　　厚　　穿（拿）　因为

aranɣŋ　agarɣ　danda　sook.
那里的　气候　　特别　　冷
如果你去的话，一定要多穿衣服，因为那里的天气特别冷。

有些熟语在句中也可起表示原因的连接词的作用，如：

dʒɣge　dise　（dʒɣge　deerge）　因为

dɣɣn　ol　gelbɛɛn　dʒɣge dise　（dʒɣge　deerge）　ɑɑrɣp　kalkan.
昨天　他　没来　　　因为　　　（因为）　　　　　　病　　（助动词）
昨天他没来，因为他病了。

8. 后置词

图瓦语中的后置词可以支配一定的格。它的位置在它支配的名词之后。
后置词按其支配关系的性质，可以分成以下几组：

（1）支配主格的后置词：

① bilen　用、乘

men　at　bilen　geldim.
我　马（乘）　我来了
我骑马来的。

bijir　bilen　bidʒidim.
钢笔（用）　我写的
我用钢笔写的。

mɛdʒinɛ　bilen　geldiŋ　　be?
汽车　　（乘）你来的　　吗
你坐汽车来的吗？

② uʒun　为、替

arat　gøp　uʒun　iʃtekej.
人民　　　为　工作
为人民服务。

ol　bara　albaza, ol　uʒun　men　barajin.
他去　如不能　他　替　我　　去
他去不了的话，让我替他去罢。

sen　bo　kɤlɤɤŋ tarbas　ol　uʒun　sen ege　iʃte　bolur　ba?
你　这　做　不行　它　为　你　好　做　行　吗
这件事你干得不好，（为此）你今后应该好好干，是不是？

gøpten　baatɤrlar　arat　gøp　uʒun bottarnɤŋˈaldɤn　tɤnɤn berdi.
人民（从格）　英雄（复数）人民　为　利益　宝贵的 生命　给了
（人民）英雄们为了人民的利益，献出了宝贵的生命。

③ kodɤ　向……

bister　dʒou　det　tergɤɤlekdʒeni　ederip zunjinin　yngeʃ　jɤnnan
我们　周　副　主席（宾格）　跟随　从遵义　出来后　云南
dʒɤk　kodɤ　buruŋkaarladɤbɤs.
方面　向　我们前进

（引自《一个红军伤员的故事》）

我们跟随着周副主席离开遵义向云南方向前进。

oj-xara maŋkɤz dʒigɛ suŋkɤ dʒɤk kodɤ　aŋŋaj　bardʒɤk　dep　katɤn
灰黑　妖　正西　方西　向　打猎　去了（副动词）老婆
onɤ　ajttɤ.
它　她说了

灰妖的老婆说，他向西边打猎去了。　　　（引自《古南·哈拉》）

有些熟语也可以支配主格，起后置词的作用。如：

mooŋ　dʒaʃtɤnda　除……外

sarɤx kem、uzun kem mooŋ dʒaʃtɤnda　baza　kandɤx　ulux　kem bar?
黄河　长江　除……外　还有　什么样的 大　河　有
除了黄河、长江外还有哪些大河？

sende　bar dʒibe karɤndaʃ、bijis、nom　mooŋ dʒaʃtɤnda kandɤx
你（位格）有 东西 铅笔　钢笔　书　除……外　什么样的
dʒibe　kerek.
东西　要
你（已经）有了铅笔、钢笔、书,此外还要什么呢？

mende　bar dʒibe　bir at iji inek　mooŋ dʒaʃtɤnda　kas
我（位格）有 东西　一 马 二 牛　除……外　鹅
ødyrek　bar.
鸭　有
我有一匹马、两头牛还有鹅和鸭。

④ bolap baʃka　除此而外

mende durarɣ dʒaŋkɣsla nom <u>bolap baʃka</u> nom dʒok.

我（位格）有的　仅一　书　除此而外　书　没有

我只有这本书，其他书没有。

aldaj daandakɣ aŋnar sɣɣn、elik、adɣx、børø <u>bolap baʃka</u> gøbej

阿尔泰　山里　野兽 鹿　黄羊　熊　狼　除此以外　多

aŋ kuʃ bar.

野兽 鸟 有

阿尔泰山有鹿、黄羊、熊、狼，除此之外还有很多的鸟兽。

⑤ bolap (munun) gedɛɛr 这以后、从此

amtan <u>bolap gedɛɛr</u> dʒordʒɣj beer.

人　　　　从此　走　了

这以后人走了。

xar <u>bolap gedɛɛr</u> dʒaj beer.

雪　这以后　下　了

（从）这以后下雪了。

kyn <u>munun gedɛɛr</u> soj beer.

天　这以后　冷 了

这以后天冷了。

（2）支配向格的后置词

① udur 对

ol dʒaaka <u>udur</u> bir ok attɣ.

他 敌人　对 一 子弹 射了

他向敌人打了一枪。

adaʃtarka <u>udur</u> sakɣʃkaar kerek.

同志（向格）对　关心　要

对同志要关心。

② dʒedir 到、至

bo sasɣɣnnɣ onintʃi ajka <u>dʒedir</u> bidʒiniirmen.

这 纸（宾格）第十 月（向格）到　写

这纸够我用到十月份的。

ak kabaka <u>dʒedir</u> baarmen.

白　哈巴（向格）到　将去

我要到白哈巴去。

xarojnan    ʃɛnge    dʒedir dʒerbe kyʃkyrɣy bar.
哈拉峪（从格）县（向格）到    二十    里    有

从哈拉峪到县上有 20 里。

（3）支配从格的后置词

① udur  面对、对

men  dʒorup  olurumda  bir giʒi  murnumnan  udur ynyp  geldi.
我    走（时候）    一人    前面（从格）对    出    来了

我正走时，一个人从前面朝着我来了。

② baʃka  除……外

mennin  baʃka  tødø  bardy.
我（从格）除外  全    去了

除我之外全体都去了。

③ burun，murun  先、前

dyʃtin        burun  nom  gørbis.
中午（从格）    前    书    读

上午我们读书。

men    øzinin    murun geldim.
我    约孜（从格）前    来了。

我比约孜先来了。

（4）支配属格的后置词

soo  以后

gystyŋ  soo  top  kaldɣ.
秋天的  以后 是  了

现在是秋后了。

arakynɣŋ  soo  gyʃ  dʒok  bolur.
酒的    后  力气  没有  是  成

后（出）的酒没有劲儿。

（5）此外，一些表示方位的名词后面加上相应的领属词缀和格（位格、从格，（与）向格）的后缀，在句中也起后置词的作用。这些名词有 ara "之间"、iʃ "里"、bedi "这里"、kɣdɣ "边缘"、dʒaʃ "外面"、adaa "底、尾"、yst "上面"、ortu "中间" 等等。如：

de  ijilezeniŋ  arazy.
她  两的    之间（带领属附加成分）

在她俩之间

ilɛbistiŋ　arabɯsta.

咱俩的　　之间（位格）

在你我之间。

øøniŋ　　iʃtinge　　　baarsɯn.

房子的　　里面（向格）　让（他）进去

让他进屋里去。

bistiŋ　　bedijibiste.

我们的　　这里（位格）

在我们这里。

bistiŋ　　øøbis　surkujlɯnɯŋ　kɯdɯnda.

我们的　　房子　学校的　　　旁边（位格）

我们家在学校旁边。

gyrynniŋ　　dʒaʃtɯ

国家的　　外边（宾格）

国外

øøniŋ　dʒaʃtɯ　　　　ʃep-ʃebir　irgen.

房子的　外边（宾格）　干干净净（语气词）

房子外面干干净净的。

bistiŋ　　surkujlɯ　koʒanɯŋ　adaanda.

我们的　　学校　　　街的　　底（位格）

我们的学校在街的尽头。

øøniŋ　　ysty　　orkɯ　　irgen.

房子的　　上面　平平的　（语气词）

房顶平平的。

oruk　ortuzu

路　中间

半路

dyn　　ortuzu　bolkan　øji.

夜　　中间　　成为　时间

时间已是夜半。

9. 语气词

语气词可以加在任何一种实词词干后或与实词连用，它没有独立的意义，只是赋予句子或词各种语义或色彩。

图瓦语语气词可分为：

（1）疑问语气词①

① bɑ、be

bo meen nom <u>bɑ</u>?
这 我的 书 吗
这是我的书吗？

seen ɑdɑʒɤŋ dʒɑnɤpgeer <u>be</u>?
你的 朋友 回 来 吗
你的朋友回来吗？

bolur <u>bɑ</u>?
行 吗
行吗？

ɑjtɤr siler <u>be</u>?
说 您 吗
您说吗？

sen ɤndʒɑlkɑn ijik sen <u>be</u>?
你 （语气词）你 吗
这难道是你干的吗？

ol ɤndɤx ijik <u>be</u>?
它 那样的 （语气词）吗
是那样的吗？

ol geler irgi <u>be</u>?
他 来 （语气词）吗
他会来吗？（有盼望、希望、等人来的意思）

mɛdʒinɛ bøgyn geler irgi <u>be</u>?
汽车 今天 来 （语气词）吗
汽车今天来吗？（有希望能来意）

② ɛle

mɛgɛzin bøgyn ɑʒɑr <u>ɛle</u>?
商店 今天 开 吗
商店今天开吗？

（2）表示恍然大悟、忽然明白等感叹语气的 ɑ

ɑ, xɑrɤn ɤndɤx durkɑn dʒɤyl!
啊 （原来） 那样 （助动词）
啊，就是那样呵！

---

ɑ， bo mʏndʏx bolkanla irgen！
啊 这 这样的 是不过 （语气词）
啊，原来不过如此啊！

ɑ，ʏndʏx bolsa mendε barajin.
啊 那样的 如果是 我 也 去
啊，那样的话，我也去罢。

（3）表示限制并指明所强调的词的语气词 la、le

mende dʒaŋkʏsla nom bar。
我（位格） 只一 书 有
我这儿只有一本书。

ol bir le giʒi.
他 只 一个 人
他只一个人。

ol at la munup dʒordʏ.
他 马（就是）骑 走
他就是骑马走的。

men bir le saam bidʒidim.
我 一 次 写了
我只写了一遍。

（4）表示肯定语气的

（1）ɑɑn

bartʃʏn kaldarka munar ʃax bopla geldi ɑɑn， ej adʏŋka
（马名） 骑 时间 是 来了（语气词）哎 马（宾向格）
mundʏ.
骑了
该是骑上马的时候了，于是就骑上了马。

（引自《古南·哈拉》）

gergindidege gʏlbistiŋ mʏjnʏnʏŋ giʒenin belettep kaan dokʃʏn xara
配种时的 公黄羊的 脖子的 皮（从格） 乌 黑的
yldʏsin barʏnijiŋka baza kurʒanʏp aldʏr. emes be ɑɑn?
大刀 右边（向格）还 抱带 拿了 不是吗（语气词）
用配种时的公黄羊脖子的皮做带子的乌黑锃亮的大刀挂在了左边，不是吗！

（引自《古南·哈拉》）

（5）表示感叹、钦佩、惊讶等感情色彩的 dʒibe

karaa　　　　　　dʒyge　bulduqʏr　dʒibe?

（他的）眼睛　为什么　大而突出（语气词）

他的眼睛为什么大而突出？

（引自《古南·哈拉》）

balʏxlankan　eʃtiŋ　ʏʏdʏ　ʏndʏx　ege　søzyniŋ　ajazy　ʏndʏx

受了伤的　　同志的　声音 那样的 好　话的　　语调 那样的

dʏŋsʏx　ʤibe.

坚决　（语气词）

伤员同志的声音是那样洪亮，语调是那样坚决！

（引自《一个红军伤员的故事》）

（6）示祈使语气的 ʃy，常用于第二人称动词命令式后

atka　　　　　sigin　berʃy.

马（向格）草　　给

给马草呵。

menge　　　dʒakaa　bidʒiʃy.

我（向格）信　　写

给我写信呵。

这个语气词 ʃy 可能源自古代突厥语的祈使语气词 kü（ku）。[①]

10. 感叹词

图瓦语的感叹词可以分为两类，一类是表示某种感情和感觉的感叹词，另一类是表示呼唤、催赶、呵斥牲畜的感叹词。

（1）表示某种感情或感觉的

| | |
|---|---|
| paa | 表示惊讶、惊奇、钦佩的感情 |
| pa | 表示讨厌、厌烦、后悔的感情 |
| iju  iju | 表示疼的感觉 |
| pii、piʃ | 表示轻蔑 |
| wei  jia | 表示特别惊奇 |
| xɛj、oj | 表示出乎意料 |
| ɛbɛkej | 表示惊恐、害怕 |
| m̥m̩ | 表示不满 |
| oo…baje | 抱起小孩时说 |

---

① 见耿世民《古代突厥语文献语法》油印本，第 166 页。

（2）呼唤，催赶，呵斥牲畜禽类等的感叹词。

| | |
|---|---|
| ɑɑ、ee | 啊、哎 |
| xoo-xoo | 招呼母牛声 |
| dʒip-dʒip | 招呼鸡 |
| kutʃu-kutʃuk | 招呼狗 |
| sok-sok | 让骆驼躺下 |
| kuruu-kurʃok | 招呼马 |
| kara-kodur | 骂马的叱语<sup>①</sup> |
| kemelek | 骂山羊的叱语 |
| kara-sen | 骂牛的叱语　　等等。 |

# 二　句法

图瓦语的句法就其包括的内容可以分为词组和句子两大部分。词组是由两个或两个以上的词组成的、比句子小的句法单位。

如：kɥzɣl ʃerix　　　红军战士
　　dørt dekter　　　四本本子
　　xabaka barɣr　　　去哈巴河

词组一般包括在句子当中，也可以脱离句子独立存在。这一部分主要研究词组的构成和类别。

句子是由表现各自的语法功能的一组词（包括词组）按照某种语言表达的固有方式组织起来，表达一个比较完整意思的最小单位。在特定的情况下，也有独词成句的现象。

如：kɥzɣl ʃerixter geldi.
　　红　　军　　来了
　　红军来了。

ʃirenin ystynde　　dørt dekter bar.
桌子的　上面（位格）四　本　　有
桌子上有四个本子。

dyyn men　xabaka　　　　bardɥm.
昨天 我　哈巴河（向格）去了
昨天我到哈巴河去了。

---

① 词的原意是马类的一种致命的病。

de　dʒime kandyx, ege　　be?

那　东西　怎么样　好　　吗

那东西怎么样，好吗？

ege.

好

好。

图瓦语句子的主要成分是主语和谓语。当人称代词作主语时，由于可以省略人称代词而由谓语性人称词缀体现人称，这时谓语（可以是单一的谓语也可以是谓语词组）便成了句子中唯一的主要成分。对图瓦语来说，谓语或谓语词组是句子的重要内容。

（一）词组的分类

图瓦语中的词组依其构成的方式可以分为以下几类：

1. 并列词组　组成词组的两个或两个以上的词之间的关系是平等的。不分主次。

并列词组又可分为两类：

（1）不用连接词的并列词组：

| | | | |
|---|---|---|---|
| er-dʒygεer | 男女 | kyrkan-dʒaly | 老少 |
| oŋ-sol | 左右 | øry-kodu | 上下 |
| edik-ok | 鞋袜 | xol-but | 手脚 |
| er-epʃi | 夫妇 | aʃkyjak-xoodʒin | 老头老婆 |

（2）使用连接词的并列词组：

| | |
|---|---|
| nom bilen dekter | 书和本 |
| inek bilen xoj | 牛和羊 |
| ege bilen bak | 好的和坏的 |
| ʃuluun bilen εrεj | 快的和慢的 |
| gelgen bilen gelbεen | 来的和没来的 |
| dʒiir bilen iʒer | 吃的和喝的 |

2. 偏正词组

（1）修饰成分 + 中心词构成的偏正词组

名词、形容词、形动词、数词和代词可以作修饰成分，名词可作中心词。

① 名词作修饰成分

名词作修饰成分时，带有属格附加成分的中心词加第三人称从属人称附加成分的偏正词组：

| | |
|---|---|
| daanyŋ aŋy | 山里的野兽 |
| ʃøldiŋ maldʒylary | 平原的牧民 |
| xabanyŋ dybalary | 哈巴河的图瓦人 |

不带有属格附加成分的名词作修饰语，中心词也不加从属人称附加成分的偏正词组：

| | |
|---|---|
| gidis øw | 毡房 |
| ɣnjaʃ ʃirɛ | 木桌子 |
| dyk bijir | 毛笔 |
| dɣba dɣl | 图瓦语 |
| kazak yzyk | 哈萨克文 |

② 形容词作修饰成分

| | | | |
|---|---|---|---|
| erge nom | 旧书 | gøbej tiŋge | 大量的钱 |
| dʒaa ʃax | 新时期 | erdemnix giʒi | 文化人 |
| eer kømøsgɛ | 弯眉 | aʒɣndʒak giʒi | 爱生气的人 |
| boolɣx aŋdʒɣ | 有枪的猎人 | ege at | 好马 |
| baatɣrlɣxer | 好汉 | | |

③ 形动词作修饰成分

| | | | |
|---|---|---|---|
| uʃkan kuʃ | 飞鸟 | gelgen giʒi | 来了的人 |
| akkan suw | 流水 | totkan murzuk | 吃饱了的猪 |
| dolkan dolzuk | 装满的皮壶 | | |

④ 数词作修饰成分

| | | | |
|---|---|---|---|
| beʃ nom | 五本书 | dʒedintʃi arnɣ | 第七页 |
| on xoj | 十只羊 | dørdyn dekter | 四十个本子 |

⑤ 代词作修饰成分

| | | | |
|---|---|---|---|
| bo inek | 这头牛 | de at | 那匹马 |
| kɣmnɣŋ malɣ | 谁的牲畜 | kandɣx ʃirɛ | 什么样的桌子 |
| sinerniŋ xojukar | 您的羊 | meen atɣm | 我的马 |
| bir dʒedʒe giʒi | 几个人 | | |

（2）限制成分 + 中心词构成的偏正词组[①]

① 副词作限制成分的偏正词组

形容词、动词、形动词可作中心词。

A. 形容词作中心词

| | | | |
|---|---|---|---|
| eŋ kɣzɣl | 最红 | kwandʒjux ulux | 很大 |
| ɣndɣx ʃuluun | 那么快 | tuŋ ege | 最好 |

B. 动词作中心词

| | |
|---|---|
| ɣrak uʒwar | 飞得远 |

---

① 这里的限制成分表示状语性的修饰成分。

bedik xalɣr　　　　　跳得高

gøbej dʒiir　　　　　吃得多

ɛrɛj dʒoruur　　　　　走得慢

C. 形动词作中心词

ebɛʃ gelgen　　　　　来得少

ʃuluun barkan　　　　去得快

② 副动词作限制成分，动词作中心词的偏正词组

køølkaap nomʃuur　　　　　仔细地读、用心地读

ajtɣp gøryr　　　　　说说看、说一说

bodap gøryr　　　　　想想看、想一想

③ 副动词作限制成分、副动词作中心词的偏正词组

taldap gedip　　　　　挑着穿

paskaktanɣp olurup　　　　　盘腿而坐

④ 数词作限制成分的偏正词组

yʃ　desginip　　　　　转了三转

3. 后置词词组　由实词和后置词组成

dyk bijir bilen　　　　　用毛笔

arat gøp uʒun　　　　　为人民

onantʃɣ ajka　dʒedir　　　　　到十月份

xaba kodu　　　　　到哈巴河（去）

4. 专名词组　由专有名词构成的词组

dʒuŋkuo kuŋtʃan daŋɣ　　　中国共产党

**（二）句子的次要成分**

句子的次要成分包括：宾语、定语和状语

1. 宾语

宾语是句子中谓语动作的承受者。图瓦语中的宾语可以依其意义和形式分为直接宾语和间接宾语两类。

（1）直接宾语

谓语动词所表示的行为动作直接涉及的对象是直接宾语。在图瓦语中直接宾语在形式上有主格和宾格两种形式。

以下词类可以作宾语：

① 名词

sen　bo　<u>nomnɣ</u>　nomʃu.

你　这　书　　读

你读这本书。

bo  ʃimεεni  ol  dʏŋnadʏ.

这　消息　　他　听见了

这消息他听说了。

这两句中的 nom、ʃimεε 以宾格的形式出现。

men  dʒakaa  bidʒidim.

我　　　信　　　写了

我写信了。

men  nom  dekter  zadʏp  aldʏm.

我　　书　　本子　　　买（助动词）

我买了书和本子。

这两句中的 dʒakaa、dekter 以主格的形式出现。

② 数词

almanan  birni  aldʏm.

苹果　　　一个　拿了

我拿了一个苹果。

beʃti[①]  beʃke  gøbydedirge  dʒerbe  beʃ  bolur.

五　　　五　　乘　　　　　二十　　五　　是

五乘五等于二十五。

tosti[②]  yʃke  ylεεrge  yʃ  boulur.

九　　　三　　除分　　三　　是

九除以三等于三。

③ 代词

men  onʏ  　　gørdim.

我　　他（宾格）看见了

我看见他了。

baxʃʏ  menni  　　ʃymdʒiledi.

老师　　我（宾格）批评了

老师批评了我。

④ 名词化形容词

bis  kʏzʏldʏ  gøkty  makasaarbʏs.

我们　红的　　蓝的　　喜欢

我们喜欢红的，蓝的。

---

① 在图瓦语中，被乘或被除数用宾格表示。

② 同上

aktɤ　　xaranan adɤra　　albas.
白的　　黑的　　分别　　（助动词）
（你）分辨不清黑白。

⑤ 名词化的形动词

olalarnɤŋ gelgenen　gørdim.
他们的　　来　　　看见了
我看见他们来了。

baʒɤŋ orajɤnnan odʒirburkan dʒalaran　bir　dʒandan　dʒalɤ　katun
头的　　上边　　佛　　火焰　　一个　漂亮的　年轻的　女人

durkanɤn　gørdi.
站立　　看见了
头顶上有座佛，火焰腾起处看见一个年轻漂亮的女人站在那儿。
　　　　　　　　　　　　　　　　　　　　（引自《古南·哈拉》）

oj-xara　maŋkɤs①　dʒookʃɤlap kalkanɤn　bilip　durar.
灰黑　　妖　　接近　　余下的　　知道（助动词）
知道灰妖已经离得很近了。
　　　　　　　　　　　　　　　　　　　　（引自《古南·哈拉》）

⑥ 动名词

men　nom　nomʃuurnɤ　makasaarmen.
我　　书　　读（书）　　喜欢
我喜欢读书。

bis　　nomʃuur bidʒiirni　makasaarbɤs.
我们　读（书）　写作　　喜欢
我们喜欢读书和写作。

（2）间接宾语

间接宾语是谓语动词所表示动作的间接承受者。图瓦语中的间接宾语可由向格的名词、代词、名词化的形动词等表示。如：

① 向格名词作间接宾语

men　atɤmka　　sigin　berdim.
我　　我的马（向格）草　　我给了
我给马喂了草。

ol　surkujlɤka　dʒakaa　bidʒidi.
他　学校（向格）信　　　他写了
他给学校写了信。

---

① maŋkɤs 的原意是"寄生虫"，这里译成"妖怪"。

ada　oolka　　　　　bir　nom　zadɤp　aldɤ.
爸爸　孩子·（向格）一　　书　买　　（助动词）
爸爸给孩子买了一本书。

② 向格代词作间接宾语

men　senge　　　dʒakaa　bidʒidim.
我　你（向格）　信　　我写了
我给你写了信。

ol　　menge　　ʃimɛɛn　egeldi.
他　我（向格）　消息　　他带来了
他给我带来了消息。

baxʃɤ　biske　　　　xoodʒɤ　ajttɤ.
老师　我们（向格）故事　　　他讲了
老师给我们讲了个故事。

③ 名词化形动词：

men　bo　dʒibeni　gelgennerge　　　　　ajttɤm.
我　这　事情　来的（复数向格）　我讲了
我把此事对来的人都说了。

2. 定语

定语是对句子中的主语或宾语进行修饰、限制的语法成分。图瓦语中的定语可由下列词类担任：

（1）名词

bo　ɤnjaʃ　gøbøryŋ.
这　木　桥
这是木桥。

zadɤxta　aldɤn　sagat　bar.
商店（位格）金　表　有
商店里有金表。

sen　dee　dʒɤlkɤnɤŋ　baʃtɤŋɤ　sarɤx　ʃookar　peni　dudup　alkaʃtan
你　那　马的　　　头的　　黄色的　斑　母马　提　拿了以后
gerdik　dʒerge　　barɤp　dɤŋnalap　gelbessenbe
山坡　地方（向格）去　　听　　　不来吗？
uruum　didi.
我的女儿　她说。

"我的女儿，你到马群中抓住那匹黄斑母马（骑它）到山坡去看看，怎么样？"妈妈说。
　　　　　　　　　　　　　　　　　　　（引自《古南·哈拉》）

ej　udaban　soonda　kunan　xaraŋ　dʒediple　geldi　aŋnɯŋ　edin
哎　　不一会儿　古南　　哈拉　　到达（就）来了　野兽的　肉

dʒɯdɯryp　alkanla　øøniŋ-ørgeziniŋ　dʒaʃtɯŋka　gelgeʃ　kɯʃkɯ　berdi.
卸下　　拿了就　房子的宫殿的　　外边（向格）来以后　喊（助动词）

不一会儿古南·哈拉就回来了，刚一卸下（马背上驮的）野兽肉，来到
了房子外面便喊开了。

（引自《古南·哈拉》）

（2）形容词

øliŋ xara duŋmazɯ door　kaldar　børgen　gedip　ergenniŋ　dʒɯɯnijige
约玲 哈拉 妹妹　横　条花纹　帽子　戴　门框的　　左边

dʒedip　aldɯ.
到达　（助动词）

约玲·哈拉小妹妹戴着横条花纹的帽子。来到了门框的左边。

xumdakaj-kɯzɯl　dʒalaazɯn　dudup　aldɯ,　dokʃɯn-xara　yldysin
鲜红的　　　　吉祥布条 捉（助动词）　乌黑的　　　大刀

barunijiŋge　baza　kurʒanɯp　aldɯ.
左边　　　还　带抱（助动词）。

拴上了鲜红色的吉祥布带子，把乌黑闪亮的大刀挎在右边，用皮带系好。

（引自《古南·哈拉》）

bøgyn　men baza ol　dʒerde　dʒaa　bir yyldɛ　dʒazap　dʒɯtkan
今天　我　又　那个 地方的　新　一 工作　创造　（形容词）

amtannarnan　bedil　okʃuurka　bar　dʒɯdɯrɣmen　sakɯʃ　sɛtgilim
人们（从格）情况　访问（向格）去　（助动词）　心　里

dalajnɯŋ dʒalkɯnʃ dʒalkɯp tuŋ øørbejin kandʒap dura alɣrmen digernen.
海的　　像波涛　翻腾　非常 高兴 怎样的　（助动词）　能

现在我又到这里访问创造新生活的人们，心里多么高兴啊？

（引自《草原上的拓荒者》）

（3）代词

bistiŋ　surkujlɣ　kwandʒjux　ulux.
我们的　学校　　很　　　大

我们的学校很大。

meen　nomɯm　aadɣp　aldɣ.
我的　书（宾格）丢　了。

我的书丢了。

silerniŋ　adɣŋkar　kɣm?

您的　　名字　　　谁

您叫什么名字？

ol　øwde　　　kɣm　dʒɣdɣrɣ?

那　屋子（位格）谁　　在

谁在那个房间里？

men　bo　øwde　　　dʒɣdɣrɣmen.

我　　这　房子（位格）　住

我在这个房子住。

de　ʃireniŋ　ysdynde　　bir　diŋ　bar.

那　桌子的　　上面（位格）一　灯　有

那桌上有盏灯。

3. 数词

bis　surkujlɣbɣska　　dʒɣs　ɣniaʃ　tarɣdɣbɣs.

我们　学校（向格）　一百　树　　种了

我们在校园里种了一百棵树

tozan　kulaʃ　gedʒegege　tos　adɣr boʃkɣnɣn　　baglanɣp　aldɣ.

九十　掏　辫子　　九　分　股　　　绑　　（助动词）

九十掏长的辫子分成九股绑上了。

（引自《古南·哈拉》）

oj-xara　maŋkɣstɣŋ　iji　kaxaa　onbeʃtiŋ　ajɣ　keptix dolɣp yner

灰黑　妖的　　　两　眼　十五的　月亮　像　满　出来

　boldɣ.

（助动词）

灰妖的两眼像十五的月亮一样突出来。　　　（引自《古南·哈拉》）

birniŋ　orkazɣ　bedik　birniŋ　　orkazɣ　dʒabɣs.

一个的　身材　　高　一个的　身材　　矮

一个的身材高，一个的身材矮。

（5）形动词

bis　gelgen　xonadʒanɣ　utkuurbɣs.

我们　来了的　客人（宾格）欢迎

我们欢迎来到的客人。

dʒatkan　kep　kagʃadɣ.

晒了的　衣服　　干了

晒的衣服干了。

dʒou　det tergyylekdʒe doktaaʃ　ijolaan　ɣɣt　yngen　dʒyk kodu
周　　副　　主席　　　停下来　　呻吟　声　出来的　方向　向
barkaʃ　kɣdɣnan　gøørde　bir　balɣxlankan　kɣzɣl　ʃerix　irgen.
去以后　边上　　看　一　受了伤的　　红　战士（语气词）
周副主席立即停下来，转向发出呻吟声的地方走去，到跟前一看，是一
个负伤的红军战士。

（引自《一个负伤的红军战士》）

4. 状语

状语对句子中的谓语部分进行修饰或补充说明。表示行为动作的时间、
地点、状态、原因、行为方式或性状的程度，等等。

图瓦语的状语依其形式和作用可以分为时间状语、地点状语、原因状
语、行为方式状语、目的状语和程度状语几类。下面分类简述：

（1）时间状语

说明行为动作发生的时间，可由下列词类表示。

① 时间副词作状语：

olalar dyyn　balɣktap　dʒoraan.
他们　昨天　打算　　走过
昨天他们打算去了。

bøgyn xaarkan　ajas.
今天　天气　　晴朗
今天天气晴朗。

dyʃtin　　gedɛɛr　　men　surkujlɣka　baarmen.
中午（从格）以后　　我　学校（向格）　将去
下午我将去学校。

erden　dyʃtin　　burun　olalar　geler.
明天　中午（从格）以前　他们　将来
他们明天上午来。

bo dʒɣl taraa　　tuŋ　ege　yndi.
这 年　庄稼　非常　好　出的
今年庄稼长得好。

olalar erden　geep　makat.
他们　明天　来　　可能
他们明天也许会来。

② 表时间的位格名词作状语：

bis　　kɣʃta　　nomʃup　dʒajɣnda　taraa　tarɣɣbɣs.
我们　冬天（位格）读书　　夏天　　庄稼　　种
我们冬天上学，夏天种地。

ol　øjide　eʃ　xua　kuo　pɣŋnɣŋ　iʃi　kwandʒjux　dalaʃtɣx　bolsada
那　时候　同志华　国　　锋的　工作　很　　　　忙　　虽然

ɣʃ　øsgysty　xɛrɛldip　iʃtinde　bodap　durar.
三个　孤儿　关心　　（心）里想　着（助动词）
那时华国锋同志虽然工作很忙，心里却还十分惦记，关心三个孤儿。
　　　　　　　　　　　　　　　（引自《华主席关怀少年儿童》）

kynmiŋ　amtannarka　dørt　ujlɣrɣlda　dʒas　bop　bildirir　koau.
昆明　　人们（向格）四　季（位格）春天　是　被知道　城市
　　　　　　　　　　　　　　　（引自《春城无处不飞花》）
昆明，在人们的心目中是一个四季如春的城市。
③　动词词干结合作状语：

gidʒe，-kɣdʒa　作时间状语

sen　gelgidʒeŋge　　　manarmen.
你　来之前（向格）　我等
我一直等到你来。

kyn　aʃkɣdʒa　olurarmen.
太阳　直到落　我将坐
我会一直坐到太阳西沉。
④　表时间的向格名词作状语：

bis　dʒajka　　　dʒedir　nomʃubɣs.
我们　夏天（向格）到　　读书
我们一直学习到夏天。

olalar　kɣʃka　　　ʥedir　ʥanɣp　geler.
他们　冬天（向格）到　　回　　来
他们到冬天才回来。
⑤　表时间的从格名词结合作状语：
（以来）做时间状语：

ener　dʒɣldan　　　beer　nomʃup　dʒɣɣdɣrɣbɣs.
去　年（从格）　以来　读书　着（助动词）
我们从去年以来一直在学习。

dɣɣnnin　beer　dʒaaʃkɣn　dʒaap　duro.
昨天（从格）以来　雨　下　着
从昨天起一直在下雨。

⑥ 表时间的从格名词结合 gedɛɛ、suŋkaar（以后）做时间状语：

gystin　gedɛɛr　　kʏʃ　geler.
秋（从格）以后　　冬　将来
秋去冬来。

men　silerniŋe　ʏʒʏnʃi　ajnan　suŋkaar　baarmen.
我　您的（向格）第三　月（从格）以后　我将去
三月以后我到您那儿去。

⑦ 某些副动词作时间状语：

bister　dʒou　det　tergʏʏlekdʒeni　ederip　zunjinen　ʏngeʃ
我们　周　副　主席（宾格）　跟随　从遵义　出来以后
ynnan　dʒʏk　kodu　bunuŋkaarladʏbʏs.
云南　方面　向　我们前进
我们跟随着周副主席离开遵义后，向云南方向前进。

（引自《一个红军伤员的故事》）

onɣ　ajtʏp　kakaʃtan　aŋnapla　dʒorʏp　kagdʏ.
它　说　打猎（就）　走（助动词）
说过以后，（古南·哈拉）便打猎去了。

（引自《古南·哈拉》）

⑧ 数词和表时间的名词结合作状语：

solaŋkʏ　bo　yyldybʏrde　beʃ　dʒʏlʏ　aʒʏldaan.
索朗格　这　工厂（位格）五　年　工作了
索朗格在这个工厂工作了五年了。

bis　1950　dukaar　dʒʏlʏ　bo　surkujlʏnʏ　tøgʏsgenbis.
我们　1950　第　年　这　学校　我们毕业
我们是 1950 年从这个学校毕业的。

⑨ 从格代词或从格形动词结合 gedɛɛr、suŋkaar 作时间状语：

nasʏk　sennin　gedɛɛr　geldi.
那斯克　你（从格）　以后　来的
那斯克在你之后来的。

durkannan　gedɛɛr　tʏnʏʒʏn　bazʏp　dʒobalkannar　bazʏp　dʒʏrɛɛ
坐下了（从格）以后　呼吸、喘气　压　疲劳　消除　心脏
dʏbʏlarla　bo　emes　be　alaŋsʏnʏp　olurdʏ.
跳　这　不是　吗　奇怪（助动词）
坐下以后，让呼吸平稳了，消除了疲劳，心却猛跳，这可真是要出事了。

（引自《古南·哈拉》）

（2）地点状语

地点状语表示行为动作发生（趋向或出发）的地点。

① 表示处所、地点或位置的向格名词作地点状语，向格名词前可以和 bo、de 等指示代词连用。如：

solaŋkɤ　bejdʒiŋe　bardɤ.
索朗格　北京（向格）　去了
索朗格去北京了。

men　koduka　　gøʒøp　geldim.
我　　城市（向格）搬　　我来了
我搬到城市来了。

bis　bo　araka　　geep　kaldɤbɤs.
我们　这　这儿（向格）来（助动词）
我们到这儿来了。

men　bo　surkujlɤka　　geep　øryndym.
我　　这　学校（向格）　来　　我学习
我来这所学校学习了。

olar　de　ijik　kodu　dʒoj　bardɤ.
他们　那　方面　向　　走　　去了
他们到那边去了。

② 表示处所、地点或位置的从格名词作地点状语,从格名词可和 bo、de 等指示代词连用。如：

bis　ak　kabanan　　geldibis.
我们　白　哈巴（从格）我们来了
我们从白哈巴来了。

xonadʒalar　aldajnan　　dʒana　bardɤ.
客人们　　　阿勒泰（从格）回去　去了
客人们从阿勒泰回去了。

olalar　bo　aranan　　gøʒø　bardɤ.
他们　　这　这儿（从格）搬　　去了
他们从这里搬走了。

men　de　kodunan　　bo　dʒerge　　geldim.
我　　那城市（从格）　这　地面（向格）我来了
我从那个城市到这儿来了。

③ 表示处所、地点或位置的位格名词或与 bo、de 等指示代连用可作地点状语。如：

men solaŋkyny　kunʃɣda　　　　gørdim.
我　索朗格　　公社（位格）　我看见了
我在公社看见了索朗格。

øzi　　bejdʒiŋde　　aʒɣldaan.
约孜　北京（位格）工作过
约孜在北京工作过。

olalar　bo arada　　　　durbas.
他们　这　这儿（位格）　不站
他们没在这里停留。

ol　de　ijikte　　　　　olurdɣ.
他　那　地方（位格）　坐了
他坐在了那边。

④ 表示地点的副词可以作地点状语。如：

ooŋ　　xojɣ　ynda　duro　ba?
他的　羊　　那儿　有　　吗
他的羊在那儿吗？

øwniŋ　　dʒaʃynda　sɛs　giʃi　bar.
房子的　　外边　　八　人　有
屋外有八个人。

xaartʃaktyŋ　iʃtinde　dʒede　bødøneniŋ dʒmurkasy　bar,　øj-xara
箱子的　　　里边　　七个　鹌鹑　　　蛋　　有　灰黑
maŋkystyŋ　tyny　bo　bolur　boldy.
妖的　　　生命　这　是　（助动词）
箱子里有七个鹌鹑蛋，灰黑妖的命根子就是它。

（引自《古南·哈拉》）

（3）原因状语
原因状语说明行为动作产生的原因。
① 以-kaʃ、-geʃ 结尾的副动词作原因状语：

ol　aarkaʃ　surkujlɣka　gele　albadɣ.
他　因病　学校（向格）　来　不能（助动词）
他因病未能来上学。

surukdʒylar　dalaʃkaʃ　dʒandyrlabytkan.
学生们　　　（由于）着急　做错了
学生们因为着急都做错了（题）。

nʏsʏk　dʒʏtɡøp　øørøngeʃ　seʃetindi.

那斯克　努力　（因）学习　　受表扬

那斯克因学习努力受到了表扬。

② 形动词或动词词干加-ninin、-nʏnan 等附加成分作原因状语。

ol　bodʏ　murunnaj gelgenninin　bar　dʒibege　　dʒetgildeʃti.

他　自己　　前　　　（因）来　有　东西（向格）一切有

他因来得早，（所以）赶上了一切。

ol dʒʏtɡøp　nomʃunʏnan　ydʒʏʏr　boldʏ.

他　努力　　（因）读书　先进　　成了

他因努力学习，所以成了优秀生。

③ 形动词结合后置词 uʒun（为了）作原因状语。

ol　aarʏp　kalkan uʒun　aʒʏlka　　　bara　albadʏ.

他　病　　因为　　　　工作（向格）去　不能（助动词）

他由于生病没能去上班。

（4）行为方式状语

行为方式状语说明行为动作发生的方式或行为动作的特点。

① 副词作行为方式状语：

ol　　kenerdin　dʒedip　geldi.

他　　突然　　到　　来了

他来得突然。

solaŋkʏ　ɡøbej　domak　dandʏ.

索朗格　　多　　　　说了

索朗格话说多了。

② 副动词作行为方式状语：

ot tergen　maŋnadʏp　dʒedip　geldi.

火　车　　　跑　　　到　　它来了

火车开过来了。

ol　ʏrlap　dʒorudʏ.

他　唱着　他走了

他唱着走了。

bistiŋ　nasʏk　xalʏp　dʒorudʏ.

我们的　那斯克　跳　　他走了

我们的那斯克蹦蹦跳跳地走了。

solaŋkʏ　dʒʏɡʏrʏp　geldi.

索朗格　　跑　　　他来了

索朗格跑来了。

③ 数词和动量词 saam（次）结合可以作行为方式状语：

bis　bo　nomnɣ　<u>beʃ　saam</u>　nomʃudɣbɣs.
我们 这 书（宾格）五　　次　　我们读了

这本书我们读了五遍。

ol　　bejdʒiŋge　<u>yʃ　saam</u>　barkan　ijik.
他 北京（向格）三　 次　 去过 （语气词）

他去过三次北京。

（5）目的状语

对行为动作的目的、愿望进行说明的状语谓之目的状语。

① 以带有向格附加成分的动名词表示：

men　<u>nomʃuurka</u>　geldim　<u>ojnarka</u>　gelbɛdim.
我　读书（向格） 我来了 玩耍（向格）我不来了

我为学习而来，不是为玩乐而来。

olalar　<u>yyldɛɛrge</u>　bardɣ.
他们　　工作（向格）走了

他们工作去了。

oruk　<u>gørgøzyyrge</u>　dʒorudɣ.
路指 　（向格）　　 他走了

他带路去了。

② 名词或动名词结合后置词 uʒun（为了）可作目的状语：

men　arat gøpke　<u>yyldɛɛr　uʒun</u>　nomʃudɣm.
我 人民 （向格）工作　 为了　 我学习

我为人民服务而学习。

medilelix　giʃi　<u>bolur uʒun</u>　dʒɣtgykej.
有文化的　人　成为　 为了　 努力

为成为有知识的人而努力吧。

gøpten　baatɣrlar　<u>arat gøp uʒun</u> bottarnɣŋ　aldɣn　tɣnɣn　berdi.
人民　英雄们　人民　 　为了 自己的　 宝贵 生命 给了

英雄们为了人民贡献出了宝贵的生命。

③ 以动名词和 dep 构成的词组表示行为动作的目的：

temirdʒiler　　mørøjge　<u>girer　　dep</u>　dʒorupkan.
运动员们 比赛（向格）进入　 （副动词）（助动词）

运动员们参加比赛去了。

④ 带有人称词缀的动名词或词干后结合 dep 构成的词组可作目的状语：

men　　nomʃuurmen dep　　geldim.

我　　我学习　　副动词　我来了

我是来学习的。

men siler bilen　　xodʒɤladʒɤjɤn dep　　　kaldɤm.

我　你　和　　谈话　　　（副动词）（留下）

我留下来了是想和你谈谈。

（6）程度状语

程度状语说明行为动作或事物特征的强烈程度，可由程度副词表示：

ol　menni　　dʒerlɛ　　tanɤbadɤ（tanɤbaan）.

他　我（宾格）绝对、从不　不认识

他根本不认识我。

bo　dʒedʒek　kwandʒux　kɤzɤl.

这　　花　　　非常　　　红

这朵花特别红。

de　dʒedʒek　tuŋ　kɤzɤl.

那　　花　　　最　　红

那朵花最红。

（三）句子

句子可以为分为简单句和复合句两个基本类别。

1. 简单句

图瓦语中的简单句又可分为一般简单句（只包括句子的主要成分——主语、谓语）和扩展简单句（除主语、谓语外还包括句子的次要成分——宾语、定语、状语）。如：

ɤraadʒɤ ɤrlap dur.

歌手　　唱　（助动词）

歌手在歌唱。

gøk　　ʃalaŋda　　dujnɤŋ mal　syryy　ottap dʒorɤ.

蓝色的　原野（位格）　队的　牲畜　大牲畜　吃草（助动词）

队上的牲畜在草原上吃草。

（1）简单句的主要成分：

① 主语

主语是句子的主要成分之一，它指称人或事物或是动作行为的发出者或是被谓语说明的对象（在被动语态中，主语则是行为动作的承受者）。图瓦语中的主语可由主格的名词、代词、名词化的形容词、形动词、数词、动名词、词组等表示。

A. 名词作主语：

dʒedʒek  aʒɤldɤ.
花        开了
花开了。

surukdʒɤlar   ørønyp   dʒɤɤdɤrɤ.
学生们        学习     着（助动词）
学生们正在学习。

kek dʒedʒee   kadʒa xamalarda   dax   ʃɤŋnarda      bolur
杜鹃花        庭    院         山    山谷（位格）（助动词）

bao tʃun dʒedʒee   nurlarda    erijinde   zɤr.
报 春 花          田野（位格）溪（位格）开放、生长
杜鹃花开放在庭院、山谷，报春花常开在田野、溪边。

（引自《春城无处不飞花》）

nom  dekter   ʃireniŋ   ystynde     duro.
书    本子    桌子的    上面（位格）在            （词组作主语）
书和本在桌子上。

boolɤx   aŋdʒɤlar   xalanɤŋ   murnujɤnda   destindi.
有枪的   猎人们     村子的    东边（位格） 集合了
有枪的猎人在村东集合了。

xabanan        gelgen   giʃiler   dʒanar.
哈巴河（从格）来的   人们     将回
哈巴河来的人就要回去了。

B. 代词作主语：

olar   koduka      bardɤ.
他们   城市（向格）去了
他们去城里了。

sen   sojnɤn   nomʃuursen   be?
你    报纸     你读         吗
你要读报吗？

men   mɤŋ arʃaan   tɤŋ   aʒar   dujiŋge   barɤp, bɛdil   okʃuur   boldɤm.
我    千 泉       荒    开    队（向格）去     情况   了解（助动词）
我要到千泉开荒队去了解情况。      （引自《草原上的拓荒者》）

C. 名词化的形容词作主语：

dʒalkɤɤlar   aʒɤlnɤ      ege   yyldɛbɛs.
懒人        工作（宾格）好    不工作
懒人不爱劳动。

egeler　aʒɣlnɣ　　　ege　yyldɛer.
好汉　工作（宾格）好　工作
好汉爱工作。

er-dʒygɛer　ulux-bidʒii　tøzø　tarka　bardɣ，artɣnda　　gi∫i　dʒok.
男人 女人　大 小　　　全　收割　去了 村子（位格）人　没有
（词组作主语）
男女老少都收割小麦去了，村子里没人。

kɣrkan-dʒalɣ　tøzø　geldi.
老人　年轻人　全　来了
老人小孩都来了。

D. 数词作主语：

sɛs　dørtge　　　ylɛetniir.
八　四（向格）分、除
八可以被四除。

dʒerbe　kadar　be∫　diŋ　dʒerbe　be∫.
二十　　加　　五　等于　二十　五
二十加五等于二十五。

E. 形动词作主语：

gelgenni　　　tøzø　kɣrkan-dʒalɣ.
来的（宾格）都　老人　年轻人
来的全是老人小孩。

dyyn　barkannar　durkar.
昨天　去了的　　站起来
昨天去了的站起来。

dørde　olurkan　　kelinniŋ　ada-ijezi.
上首　坐了的（人）新娘的　父　母
上首坐的是新娘的父母。

dyyn　gelgen bilen gelbɛenner　durup　gel.
昨天　来过的 和　没来的　　站起　来（词组作主语）
昨天来了的和没来的都站起来。

F. 动名词作主语：

nom∫uur　tuŋ　duzalɣx.
读书　很　必要的
阅读是很必要的。

yyldεεr  kyr-køxdʒenix  dʒibe.
工作　　愉快的　　　事情
劳动是愉快的事。

iʒer  dʒiir  tøzø  beletendi.（词组主语）
吃　喝　都　准备了
吃的、喝的都已经准备好了。

② 谓语

对主语进行表达的部分称为谓语。在图瓦语中，谓语是句子的主要部分，是句子的主体。

A. 动词作谓语：

在用作谓语的词类中，动词谓语所占比例最大。句子所表述的时、态、体、式等语法范畴大都是通过动词丰富的词形变化或结合来体现的。因此我们说在图瓦语中动词是谓语的核心。下面是一些带有各类词形变化的动词的句子。

ol  dʒorudɤ.
他　走了
他走了。

ulux  dʒaaʃkɤn  zeptebejin  dʒagdɤ.
大　　雨　　　不停地　　　下
大雨不停地下。

dekter  nomnɤŋ  nak  saanɤn  bilbesmen.
本子　书的　　净　数（宾格）我不知道
我不知道书和本子的确切数字。

diŋner  kɤpsɤldɤ.
灯（复数）点着了
灯点着了。

dʒakaa  bidʑildi.
信　　写好了
信写好了。

men  dʒundum.
我　洗澡了
我洗澡了。

ol  dɤɤrandɤ.
她　梳头了
她梳头了。

sen　bar!
你　去
你去!

sen　ojna!
你　　玩
你玩!

kandʒa　bedik　xalɣsa　ɣndʒa　dɣka　uʒwar.
怎样　　高　　跳　　那样　　沉重　摔、扔
跳得高,摔得重。

kandʒa　bedik　uʃsa　ɣndʒa　ɣrak　uʒwar.
怎样　　高　　飞　那样　　远　　飞
飞得高的,也飞得远。

ooŋ　xoodʒɣɣzɣn　bidʒibitti.
他的　小说　　　　写成了
他的小说写成了。

men　dʒitgen　bijirimni　tɣp　aldɣm.
我　　丢失的　　笔　　　找　　(拿了)
我找到了丢掉的笔。

bo nomnɣŋ　xukusanɣnda　bir　daʃsaam　ʃyybir　alkɣlady.
这　学　期　(位格)　几　次　　　考试　　举行了
这学期进行了多次考试。

aŋnɣŋ　edin　alɣr　aza　dʒizin,　aʃ　kuʃkun　soktazɣn…
野兽的　肉　(拿)　鬼　让吃　吃的　小鸟　　让啄……
野兽肉让鬼去吃吧,让小鸟去啄吧……

（引自《古南·哈拉》）

edik-kep　ɣnda　kaɡdɣ.
衣服　　那儿　放
衣服堆在那儿。

sen　nomna　men　bidʒijin　ɣndʒalkaʃ　ʃuluun　bydynekej.
你　读　　我　写　　　这样　　　快　　完成
你读我写,这样能快一点搞完。

gidis　ooøni　tip　kaɡdɣ.
毡　房　　竖立
毡房搭起来了。

aʒɤl   øjinde   tamɤkɤ   dɤrtpa.
工作   时间（位格）烟          不抽
工作时间内不准吸烟。

B. 名词作谓语：

adʒam   taraandʒɤ.
我父亲   农民
我父亲是农民。

bistiŋ   nesilbis   bejdʒiŋ.
我们的   首都      北京
我们的首都是北京。

dyyn   gelgen   giʃiler   solaŋkɤnɤŋ   ada-ijezi.
昨天   来过的   人们      索朗格的      父   母
昨天来的人是索朗格的父母亲。

C. 形容词后带有"irgen"作谓语或形容词作谓语：

bøgyn   kyn   ege   irgen.
今天   天    好
今天天气好。

de   alma   uluɤ   bilen   kɤzɤl   irgen.   （词组作谓语）
那   苹果   大    和     红
那苹果又大又红。

meen   ada-ijemniŋ   magamudɤ kwandʒjux   xadɤk.
我的   父  母的        身体        很         健康
我父母亲的身体都很健康。

D. 数词作谓语：

meen   duŋmam   ørønyrde      birinʃi.
我的   弟弟      学习上（位格）  第一
我的弟弟在学习上是第一。

xojnɤŋ   nak   saanɤ   dørtyn   aldɤ.
羊的    净    数字    四十    六
羊的准确数是四十六只。

E. 代词或后带有"irgen"作谓语：

ooŋ   ajtkannɤ   bo   irgen.
他的   讲的       这
他讲的就是这些。

øøge　girgen　giʃiler　<u>men bilen　sen</u>.　（词组作谓语）
房子　进入的　　人　　我　和　　你

进入房间的人是我和你。

bo　kas　<u>bistii</u>.
这　鹅　我们的

这鹅是我们的。

F. 形动词作谓语：

bo　dʒer　bunun　giʒi　øte　albas　balkaʃtyx　<u>bolkan</u>,　amdy　ol
这　地方　以前　人　越过　不能　泥泞的　　是　　现在　那些

balkaʃtar　　<u>kurkaan</u>.
沼泽地　　　干了

这地方以前是人无法通过的沼泽地带，现在那些沼泽地都（被晒）干了。

G. 动名词作谓语：

bistiŋ　　yyrybis　<u>nomʃuur</u>.
我们的　　任务　　读书

我们的任务是学习。

bistiŋ　　tørylgybis　nikim　dʒurumny-　<u>dʒoruduur</u>.
我们的　　目的　　社会　　主义　　建设

我们的目的是建设社会主义。

bistiŋ　　bøgyngy　iʒibis　sigin　<u>kakar</u>.
我们　　今天的　　劳动　草　　打

我们今天的劳动是打草。

（2）简单句中的词序

图瓦语简单句中各语法成分的分布规则和同族其他语言的情形大致相同。在由主语和谓语构成一般简单句的叙述句中，主语通常位于谓语前面。如：

ol　　dʒordy.
他　　走了
（主语）　（谓语）

men　　geldim.
我　　来了
（主语）　（谓语）

在扩展简单句中，除了主语和谓语之间的关系之外，主语和宾语、谓语和状语、谓语和宾语、修饰语（定语）和被修饰语（主语、宾语）之间也有一定的分布规则，这表现为：

（时间）状语　　┌定语　　（时间、地点）定语　　　状语

　　　　　　　　│　　　　　状语

句子主干：　　　主语————————————宾语————谓语

（如果名词作谓语，它的修饰语就是主语）

如：

bo　　　dʒedʒek　　eŋ　　kɤzɤl.

这（朵）　花　　　最　　红

（定语）　（主语）　（状语）（谓语）

这朵花最红。

men　　bir　　nom　zadɤp　aldɤm.

我　　一（本）书　　买了

（主语）（定语）（宾语）（谓语）

我买了一本书。

　　疑问句中表示疑问的语气词一般跟在谓语动词后，不加在主语上，此时句子的词序受影响。如：

ol　ɤndɤx　ijik　　be?

它　那样的（语气词）吗？

是那样的吗？

bo　meen nom　ba?

这　我的 书　　吗

这是我的书吗？

ajtɤrsiler　be?

您说　　　吗

您说吗？

　　宾语分直接宾语和间接宾语。就二者在句子中的位置来说，间接宾语一般在前，直接宾语在后。但它们都位于谓语动词之前。

bo　　almanɤ　dʒidim.

这　　苹果　（我）吃了

（定语）　（宾语）　（谓语）

我把这个苹果吃了。

men　duŋmamka bir　　dʒakaa　bidʒidim.

我　给弟弟　　一（封）　信　　　写了

（主语）（间接宾语）（定语）（直接宾语）（谓语）

我给弟弟写了封信。

　　倒装句中，宾语可出现在谓语动词后面。此时有强调这个行为动作的含义。如：

dʒidim　　　　　bo　　dʒemni.
（我）吃了　　　这　　饭
（谓语）　　（定语）（宾语）

我吃了饭。

iʒidim　　bo　　arakɣnɣ.
喝了　　　这　　酒
（谓语）（定语）（宾语）

我喝了酒。

　　依照图瓦语的句法规则，地点、时间、目的、原因和行为方式状语在扩展简单句中应该出现在谓语动词之前。表示时间和地点的状语由于和谓语动词的联系不是那样紧密，所以往往出现在句子的前部，时间状语还常常位于主语之前。如：

dyyn　　men　　nomsaŋɣnan　　bir　　nom　　zadɣp aldɣm.
昨天　　我　　从书店　　　一（本）　书　　买　了
（时间状语）（主语）（地点状语）（定语）（宾语）（谓语）

昨天我从书店买了本书。

ol　　　bejdʒiŋde　　yʃ　　dʒɣl　　aʒɣldɣ.
他　　　在北京　　　三　　年　　工作了
（主语）（地点状语）（时间状语）　（谓语）

他在北京工作三年了。

　　行为方式状语与谓语动词联系密切，因此一般和动词靠得较近，出现在动词前边。

　　如：ol　ʃireniŋ　ystynde　ynyp　alkɣrɣp　kɣʃkɣrdɣ.
他　桌子的　上边　　出　吵闹　喊叫
（主语）（状　　语）　（谓语）

他跳上桌子又喊又叫的。

men　　ege　　dʒundɣ.
我　　好好地　　洗了澡
（主语）（行为方式状语）（谓语）

我痛痛快快地洗了个澡。

　　定语一般都位于中心词之前，不论这个中心词在句中是主语，宾语或是其他成分。如：

de　bir　　　mɛdʒinɛ　awdan　kodu　baar.

那　一（辆）汽车　　　往县上　　去

（定语）　　（主语）　　（状语）　（谓语）

那汽车是往县里去的。

bo　bir　bidʒikti　bijir bilen　bidʒiir　kerek.

这　一（封）信　用钢笔　　写　　必须

（定语）　　（主语）（状语）　　（谓语）

这封信必须用钢笔写。

一个中心词可以有几个定语，一个定语也可同时修饰几个中心词。如：

artɣnɣbɣstɣŋ　er-dʒɣgɛɛr　ulux-bidʒiiler　tøzø　ojunka　bardɣ.

我们村的　　　男　女　　老　少　　全都　节目　　去了

（定语）　　（中心词）　（中心词）　　（状语）（宾语）　（谓语）

我们村的男女老少都看节目去了。

（3）简单句的类型：

简单句根据其表示的内容或结构可以分为以下几种类型。

根据句子的内容可分为：

A. 陈述句

陈述句说明一件事情或陈述一件事实：

xaarlɣkaʃ　ɣrakka　uʒwar.

燕子　　　远　　飞

燕子飞得远。

sigin　kakar giʒiler　dʒoruur.

草　　打　人们　　将走

打草的人就要出发了。

beʃ　nom　tøzø　bir　tiŋge　dʒerbe　beʃ tɣjɣn.

五　书　全　一　元　　二十　五　分

五本书一共一元二角五分。

B. 疑问句

疑问句提出问题或表示疑问：

erden　gelersen　be?

明天　你来　吗

明天你来吗？

awudannɣŋ　eʃter　dʒedip　geldi　be?

县的　　　同志们　到达　来了　吗

县上的同志们到了吗？

sende　　　tiŋge dʒok　bɑ?

你（位格）钱　　没有　吗

你没有钱吗？

C. 命令句或祈使句

表示命令或请求等。

sen nomʃu！

你　读

你读！

men　bɑrɑjin.

我　　去吧

让我去吧。

D. 感叹句：感叹句表达某种感情：

bolɑp　gøørde　dʒou　det tergyylekdʒeniŋ　xɛrɛzi　ortta　dʒedʒe

（这样看来）　　周　　副　　主席的　　关怀　对他　多少

gyʃ　bergen　irgen！

力量　给了　（语气词）

周副主席的关怀，给了他多么巨大的力量啊！

ɑ，bo　mɣndɣx　bolkɑnlɑ　irgen！

啊！这　这样的　　成为是　（语气词）

啊！原来就是这样的呀！

② 根据句子的结构可以分为不完全句、简单完全句和复合句等。

不完全句

"ɑdɣŋ　　kɣm?"　　"solɑŋkɣ."

你的名字　谁　　　　索朗格

"你叫什么名字？"　　　　"索朗格。"（省略了主语）

"dyyn　kɣm　gelgen?"　　"men"

昨天　谁　　来过　　　　　我

"昨天谁来过？"　　　　　　　　"我"（省略了谓语）

"dʒedʒe　dekter　zɑdɣp　ɑldɣŋ?"　　"beʃ."

多少　　本子　买（拿了）　　　　五本

"你买了几本本子？"　　　　　　　"五本。"（省略了主语、宾语）

2. 复合句

两个或两个以上的简单句组成复合句。复合句的各简单句称为分句。分句之间依靠连接词或其他方式组合起来。按照句子的结构，复合句可以分为两大类型：并列复合句和主从复合句。

（1）并列复合句

组成这种复合句的各分句之间的关系是平等的，不分主次。它们可由并列连词或语气的停顿连接。

ʃuurkan ʃuup, dʒaaʃkɯn dʒaap dur.
风 刮（风）雨 下（雨）（助动词）
风在刮，雨在下。

sen nomʃu, men bidʒijin.
你 读 我 写
你读我写。

ne nom zadɯp al ne dekter zadɯp al.
或者 书 买 或 本子 买
或是买书，或是买本子。

xaarkan kejde azɯk kejde buluttɯx.
天气 有时 晴朗 有时 有云的
天时晴时阴。

sen baarsen be dʒok men baarjin ba?
你 去 吗 还是 我 去 吗
你去还是我去？

可以连接并列复合句的连接词还有 bilen（和）、azɣ（还是、或）、bireze⋯bireze（有时⋯有时）、xarɣn（而、但）等等

（2）主从复合句

构成这种复合句的两个或两个以上的分句之间的关系是不平等的，有主从之分。从句对主句进行修饰限制或补充说明。主从复合句可由各种附加成分或从属连词等语法手段连接，或由某些固定的句型表示。

① 由附加成分表示：

向格附加成分：-ke、-ge、-ka、-ga,

位格附加成分：-te、-de、-ta、-da,

条件式附加成分：、-se、-ze、-sa、-za,

时的附加成分：-dʒek、-dʒik、-ʒɣk、-ʒuk, 等等。

dɯn girgen øjide xabaka dʒedip geldibis.
夜晚 进入了 时候 哈巴河（向格）到达 来了
当夜幕降临时，我们来到了哈巴河。

gɯzɛɛr boldɯŋza ajtɯɣrmen.
愿意 如果你 告诉
如果你想知道，我就告诉你。

senni　　　ølyryp、aal　dʒurtʏŋʏ oldʒalajin　dep　geldʒikmen　dep
你（宾格）杀死　村庄　　家乡　　　抢夺（副动词）来的　　　（副动词）

kʏʃkʏ　berdi.
喊　　给了

他回答道：我就是为杀死你，把你的家乡、部落抢夺过来而来的。

（引自《古南·哈拉》）

on　　ajda　　　søøgymne　gødirdʒir，beʃ　ajda　　aburaʒʏk
十（个）月（位格）身子　　怀胎　　五（个）月（位格）哺育

edʒim　ʃilerkej　　bardʏ　didir.
妈妈　坏、严重　（助动词）她说

她说："怀我十个月，养育了我五个月的妈妈病重了。

（引自《古南·哈拉》）

还有一种表示动作行为的时间界限方式的附加成分 -gidʒiŋdʒe，
-kʏdʒaŋdʒa，-kudʒaŋdʒa 等也可用来连接主从复合句。

sen　gelgidʒiŋdʒe　manaarmen.
你　　直到来　　　我将等

只要你不来，我就等下去。

sen　iʒip　　bolkʏdʒaŋdʒa　manaarmen.
你　（吃）喝　直到（吃完）　我将等

我一直等到你吃完。

② 依靠从属连词或某些固定的句型表示：

A. 从属连词

dʒyge　deerge　　　　　　uʒurunda
　为什么说　　　　　　　　为了

dʒyge　dize　　　　　　　ʏndʏx　bolkanda
　为什么说　　　　　　　　这样的话

deeʃ　　　　　　　　　ʏndʒalsa　　dʒok
说　　　　　　　　　　　但　　是

tølɛɛde

B. 固定词组：

kʏm⋯ol　　kadʒan⋯ʏndʒan　　　　　kajda⋯ʏnda
谁……就　　什么时候……就什么时候　　哪儿……就哪儿

kajnaar⋯ʏnaar　kʏmnʏ⋯onu　dʒʏnʏ⋯onu 等等。
哪儿……就哪儿　谁……就是谁　什么……就

dʒobalaaŋ bolsada ɣndʒalsa dʒok korkbasbɣs.
困难　　　虽然有　　　但是　　　　　不怕
虽然有困难，但我们不怕。

kɣm aʒɣl kɣlbaza ol dʒem dʒibɛs.
谁　工作　不做的话　他　吃的　不（能）吃
不劳动者不得食。

sen bilen kadɣ dʒorup ʃɣdabas irgenmen, dʒɣge deerge aʒɣlɣm
你　和　一起　走　不能　（语气词）　因为　　工作
doozɣlbaan.
没完成、没结束
我不能和你同去，因为工作还未结束。

kajda bolsa ɣnda.
哪儿　有　那儿
随便去哪儿。

ol kajda bolsa ɣnda dʒoruj beer.
他　哪里　有　那儿　走　（助动词）
他到哪儿，就在那儿乱走。

dʒɣny gørse onu økønyyr.
什么　看见的话　它（宾格）　模仿
看见什么就模仿什么。

gøp kajnaar barsa men ɣnnaar baarmen.
人们　哪儿　去的话　我　哪儿　我去
大家去哪儿，我就去哪儿。

此外还可以用后置词或动词 de-的副动词形式 dep：

daŋ adarɣ bilen taraa kodu dʒorup kagdɣlar.
拂晓　　　田地　向　走　（助动词）
天刚亮，他们就下地了。

dʒɣɣʃ adaktan soonda ojun bolkan.
会议　结束　后　游玩　是、成了
会议结束后，举行了游艺会。

solaŋkɣ dʒɣɣʃ bolur dep ajtkan.
索朗格　会议　有　（副动词）　说过
索朗格说过要开会。

ol balɣxlankan balɣɣn gørɣp durkaʃ "dʒoruj alɣrmen" dep
他　受了伤的　　伤口　看　看了以后　走　我能　（副动词）

kwandʒjux　　ʃuut　　ajttɤ.
非常　　　　坚决地　说了

他看了看伤口，非常坚决地说："我能走。"

（3）主从复合句的类型

① 主语从句：

<u>kɤm　gøzøjdir</u>　　　ol　ajtsin.
谁　　愿意、想　　他　让他说

谁想说就让他说。

<u>kɤm　gøbej nomʃuza</u>, ol　ulux　bilir.
谁　　多　　读的话　他　多　　知道

多读者多知。

② 宾语从句：

<u>dʒas　gelgenen</u>　　　bilbejin　kaldɤ.
春天　来过（宾格）　不知道　（助动词）

他不知道春天已来临。

<u>ooldar　barkanɤn</u>　bilbejin　kaldɤm.
孩子们　去过　　　不知道（助动词）

我不知道孩子们已经去过了。

③ 状语从句：

A. 时间状语从句：

<u>bis　øøbisge　barkanda</u>　dʒaaʃkɤn　dʒagdɤ.
我们　房子（向格）去过（位格）雨　　　　下了

我们到家时下雨了。

<u>sen ol　bilen　xoodʒɤladʒɤp durkanda</u>　men　boʃtaka　bardɤm.
你　他　和　　谈话　　　　（助动词）　我　　邮局　　去了

你和他说话时，我到邮局去了。

<u>iʃ　yløny bydɤrgeʃ</u>　bis　kino　gøørge　baarbɤs.
工作 完成 完成后　我们　电影　　看（向格）去

工作完后，我们就去看电影。

<u>solaŋkɤ　gelgennen gedɛɛr</u>　bis　kynde　balɤktaarbɤs.
索朗格　来过（从格）以后　　　我们　天天　捕鱼去

从索朗格来后，我们就天天捕鱼去了。

B. 地点状语从句：

<u>kajda　gøbej　xat barɤl</u> ɤnaar　barkar.
哪儿　多　　果子　有　哪儿　去

哪儿果子多，就到哪儿去吧。

C. 目的状语从句：

<u>ol uduzun dep</u>　　men　　øøge　　　　girbɛdim.
他　让睡　（副动词）　我　　屋子（向格）　没进
为了让他睡觉，我没有进屋

<u>ol menni gørøjin</u> dep　bistiŋ　øøge　　geldi.
他　我（宾格）看望　（副动词）　我们的　家（向格）来了
他为了看我，到我们家来了。

<u>ooldar nomʃuzɤn</u> dep　　men　gøbej　kɤzɤktɤx　nomnarnɤ
孩子们　让读　（副动词）　我　多　有趣的　书（复数宾格）
zadɤp　aldɤm.
买　　（拿）
为了让孩子们阅读，我买了许多有趣的书。

D. 原因状语从句：

<u>dʒaaʃkɤn dʒaaʃtan</u> bis　dʒɤɤʃka　　bara　albadɤbɤs.
雨　　由于下（雨）我们　会（向格）　去　　没能
因为下雨，我们没能去开会。

<u>men orajdap kalkaʃtan</u>　mɛdʒinɛge　amdʒii　albadɤm.
我　迟　　因为　　汽车（向格）赶上　　没能
我因来迟，所以没能赶上汽车。

<u>solaŋkɤ gelbɛen</u> bis　ojnaka　　barbadɤbɤs.
索朗格　没来　我们　游玩（向格）没去
由于索朗格没来，所以我们没去玩。

men dɤyn kisɛelge　bara albadɤm <u>uʒurɤ aarɤp kaldɤm.</u>
我　昨天　课（向格）去　没能　因为　病　了
我昨天没能去上课，因为我病了。

bis dɤyn taraanɤ suwgarbadɤbɤs <u>uʒuru dʒaaʃkɤn dʒagdɤ.</u>
我们　昨天　庄稼　没浇水　　因为　雨　　下了
我们昨天没给庄稼浇水，因为下雨了。

E. 条件状语从句：

<u>ol birde barbadɤ</u> sende　barɑ.
他　一　不去　你也就　不许去
他不去一次，你就别去。（强调无论如何他至少得去一次）

<u>sen barbasaŋ</u> iʃ　yløbytbis.
你　如果不去　事情　不成
你不去，事就办不成。

sen nomnɤ gøbej nomʃubasaŋ medilgige　　ee　bolbassen.
你　书（宾格）多　如果不读　　知识（向格）主人　不成

你不多读书，就求不到知识。

dʒaaʃkɤn dʒagbaza bis barɤp kino gøørbis.
雨　　　如果不下　我们　去　电影　看

如果不下雨，我们就去看电影。

ol kɤjdɤn irgen　　men bardɤm.
他　邀请（语气词）我　　去了

他要是请我，我就去。

xaarkan ajas bolsa bis barɤp bedɛ xadɤɤrbɤs.
天气　　晴　如果 我们　去　　苜蓿　割

如果天晴，我们就去割苜蓿。

F. 让步状语从句：

oruk ɤrak bolsada　bis　baarbɤs.
路　远　虽然　我们　要去

路虽远，我们仍是要去。

ol ɛrɛj domak dansada　men onɤ　　ukpadɤm
他　慢　说话（虽然）我　他（宾格）不明白

虽然他讲得很慢，可我还是没懂他的话。

G. 行为方式状语从句：

nomda kandʒaap bidʒijin dur ɤndʒaap bilip al.
书（位格）怎样做　写　　　那样做　知道

书上怎样写你就怎样学。

baxʃɤ kandʒaap ajtsa, ɤndʒaap ukup al.
老师　怎样做　说　那样做　明白

老师怎样讲，你就怎么学。

④ 定语从句

birdʒedʒe dʒurlurkar durkan balkaʃ øwler baza birdʒedʒe
几个　　倒了的　（形动词）泥　房子　还有　几个

dʒeriŋge dʒetgin xurumʃɤ gidis øwler kaŋkɤjɤp dalajka tunajin
破破　烂烂的 像破烂似的 毡　房　狂暴的　　大海

dep durkan deʒik xajɤk keptix dʒuzulkan boraan ʃuurkanda
（形动词）漏　船　像　风暴　　　风雨（位格）

zɛlbiŋkɑjnʏp　durɑdʏr　ijik.

奄奄一息地站（停）　　（语气词）

几个倒塌的蒙古包和几座破破烂烂的帐篷，像一条即将被狂海吞没的漏船一样，奄奄一息地停在风暴里。

以上是图瓦语复合句的主要类型。从这些例句中可以看出，在主从复合句中，一般是从句在前，主句在后。在这一点上图瓦语和国内突厥语族的其他语言是基本相同的。

# 图瓦人的多语生活

居住在我国新疆维吾尔自治区阿勒泰地区的图瓦人，是历史上突厥民族的后裔。由于受到语言、历史、地理和政治等各种因素的影响，目前绝大部分图瓦人在使用自己的母语——图瓦语的同时还会讲哈萨克语。据调查资料表明，他们已经初步形成了图瓦语和哈萨克语并用的双重语言制。此外，还有一部分人除了会讲上述两种语言之外，还会讲蒙古语。换言之，在图瓦人中还有一小部分人实行三语制。但是由于这部分人在图瓦人中所占比例较少，仅达 30% 左右，因此不能认为图瓦人已形成了普遍的三语制。而且从语言环境等条件和语言使用的发展趋势的角度考察，在图瓦人中形成普遍的三语制的可能性很小。因此本文只着重讨论图瓦人双重语言制的情况及有关问题。

## 一　哈巴河县白哈巴地区图瓦人的语言使用情况

### 1. 白哈巴地区的地理环境及历史概况

哈巴河县的白哈巴地区位于哈巴河县的西北边界。大约在东经 86.8° 北纬 48.75°，隔阿克哈巴河与俄罗斯接壤。这里山高林密，牧草丰盛，风景秀美。背阴山坡生长着茂密的原始森林、高大的乔木植被中以新疆红松为主，还有新疆冷松、新疆落叶松，少量的白桦和杨树。草本植物的种类繁多。有野百合、野牡丹、野草莓、冬虫草等及各种菌类，还有多种药草。动物主要有黄羊、哈熊、野鹿、野兔、旱獭和各种小的鼠类。

白哈巴地区春秋季短、冬夏日长，年平均气温在 0 摄氏度左右。夏季最热的七月份，平均气温大约是 16 摄氏度，极端最高气温可达 30 摄氏度左右。冬季最冷的一月份，平均气温大约为零下 15.5 摄氏度，极端最低温可达零下 44 摄氏度。每年从十月至第二年的四月为冬季，时间长达半年以上。这一期间大雪封山，与县城和其他地方的交通基本断绝。

由于这里冬季时间长，无霜期短，不利于农作物生长。如果遇到春季低温，使得播种时间推迟，那么这一年的农业生产就有可能颗粒无收。白哈巴地区的农作物主要有大麦、小麦、春玉米、豌豆、胡麻等。蔬菜主要是马铃薯。

白哈巴地区的气候虽然不适宜农耕，但这一地区植被稠密，牧草丰盛，是非常适宜畜牧业发展的优良牧场和春、秋过渡草场。

据一些图瓦老人的回忆，从他们祖先到这里定居起，至今最少已有七代以上。如果每代人以三十年计算，则大约已有二百年以上的历史了。1962年，白哈巴的图瓦人曾经被迫迁居到哈巴河县城以东十五里左右的哈拉峪地区。1976年以后，随着国家政治形势的改变，民族政策的落实，他们又陆续迁回白哈巴地区，到1982年秋季已经全部迁返故里。现在（1984）白哈巴地区共有居民144户，总人口667人。其中图瓦人居民93户，人口416人。其余的都是哈萨克族居民。图瓦人占居民总数的62.4%，具有较为明显的优势。

另外，在村庄附近还驻有守边部队。绝大多数战士是汉族。

长期以来，历代反动统治阶级，其中主要是蒙古贵族及其上层人物以及国民党反动派对图瓦人民进行了残酷的压迫和剥削。图瓦人的社会经济发展极为缓慢。直到解放前夕，仍然处在封建宗法社会的阶段。图瓦人中还残存着封建部落的组织形式。有前世留传下来的部落名称，有部落头目。例如：管理五十户的首领称昆德（kyndy）、管理十余户的头目称达尔噶（darky）等等。这些大、小头目负责传达朝廷或政府的命令，征缴税款和食物赋税，处理部落内部的事物和部落间的纠纷。

解放前，图瓦人在社会的最底层，他们的生活极端贫困。绝大多数家庭属于赤贫阶层，家中一无所有。他们不得不依靠狩猎、捕捞、采集野果或挖取野生植物的块根为生。衣兽皮、揖鸟羽、住地窝棚。由于生活贫困，图瓦人那时无力经商，也无人经商。因此，他们常常受到汉族、蒙古族和其他民族的商人的欺骗与剥削。用以物易物的方式，进行不等价交换。例如，一张上好的豹皮只能换两米质量低劣的棉布，一只山羊也仅能换半块砖茶。

图瓦人到白哈巴地区定居以前，世代居住在霍依·麦尔贺（这个地方现在俄罗斯境内）。从19世纪60年代起，沙俄的扩张主义魔爪就伸向了这一地区，侵略者步步为营，疯狂地蚕食我领土。手无寸铁的图瓦人与他们进行了多次殊死的斗争，但终因在人员、武器等方面相差悬殊，被迫退守到白哈巴地区。

1945年以前，图瓦人是白哈巴地区的主要居民。居民中还有一些与图瓦人通婚的蒙古人和个别从俄罗斯过来的俄罗斯人，以及游牧的哈萨克人。那个时候，和哈萨克人接触的只是一小部分经常与哈萨克人有某些经济往来的男性图瓦人及个别的女性图瓦人。这些人或用自己的渔猎所得与哈萨克人进行以物易物，用兽皮等向哈萨克人换取毡子、羊肉、奶制品及其他食物、日用品，或者出卖劳动力，为哈萨克人放牧牛、羊或打短工以换取衣、食等生活必需品。在这种简单的经济往来中，为生活所迫他们逐渐地学会了说哈萨克语。而其余的大部分图瓦人，由于和哈萨克人没有这种往来，还都不会说哈萨克语。例如据现年（1984）72 岁的多兰塔依（dolantaj）老人的回忆，他的祖父母那一辈人因从来不曾接触过哈萨克人，所以都不会说哈萨克语。他的父母这一代人因为与哈萨克人有了上述的那些经济往来，有一些人逐渐学会了说哈萨克语。再如据原白哈巴生产队的党支部书记，现年 55 岁的博塔（bota）的回忆，他的祖父母那一辈人原来生活在哈拉庸库尔（xara junkur，图瓦地名，意为黑坑，现在俄罗斯境内）。他的父亲 1892 年出生在那里。那个时候，哈萨克人刚刚从萨尔达里耶、卡瑟库涅瑟（sirdarije koskynøs，图瓦地名）到哈拉庸库尔来，而在阿勒泰地区，则一个哈萨克人也没有。居民主要是图瓦人和一小部分蒙古人。1945 年以前，在白哈巴地区也没有定居的哈萨克人。从以上情形可以看出，从图瓦人开始接触哈萨克人至今还不过两三代人，大部分图瓦人接触哈萨克人、学习哈萨克语是 1948 年以后的事情。

1949 年中华人民共和国的成立，使得中国 960 万平方公里土地上的每一个民族，特别是那些弱小的和那些被压在社会最底层的民族的生活发生了翻天覆地的深刻变化。他们从深山老林走出来，从奴隶制、农奴制和封建宗法制度的桎梏中解放出来，超越了几种社会形态，跨越了几个世纪，迈进了社会主义社会。图瓦人也不例外，他们分得了土地和牛羊，生产和生活方式都发生了根本的变化，生活水平获得了较大的提高。特别是 20 世纪 50 年代以后，社会一次次的激烈变革：如生产领域内的农业合作化、人民公社化、大跃进等运动和思想领域内的反右派斗争、灭资兴无运动、反修斗争以及后来的十年动乱等等，都强烈地冲击了图瓦人的生活。一些传统的民族习俗被认为是封、资、修的东西被冲击掉了。如在衣着方面，男人们不再穿类似蒙古族的长袍，不再戴包头巾，换上了制服，戴帽子。妇女的服装和哈萨克族妇女的服装一样，穿色彩艳丽的连衣裙，头上戴五颜六色的各式头巾。定居的图瓦人也住进了整体木结构的房屋或土坯砌的房子，房间内的布置也同哈萨克族一样，睡木板床而不再席地而卧，床上挂起彩色帐幔，周围墙上拉起花布墙围。饮食以牛、羊肉和奶制品为主，也学会了做面条等面食。在其他方面和哈萨克人的交往也迅速增多。在民族节日或国家规定的节日中，大家互相拜访，共同举行一些庆祝活动。日常生活中的交往更是频繁。如在白哈巴地区，村中商店的售货员、小水电站的管机人、磨坊的看磨人都是哈萨克人。图瓦人到商店买东西、去磨坊磨面粉、晚间照明用电都要和这些哈萨克人打交道。平时的一些喜庆活动，如结婚、生子等等，大家互相祝贺，礼尚往来。1982 年以前居住在县城附近的图瓦人，更是生活在哈萨克人的包围之中。他们到县城购物、办事、看病、娱乐或者与住地周围的生产队打交道等，都需要使用哈萨克语。从这些情况可以看出，解放后随着民族之间交往的增多，图瓦人使用哈萨克语的机会和人数都比解放前明显地增多了。经过近四十年的时间，目前在白哈巴地区的图瓦人中已经基本上形成了全民的图瓦语和哈萨克语并用的双重语言制。

根据以上有关图瓦历史、白哈巴地区的地理情况和图瓦人现状的简单介绍，我们认为以下八个方面是促使图瓦人双重语言制形成的重要原因：

历史原因：白哈巴地区的图瓦人从 19 世纪末开始接触哈萨克人至今已有一百多年的历史了。在这段一个多世纪的时期中，随着岁月的流逝，随着阿勒泰地区和白哈巴地区哈萨克人的逐渐增多，图瓦人和哈萨克人之间的联系越来越密切，交往也越来越频繁。从最初少数的图瓦人为生活所迫，与哈萨克人有所往来，进而习得了哈萨克语，成为双语人开始，到目前 90%以上的图瓦人为了满足交际的需要，为了更好地在政治、经济、文化方面进行民族间的合作和交流而自愿地学习哈萨克语的情况表明，是历史发展的纽带把图瓦人和哈萨克人紧密地联系在一起了。

社会政治因素：解放以前，历代统治阶级都推行民族压迫的政策，以大欺小、以强凌弱。图瓦人和哈萨克人之间的关系也存在这种阴影。因此，图瓦人和哈萨克人的交往是小规模的、民间的，不可能形成双语制。1949 年新中国的成立，结束了民族压迫的历史，开辟了我国民族平等团结的新纪元。图瓦人和哈萨克人的关系得到了极大改善，并日益融洽。在频繁的交往活动中，双方从平等的地位出发都认识到需要有一种共同的交际语才能够满足日益增长的交际需要。因此，社会的变革促进了图瓦人双语制的形成和发展。

地理条件：白哈巴地区植被茂密，牧草丰盛的自然条件非常适合畜牧业发展，是哈巴河县重要的放牧区。每年的春、秋两季，县内各地的哈萨克族牧民大部分都要从这里经过去哈巴头（哈巴河的源头地区，当地人简称哈巴头）和白哈巴附近其他山谷的夏牧场或冬牧场放牧牛羊。牧民们经过白哈巴时，可以在这里休息或邀请图瓦人一起去放牧。这样就更增加了图瓦人与哈萨克人接触的机会。

人口因素：哈巴河县共有居民近四万人，90%以上是哈萨克族，图瓦只有 416 人，仅占全县人口的 1%左右。很明显。图瓦人是生活在哈萨克人之中的。虽然他们在小范围内为集中聚居，在家庭内部的交际活动中还使用图瓦语，但是在他们与外界发生接触时，就不得不使用当地社会的共同交际语——哈萨克语。

经济关系：图瓦人与哈萨克人在经济上的交往由来已久。解放前，就有一些图瓦人或与哈萨克人进行以物易物的商品交换活动，或是出卖劳动力给哈萨克人，为他们做短工，帮助放牧或帮助打草等。解放以后，虽然以上的情形不复存在，但是还存在着集体与个人之间的经济往来。如协商草场的分配和使用，牲畜的代养代牧等问题。

社会心理因素：解放前，由于反动统治阶级的挑唆和宗教信仰上的冲突，图瓦人和哈萨克人之间曾经发生过民族仇杀。双方之间的情绪是对立的，甚至是互相仇视的。解放以后，党和政府除了奉行各民族一律平等的政策外，还主张各民族都有使用和发展自己语言文字的自由。民族平等政策消除了图瓦人和哈萨克人之间的隔阂和仇视心理，而民族语言政策保证了图瓦人有使用自己语言的权利。因此，图瓦人在不愿放弃自己的语言的同时，在民族和语言地位完全平等的条件下，为满足族际交际的需要，自愿学习哈萨克语。图瓦人在心理上从来没有感受到有任何人为的或行政命令的压力强迫他们必须接受哈萨克语，也就是说图瓦人在心理上不再对哈萨克语有抵融或对抗的情绪，这种心理状态的平衡对图瓦人双语制的形成是十分有利的。

文化影响：一个民族对另一个民族在文化方面的影响不单纯表现为文化知识的传播，而且还表现在生活方式、风俗习惯、衣着服饰、居住形式等方面的影响。这种影响对于消除隔阂，增进民族间的相互了解，融洽情感有很大的益处。图瓦人在学习哈萨克语的同时，潜移默化地接受了哈萨克族的文化，使得图瓦人和哈萨克人在感情上更加接近，这说明文化的影响对于双语制的形成有积极的促进作用。

语言内部结构和文字：语言内部结构相近或相似与否虽然不是形成双语制的决定因素，但是它在图瓦人双重语言制形成的过程中起到了很大的作用。图瓦语和哈萨克语都是阿尔泰语系突厥语族的语言。在语言内部结构方面有许多共同的特点。这种情形使得图瓦人在学习哈萨克语的过程中减少了很多在语言内部结构方面可能出现的障碍。因此，图瓦人一般都认为习得哈萨克语很容易，同时也缩短了习得的时间，这就大大地加快了双语制的形成过程。这种情形说明，如果母语和第二语言在语言内部结构方面基本相同或相近，就可以减轻学习者的负担，缩短第二语言习得的时间，从而加快双语化的过程。

文字在图瓦人双语制形成的过程中也发挥了一定的作用。图瓦人是没有自己的文字的。但是在日常生活中人们需要书写信件、便条、记账、做各种记录。没有本民族自己的语言文字就只好借用其他民族的文字，很多图瓦人就是通过自学，掌握了阿拉伯字母或拉丁字母的哈萨克文。大多数受过教育的图瓦人在学校里都学习过蒙古文，然而他们却愿意使用哈萨克文。原因就在于他们的哈萨克语说得比蒙古语好，平时哈萨克语使用的机会多，语言与文字能够一致。这种情形说明，语言的掌握对文字的运用起着重要的作用。反之，文字的掌握对语言的学习也有促进作用。由此可知，语言内部结构和文字对双语制的形成有重要的影响。

2. 白哈巴地区图瓦人使用语言的情况

白哈巴地区的图瓦人在家庭内部都使用图瓦语。绝大部分图瓦人还会说哈萨克语，还有小部分人同时会说蒙古语。他们是一些三语人。下面先介绍会说图瓦语和哈萨克语的双语人使用哈萨克语的情况。

（1）图瓦人使用哈萨克语的情况

① 下面按照调查时合作人的年龄分组介绍。

70 岁以上（包括 70 岁）年龄组：共调查了 12 位老人，其中有 5 名妇女。她们之中除了一位有文化，年轻时曾经做过蒙语和哈语的口译员外，其余的 11 人都是文盲。这说明这个年龄组的文化水平较低。12 人中有 9 人会说哈萨克语，占这个年龄组的 75%，余下的 3 人中，有 1 人根本不会哈萨克语，有 1 人可以听懂一些哈萨克语，但不能用哈萨克语充分表达自己的思想，还有 1 人可以听懂哈萨克语，说的时候混有相当数量的图瓦语词语。这 3 人都是妇女，由于她们和外界接触少，只是生活在图瓦人之中，因此她们没有能够成为双语人。

12 人中只有 1 人会使用阿拉伯字母的哈萨克文。

这一年龄组中能够操第三语言（蒙古语口语）的有 6 人，占 50%。6 人中只有 1 名妇女，这一情况也说明和外界交往的多寡对于双语或多语制的形成是有重要影响的。

60 至 69 岁年龄组共有 21 人。其中只会讲图瓦语的 1 人；能够听懂一些哈萨克语，但不能用哈萨克语同哈萨克族进行交际的有两个人。这 3 人仍是没有上过学、很少步出家门的妇女。其余 18 人都可以用哈萨克语交流思想、表达意愿，占这个年龄组总人数的 85.7%。双语人的比例较前一个年龄组有明显增加。通过自学掌握了阿拉伯字母哈萨克文的有 3 人，占 21 人的 14.3%。

会说三种语言的有 7 人，占 21 人的 33.3%，这 7 人中有两个人会使用托忒蒙文。

50 至 59 岁年龄组共有 29 人。男 19 人，女 10 人。有文化的 13 人，没有上过学的 16 个人中有妇女 10 人。这 29 人全都是双语人，占 100%。会说三种语言的有 8 人，占 27.6%。听得懂蒙语，但不会说的有 4 人，占 13.8%。会使用阿拉伯字母哈萨克文的有 10 人，全部是男性，占 34.5%。会用托忒蒙文的只有 1 人，占 3.4%。

40 至 49 年龄组共有 35 人。除两名妇女不会说哈萨克语（其中 1 人是嫁给图瓦人的蒙古族）之外，其余的 33 人都会说哈萨克语，占 94.3%。三语人有 8 人，占 22.9%。

能听懂蒙语但不会说的也有 8 人。会使用阿拉伯字母哈萨克文的有 14 人，占 40%，其中包括还会使用拉丁字母文字的哈萨克文字的 3 人，占 35 人的 8.6%。会使用托忒蒙文的 4 人，占 35 人的 11.4%。

30 至 39 年龄组共有 44 人。男 21 人，女 23 人。除一名妇女没有上过学以外，其余都受过中等或初等教育。这 44 人全部都是图瓦语和哈萨克语的双语人。三语人有 16 人，占 36.4%。还有八人能听懂蒙语，但不会说，占 44 人的 18.2%。会使用哈萨克文字的有 26 人，占 59%。其中阿拉伯字母和拉丁字母的哈萨克文都会的 11 人，只会阿拉伯字母的哈萨克文的 3 人。会使用托忒蒙文的有 7 人，占 44 人的 15.9%。

20 至 29 岁年龄组共有 52 人。男 22 人，女 30 人。除一名男青年没上过学外，其余的都有上过学。这 52 人也全都是图瓦语和哈萨克语的双语人。三语人有 18 人，占 34.6%。还有 13 人能听懂蒙古语，不会说，占 52 人的 25%。

会使用哈萨克文字的有 31 人，占 59.6%，其中阿拉伯字母和拉丁字母哈萨克文都会的 12 人，其余 19 人只会拉丁字母的哈萨克文。

会使用托忒蒙文的有 13 人，占 25%。

10 岁至 19 岁年龄组共 90 人。男 46 人，女 44 人。除了一名 13 岁的女孩因眼疾不能入校读书外，其余 89 人无一失学。这 90 人中，除了 9 人还不能完全用哈萨克语同哈萨克族进行充分的交际外，其余 81 人都是双语人，占 90%。在这个年龄组中的三语人仅有 7 人，都是文化程度较高的，其中 3 名高中生，3 名初中生，1 名中等师范的学生，占 7.8%。还有 27 名小学五年级以上的学生，他们能听懂一些蒙古语，可以在课堂上用蒙古语回答与课文有关的问题，但是他们不能用蒙古语和蒙古族进行自由交际，这些人占 90 人的 30%。

会使用哈萨克文字的共 36 人，占 40%，其中阿拉伯字母和拉丁字母哈萨克文都会的仅 4 人，占 36 人的 11.1%，其余的都只会拉丁字母的哈萨克文。

会使用托忒蒙文的仅 7 人，占 7.8%。

4 岁至 9 岁的孩子共 84 人。其中已经能够用哈萨克语进行交际的有 11 人，占 13.1%。只会图瓦语的有 52 人，占 61.9%。余下的 21 人，正处在可以听懂一些哈语，但不能完全表达思想的阶段，占 84 人的 25%。

② 下面表列以上各项数字：

| 年龄组 | 人数 | 男 | 女 | 是 | 否 | 图瓦语男 | 图瓦语女 | 图、哈男 | 图、哈女 | 图、哈、蒙男 | 图、哈、蒙女 | 听懂哈语说差男 | 听懂哈语说差女 | 听懂哈语不会说男 | 听懂哈语不会说女 |
|---|---|---|---|---|---|---|---|---|---|---|---|---|---|---|---|
| 70岁以上（包括70岁） | 12 | 7 | 5 | 1 | 11 | | 1 | 7 | 2 | 5 | 1 | | 1 | | 1 |
| | | | | | | 8% | | 75% | | 50% | | 8% | | 8% | |
| 60至69岁 | 21 | 9 | 12 | 4 | 17 | | 1 | 8 | 10 | 3 | 3 | | 1 | | 1 |
| | | | | | | 4.8% | | 85.7% | | 28.6% | | 4.8% | | 4.8% | |
| 50至59岁 | 29 | 19 | 10 | 13 | 16 | | | 19 | 10 | 8 | | | | | |
| | | | | | | | | 100% | | 27.5% | | | | | |
| 40至49岁 | 35 | 18 | 17 | 30 | 5 | | | 18 | 15 | 3 | 3 | | 1 | | 1 |
| | | | | | | | | 94.3% | | 17.1% | | 2.9% | | 2.9% | |
| 30至39岁 | 44 | 21 | 23 | 43 | 1 | | | 21 | 23 | 8 | 7 | | | | |
| | | | | | | | | 100% | | 34% | | | | | |
| 20至29岁 | 52 | 22 | 30 | 51 | 1 | | | 22 | 30 | 6 | 11 | | | | |
| | | | | | | | | 100% | | 32.7% | | | | | |
| 10至19岁 | 90 | 47 | 43 | 89 | 1 | | | 42 | 38 | 2 | 5 | 5 | 5 | | |
| | | | | | | | | 88.9% | | 7.8% | | 11.1% | | | |
| 4岁以上9岁以下 | 84 | 38 | 46 | 25 | 59 | 33 | 39 | 5 | 7 | | | | | | |
| | | | | | | 85.7% | | 14.3% | | | | | | | |
| 总计 | 367 | 181 | 186 | 256 | 111 | 74 | | 277 | | 65 | | 13 | | 3 | |
| | | 49.7% | 50.7% | 69.8% | 30.2% | 20.2% | | 75.5% | | 17.7% | | 3.5% | | 0.8% | |

| 年龄组 | 人数 | 男 | 女 | 是 | 否 | 听懂蒙文说差男 | 听懂蒙文说差女 | 听懂蒙文不会说男 | 听懂蒙文不会说女 | 会使用哈萨克文人数 拉、阿 | 会使用哈萨克文人数 拉 | 会使用哈萨克文人数 阿 | 使用蒙文人数 托忒 |
|---|---|---|---|---|---|---|---|---|---|---|---|---|---|
| 70岁以上（包括70岁） | 12 | 7 | 5 | 1 | 11 | | 1 | | | | | 1 | |
| | | | | | | 8% | | | | 8% | | | |
| 60至69岁 | 21 | 9 | 12 | 4 | 17 | | | | 2 | | | 3 | 2 |
| | | | | | | | | 9.5% | | 14.3% | | | 9.5% |
| 50至59岁 | 29 | 19 | 10 | 13 | 16 | 3 | 1 | | | 1 | | 9 | 1 |
| | | | | | | 13.8% | | | | 34.5% | | | 3.4% |

续表

| 各项数据／年龄组 | 人数 | 性别 | | 是否受过教育 | | 听懂蒙文说差 | | 听懂蒙文不会说 | | 会使用哈萨克文人数 | | | 使用蒙文人数 |
|---|---|---|---|---|---|---|---|---|---|---|---|---|---|
| | | 男 | 女 | 是 | 否 | 男 | 女 | 男 | 女 | 拉、阿 | 拉 | 阿 | 托式 |
| 40 至 49 岁 | 35 | 18 | 17 | 30 | 5 | 3 | | 5 | 4 | 3 | | 11 | 4 |
| | | | | | | 8.6% | | 25.7% | | 40% | | | 11% |
| 30 至 39 岁 | 44 | 21 | 23 | 43 | 1 | 1 | | 3 | 6 | 10 | 13 | 3 | 8 |
| | | | | | | 2.3% | | 20.5% | | 59% | | | 18% |
| 20 至 29 岁 | 52 | 22 | 30 | 51 | 1 | 4 | 1 | 9 | 8 | 17 | 27 | | 12 |
| | | | | | | 9.6% | | 32.7% | | 84.6% | | | 23% |
| 10 至 19 岁 | 90 | 47 | 43 | 89 | 1 | 8 | 10 | 6 | 6 | 4 | 32 | | 6 |
| | | | | | | 20% | | 13.3% | | 40% | | | 6.7% |
| 4 岁以上 9 岁以下 | 84 | 38 | 46 | 25 | 59 | | | | | | | | |
| 总计 | 367 | 181 | 186 | 256 | 111 | 28 | | 53 | | 134 | | | 33 |
| | | 49.7% | 50.7% | 69.8% | 30.2% | 7.6% | | 14.4% | | 36.5% | | | 9% |

③ 从上述表格中我们可以看出以下七种情况：

数字表明，在 4 岁到 9 岁的 84 名儿童中，除了少数人之外，大多数儿童在 9 岁以前主要是完成第一语言，也就是母语的习得。少部分人可以在这个阶段中开始第二语言的学习，并初步掌握。

在 10 岁至 19 岁的这段时期内，在掌握了母语之后，绝大多数人可以在这个期间内完成第二语言的习得。还有少数人通过学校的教育，也掌握了第三语言。但是在这个年龄组中，仍然还有 11.1%左右的人还没有完全习得第二语言。这种在语言习得过程中发展不平衡的情况，我们认为应该归因于语言学习者的学习目的、学习动力、个人语言能力之间的差异以及家庭语言环境：比如和家长及家庭中的其他人是否也是双语人或多语人，家庭中对待双语或多语的看法和态度，是允许在家庭中使用除母语外的其他语言还是只允许使用母语等方面的因素有关。

习得双语的人数和年龄成反比，就是说随着年龄的降低而双语人数增加。有三个年龄组中，双语人的比例达到了百分之百。这种情形说明解放以来，由于民族关系不断融洽，图瓦人与哈萨克人的交往日益增多，联系越来越密切，而语言正是进行交往和联系的媒介，必然会有越来越多的人学会说哈萨克语。

三语人的比例在各年龄组中很不平衡，高的可达 50%，低的刚刚接近

20%左右。这说明图瓦人和蒙古人有一定的联系。解放前相当长的一段历史时期中，蒙古人曾经是统治者，然而为什么图瓦人会讲蒙古语的人始终不是太多。据我分析有以下几方面的原因：

（1）在图瓦人的聚居区内，蒙古人在人口上从来没有占过优势，特别是在白哈巴地区的蒙古人从来就不多。这里仅有的少数蒙古人，除了一些是从别的地区嫁到这里的妇女之外，其余的就是来这里落户的蒙古族男性。从人数上来说是少数，在语言使用上蒙古语肯定不能占优势，所以在生活中他们学会了图瓦语。另一个重要因素是解放前作为统治者的蒙古人是极少数，而大多数的蒙古族下层群众的生活水平与图瓦人大致一样。因此，除了在颁布行政命令，宗教活动时使用一些蒙古语外，蒙古人在其他方面对图瓦人的影响是很小的。会说蒙古语的图瓦人大多是和蒙古族有亲属关系的或是经常与蒙古人有来往的人。数字也表明，50 岁以上会讲蒙古语的图瓦人中以男性居多。

（2）图瓦人学习蒙古语的语言环境不如学习哈萨克语的语言环境优越。尽管图瓦人在学校中接受了蒙古语的正规教育，但是学习之后使用的机会不多，蒙古语的水平就很难提高。

（3）虽然蒙古语和图瓦语是同一语系的语言，但毕竟不如同语族的图瓦语和哈萨克语在语言内部结构方面的共性多。图瓦人普遍认为哈萨克语比蒙古语更容易习得。这也表明语言内部结构异同点的多少对于双重语言制或多重语言制的形成是有一定影响的。

（4）数字表明，20 至 29 岁和 30 至 39 岁年龄组中会说蒙古语的人数比40 至 49、50 至 59 岁以及 60 至 69 岁三个年龄组中的人数有所增加，这个情形与前面的结论并不矛盾。解放以来，由于种种原因，我们未能进行过识别图瓦人民族成分的工作，对图瓦人的民族成分问题仍然沿袭旧制，把他们归属在蒙古族中。在学校中也就理所当然地应该用蒙古语进行教学。在这两个年龄组中绝大多数会讲蒙古语的人，都是从学校的正规教育中学会的。这说明学校的正规语言教育也是双语或多语制形成的一种途径。

（5）尽管图瓦人在学校期间一直学习蒙古文，而他们能够掌握哈萨克文依靠的是自学的途径。但是数字表明，会使用哈萨克文字的人数远远多于会使用蒙古文的人。这种情况再次说明，文字的学习和语言的习得是相辅相成的。在学会了语言之后，学习文字就比较容易，而在学会了文字之后，又可以加深对语言的理解，促进对新的语言的习得。

（6）4 岁以上，10 岁以下儿童正处于习得和完善母语的阶段，可以把他们排除在能够运用语言自由地进行交际的人们之外。这样双语人在图瓦人中的比例就可达到 97.9%（在 10 岁至 59 岁的 283 人中有 277 人是双语人）。按照这个比例，我们完全可以说在白哈巴地区的图瓦人已经形成了图瓦语和哈萨克语的双重语言制。

根据这个总人数计算出的三语人的比例是 23%，这个数字比较低，它低于七个年龄组中的三语中的比例（28.2%）。按照 23%这个比例，我们只能说目前在白哈巴地区的图瓦人中还仅有一小部分三语人。我们认为，这种状况在今后的若干年内不会有很大的变化，三语人的比例会维持在30%左右。这是因为通过学校的正规教育，总会有一部分人能够较好地习得蒙古语。而对大多数人来说在离开了学校之后，生活中缺少必要的语言环境，无法继续巩固和提高。因此，三语人的比例不会大幅度增加，同时也很难形成三语制。

综上所述，我们可以得到以下的结论：

（1）如果学习第二语言的语言环境好，在日常生活和工作中第二语言的使用范围和使用频率又是须臾不可或缺的话，换言之第二语言与母语几乎同等重要，那么社团双语，或者说普遍的双重语言制的形成，在一代人的时间（30 年左右）内就可以完成。就是说双重语言制的形成只是上、下两代人之间语言传递的过程。而且双重语言制的形成与母语和第二语言内部结构之间异同的多寡也有一定的关系。

如果学习第二语言的语言环境不好，只通过学校教学第二语言的途径，要想形成双语制是比较困难的，时间的长短难于估计。

（2）如果语言环境好，那么个人习得第二语言仅需五年到十年的时间，特别是在两种语言的内部结构比较接近或基本相同的情况下，所需的时间会更短，大约三至五年就可以了。

（3）由此看来，语言环境的优劣对第二语言的习得和双语制的形成至关重要。

（4）对有文字的语言来说，文字的学习对语言的习得是有促进作用的。学会文字，可以加深对语言的理解，对于掌握比较规范的语言是有益处的。反之，语言的习得会使文字的学习更容易些，有助于使音、形、义在头脑中形成有机的统一体。

（5）接受过教育与否与第二语言的习得得快、慢并无必然的联系。然而从图瓦人中的绝大多数双语人都是接受过教育的这个特点来看，接受过教育的人习得第二语言的情况好一些，习得的语言层次高一些。

（6）人们要求学会使用第二语言的原因大多是出于交际的需要，生活便利的需要。因此，学习的目的和动力对于习得一种语言有很重要的影响。在某个社会集团中，在学习第二语言时出现的发展不平衡的现象，在大的语言环境相同的条件下，则与学习的目的、动力、语言能力方面的个人差异以及前述的家庭语言环境等诸因素有密切的关系。

（7）即使在语言环境很优越，十分有利于习得第二语言的情形下，人们习得语言一般还是有一定的先后次序的。大多数的人习惯于在学会了第一种或基本上学会了第一种语言之后，再学习第二种，白哈巴地区图瓦人学习双语的情况证明了这一结论。能够同时使两种语言的知识同步增长的情况是比较少的。

（8）从白哈巴地区图瓦人使用语言的情况来看，我们认为图瓦语和哈萨克语的双语制会在今后较长的一段时间内在白哈巴地区存在，而最终将会过渡到使用哈萨克语一种语言的单语制。在白哈巴地区不可能出现普遍的三语制的情形。即使今后能够进一步确定图瓦人的民族归属问题，明确承认他们是图瓦族，或者是维持现状，即在学校中继续以蒙古语作为教学语言的情况下，也只会是仅有少部分人（30%左右）能够习得并使用蒙古语和蒙古文，成为会说图瓦语、哈萨克语和蒙古语的三语人。

3. 白哈巴地区图瓦人使用哈萨克语的情况

白哈巴地区的图瓦人从19世纪末20世纪初开始接触哈萨克语，到21世纪已有百年的历史，而绝大多数图瓦人学习并掌握了哈萨克语是解放以后的事情，也就是说在图瓦人中形成图瓦语和哈萨克语的双重语言制只有40年左右的历史，基本上用了比一代人稍长一些的时间。但是虽然如此，由于以下几方面的原因，图瓦人所讲的哈萨克语和当地哈萨克族所讲的语言之间还是存在着一些差别的，这些差别主要是两种语言相互干扰造成的结果，特别是图瓦语对哈萨克语干扰的结果。

下面具体说明几个原因：

（1）图瓦语和哈萨克语同是突厥语族的语言，因此这两种语言在内部结构方面表现出了诸多的一致性。从音位系统到各种语法范畴以及句法形式方面都存在着许多共同点和近似之处。这种情况给图瓦人学习和掌握哈萨克语提供了类型学方面的便利条件。应该说这个便利条件，有优点也有缺点，优点是他们学习哈萨克语不太困难，缺点是他们容易用图瓦语中与哈萨克语类似的语音或语法现象替代哈萨克语中近似的部分，造成似是而非的情况。

（2）图瓦人的受教育程度不是很高，特别是年龄在50到70岁的这一代人中文盲较多。又由于两种语言的近似，因此图瓦人在讲哈萨克语时没有很强烈的外语感，意识不到语言之间的差异。如前所述，虽然受过教育与否对双语制的形成影响不大，但是对于习得第二语言水平的高低是有影响的。上下两代之间传递了水平不高的语言，这就表现为图瓦人所讲的哈萨克语和哈萨克人所讲的语言之间的差别。

（3）如前所述，图瓦人在学习和使用哈萨克语是没有社会、民族及心理方面任何压力的，他们学习哈萨克语仅仅是为了满足交际的需要和生活的便利。因此，对于所讲的哈萨克语是否标准，并没有高水平的要求，只要求对方能够听得懂就可以了。不像在某些社会中，较低阶级或阶层的人为了能够跻身于上层社会而力求把他们所讲的上层社会的语言说得同上层社会的人一样标准。

另一方面，大多数图瓦人都是在日常生活中，通过接触哈萨克人，以自学的方式习得哈萨克语的。这两个方面也是造成图瓦人所讲的哈萨克语有差别的原因之一。

在这次调查中，我所采用的方法是在首先确定了按照划分年龄组进行调查的基本原则后，各年龄组中具体的语言合作人，除了个别的之外，大多数都是采取随机取样的方式找到的，这样做的目的是为了合作人的语言情况更具有真实性和代表性。

4. 以下的结论是在综合了各年龄组的材料后，经过分析研究得出来的

（1）语音方面　在学习一种语言时，人们往往习惯用自己比较熟悉的语音去代替那些在听觉上和本族语中近似的那些语音，图瓦人也不例外。他们在学习哈萨克语的时候，就表现出了这方面的特点。例如图瓦人常常使用自己语言中的舌尖前清擦音 s 代替哈萨克语中同部位的浊擦音 z，用舌面清擦音ʃ代替舌面送气塞擦音ʧ，用舌尖中浊塞音 d 代替送气清塞音 t，用舌根清塞音 q，有时用舌根清擦音 x 代替小舌送气清塞音 q，用舌尖中鼻音 n 代替舌根鼻音ŋ，用舌根浊不送气塞音 g 代替舌根清送气塞音 k 等情况。这些语音的替代一般出现在一些图瓦语和哈萨克语的同源词中。如：

| 图瓦人讲的哈萨克语 | 当地哈萨克语 |
|---|---|
| bis 我们　sis 您　as 少[①] | biz, siz, az |
| ʃaj 茶　iʃ 喝　ʃøp 草 | ʧaj, iʧ, ʧøp |
| dørt 四　das 石头 | tørt, tas |
| qulaq 耳朵　qara黑色的 | qulɑq, qɑrɑ |
| erten 明天　barasɥn 你去（命令式） | erteŋ, barasən |

图瓦人在从哈萨克语中借用词的时候，也表现出这一特点。例如：

| 当地哈萨克语 | 图瓦人借用后 |
|---|---|
| qolqop 手套 | xolxop |
| jataɡ 宿舍 | jadaq |
| køk　køz 蓝眼睛 | gøk　karak |

---

① 这一部分和以下部分中的哈萨克语的例词或例句均用国际音标拼写。

staqan 杯子　　　　　　　　　　　　　　staxan

（2）语法方面

由于图瓦语和哈萨克语在语法结构方面十分相近，哈萨克语有的语法范畴往往图瓦语也有，这样便出现了用图瓦语的语法成分代替哈萨克语同类语法成分的现象。例如：

构形附加成分

① 复数附加成分　　图瓦语中名词的复数附加成分有-tar /-ter/-dar/-der/-lar/-ler/-nar/ner 八种。他们的附加规则是：a. 凡以清辅音结尾的名词后加-tar 或-ter；b. 凡以浊辅音 1 结尾的名词后加-dar 或-der；c. 以元音、半元音和浊辅音 r、w 结尾的名词后加-lar 或-ler；d. 凡以鼻辅音结尾的名称加-nar 或-ner。

哈萨克语中名词的复数附加成分有-tar/-ter/-dar/-der/-lar/-ler 六种。它们的附加规则是：a. 最后一个音节带后/前元音并以清辅音结尾的名词后加-tar/-ter/；b. 最后一个音节带后/前元音并以浊辅音 z、j 或 l、m、n、ŋ 结尾的名称后加-dar/-der；c. 以后/前元音结尾或最后一个音节带后/前元音，并以 y、w、r 结尾的名称后加-lar/-ler。通过比较可以看出，图瓦语和哈萨克语的名称复数附加成分和附加规则都是有差别的。图瓦语中凡以鼻辅音结尾的名称在表示复数时，要附加以鼻辅音起首的附加成分-nar/-ner，而在哈萨克语中则附加-dar/-der。这种规则说明在图瓦语中，辅音和谐的现象比哈萨克语严格。

由于附加成分和附加规则方面的差异，又因为图瓦人不是通过正规教育学会哈萨克语的，对哈萨克语名词复数附加成分没有准确的理解，语感差，很难摆脱母语影响，特别是辅音和谐比哈萨克语严谨，因此凡在哈萨克语中以鼻辅音结尾的名词后应加-dar/-der 的，都以图瓦语的-nar/ner 来替代。如：

当地哈萨克语　　　　　　　　　图瓦人讲的哈萨克语

kyn-der　天、日子　　　　　　　kyn-ner

aŋ-dar　　野兽　　　　　　　　　aŋ-nar

另外，有些本来在图瓦语和哈萨克语中附加成分和规则都相同的情况，反而出现了一些混乱和错误。造成这种情况的原因可能是图瓦人为了使听话者获得这样一种现象，即他讲的是哈萨克语，而不是图瓦语。例如：

当地哈萨克语　　　　　　　　　图瓦人讲的哈萨克语

øj-lér　房屋（复数）　　　　　　øj-dér

kisi-lér　人（复数）　　　　　　kisi-dér

bala-lar　孩子（复数）　　　　　bala-dar

② 在哈萨克语中，名词带有表示第一人称领属附加成分后，如果再加向

格附加成分时，附加成分的起首辅音由于受到第一人称领属附加成分-m 的影响，产生顺同化现象而变成-me 如：

men　øjim-me　baramen
我　　向我家　　我去
我到我家去。

而在图瓦语中，并没有这种语言现象，图瓦人在说哈萨克语时，由于母语的影响及语感差，于是仍按照图瓦语的习惯，在带有表示第一人称领属附加成分的名词后直接附加向格附加成分而不发生任何音变现象。如：

møn　øjim-ge　baramen
我　　向我家　　我去

在哈萨克语中，如在带有表示第三人称附加成分的名词后再加向格附加成分时，也产生了附加成分中塞音鼻音化的现象。如：

ol　øjim-me　bardə
他　向我家　　他去了
他到我家去了。

而在图瓦语中，仍然是没有这种语音变化，所以图瓦人在说哈萨克语时，碰到类似的情况，便依照母语的习惯，说成：

ol　øjim-ge　bardə
他　向我家　　他去了
表现出和当地哈萨克人的区别。

③ 有些操突厥语族语言的民族有以代词的第一人称复数形式表示第一人称单数的习惯，这种句式表示一种尊敬的口气。如在现代维吾尔语口语中常说：

bizniŋ　hatun　partijɛ　etsasi
我们的　妻子　党　　成员
我的妻子是党员。

在哈萨克语口语中也有类似的情况。如：

hizniŋ　ækɛmiz　ʤuməsʃɔ.
我们的　父亲　　工人
我的父亲是工人。

但是，在哈萨克语中，代词第二人称的单、复数的敬称和普称形式区分得是很清楚的。然而在图瓦语中，第二人称的敬称和普称形式有时区分得不很清楚，尤其是敬称的单数形式和普称的多数形式常常混用。图瓦人在说哈萨克语时便把母语的习惯用法也带进了哈萨克语，习惯用第二人称的复数形式代替第二人称单数的敬称形式。如哈萨克语：

siz　awdanba　bardənəzba?

您　　向县上　　你去了吗?

您到县上去了吗?

图瓦人则说:

sennɛr　awdanga　bardɤŋsennɛrbɛ?

我们　　　向县上　　　你们去了吗?

您到县上去了吗?

④ 由于哈萨克语不是图瓦人的母语,而是他们的第二语言,或者说是交际语言,因而语感较差,对于哈萨克语动词系统和时态之间的细微差别便很难做到理解准确,更难表达得恰到好处。例如哈萨克语中说明不定过去时的动作,都是说话者听其他人谈起某件事或某个动作,然后才知道曾经发生过这件事或这个行为动作,而且说话者对于某事或某个动作是否发生并不清楚地了解。因此这是一种转述某事或某个动作的时态范畴。由于上述原因,在遇到这种情况时,图瓦人往往用哈萨克语中动词的曾经过去时的形式来表示哈萨克语中的不定过去时。如哈萨克语:

men　awdanba　barəppən.

我　　向县上　　可能去

我可能去过县上。

图瓦人则说:

men　awdanga　barkanmen.

我　　向县上　　我去过

我去过县上。

再如:哈萨克语:

biz　osə　ʤerge　kelippiz.

我们　这个　向地方　我们可能来

我们可能来过这个地方。

图瓦人讲的哈萨克语则是:

bis　osɤ　ʤerge　kelgen　edik

我们　这个　向地方　来过　　我们来

我们来过这个地方。

这种动词时态的细微差别和表达不准确的差异从上述译文中也可以看出。

虽然如此,图瓦人在讲哈萨克语时,对动作发生时间的远、近这一差别是可以区分得很清楚的。因此在表达哈萨克语中动词的久远过去时这种时态范畴时,一般人都能十分准确的表达,而不发生谬误。这说明由于在图瓦语中对动作发生时间的先后、远近区分得很清楚,因此,图瓦人也能准确区分哈萨克语中动作的先后和远近。但是对隐含在某一时间范围内的动作行为的细微之处就理解不准，不能正确表达，往往采取以近似的时态范畴代替的办法来解决这一矛盾。

⑤ 句法

图瓦人只有语言没有文字，说唱形式的民间文学作品是依靠口头世世代代相传的。按照一般的规律，没有文字的语言，它的句法结构相对来说都比较简单。在口语中较长、较复杂的多重复句等句法形式使用得就比较少。

然而哈萨克语是有文字的语言，它的句法范畴相对图瓦语来说是比较复杂的。一方面，图瓦人在学习哈萨克语的时候，就学习了一些句法形式，丰富了图瓦语的句法体系；另一方面，由于母语的影响，图瓦人在讲哈萨克语的时候，又往往以自己语言中较为简单的句子形式来替换哈萨克语中较为复杂的句子。例如：

A. 哈萨克语中不使用连接词的表示并列关系的复句，图瓦人常常处理成两个单句：

当地哈萨克语：

aspanda　uʃuatən　qustar　ʤerde　ʤyrøten　aŋdar　bar.
在天空　　飞的　　　鸟　　在地上　跑的　　　野兽　有
天上有飞鸟，地上有走兽。

图瓦人讲的哈萨克语：

qudajda　uʃuatʏn　qustar　bar；ʤerde　ʤyrøten　aŋnar　bar.
在胡大　　飞的　　　鸟　　有　在地上　跑的　　　野兽　有
（借用作天空意）
天上有飞鸟，地上有走兽。

B. 有些表示原因的主从复句，图瓦人讲话时也不十分严格，他们常常把从句处理成词组：

当地哈萨克语：

belet　bolmaban　seŋ　kinone　kørɛ　almadəm.
票　　没有　　　因为　电影　　看　　我未能
因为没有票，我没能看上电影。

图瓦人讲的哈萨克语：

belet　ʤoq　bolup　kino　kørɛ　almadʏm.
票　　没有　（助动词）电影　看　　我未能
没有票，我没能看上电影。

⑥ 语义

由于在文化、经济、风俗习惯等诸方面存在着一定的差异，图瓦人对哈萨克语中某些语词的语义理解和词的使用方法和当地的哈萨克人也是不同的，有把语义范围扩大或是缩小的现象。例如对于表达物品的分类，图瓦人不及哈萨克族区分得细致；对于某些概念的表达，图瓦人也不及哈萨克族准确。例如哈萨克族对于衣服的分类比较细致，在哈萨克语中就有"ʧapan 袄，kijim-kitʃek，kijim 衣服，meʃibæt 制服，sərt kijim 外衣"等不同的词表示不同样式或用途的衣服。在图瓦语中，只有 meʃibet（也是哈语借词）一词，即总括了上述哈萨克语中的所有词义，而在图瓦人所讲的哈萨克语中，也是仅用 meʃibet 一个词便包括了以上五个词所表示的不同概念。再如在哈萨克语中，qawərsən 表示鸟禽类的羽毛，ʤyn 表示动物的毛，tyk 表示人体的汗毛，这说明在哈萨克语中对于这些概念区分得比较细，表达也比较准确。而在图瓦语中，这三个词所表示的不同概念都以 dyk（毛）一词代替。图瓦人在讲哈萨克语时，也是用 ʤyn 一词概括上述三个哈萨克语词的意义。这两个例子一方面显示出图瓦人所讲的哈萨克语在词的语义方面和当地哈萨克人的区别，另一方面也说明图瓦人在讲哈萨克语时在语义方面也受到母语的强烈影响。

# 二　多语家庭例释剖析

在图瓦人中间，有一些家庭，由于职业、语言环境、民族组成等方面的原因，这些家庭成员可以同时使用多种语言。虽然这些家庭都各有特殊性，但是这种情况对于我们研究双语或多语现象具有一定的启示，下文拟从这样的家庭中挑选出几个，加以具体分析。

1. 哈巴河县白哈巴地区那瑟克（nasɤk）家庭的语言使用情况①

白哈巴地区蒙古族学校教师那瑟克的家庭共有 7 人。这 7 人根据图瓦人的风俗习惯和户籍关系分成两个小的血缘家庭。一个由那瑟克的父母、那瑟克的妹妹和那瑟克的长子 4 人组成。另一个由那瑟克、他的爱人及他们的幼子 3 人组成。

这两个家庭的成员构成如下：

（1）克西克巴依（kiʃikbaj）　那瑟克的父亲，现年 59 岁，文化程度为小学三年，是农民。约尔凯（ølke），那瑟克的母亲，现年 66 岁，没上过学，也是农民。娜仁花（narɤnxua），那瑟克的妹妹，现年 20 岁，中等师范毕业，现为小学教师。敏库那森（mønkynasɤn），那瑟克的长子，现年 4 岁。

（2）那瑟克（nasɤk），现年 34 岁，中等师范毕业，现为中学教师。约

---

① 所用材料都是 1984 年夏调查所得。

涅凯什（ønøkeʃi），那瑟克的妻子，现年 28 岁，文化程度为初中二年，是农民。巴特那森（batɣnasɣn），那瑟克的幼子，现年 3 岁。

就文化程序而言，这两个小的血缘家庭在当地来说是比较高的。5 个成年人中，有 4 人受过教育，而且 3 人的文化水平都在初中以上。那瑟克毕业于哈巴河县哈萨克族师范学校。娜仁花毕业于和丰县和硕蒙古族师范学校。在学校读书期间，他们两人都曾经学习过汉语，因此他们能听、说一般日常生活中使用的汉语，读中等偏下程度的汉文书籍，会用汉字写信。那瑟克和娜仁花都使用蒙古语进行教学（1984 年以前使用新疆托忒蒙古文课本，1984 年暑假后使用内蒙古呼都木蒙文课本）。他们所从事的工作需要他们会听、说、读、写新疆蒙古语和内蒙古蒙古语。那瑟克的母亲有蒙古族的血统，那瑟克的爱人约涅凯什也是蒙古族，所以这两个小家庭中的婆、媳 2 人都会说新疆蒙古语。那瑟克的父亲由于亲属中有蒙古人，他又经常外出打猎、放牧等，接触蒙古人的机会较多，他也会说蒙古语。解放以来，那瑟克的一大家人无论是居住在哈巴河县东的哈拉峪，还是居住在白哈巴，都是和哈萨克人结邻而居的。频繁的接触和生活交际的需要，使得他们也都会讲哈萨克语。

综述以上情况，那瑟克的父亲及其妻会讲图瓦语、哈萨克语和蒙古语 3 种语言。那瑟克和他的妹妹除了会上面提到的 3 种语言外，还会蒙古语内蒙古方言的一种和粗通汉语，也就是说他们会 4 种语言（其中的蒙古语包括两种方言）。

在日常生活中，他们以图瓦语作为家庭中的第一语言。在接触哈萨克人或蒙古人时，就分别使用哈萨克语或蒙古语与对方交谈。

由于在日常生活中 3 种语言使用的机会多寡不同，如果以使用的频率和熟练程度排列，依次是图瓦语（主要是在家庭日常生活中使用）、哈萨克语和蒙古语。

尽管对那瑟克的母亲和妻子来说，蒙古语曾经是她们的母语，但因那瑟克的母亲已有二十余年很少有机会使用蒙古语，那瑟克的妻子结婚 5 年来也是难得有机会使用蒙古语，她们说蒙古语时反而不如图瓦语，甚至不如哈萨克语流利，而且还有一些错误出现。例如那瑟克的妻子约涅凯什就有如下的一些失误。如在语言方面，"时间、皇帝、白色的"几个词在蒙古语中应该分别读作 "ts'aq'、ts'aan、ts'aban"。而约涅凯什却像绝大多数图瓦人一样读成了 "saq'、saan、sagan"，即用图瓦语的/s/代替了图瓦语中所没有的/ts'/。再如在语法方面，蒙古语名词 "青年、英雄" 的复数形式应该分别是 "dʒalutʃ'ut、baat'ɣrut"，约涅凯什却使用了图瓦语的名词复数附加成分-lar，把这两个词说成了 "tsalolar、baatɣr-lar"。又如 "太阳出来了"。这个句子，正确的蒙古语应该是：

nar　qarla，而约涅凯什　把它说成　"narɣn　tusubaa"。
太阳　出　　　　　　　　　　　　　太阳照（到身上）

这个句子的主语"太阳"，应该使用简化词干"nar"，而不应该用原形词干 narɣn，动词用 qarla，表达的词义是准确的，而 tusubaa 的含义是"阳光照到身上"，显然词义不够准确。类似的错误还有一些，这里不再赘述。

5 个成年人学习哈萨克语的经历在开始时都是相同的，他们在与哈萨克族的日常交往中接触到哈萨克语，由于生活的需要而继续学习并最后掌握了哈萨克语。那瑟克在中等师范学习期间还正规地学习了 3 年。他们的共同感受是：由于图瓦语和哈萨克语在语言结构方面十分近似，他们在学习哈萨克语时，并不感到困难。虽然由于受到图瓦语的影响，在语音、语法方面还存在一些错误，使用单词时有以图瓦语单词代替哈萨克语单词的现象，但是并没有影响他们习得哈萨克语的速度，只用了几年的时间就可以自如地使用哈萨克语了。

这两个血缘家庭中的孩子正处在习得母语的过程中，同时也在一些时间受到哈萨克语和蒙古语的熏陶。这主要是指他们被动地听家长或其他成年人说哈萨克语或蒙古语。

在母语的习得过程中，两个孩子表现出了儿童初学语言的一些特点：如在语音方面，他们掌握舌前部位辅音比舌后部位的辅音，掌握同部位的清辅音比浊辅音快。例如 4 岁的敏库那森常常把 aʤaj（父亲）读作 atsaj；把 iʃ-（喝）读成 is-；把 ʃaj（茶）读成 saj；把 ʤeʤek（花）读成 tʃʼetʃʼekʻ。词中的舌尖颤音 r，敏库那森也掌握得不好，常常用延长邻近的元音的方法，把 r 省略掉。如 gørym ʤykʻ把读作 gøømʤykʻ（镜子），bardym 读作 baadym（我去了）。而 3 岁的巴特那森除了存在上述的语音问题外，还经常把 r 读成 j，如把 bar（有）读作 baj，把 doburaq（尘土）读作 dobujaq。

以上这些情况是符合儿童在辅音习得方面先掌握双唇音和软腭音，然后掌握齿龈音，最后掌握齿音和腭音和先清后浊的规律的。在语法方面，五岁的敏库那森基本上掌握了动词的过去时和将来时的第一人称的词尾变化，其他的语法范畴还处于基本上不懂或根本不懂的阶段。在句法方面，敏库那森已经可以说出结构比较完整的句子了，基本上掌握了陈述句和一般疑问句的句型。三岁的巴特那森则基本上还处在独词句或由两三个词组成的句子阶段。如成年人问他 sen　ʃaj　iʃsenbε? ʃøt　iʃsenbε"喝茶还是喝奶"，
你　茶　你喝吗? 奶　你喝吗?
巴特那森的回答则是 søt（喝）奶。这种情况无疑同样符合儿童习得语法知识的一般规律。

2. 哈巴河县白哈巴地区波多利（bødøl）家庭的语言情况

白哈巴地区哈萨克族小学的教师波多利是出生在这个地区的图瓦人，现年 35 岁。在他 7、8 岁的时候，随父母迁居到哈巴河县城附近的哈拉峪并在当地接受教育（入图瓦人自办的学校）。1966 年初中毕业，1967 年 11 月起开始在拉哈峪小学任教，1970 年回白哈巴地区。因当时白哈巴地区尚无蒙古族学校，于是不得不到当地的哈萨克族小学任教。现任该校的教导主任。他的爱人玉兹姆巴依（ytsymbɑj），现年 34 岁，文化程度为小学五年级，图瓦人，1970 年结婚后从哈拉峪来到白哈巴。他们有两个男孩，长子名叫阿伊登（ɑjdyŋ），9 岁，次子阿尔僧（ɑrsyŋ），7 岁，都出生在白哈巴，现都是当地蒙古族小学一年级学生。

1982 年秋季以前，白哈巴地区的居民以哈萨克人为主，图瓦人很少。因此就波多利夫妇来讲，周围的邻居多是哈萨克人，平时使用哈萨克语的机会多于图瓦语，尤其是波多利在哈萨克小学工作，学生、同事都是哈萨克人，使用哈萨克语的时间比其爱人更多，他们只是在家庭中才使用图瓦语。所以在那段时间内他们的第一语言应该说是哈萨克语，母语或者说家庭用语是图瓦语，也可以说母语是作为第二语言出现在他们的语言生活中的。由于这样的原因，他们的哈萨克语的水平较其他图瓦人略高一些。例如，其他图瓦人在说哈萨克语时出现在语音方面的那些不准确之处，以及在语法中的那些受图瓦语影响而产生的错误基本上都是没有的。但是在语调方面同哈萨克族人讲的哈萨克语还是有差别的，不像哈萨克族人讲得那样抑扬顿挫，轻重有别，而是受图瓦语的影响，比较平缓而少变化。1982 年秋季以后，哈巴河县哈拉峪地区的图瓦人全部迁回白哈巴，图瓦人成了白哈巴地区的主要居民，波多利夫妇使用图瓦语的机会比以前大大增加了，邻居中也有了图瓦人，因此，玉兹姆巴依的第一语言由哈萨克语转向图瓦语。波多利由于工作的关系，还是使用哈萨克语的时间比图瓦语多些，因此，对他来说，只是增加了说图瓦语的机会，而第一语言与母语的关系还没有发生变化。

他们夫妇除了会讲图瓦语和哈萨克语外，波多利还会说读写蒙语。他的爱人可以听懂蒙语一般的日常生活用语，但是说得不流利。原因是她外出接触蒙古族人的机会比波多利少。

由于语言和环境方面的原因，波多利的两个孩子的图瓦语和哈萨克语的知识在 4、5 岁后是基本同步增长的。在这个过程中，是以图瓦语为主，语音、语法范畴的架构是图瓦语的。因此他们的母语和第一语言都是图瓦语，哈萨克语为第二语言，在学校中他们还要学习第三语言蒙古语。但是作为一年级的学生来说，他们的蒙古语水平是极其有限的，一般第一学期只能学会蒙古文字母，第二学期学会拼写，而且只会拼写不知词义。这种情况要持续到三、四年级后，随着蒙古语知识的增加，才会逐渐明了拼写出来的词的含义。一般要到六年级或初中一年级后，才能使用蒙古语回答课文范围内的问题。一般的日常会话掌握得也不多，因为周围的语言环境有利于学习哈萨克语，但是缺少练习，强化和巩固课堂所学蒙古语的机会和条件。

3. 布尔津县叶尔克德（jerket）家

布尔津县人民医院放射科的医生叶尔克德从开始学习母语到卫校毕业参加工作后，其间经历了几个不同的语言环境，这些语言环境对他的多语制的形成很有帮助。虽然他所经历的语言环境比较特殊，但其中却也有些一般的规律可供探索，这对多语制的研究也是有一定意义的。

叶尔克德是布尔津县霍姆人。他的父亲是布尔津县喀姆其阿克索颜部落的人。这个部落的图瓦人基本上都不会他们的母语——图瓦语，而只会当地的蒙古语。他的父亲 20 岁以后去霍姆地区居住，开始生活在图瓦人中，几年后学会了图瓦语。叶尔克德的母亲是布尔津县哈纳斯湖地区的图瓦克孜尔索颜部落的人，会说图瓦语和蒙古语。他们日常的交际语是图瓦语。也就是说，叶尔克德从小开始学习语言时，他所处的家庭语言环境是图瓦语的环境。霍姆地区也住有哈萨克族，他四五岁时开始接触哈族儿童，学习了一些哈萨克语。7 岁上学后，学校以蒙古文课本进行教学，教师把蒙古文课文翻译成图瓦语。上四年级后，他转到了哈鲁台学校去就读。这个学校的教师讲课只翻译 50%左右，增加了让学生听说蒙古语的机会，要求学生用蒙语回答课堂上提出的问题。当时凡是霍姆转去的图瓦族学生蒙古语的听说能力都很差，基本上处于听不懂的状态。在这种情况下，叶尔克德不得不开始认真学习蒙古语了。在学校中，同时还有哈萨克族学生在一起学习，课余接触较多，于是也就学会了哈萨克语的日常用语。通过四年级一个学年的努力，到五年级时，他在课堂上可以用蒙古语回答问题了，对蒙古语词的音和义之间的联系也有了一定的了解。这时虽然会说哈萨克语的一般用语，但因无人教授文字，所以不会写哈萨克文。五年级增加了汉语课，由哈萨克族懂汉语的老师来教，讲解时使用哈萨克语，半年时间汉语知识掌握得很有限，然而由于常常询问其间不懂的哈萨克语的问题，哈萨克语的知识却得到了较快的增长。五年级下半学年由另一图瓦族叫铁木耳（temir）老师教汉语。铁木耳教学生学习汉语拼音，因汉语拼音字母和拉丁字母的哈萨克文字的大多数字母一样，叶尔克德便通过学汉语拼音字母的机会学习了拉丁字母的哈萨克文字。上过五六次汉语课后，基本上学会了拉丁字母的哈萨克文字。六年级时，叶尔克德又由哈鲁台转学到冲忽尔。这个学校里哈萨克族的教师和学生比前两个学校都多，说哈萨克语的机会更多了，加上基本掌握了拉丁字母的哈萨克文字，因此哈萨克语的水平迅速提高，除了文学性较强的成语和一些不常用的或生僻的词不会说，一些较复杂的动词时态范畴不会用之外，已基本上可以满足交际的需要了。只是由于母语的影响，经常有语法错误出现。

中学毕业考入伊犁卫生学校，又进入到另一个新的语言环境。伊犁地区的主要居民是维吾尔族。维吾尔语是当地的交际语言和工作语言。卫生学校中其他民族的老师一般也都会维吾尔语。叶尔克德所在的班级中有维吾尔、哈萨克、乌兹别克、塔塔尔、锡伯、蒙古六个民族的学生（蒙古族学生中包括图瓦学生）。在第一学期开设的课程中，哈萨克语专业毕业的汉族教师教汉语语音和词汇，维吾尔族教师教汉语语法，维吾尔族教师教维吾尔语和阿拉伯字母的维吾尔文，锡伯族教师教政治。这些课程的教学语言都是维吾尔语。维吾尔族教师教汉语语法时常常和维吾尔语进行比较，这种做法在某种程度上也帮助叶尔克德加深了对哈萨克语的理解和表达能力。这半年对叶尔克德来说，课程的压力很大，新的教学语言听不懂，汉语课的要求提高了。在这种情况下，叶尔克德一方面强迫自己努力学习阿拉伯字母的维吾尔文，同时也学习阿拉伯字母的哈萨克文和哈萨克语、维吾尔语，用阿拉伯字母的维吾尔文字和哈萨克文字混合着记各种笔记；另一方面则利用过去学习语言的经验，通过日常生活同维吾尔族、哈萨克族师生的接触学习语言。第二学期开始学习医学基础课，全部用汉语进行教学，其他如政治课等仍用维吾尔语进行教学。叶尔克德从卫校毕业时，学会了医学方面的基础知识，汉语达到可以读一般专业书籍的水平，可以用汉文写信和写简单的医学临床报告。通过学习阿拉伯字母的维吾尔文为学习阿拉伯字母的哈萨克文打下了一定的基础。尽管有些语法和正字法不对，不够规范，但毕竟具备了哈萨克文的书面表达能力。在卫校学习期间，会蒙古语和哈萨克语或图瓦语的蒙古族学生和会图瓦语、哈萨克语、蒙古语的图瓦族学生学习成绩都比只会单一语言的维吾尔族或哈萨克族学生学习的成绩好，蒙古族和图瓦学生没有因学习成绩差留级的。这说明，从小开始接触两种以上语言的人，在学习第三种乃至更多种语言时，他的语言习得能力和使用能力比只会单一语言的人要强得多。

叶尔克德最初被分配在富蕴县的一个公社医院里工作，接触的同事和病人都是哈萨克族。临床诊断报告和病历需要用哈萨克文书写。通过几年的实践，叶尔克德使用哈萨克文的能力提高了，从书写病历、临床报告到可以写工作总结等一般性的文章。以后，因工作调动，叶尔克德回到布尔津县。布尔津县城中汉族人居多数，同事多为汉族人。县级医院的病历和临床报告要求用汉文书写，于是叶尔克德重温过去学习过的汉语知识，同时经过工作实践和日常接触，又达到了可以用汉语满足工作和日常交际需要的水平。由于这时汉语成了第一语言，使用机会多，提高得快，因此平时阅读书籍，不论是专业的还是一般的文学作品，都喜欢读汉文的，并且发表了三篇由汉文翻译成哈萨克文的医学方面的文章。为了创造学习蒙古语的机会，叶尔克德自己订阅了蒙古文文学杂志《启明星》。但是由于日常生活中使用蒙古语的机会少，蒙古语的水平不如汉语，理解能力也比汉文差。使用蒙古语进行交谈时可表达思想的 70%—80%。

叶尔克德的爱人红鹰，毕业于北京中医学院。现在布尔津县人民医院中医科工作。她本人是布尔津县哈纳斯地区的蒙古族，母语为蒙古语，在读小学和中学期间学会了图瓦语和哈萨克语。"文化大革命"期间接受再教育，曾经给军宣队做过哈萨克语翻译，后被选送到北京中医学院学习，在北京生活了 5 年。在县医院工作的同事又多为汉族人，因此，汉语也成了她的第一语言，她也喜欢读汉文书籍。

叶尔克德家有两个孩子。长子从小放在哈纳斯外婆家，因此他的母语是当地蒙古语。今夏（1984 年）从家乡接到县城，现送进汉族小学学习。幼女从小在他们身边，到入托年龄后送县汉族幼儿园。她的母语是图瓦语，第一语言是汉语。由于耳濡目染和受周围哈萨克族邻居的影响，还会说与她同龄的哈萨克族孩子会说的哈萨克语。叶尔克德夫妇为了帮助长子学习汉语，在家中经常使用汉语，以期造成一个有利于学习汉语的语言环境。

叶尔克德掌握了五种语言，他的爱人会四种语言。他们在学习这些语言时一条很值得重视的经验是：文字的学习可以帮助和加强对语言的理解，有助于对语言的学习。因此在学习一种有文字的语言时，在一定的阶段要同时学习它的文字，这样将会促进对语言的习得，达到较高的水平。如果不学习文字，一般情况下只能停留在口头语言的水平上。因此衡量一个人的双语水平应该不只停留在口语上，还应该考察其使用书面语言的能力。这样做，才是全面的。

4. 富蕴县图瓦人使用语言的情况

富蕴县的图瓦人比较少，解放初只有几十人，都住在铁买克乡，解放后由于政府极力保护，现在发展到全县共有 242 人，但也只占全县人口的0.31%，其余 99.69%中除 20 人为蒙古族外，都是哈萨克族和汉族。这仅有的 0.31%的图瓦人居住得很分散，住在城镇的 41 人，铁麦克乡 187 人，库土乡 9 人，克克托海矿区 14 人，吐热乡 9 人，吐热牧场 3 人，哈拉布拉公司合营牧场 1 人，大桥林场 1 人。这种人数少，居住分散的情况造成了两个方面的问题：

一是解放以来一直没有成立蒙古族学校，学龄儿童绝大部分都到哈萨克族学校就读。城镇的少部分人入汉族学校就读，因此，许多图瓦孩子根本不会讲图瓦语。也没有像其他地区的图瓦孩子那样,进蒙古学校学习蒙古语。

二是人口比例失调,男多女少。适龄男青年找不到本民族或蒙古族姑娘(有个别人和哈萨克族通了婚)。直到目前婚姻问题也未得到很好的解决。由于以上两种情况,富蕴县的图瓦人除年长者外,20 至 30 岁的年轻人以及小孩基本上都不会讲图瓦语,而只会讲哈萨克语或汉语。有 60、70 岁以上老人的家庭一般在日常生活中还使用图瓦语。年轻人组成的家庭则都只讲哈萨克语。有些上汉族学校的学生索性连哈萨克语也不愿讲,只讲汉语。下面具体分析两个家庭的情况:

(1)僧麦提(sɤŋmɛt)家的语言情况

僧麦提现年 55 岁(1984 年),在县法院工作。他会讲图瓦语、哈萨克语、蒙古语,可以用汉语进行日常交流。他的爱人今年 48 岁,毕业于阿勒泰师范学校的哈萨克语班,现在县小学教哈萨克语。她只会讲图瓦语、哈萨克语和一般的日常生活用汉语。

僧麦提有 6 个子女,家庭的共同语言是哈萨克语,孩子们最初接触的语言都是哈萨克语,以后因语言环境的不同而情况各异。

长女布云·黛尔吉尔(byjyndɛlgir),26 岁,在县委机关工作。她毕业于哈萨克族中学。文化程度高中,使用哈萨克语进行交际没有困难。由于从小学四年级起学习汉语,中学毕业后又到县委机关工作,接触汉族人机会多。因此日常工作和生活也可以用汉语进行交际,但书面表达能力较差。

次女祖吕克(tsøryk),23 岁,现为石河子医学院二年级学生。她从小在汉族学校受教育。高中毕业后考取大学,仍在汉族班读书,她的汉语水平和同等学力的汉族学生相同。因生活中接触哈萨克族人,从小就听说哈萨克语。因此现在她可以用哈萨克语进行一般性的交际,但文字水平差。

三女葛尔黛(karde),20 岁,现在县人民医院做护士。她也从小在汉族学校受教育,初中毕业后考入乌鲁木齐新疆医学院护士学校,毕业后分配回富蕴县。因同事和病人多是哈萨克族人,工作需要她把儿时的哈萨克语知识加以扩大、增加。因此,通过工作又自学哈萨克语,现已达到能用哈萨克语自如地进行交际的程度,会使用拉丁字母的哈萨克文字,有一定的文字表达能力。

长子坎吉尔(kandʒir),18 岁,是石河子农学院二年级的学生。他从小在哈萨克族小学读书,高中毕业后考入石河子农学院。哈萨克语的水平和同等学力的哈萨克族学生一样。小学四年级开始学汉语,中学、大学不曾间断,特别由于石河子是新疆生产建设兵团总部所在地,城市中的居民几乎全部是汉族人,学习汉语的环境十分优越。他的汉语水平是比较高的。

次子红兵(xuŋbiŋ),16 岁,在哈萨克族高中读一年级,也是从小学四年级起学习汉语，会讲一般的生活用语。

幼女布尔古奈（bulkunɛ），10 岁，即将升入汉族小学五年级。1 岁半起学说哈萨克语，5 岁时被送进汉族幼儿园，一年后汉语水平与同龄的汉族儿童相当。6 岁入汉族小学读书。用哈萨克语可进行日常生活交流，但因上汉族学校，在日常生活中习惯于讲汉语，而不愿意讲哈萨克语。

6 个孩子中除长女可听懂图瓦语但不会说外，其余的 5 个孩子都既听不懂也不会说图瓦语。为此，他们也甚感苦恼——作为图瓦人而不懂图瓦语，虽说没有数典忘祖之嫌，却也感觉自己算不得真正的图瓦人。

（2）僧格（sʏŋkʏ）家庭的语言情况

富蕴县粮食局干部僧格家庭的语言情况与以上各家又有所不同。僧格本人是克孜尔索颜部落的图瓦人，母语为图瓦语，哈萨克语为第一语言。他会阿拉伯字母的哈萨克文。由于居住在县城，工作中又经常与汉族接触，因此他也能讲日常工作范围内和一般生活中所用的汉语，但文字表达能力很差。

他的爱人卡乌哈依（kɑwuxɑj）是哈萨克族，家庭妇女。她的母语和第一语言是哈萨克语。由于居住在县城，经常和邻居中及其丈夫同事中的汉族接触，所以能够讲一般日常生活所需的汉语。僧格的亲朋常常来做客，她于是便能够比较经常地听到图瓦语，久而久之，她也学会了一些简单的图瓦语，但除了在不得不讲图瓦语的情形下，她习惯于和来访者用哈萨克语进行交谈。

僧格有 4 男 2 女共 6 个孩子。因为他的爱人是哈萨克族，子女们从小首先接触到的必然是哈萨克语，而且在适龄入学后，都是入哈萨克族学校接受教育。

长子塞尔江（sɛldʒɑn），22 岁，初中毕业后，到乌鲁木齐市边防警察总队服役，部队中汉族官兵比较多，听讲汉语的机会就也就比较多，所以他能够使用哈萨克语和汉语进行交际，会使用拉丁字母和阿拉伯字母的哈文，也会汉文。到乌市后又学会了讲维吾尔语，又因幼年时曾随他的祖父母生活过一段时间，所以也能够听懂和说图瓦语。

次子克麦什（kømes），20 岁，初中二年级后辍学参加工作，哈萨克语的水平与同等学力的哈萨克族学生相当，同事中有不少汉族人，工作和生活中的接触，使他也能够讲一般日常生活的汉语口语。

三子塞里克（serik），16 岁，初中二年级在校学生，其哈萨克语的水平与同等学力的哈萨克族学生相当，其汉语的程度与克麦什大体相同。

长女果盖尔琴（gøgertsik），11 岁，小学五年级在校学生。

次女阿依古丽（ajgul），8 岁，小学二年级在校生。她们两人的哈萨克语水平都与同等学力的哈萨克族学生相当。

幼子阿颜（ajan），6 岁，学龄前儿童。哈萨克语的程度和与其同龄的哈萨克族小孩相同。

僧格的孩子中除长子外，其余的都不懂图瓦语。

5. 由多语家庭情况分析所得到的启示

以上我们简要地说明了五个多语家庭中使用语言的情况。通过对这些情况的分析，我们可以得到如下的启示：

（1）一般的情形下，交际需要的迫切与否和家庭及社会语言环境的情况是决定一个人、一个家庭乃至一个社会集团的第一语言（个人还包括母语）、第二语言（以至更多的语言）的习得和使用的重要因素。例如前述生活在哈巴河县白哈巴地区的图瓦人，在这一地区内图瓦人在人口比例上占有小的优势，因此在家庭中即以图瓦语作为第一语言，个人的母语也是图瓦语。在这种情形下，母语和第一语言的地位和关系是统一的，一致的。但是若从全县的范围考察，图瓦人仅占全县人口的 1%左右。哈萨克族人口在 90%以上，占有绝对的优势。为了生活上的便利和民族间交往的需要，图瓦人就必须学习当地的主要语言（或称当地的社会交际语）——哈萨克语，否则就会给日常生活带来诸多的不便，影响民族之间的正常交往，影响民族关系和民族团结。

而生活在富蕴县城镇的图瓦人，由于语言环境（县镇范围内使用哈萨克语和汉语的人占绝大多数）、交际的需要（每天都要和哈萨克族或汉族接触）和受教育方面的条件所限（富蕴县全境内从没有过一所蒙古族学校，即使在图瓦人比较集中的原铁麦克公社也从未设置过蒙古族学校，因此，图瓦人不得不在哈萨克族学校或汉族学校中接受教育）。僧麦提和僧格家中的大多数孩子，由于没有讲图瓦语的语言环境和条件，因此一方面不会讲图瓦语，另一方面不得不以哈萨克语或汉语作为第一语言或母语。居住在布尔津县城镇的叶尔克德家庭处于中间状况。虽然在县城镇的居民以哈萨克族和汉族居多，但是，由于和哈巴河县、布尔津县等地区的图瓦人保持着较密切的联系，所以在家庭中仍以讲图瓦语为主，有时为了便于孩子们学习汉语或哈萨克语，便人为地制造使用哈萨克语或汉语的小的语言环境，用哈萨克语或汉语作为一个时期内的家庭交际语，而放弃图瓦语作为家庭交际语的地位。由此看来，除了交际的需要和语言环境的因素外，家长的主观愿望，或者说是为了子女的学习和前途考虑的动机，也是主宰母语和第一语言的选择和习得的重要因素，有时甚至比前两个因素更为重要，处于主导的地位。例如僧麦提夫妇为了使孩子多学知识，将来更好地工作，对子女们学习语言和入学采取了十分开放的态度，结合子女本人的意愿，或者让他们入哈萨克族学校（有利于学习当地的主要社会交际语，便于接受教育和将来参加工作），或者毅然学习语言结构和特点与哈萨克语、图瓦语相去甚远的汉语。因此，在多语社会中决定母语和第一语言的选择和习得的因素虽然有以上三个方面，但是却可以因地点、语言环境和主观愿望的不同而有所差异。

（2）一个人的语言能力（习得和使用）与其儿童时期同时接触语种的多寡有密切的关系。一般往往是从小接触多种语言的人比只学习一种语言的人在语言习得能力和使用能力方面要强，而且这种能力在成年后学习其他新的语言时还会发挥作用。叶尔克德在伊犁卫生学校学习期间的情况就说明了这一点，而这种类似的情况在我国其他少数民族中也是很多的。例如新疆伊犁地区的锡伯族，由于他们居住的地区和汉族、维吾尔族交织在一起，所以他们除了使用本民族的语言——锡伯语外，一般还都会使用汉语和维吾尔语，有些和哈萨克族、俄罗斯族有交往的人还会讲哈萨克语或俄语。国外的语言学家也有这方面的经验总结。如 Penfield 在 20 世纪 60 年代就说过，一个听到三种语言而不是一种语言的孩子，可以很早就学会所有这三种语言的单位而无须花额外的气力，也不会发生混淆……Penfield 还指出："幼童的大脑皮质区是独立不受约束的……因此，如果一个小孩有机会接触好几种语言，他就不仅在他占优势的半球（通常是左半球）形成语言中心，而且还会使他大脑右皮质的某些部分也是具有说话能力。结果是，当他长大成人后，他将发现，在他学习几种新的语言时，他会比那些只接受单一语言教育的个人和只在大脑一侧有说话能力的人都要容易。"[1]

（3）第二语言（或更多种语言）习得的难易和语言之间内部结构差异的大小有密切的关系。

如果第二语言和母语（有时也就是第一语言）是同语系，同语族甚至是同语支的语言，即这两种语言的内部结构基本相同，在语言环境好的条件下，则第二语言的习得一般来说无须花费很多的精力和时间，很容易可以学会，学习的难点可能仅仅表现在母语中没有的语音和记忆一些不同源的语词上，在语法结构方面不会有特别的困难。图瓦人学习哈萨克语基本上就是这样的情况，就个人而言，习得哈萨克语的时间少则 2 至 3 年，多则 5 至 6 年也就够了。例如白哈巴地区有位名叫摩伊娜伊（mojnaj）的妇女，时年 46 岁（1984 年），1963—1964 年期间曾在克孜尔庸库和哈萨克族一起生活了两年，当时那个地方除了摩伊娜伊一家图瓦人外其余的 3 家都是哈萨克族。在这之前，摩伊娜伊一句哈萨克语也不会讲，由于在那里每天都需要与哈萨克族接触，所以仅仅用了两三年的时间，摩伊娜伊就完全掌握了哈萨克语，在回忆学习的过程中，她自认为哈萨克语很容易习得，没有感到有特别困难之处。

---

① 《国外双语研究的若干问题》载《国外语言学》1981 年第 1 期。

　　如果第二语言和母语是同语系、不同语族的语言，即语言内部结构基本相近的语言，在学习条件（指学习者的智力水平、语言能力和语言环境等条件）不变的情形下，则第二语言的习得要比前一种情况花费的经历和时间都会多一些，一般需要四至五年，学习的难点则可能除了出现在语音和词汇方面外，在语法方面也会有一定的困难。图瓦人学习蒙古语的情况就是这样。

　　如果第二语言是和母语不同语系的语言，即语言内部结构完全不同的语言，如果只在学校内学习，则它的习得就要花费一番精力和时间，3 至 4 年或 5 至 6 年的时间都是有的，而且即使时间这样长，也往往会出现语言干扰的问题（尤其是母语对第二语言的干扰会更强些）。图瓦人学习汉语的情形就是这样的。

　　当然，如果语言环境条件特别优越，学习者的动机和要求又特别强烈，那学习时间的长短又另当别论。

　　（4）家庭内部的交际受外界语言环境的制约和影响很强。一般的情形下，家庭内部的交际语和个人的母语以及社会交际语是统一的、一致的。有时则表现出受外界语言环境的强烈制约而随之变化。例如在哈巴河县白哈巴地区的图瓦人家庭中，个人母语和家庭内部交际语是一致的，都是图瓦语，但是他们的社会交际语是哈萨克语。又如布尔津县叶尔克德的家庭中，在孩子还年幼时，母语和家庭内部交际语都是图瓦语，待孩子入托或入学后，为了利于小孩学习语言和文化知识，有时家庭内部的交际语就变换成汉语或哈萨克语。再如富蕴县的图瓦人家庭中，家庭内部的交际语和母语不一致，母语是图瓦语，而家庭内部的交际语是哈萨克语，原因就在于受外界语言环境的制约。

# 三　双语和文化

　　语言和文化之间的关系在学术界是早已有了定论的。如我国已故著名语言学家罗常培先生说过："语言和文化的关系密切。"罗先生还曾引述过美国语言学教授萨丕尔（Edward Sapir）的话来证明他的观点。萨丕尔说："语言的背后是有东西的。而且语言不能离开文化而存在……"。[①]那么，双语和文化之间的关系怎样呢？是否也像语言和文化那样关系密切呢？通过对图瓦人双语制及他们文化的研究我们得到的答案是肯定的。

　　一般就像每个民族都有自己的语言一样（也有例外），每个民族也都有带有自己本民族特点的文化。

---

　　① 罗常培：《语言与文化》，北京大学出版社 1950 年版，第 1 页。

　　解放前的图瓦人，社会生产力发展极其缓慢，直到近代还处在宗法封建制的社会阶段。他们的文化明显地反映出这个社会形态的特点。例如他们还保留着氏族部落组织（虽然这种组织在形式上很松散，但是几乎每个图瓦人都知道自己是属于哪个部落的），也还有部落的头领。在家庭中他们实行家长制，男性家长是一家之主。在婚姻方面，图瓦人一直实行比较严格的氏族外婚制，恪守同部落的人之间不能通婚的传统族规，等等。图瓦人文化上的这些特点，一方面是他们的社会生产力发展的结果，另一方面也不应排除通过学习其他民族语言后所受到的外族的影响。

　　在历史上对图瓦人影响较大的民族是蒙古族和哈萨克族。

　　1. 蒙古族文化对图瓦人的影响

　　图瓦人和蒙古人的交往史可以追溯到 13 世纪。当时蒙古族的领袖铁木真于 1206 年统一了蒙古后，在 1207 年就派他的长子术赤带兵去征服北方"林木中的百姓"。在这次征战中，被术赤征服的部落就有当时称作"秃巴思"的图瓦人。

　　蒙古人来新疆之前，社会生产力的发展水平很低。当时他们还没有文字，以游牧经济为主要的生产方式，不事农耕。由于封建制度在蒙古社会中没有得到充分的发展，蒙古游牧贵族在新疆的统治就有较为野蛮、落后的性质，加之连年的征战，造成当地各族人民的生产活动长期停滞不前，社会进步极其缓慢。

　　与图瓦人直接接触的蒙古部落是 13 世纪时被称为斡亦剌惕，明朝时被称为瓦剌西蒙古厄鲁特和清代以后被称为卫拉特的部落。

　　在 16 世纪末期，卫拉特蒙古人主要分布在阿尔泰山以东科布多山的南、北两侧以及额尔齐斯河上游到准噶尔盆地一带。

　　氏族部落制度在卫拉特蒙古人中保持了相当长的时间，直到解放前还有宗法封建制的残余。他们的文化很落后，绝大多数贫苦牧民都是文盲。他们的生产方式、生活和文化水平与居住在阿尔泰山中的图瓦人比较接近（这大概就是图瓦人始终没有被他们同化的主要原因之一）。但是由于卫拉特的王公贵族对图瓦人进行残酷的阶级压迫，图瓦人的生活比卫拉特部落中的下层牧民更加贫困。他们一无所有，不得不靠采集野果，捕捞鱼兽，以获取充饥的食物和御寒的兽皮。这种痛苦的生活状况一直持续到解放前。

　　从 13 世纪元朝建立到解放前将近八百年的漫长岁月中，蒙古人在衣、食、住、行、宗教、生产等方面对图瓦人产生了很大的影响。蒙古人的文化伴随着图瓦人学习蒙古语大量地渗透进图瓦人的生活中。例如图瓦人原来穿兽皮、住地洞。在蒙古人的影响下，他们也学做蒙古式长袍，住蒙古式帐篷了。在宗教方面，图瓦人原来是原始萨满教的信徒，崇信万物有灵。16 世纪后期，东蒙古从西藏接受了喇嘛教。很快地传给了卫拉特人以后，图瓦人就又从卫拉特人那里逐渐地接受了喇嘛教。再如在继承权方面，图瓦人也像蒙古人一样，实行幼子继承制。在语言方面的影响就更多了。部分图瓦人在和蒙古人进行交往的过程中，渐渐学会了蒙古语，成了双语人。这些双语人从蒙古语中借来了大量的词语和一些语法成分，丰富了图瓦语。据有人统计，图瓦语中的蒙古语借词多达 30%以上，在这些借词中既有基本词语，也有某一方面的专门词语。例如：

| 图瓦语 | 蒙古语 | 汉义 |
|---|---|---|
| arʃaan | arʃaan | 温泉 |
| artsalaŋ | arslaj | 狮子 |
| eregin | erx | 念珠 |
| elʤigen | elʤigin | 驴 |
| oba | obo | 敖包 |
| ulus | uls | 国家 |
| udaa | udaa | 次、遍 |
| uurak | uura | 初乳 |
| uxwalaʤyyr | uraax | 洗 |
| ʤyy | jyy | 什么 |
| bal | bal | 蜂蜜 |
| baxʃɣ | baxʃ | 老师 |
| baatɣr | baatar | 英雄 |
| bøs | bys | 布 |
| burkan | burxan | 佛 |
| dalaj | dalæ | 海 |
| duŋʃur | dyŋʃyyr | 亿 |
| dørbølʤin | dørbylʤin | 正方形 |
| tarbakan | tarbag | 旱獭 |
| tebɛ | temee | 骆驼 |
| tergin | tergen | 车 |
| toosun | toosən | 灰尘 |
| taralaŋ | tɛrɛɛlaŋ | 农业 |
| tyykø | tyyx | 历史 |
| nam | nam | 党 |
| nom | nɔm | 佛经，书 |
| nikim | nigem | 社会 |

| | | |
|---|---|---|
| nɛsil | niislɛl | 首都 |
| nogɑn | nɔgɔɔn | 绿菜 |
| lɑmɑ | lam | 喇嘛 |
| sɑɑsɤn | tsɑɑs | 纸 |
| sɑkɑl | sɑxɑl | 胡子 |
| surukʤɤr | surɑgʃ | 学生 |
| surkujlɤ | surgɑɑl | 学校 |
| ʤɑlɤɤ | ʤɑluu | 青年 |
| ʤulɑsɤn | ʤul | 烛台、佛灯 |
| ʤɤk | ʤug | 方向 |
| ʤes | ʤis | 红铜 |
| ʤuruk | ʤurɑg | 画 |
| ʤɑɑlɤl | ʤɑɑbɑl | 一定 |
| tzɑɑn | ʤɑɑn | 大象 |
| tzɑndɑn | sɑndɑn | 檀香木 |
| ʃɑlbur | ʃɑlbr | 被子 |
| ʃirɛ | ʃirææ | 桌子 |
| ʃyyʤe | ʃyyntʃ | 凿子 |
| ʃɑʤin | ʃɛʤen | 佛 |
| gerɛl | gerel | 光 |
| gegeen | gegeen | 活佛 |
| kynʤyl | xonʤil | 被子 |
| kirɛɛ | kørææ | 锯 |
| koŋk | xɔŋk | 手铃 |
| købyŋ | xubən | 棉花 |
| xudɑ | xud | 亲家 |
| xɑɑn | xɑɑn | 汗、皇帝 |
| xɑɑjʤɤ | xæætʃ | 剪子 |
| xɑdɑ | xɑdɑg | 哈达 |
| xɑdɑx | xɑdɑɑs | 钉子 |
| xɑɑr | xɑruul | 铇子 |
| xos | xos | 双、对 |
| xor | xor | 毒 |

以上列举的只是借词中微不足道的一小部分，大量的蒙古语借词在图瓦语中随处可见。

2. 哈萨克族文化对图瓦人的影响

图瓦人与哈萨克人交往的历史远远不及图瓦人与蒙古人的交往历史长，从 19 世纪末至今也不过近百年的时间。但是，哈萨克族的文化却以迅猛异常的速度在图瓦中渗透得既快又深。我们认为，这种情况主要是由以下两个方面的原因造成的。

（1）图瓦语和哈萨克语在语言内部结构方面基本一致，图瓦人习得哈萨克语比较容易，他们只用了一代多一点儿的时间就形成了图瓦语和哈萨克语并用的双重语言制。哈萨克族的文化凭借着语言作媒介得以在图瓦人中迅速传播。

（2）在图瓦人和哈萨克人的交往过程中，社会的激烈变革，极大地加快了文化渗透的速度。在第三章中我们曾经谈到，1945 年以后开始有哈萨克人到白哈巴地区定居。1949 年中华人民共和国成立后，特别是 1958 年以后，大批的哈萨克人迁居到白哈巴地区。图瓦人与哈萨克人结彼为邻，越来越多的图瓦人在频繁的交往中习得了哈萨克语，同时也受到哈萨克族文化的强烈影响。这种影响表现在图瓦人社会生活的各个方面。例如，图瓦人都不再穿蒙古式长袍。妇女们换上了色彩艳丽的连衣裙，用五颜六色的各式头巾代替了传统的单色包头巾，外表装束和哈萨克妇女完全一样。男人们都改穿制服衣裤，也摘掉包头巾，带上了帽子。在饮食习惯方面，图瓦人虽然不禁食猪肉，但因为与信仰伊斯兰教的哈萨克人生活在一起，他们也就基本上只吃牛、羊肉，不再吃猪肉。部分从事农业生产的图瓦人也开始定居，从地窝棚或帐篷搬进木结构或土坯、木头建造的房屋。图瓦语中也渗透了大量的哈萨克语借词和一些语法成分，改变了过去主要从蒙古语借用词语的情况。例如：

| 图瓦语 | 哈萨克语 | 汉义 |
|---|---|---|
| xɑp | qɑp | 盒子 |
| ʃikɑp | ʃqɑp | 柜子 |
| termʏs | termos | 暖水瓶 |
| xɑlɑj | qɑlɑjʏ | 锡 |
| ɛlimin | ɑliwmin | 铝 |
| munɑj | munɑj | 石油 |
| sor | sor | 碱 |
| ɑʃɣxdɑʃ | ɑʃəwdɑs | 明矾 |
| ʤɑrlʏk | ʤɑrləq | 命令 |
| kʏlmʏs | qəlməs | 罪 |
| dertip | dertip | 纪律 |
| økymet | ykimet | 政府 |

| | | |
|---|---|---|
| sajasi | sajasəj | 政治 |
| dajanɣyr | tajanəw | 依靠 |
| jegeniir | ʃeginiw | 倒退 |
| kyjinyyr | kyjiniw | 痛心 |
| tapsyyar | tapsərəw | 交代 |
| bagabeer | bababeriw | 评价 |
| tuwulaar | tuwələw | 发生 |
| orunlaʃɣyr | ornalasəw | 分布 |
| tiŋʃeer | teŋʃew | 调剂 |
| xanaar | ganaw | 剥削 |
| ynømdɛɛr | ynemdew | 节约 |

以上所列举的借词也只是极少的部分。不过从这些借词中我们可以看出随着双语制的形成,图瓦人开始大量地从哈萨克语中借用词语的趋势。

3. 关于图瓦人姓名

姓氏制度是民族文化的组成部分之一,它表现出强烈的民族特点。通过对图瓦人姓名的研究,我们可以了解解放前后图瓦人与蒙古人和哈萨克人联系紧密程度的变化,也可以看出双语制对图瓦人姓名的组成所产生的影响。

下面我们具体研究哈巴河县白哈巴地区图瓦人的姓名。

(1) 图瓦人姓名组成

图瓦人只有名没有姓。在他们的名字中除了有从前世留传下来的,被认为是属于图瓦人自己的名字外,还有从蒙古族、哈萨克族、汉族和俄罗斯族等民族的姓名中借用过来的名字。像图瓦人借用词语的情况一样,解放前图瓦人主要从蒙古人的姓名中借用名字,而在解放后,随着与哈萨克人的联系愈来愈紧密和双语制的逐渐形成,图瓦人借用的哈萨克人的姓名也越来越多。

白哈巴地区的93户,416个图瓦人中,除了3个刚刚出生不久的婴儿还没有名字外,其余的413人都有名字。

这413人中,解放前出生的(年龄在35岁以上的)人共有107人。其中取图瓦人名的有38人,占这413人总数的9.2%。取蒙古人名的52人,占12.7%。取哈萨克人名的9人,占2.2%。取俄罗斯人名的有2人,占0.5%。还有6个人的名字出处不明,占1.5%。解放前没有人取汉族名字。

在余下的解放后出生的(年龄在35岁以下,包括35岁的)306人中,取图瓦人名的52人,占413总数的12.7%。取蒙古人名的127人,占30.9%。取哈萨克人名的83人,占20.1%。取汉族人名的36人,占8.7%。取俄罗斯人名的3人,占0.7%。仍然有5个人的名字不知出处,占1.2%。为了便于比较，下面表列以上各项的数字和百分比：

| 姓名%<br>年龄 | 图瓦 | % | 蒙 | % | 哈 | % | 汉 | % | 俄 | % | 不明 | % |
|---|---|---|---|---|---|---|---|---|---|---|---|---|
| 35 岁以上 | 38 | 9.2 | 52 | 12.6 | 9 | 2.2 | 0 | 0 | 2 | 0.5 | 6 | 1.5 |
| 35 岁以下 | 52 | 12.6 | 127 | 30.8 | 83 | 20.1 | 136 | 8.7 | 3 | 0.7 | 5 | 1.2 |
| 总数 | 90 | 21.8 | 179 | 43.4 | 92 | 22.3 | 36 | 8.7 | 5 | 1.2 | 11 | 2.7 |

从上面表格的数字中我们可以得出以下两点结论：

① 在人名中，蒙古族人名所占比例最大，解放前占 12.6%，解放后占 30.8%，总比例是 43.4%。这说明图瓦人与蒙古人的关系一直比较密切，他们受到的蒙古族文化的影响是很强烈的。

② 比较一下 35 岁以上和 35 岁以下两个年龄组的情况可以看出，解放后取哈萨克族人名的有 83 人，取汉族名字的有 36 人，分别是解放前的 9 倍和 36 倍。如果把取哈萨克族人名的 83 人再按每十年为一组划分一下，情况就更清楚了。

35 岁—25 岁　　　　　　14 人

24 岁—15 岁　　　　　　31 人

14 岁以下　　　　　　　38 人

分析以上数字我们可以得出这样的结论：解放以后，随着民族关系的改善和双语制的逐渐形成，图瓦人和哈萨克人的联系越来越密切，他们受哈萨克族文化的影响也越来越强。所以取哈萨克族人名的人数表现出不断增长的趋势。至于取汉族人名的人数猛增，当然有图瓦人和汉族人的联系迅速加强的因素在内，但更主要的是这 36 人都是在"文化大革命"期间出生的，他们取汉族人名与那段特殊年代的政治形势是密切相关的。

（2）借用名的语音特点

图瓦人在借用蒙古族、哈萨克族和汉族的名字时，表现出以下两个语音特点，这些特点反映了两种语言接触时相互影响的情况。

① 用图瓦语的音位代替蒙古语、哈萨克语和汉语中的某些音位。如：sagan, siŋgil, bajinsaŋ, baldʒyt, baldʒer 等都是从蒙古族的名字中借用过来的，在蒙古语中，这些名字分别读为 tsʼaxan, tsiŋgil, bajintsʼaŋ, beldʒit 和 beldʒir。图瓦人用自己语言中的 s 代替了蒙古语中的 tsʼ，用 a 代替了 ɛ，用 ɣ、e 代替了 i。

这种替代现象在借用汉语的名字时表现得更加突出。如：

图瓦人拼读的汉族名字　汉族名字的正确拼读形式　汉族姓名的原义

| ʥepaŋ | tɕefaŋ | 解放 |
| ɛmin | aimin | 爱民 |
| qɤmiŋ | kəmiŋ | 革命 |
| xuŋxuŋ | huəŋ huəŋ | 红红 |
| bejʥan | peitʂan | 备战 |
| duŋʃɤŋ | tuəŋʂəŋ | 东升 |
| vejʃɤŋ | weiɕiŋ | 卫星 |
| mixua | meihua | 美华 |
| moʃɛn | maoɕyan | 毛选 |
| soxuŋjiŋ | suohuəŋjiŋ | 索红英 |

通过归纳可以看出音位代替的情况如下：

| 图瓦语 | 汉语 | 图瓦语 | 汉语 |
|---|---|---|---|
| p' | f | ʥ | tɕ, tʂ |
| d | t | ɤ | ə, i |
| q | k | ɛ | ai |
| v | w | ej | ei |
| x | h | o | uo, ao |
| b | p | ɛn | yan |
| ʃ | ɕ, ʂ | u | uen |

在从哈萨克语借用的名字中也有这种现象。如把哈萨克族的名字 p'ɛridɛ, ɛrmijɛ 等变成 p'arida, armija, 用图瓦语中的 a 代替了哈萨克语中的 ɛ。

4. 增音现象

在借用的名字中, 有的有增加尾音的现象。如 dolant'aj, møŋk'uj, bat'ɤj 等都是借自蒙古族的名字。在蒙古语中它们分别读为 dolant'a, møŋk'u 和 bat'ɤ, 图瓦人在借用时都增加了尾音 j, 有表示昵称的意思, 增加了感情色彩。

# 四　双语和教育

对于同时使用两种语言的民族来说, 双语和教育的关系非常密切。究竟选择两种语言中的哪种作为教学语言, 对于发展民族教育事业, 提高民族的文化水平至关重要。选择得好, 选择得适当, 可以收到良好的教学效果。反之, 如果选择得不正确, 就会事倍功半, 甚至影响整个民族文化水平的提高。可以不夸张地说, 选择双语中的哪一种语言作为教学语言的问题是关系到民族教育事业成败的关键, 因此, 我们对于这个问题决不可掉以轻心、等闲视之。

从对图瓦人教育情况的考察看, 他们在目前就没有能很好地解决这一问题，以致影响了他们文化水平的提高。造成这种局面的原因是多方面的，既有社会历史方面的因素，如政策失当，沿袭旧制；也有民族感情和心理状态方面的影响。下面试作初步分析：

通过前面几章对图瓦人使用语言的情况的叙述和分析，我们得出了图瓦人已经形成了图瓦语和哈萨克语并用的双重语言制的结论。按照合乎逻辑的规律，应该选择他们的母语——图瓦语作为教学语言。但是由于图瓦人少，解放前文教事业极端落后，最主要的是他们没有文字，没有办法将其他民族文字的教科书和其他书籍翻译后供教学使用，所以图瓦语不具备作为教学语言的条件。在这种情形下，本该选择有文字的哈萨克语——图瓦人双重语言制中的第二语言作为教学语言。然而因循守旧，沿用历史上把图瓦人当作蒙古人的传统，认为教学中使用的语言似乎顺理成章地就"应该是蒙古语"。这种历史的误会造成的直接后果是，从表面上看，图瓦人中文盲很少，普遍文化水平较高，而实际情况却是文化水平并不很高，高中生和大学生在人口中所占比例很低。

1982 年以前，在图瓦人的学校中，各科教材用的都是新疆蒙语课本。1982 年暑期以后，按照八省市蒙古语文工作协作小组《关于确定蒙古语基础方言、标准音和试行蒙古语音标的请示报告》的规定，全部换用了内蒙古编写、出版的内蒙古语课本。1984 年暑期我在调查图瓦人双重语言制的情况时，适逢阿勒泰地区举办全区蒙古族干部（包括图瓦干部）学习呼都木蒙古文学习班的事情。

1. 图瓦人教育简况

由于蒙古语既不是图瓦人的母语，也不是双语制中的第二语言。因此在教学中，图瓦人不得不采用翻译教学法，教师在讲授知识时，首先得把课文内容从蒙古语翻译成图瓦语，然后再讲解给学生听。白哈巴地区的图瓦学校就是这样进行教学的。

白哈巴学校建立于 20 世纪 50 年代。最初是一所完全小学，以后在 60 年代增设了初中部。目前学校共有从小学一年级到初中二年级七个年级共七个教学班，学生近 70 人，连校长在内共有教职员 10 人，师生全部都是图瓦人。全校七个年级共开设有语文、算术、代数、几何、物理、化学、历史、政治和汉语九门课程，按照新疆维吾尔自治区统一的教学大纲要求进行教学。

据这所学校的校长介绍，学生在一年级的第一学期，主要学习蒙古文 37 个字母的读音和写法及十以内的加、减法。在第二学期时，学习两三个字母的连读形式，到整个学年结束时，要求学生们基本上可以会读、写和听懂由两三个或三四个字母拼写的单词。这时学生们还不能自己拼读或拼写四个字母以上的单词。

　　下面根据我在 1984 年 6 月调查中所听的几节课，具体介绍图瓦人的教学情况。首先介绍一年级学生的两节语文课。在第一节课上，教师首先用呼都木蒙古文板书课文和生词，然后示范朗读，学生先逐词跟读后，教师教如何拼写这些单词，最后再用图瓦语讲解词义。第二节课，教师再次领读课文后，用图瓦语给学生讲解课文内容。经过这样的两个课时，学生基本上理解了字词和课文的内容。再如六年级（相当于初中一年级）的一节语文课。教材是内蒙古十年制学校初中语文第二册，内容是作家周立波的一篇短文。讲课的方法是教师读一句课文，然后用图瓦语翻译这句课文的内容讲给学生听。如果教师不读，不翻译，学生们自己根本不懂课文的内容，因为这些学生在五年级以前使用的是新疆蒙古文课本。再如七年级的一节几何课。所用教材为内蒙古十年制初中几何课本第一册，内容是讲解梯形。教师首先复习前一节课的知识，在黑板上板书了两道题，题中的说明部分用蒙古文，两名学生上前解题后，用图瓦语解释各自的解题过程。然后教师讲授新知识、讲解时用图瓦语，板书时用蒙古文。一些专门的术语，如"三角形、菱形、梯形"等使用蒙古语，也有的如"定理，等于"等词就使用汉语借词（dɤŋ li，deŋ），例如教师在黑板上板书的一道题计算题：

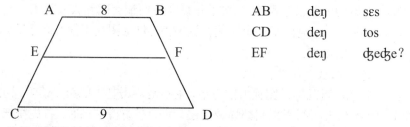

| AB | deŋ | sɛs |
| CD | deŋ | tos |
| EF | deŋ | ʤeʤe? |

　　教师对题目的叙述如上图右，译成汉语是：已知 AB 等于 8，CD 等于 9，求 EF 等于几？其中"等于"用的是汉语借词，sɛs（八），tos（九），ʤeʤe（多少）使用的都是图瓦语。

　　这个学校的其他课程，如历史、政治等讲授的方法和语文课一样；算术、代数、物理、化学课的讲授方法与几何课相同。学生在升入初中后（六年级以后），才基本上可以用蒙古语回答与课文内容有关的问题。初中毕业时，学习成绩比较优秀的学生可以用蒙古语进行一般的日常会话和阅读中等水平的蒙古文书籍。

　　2. 对图瓦人教育情况的思考

　　通过对图瓦人教育情况的调查和研究，有以下几个方面的问题值得我们认真考虑：

（1）双语与教学语言的关系问题

前面已经谈到，在双语地区，教学语言与母语及第二语言的关系以及选择哪一种语言作为教学语言的问题是直接影响教学质量的问题，图瓦人的教学现状就生动地说明了这一点。

图瓦学生从入学到初中毕业，需在学校中学习七年。虽然教学都是按照统一的教育大纲要求进行的，但是实际上并不能不折不扣地完成教学计划。道理是显而易见的。统一的教学大纲是给以母语作为教学语言的民族制定的，它并没有也不可能考虑到类似图瓦人这样不是以母语进行教学的民族或那部分人的实际情况。因此，使用这样的教育大纲本身就有一定的片面性。而对图瓦人来讲。困难之处就在于教学语言既不是他们的母语，也不是双语制中的第二语言。在教学中，他们不得不把每一课时中至少一半的时间耗费在机械地把教学内容从蒙古语转换到图瓦语的翻译过程上。试想在这种情况下怎么能够在一定的课时内讲授完全部知识呢？变通的办法只能是删繁就简，仅仅讲授知识中最主要的部分，为保证完成教学课时，而把用于熟悉知识、巩固知识的例证和练习大量删减。这样做必然不能保证高质量的教学效果，实际情况也正是如此。解放后，能够考取高中的图瓦学生很少，而能够考取高等学校的图瓦学生就更是凤毛麟角了。因此，图瓦人的教育现状说明，在双语地区，首先应该选择母语作为教学语言。如果不具备使母语作为教学语言的条件，就应该选择双语制中的第二语言作为教学语言。理由将在下面谈到。

（2）语言环境与教育的关系

这里所说的语言环境指的是第二语言的语言环境。这个语言环境可以分为自然的和人为的两种类型。这两种类型的形式不同，性质也不一样。一般来说，在自然的语言环境中习得第二语言，主要是为了满足日常交际的需要；而人为的语言环境（大多是学校中的正规外语教育）是为了造就一些双语人，以满足一般交际的需要或某些特殊的需要。白哈巴地区的图瓦人与哈萨克人比邻而居的环境条件为他们学习哈萨克语提供了优越的语言环境。年青一代中的大多数人都是从五六岁开始学习哈萨克语，到该入学时，已经初步有了一些哈萨克语的基础，试想如果他们在这时进入哈萨克族学校学习，自然的和人为的两种语言环境的结合，将会使他们的哈萨克语水平迅速提高。在调查中我访问的几个进入哈萨克族学校学习的图瓦学生的情况恰好提供了这方面的有力证明。这几个学生在入学后不久，哈萨克语就达到了与他们同龄的哈萨克族学生的程度，他们可以直接用哈萨克语听课。将他们的学习情况同在图瓦学校学习的同年级的学生比较后发现，无论在知识的接受能力方面，还是在知识的巩固率方面，都显示出一定的优势。这种情况说明：① 语言环境与教育的关系密切，在一定的条件下，它可以对教育起促进作用。② 在母语不能作为教学语言使用的双语地区，选择双语制中的第二语言作为教学语言是最优选择。

（3）语言知识与语言使用

语言知识与语言使用虽然有一定的联系，但又不是同一事物。人们用母语作为教学语言，主要是用它作为工具去学习文化知识，是语言使用的问题（当然人们在使用语言的同时，也获得了越来越多的有关这种语言的知识）。在这一点上，教育的目的是与母语作为教学语言的目的一致的（教育的目的就是为了使人们获取知识）。然而目前图瓦人的教育情况与这一目的是存在着矛盾的。由于蒙古语不是图瓦人的母语，图瓦人在学习知识的时候，首先必须先学懂蒙古语，把蒙古语作为工具，否则就不能获取知识。图瓦人进入学校学习的目的主要是为了学习知识，而不是为了去学习蒙古语。这样，学习目的和蒙古语之间就产生了矛盾，为学蒙古语占去了大量应该用来学习知识的时间，学习的效果自然就会不好。在目前阶段，解决这一矛盾的最好办法就是选择哈萨克语作为教学语言。

# 五　结论

通过以上各章对图瓦人双重语言制及其他有关问题的介绍与分析，我们可以得出如下的几点结论和推论。

1. 双语现象是一种客观存在的社会现象。同语言现象一样，它也有其产生、发展和消亡的过程，而且这些过程也是与人类社会发展和消亡的过程紧密相连的。双语现象的历史也很悠久，可以说从有民族交往的时代起，就存在有程度不同的双语现象。至于能否形成双语制，形成哪一种类型的双语制，则取决于互相接触的两个民族在社会生活中各自所处的政治、经济和文化地位，取决于这些因素内在力量的对比，同时还取决于两个民族对各自语言的态度和看法以及两个民族在其他方面的关系等因素。例如图瓦人从元朝起到解放前一直是蒙古人统治下的属民。从政治地位来说，蒙古人是统治者，图瓦人是被统治者。但是由于图瓦人居住在深山老林，闭塞偏远，交通不便，特别是长期和图瓦人生活在一起的广大蒙古族平民在经济和文化方面并不比图瓦人发达和先进，而是基本上处在相同的水平上，因此，在数百年漫长的岁月中，图瓦人只是从蒙古语吸收了大量的借词，图瓦语既没有被蒙古语同化，也始终没有能够形成双语制。

图瓦人与哈萨克人的交往史远不及与蒙古人交往的历史长，从19世纪末开始至今不过近百年。但是目前图瓦人已经形成了图瓦语和哈萨克语并用的双重语言制。原因就在于哈萨克人的社会生产力比图瓦人发达，经济地位比图瓦人高，特别是在这个期间，社会经历了激烈的变革。1949年中华人民共和国成立，结束了民族压迫的罪恶制度，民族关系不断改善，民族团结不断加强，交往也日益增多。在这种情况下，越来越多的图瓦人感到交际的迫切需要，要求他们必须学会哈萨克语，于是便很快地习得了哈萨克语并形成了双重语言制。这种情况说明政治、经济因素对双语制的形成有一定的影响和作用，在某些条件下，还能起到很关键的作用。

2. 在语言接触的过程中，母语与第二语言之间的影响是相互的。这种影响表现出由浅及深的三个层次。第一个层次是母语从第二语言借入很多借词，这时还没有影响到母语的语音和语法系统。第二个层次的影响就比较深一些，在借入语词的时候，很可能把第二语言中的个别或一些音位（绝对不是很多）带进母语，用以表示母语中没有的，也不能用母语已有的音位代替的那些音位，这样就破坏了母语在音、形、义方面原有的平衡，只好采取以补充新的音位的方式以达到新的平衡。第三个层次影响所及最深，它是由于频繁地使用第二语言，使得第二语言中的某些语法成分（可能包括某些构词、构形成分或是句型结构等等）渗透到母语中造成的。例如图瓦人从哈萨克语不仅借入了大量的词语，而且还借入了一些构词和构形附加成分，像哈萨克语的复数附加成分-nɑr/-ner在图瓦语中就已经在使用。同样，母语对于第二语言也有一定的影响，有时这种影响不仅强烈而且还相当顽固。例如图瓦人在讲哈萨克语时，用图瓦语的某些音位或语法成分和语法范畴代替哈萨克语中的音位或语法成分和语法范畴。

3. 根据白哈巴地区图瓦人双重语言制形成的情况看，如果学习第二语言的语言环境好，那么社团双重语言制的形成，大约在一代人多一些的时间内（一般二十至三十年）即可完成。也就是说双重语言制的形成只是上、下两代人之间语言传递的过程。一般来说，双重语言制的形成和母语与第二语言内部结构之间异同的多寡关系不大。

如果语言环境好，那么个人习得第二语言只需五年到十年的时间。如果是在两种语言的内部结构比较接近或基本相同的情况下，所需的时间会更短，大约三至五年就够了。

如果第二语言的环境不好，只通过学校教授第二语言的途径要想形成双语制是比较困难的，所需时间的长短也难于估计。

由此看来，语言环境如何对于第二语言的习得和双语制形成具有重要的意义。

4. 一般来讲，接受过教育与否对一个从小就开始学习第二语言的人的双语习得并无多少影响。然而对于成年人来说，有一定文化水平与没有文化，结果就很不相同。有文化的人习得第二语言的情况好一些，习得的语言水平高一些。这主要是因为成人习得第二语言与儿童习得第二语言的规律不同。儿童习得主要是依靠模仿，他从模仿别人的说话中逐渐习得了语言。而有文化的成人则比较侧重于理解语言，分析语言，通过理解和分析去学习语言知识，最后掌握这种语言。白哈巴地区四五十岁的成年人中哈萨克语说得比较好的，都是些文化水平比较高的，而哈萨克语说得不够标准，不够规范的往往是那些文化水平较低的人或是文盲。

5. 即使是在第二语言的语言环境很优越，非常有利于习得第二语言的情形下，就像白哈巴地区图瓦人所处的哈萨克语的环境中，人们习得语言一般还是有一定的先后次序。大多数的人都是习惯于在学会了第一语言——一般情形下就是母语，或者是基本上学会了第一语言之后，再学习第二语言。（当然在时间界限上不是第一语言完全学会后才开始第二语言的学习的，二者是交叉进行的，但是一定有先后）。白哈巴地区图瓦人学习双语的情况就说明了这一点。在实际的语言活动中，能够同时使两种语言的知识同步增长的情况是比较少的。

6. 民族心理状态的情况对双语制的形成也有一定的影响。这里所说的民族心理状态主要是指民族意识是否强烈，对于民族语言的看法怎样。是认为本民族语言生命力很强，足以同第二语言抗衡不会被同化，还是认为本民族语言已处于软弱无力的地位，没有很大的使用价值和发展前途，处于走向衰亡的过程；或是并不拘泥于在任何场合都一定要使用本民族语言，而是认为只要有利于交际，无论使用双语中的哪一种语言都可以，就是说对于这个问题采取一种比较超然的态度。当然这种态度的表示不会通过公开的申明，而是表现为一种允许的，无所谓的态度。例如图瓦人，虽然解放后有关部门一直没有对他们的民族成分进行过认真的识别，仍将他们算作蒙古人。但是图瓦人自己认为他们与蒙古人不同。因此他们很注意保护自己的语言，并在尽量多的场合中使用它，要让他们放弃自己的语言，改说哈萨克语或蒙古语在目前是根本行不通的。因此只能形成两种语言并用的双重语言制的局面。

7. 语言与文字的学习是相辅相成的，互相促进的。在习得第二语言的过程中，一方面，文字的学习以有利于加深对第二语言的理解，有利于学习较为规范的语言，加速第二语言的习得和形成双语制。例如在哈萨克族学校读书的图瓦学生，在学习语言的同时还学习哈萨克文字，拼写单词和书面语言都比较规范。规范的书面语使得口语也规范化了，他们的哈萨克语水平就高于同年龄的甚至年龄大一些而没有学习哈萨克文字的图瓦学生。另外一些自学了哈萨克文字的图瓦教师或干部也认为，学习了文字后，加深了对哈萨克语的理解，促使他们改正过去使用哈萨克语中的错误，能够说、写比较规范的哈萨克语了。另一方面，语言的习得会使文字的学习更容易，有助于使音、形、义在头脑中形成有机的统一体。因此在有条件的地方，在习得第二语言的过程中，最好能增加文字学习的内容。

8. 双语制的形成除了和上述语言、地理的等因素有关，还与一个国家的民族语言政策、民族政策等社会因素密切相关。我国宪法规定："各民族有使用和发展自己的语言文字的自由。"又规定中国境内各民族一律平等。在前述的结论中对此曾稍有提及，即在我国采取这样的民族政策和民族语文政策的社会条件下，多民族大家庭中的每一个民族都有充分的自由使用和发展自己的语言和文字，不必担心自己的语言会被别的语言同化、吞并。在国家政治生活中各民族也是平等的，无大小之分，无开化与愚昧之别，因此各个民族的人民都心情舒畅，没有压抑和被压迫的感觉，在感情和心理上都没有任何负担。学习其他民族语言既是生活交际的需要，也是融洽民族感情，加强民族团结的需要。在这种和谐的政治气氛中，双语制的形成是自然的和顺理成章的。图瓦人形成图瓦语和哈萨克语的双语制，以及产生部分图瓦语和蒙古语的双语人这种情形就是这方面最生动的实例。而在有些国家和地区，由于政策的偏差和历史的原因或民族关系而导致激烈的语言冲突甚至流血事件的例子也是不少的。

9. 从图瓦人双语制及某些多语家庭的实例，我们还可以证实这一科学的结论：从小同时学习两种语言的人，在他长大后学习更多的语言时比从小只学习单一语言的人要容易得多。这也说明人的语言能力是后天习得的而不是与生俱来的，如果是与生俱来的，则从小同时学习两种（或多种）语言的人的语言能力与从小只学习单一语言的人的语言能力不应该有什么差异，任何人学习多种语言的情形都应该是基本一致的。显然这是与客观实际不符的。另外这个结论还向我们表明，人脑的潜力是很大的，我们应该在符合客观规律的情形下加以认真积极地开发。从小学起设置外语课和创造一定的语言环境以提高外语学习的效果是当前我们应该努力去做的事情。

10. 根据白哈巴地区图瓦人使用语言的情况，我个人认为：在白哈巴地区，在今后较长的一段时间内，图瓦语和哈萨克语并用的双重语言制会一直存在下去。最终将会过渡到只使用哈萨克语一种语言的单语制。在白哈巴地区不可能出现三语制的情形。即使在今后经过认真的民族识别，能够确定图瓦人的民族成分的情况下，或者是继续维持目前的这种现状，在学校中继续以蒙古语作为教学语言，也只会是仅有很小的一部分图瓦人，能够习得并使用蒙古语和蒙古文。

# 主要参考书目

傅懋勣：《音位的基本理论和实际问题》。

傅懋勣：《论十一到十四世纪英国的双语制和诺曼贵族说的法语是不是阶级语言的问题》。

傅懋勣：《民族语言调查研究讲话》，《民族语文》1983—1986 年。

罗常培、王均：《普通语音学纲要》，商务印书馆 1957 年版。

马学良：《搜集词汇和编排词汇的方法》。

喻世长：《怎样搜集语法材料进行语法研究》。

赵元任：《语言问题》，商务印书馆 1980 年。

西奥多·M. 莱特纳：《关于元音和辅音和谐的描写》。

巴斯卡科夫等：《突厥语分类问题》。

胡振华：《柯尔克孜语中的元音和谐》，《中央民族学院学报》1981 年第 1 期。

朱志宁：《维吾尔语概况》，《中国语文》1964 年第 2 期。

中国科学院少数民族语言研究所：《中国少数民族语言简志》，第五分册。

B. 布洛赫、G.L. 特雷杰：《语言分析纲要》，商务印书馆。

耿世民：《古代突厥语文献语法》（油印本）

《古代突厥语文献选读》，第三分册，上。

《古代突厥语文献选读》，第一分册。

埃·捷民舍夫：《土耳其语语法》，苏联国立莫斯科大学编。

《现代俄语形态学》。

Ш.Ч.САТ，《ТУВNHCKNῘ　ЯЗЫК》。

E.V Sevortian，《论突厥语中的词类问题》。

K.Ye.Maitinskaya，《关于格位范畴的问题》。

周凌澎：《元朝对唐努乌梁海及其周围地区的统治》。

韩儒林：《唐努都播》、《唐代都波》。

陈鹏：《图瓦族的源流问题》。

《北史》。

《隋书》。

《新唐书》。

《旧唐书》。

新疆社会科学院民族研究所：《新疆简史》，新疆人民出版社 1978 年版。

罗常培：《语言与文化》，北京大学 1950 年版。

《罗常培纪念论文集》，商务印书馆 1984 年版。

《中国文化研究集刊》第二辑，复旦大学出版社 1984 年版。

《元史》：《中国大百科全书·中国历史》，中国大百科全书出版社 1985 年版。

耿世民、李增祥：《哈萨克语简志》，民族出版社 1985 年版。

道布：《蒙古语简志》民族出版社，北京 1983 年 2 月。

桂诗春等编著：《心理语言学》，上海外语教育出版社 1985 年版。

祝畹瑾编：《社会语言学译文集》，北京大学出版社 1985 年版。

〔苏〕兹维金采夫：《普通语言学纲要》，商务印书馆 1981 年版。

〔美〕爱德华·萨丕尔：《语言论》，商务印书馆 1985 年版。

〔美〕布隆菲尔德：《语言论》，商务印书馆 1985 年版。

〔南〕瑟·布里舍里奇：《社会学原理》，东方出版社。

恩格斯：《家庭、私有制和国家的起源》，人民出版社 1955 年版。

# 图瓦语长篇话语材料

## 甲　篇

dɤbaɤŋ maxdalɤ
### 图瓦简史
Solaŋkɤ
索朗格[①]

1.（1）ortʃalaŋnɤŋ ystø adɤʃdurxuo　　durarda.
　　　世界的　　上面　像手掌般大的时候　（表状态）
　　　当世界像手掌般大小的时候。

（2）synberula　　　　　　　　　　pedikta
　　　山名（像珠穆朗玛一样的大山）　高山（上）
　　　kaʒɤkdurxo　　durarda.
　　　像羊拐骨般大的时候
　　　当 synberula 那样的大山像羊拐骨般大小的时候。

（3）yezimarxo　iʃtinin　aŋnap　kuʃtan　irgenbis.
　　　大树林　　中、里　野兽　飞鸟　　（有）
　　　当森林中到处都是飞禽走兽的时候。

（4）ɛrgen　　øsgyn　dɤbalar　øzyp　tøryn　irgenbis.
　　　太平盛世　存在　图瓦人　生活，休养生息　（有）
　　　图瓦人就已经休养生息在这样的无忧无虑的好时代里。

2.（1）ertɛ　　burun　ʃaɤnda　komus　kaxkan　irgenbis.
　　　很早　以前　　时候　　口弦　弹奏　（有）
　　　（图瓦人）自古就弹奏着口弦。

---

① 索朗格原是白哈巴中学的老师，20 世纪 90 年代曾任哈巴河县教育局副局长。近年退休，在白哈巴家乡颐养天年。这首诗歌是 2010 年我去白哈巴调查时记录的。当时只记录了 25 首 100 行，还有 25 首 100 行未能记录。

（2）kømøj    innin    ɣr    køjlɛp    ɣrlap    ʤoru    irgenbis.
　　呼麦　　胸腔内　歌曲　呼麦唱法　唱　（状态）（有）
　　用呼麦的唱法唱着歌曲。

（3）arkasɣnan    gezip    ʃoor    dɣrdɣp    ʤoran    irgenbis.
　　（从）树林　割　笛子　吹奏　（状态）（有）
　　从树林里采割来材料做成笛子吹奏着（动听的曲子）。

（4）ilgir①    dɣrdɣp    dopʃur    xap    bilep    ʤoran    irgenbis.
　　二弦琴　拉　冬不拉　弹奏　跳舞　（状态）（有）
　　拉着二弦琴，弹着冬不拉，（唱歌）跳舞。

3.（1）aldaj    ʤaxaj    ɣrɣnbis    ɣrlap    ʤoran    irgenbis.
　　　故乡　好　歌　唱　（状态）（有）
　　　唱着歌颂我们故乡的歌曲。

（2）arkɣsnɣŋ    ʤaŋkarkasɣn    dorkul    dɣrkan    irgenbis.
　　树林的　回音　多次　那样子　（有）
　　树林里回荡着（美妙的歌声）。

（3）elik    maral    sɣɣn    suomur    gatgan    irgenbis.
　　黄羊　母鹿　公鹿　倾听　（有）
　　黄羊、母鹿、公鹿都在入迷倾听。

（4）adɣx    barɣs    irbiʃin    alaŋnatgan    irgenbis.
　　熊　虎　豹　犹豫的状态　（有）
　　熊、虎、豹子们也在满心狐疑地听着。

4.（1）ʤede    xaba    baʒɣnda    ʤerlip    ʤoran    dɣbabis.
　　　七个　哈巴河源头　图瓦人休养生息（状态）　图瓦人
　　　我们图瓦人就生活在哈巴河七个源头的地方。

（2）ʤede    kozun    dɣbalar    koʒup    dosdun    irgenbis.
　　七个　部落　图瓦人　搬走、迁移　净、尽　（有）
　　（后来）七个部落的图瓦人从这里搬走了。

（3）aldɣ    xaba    baʒɣnda    aŋnap    ɣsgɣn    ʤoran    dɣbabis.
　　六个　哈巴河　源头　打猎　生长　（状态）　图瓦人
　　图瓦人在哈巴河六个源头的地方打猎为生。

（4）aldɣ    koʒun    dɣbalar    aadɣrɣp    dosdun    irgenbis.
　　六个　部落　图瓦人　离开　净、尽　（有）
　　后来六个部落的图瓦人也都陆续地离开了。

---

① 马头琴一样的两弦琴，是马头琴的原型。

5.（1）xom　　sumnɯŋ　　baʒɯnda　　ʤadɯr　　kaxkan　　dɯbabis.
　　霍姆　　苏姆的　　　源头　　　窝棚　　　净、尽　　（有）
　　图瓦人民在霍姆苏姆河的源头搭建窝棚住了下来。

（2）adɯxlarnɯŋ　xomʤaxlarnɯŋ　　ʤøktep　　øsgɯn　　dɯbabis.
　　熊群的　　　熊背上的大块脂肪　　扛　　　生活　　图瓦人
　　图瓦人猎取熊背上大块油脂顽强地生活着。

（3）xaba　　xanas　　baʒɯnda　　xaak　　getgen　　dɯbabis.
　　哈巴河　哈纳斯湖　源头　　滑雪板　　穿　　　图瓦人
　　冬季图瓦人拿着滑雪板来往于哈巴河、哈纳斯湖之间。

（4）basbak　　ʤergi*　　aja　　ʤanan　　aŋnap　　øsgɯn　　dɯbabis.
　　打猎夹子　暗箭　　　　弓箭　　打猎　　生活　　图瓦人
　　图瓦人用各种夹子、暗箭、弓箭靠打猎为生。

6.（1）kabajlarnɯŋ　　iʃtinɛ　　ʤajxap　　ysgɯn　　dɯbubis.
　　木头摇篮　　　　里面　　摇摇篮　　生活　　　图瓦人
　　图瓦人的孩子在摇篮中被摇晃着长大。

（2）kaʒɤk　ojnap　tal　munap　　kazalap　øsgɯn　dɯbabis.
　　羊拐骨　玩耍　柳条　骑（像马一样）奔跑　生活　图瓦人
　　孩子们玩着羊拐骨，把柳条当马骑，就这样长大了。

（3）egej　tonnuŋ　　iʃtinɛ　unup　øsgɯn　　dɯbabis.
　　光板大衣（皮面向外，毛在里）里面　睡觉　生活　图瓦人
　　图瓦人把光板大衣当作铺盖。

（4）eʤelerin　ederip　ʤodup　øsgɯn　dɯbabis.
　　爷爷们　跟踪　仿效　生活　图瓦人
　　图瓦人世世代代仿效着祖辈的方式生活着。

7.（1）uzun　　doru　　arkɯmaa　iʃtin　　ʤotkan　　irgenbɛj.
　　长长的　红色的　伊犁种马　里面　　训练　　（有）
　　图瓦人把红色的伊犁种马训练成良马。

（2）uzun　　zɤptɤx　selimɛ　xija　dɯrdar　irgenbɛj.
　　长长的　把子　大刀　锋利　横砍　（有）
　　长长把子的大刀锋利无比。

（3）symir　tedik　ula　xɤra　dɯrkan　irgenbɛ.
　　（山名）高高的　山　霜　挂上霜（喻脚印、足迹）（有）
　　秋初的 symir 山上草木挂上了霜。

（4）sowa　　sergek　　ooldarɣ　　aja　　dɣrkan　　boldɣba.
　　　聪明　　警觉　　男孩　　父辈　　跟踪　　成长
　　　聪明伶俐的孩子循着父辈的足迹长大了 。

8.（1）zuxaj　　zɣptɣx　　kɣmdʒɣnan　　sojakaɣkan　　irgenbɛj.
　　　（树名）　把子　　鞭子　　皮开肉绽　　（有）
　　　其木质坚硬不易折断
　　　zuxaj 做把子的鞭子把人打得皮开肉绽。

（2）anaj　　geʒe　　dyndegɛ　　orlap　　dʒyden　　irgenbɛ.
　　　羊羔　皮　像帽子一样的头饰　烂、碎　没用了　（有）
　　　羊羔皮做的像帽子一样的头饰被打烂了。
　　　（以上两句形容男孩成长需经历苦难）

（3）katkɣrɣmsan　　kulukur　　karkap　　soulan　　irgenbɛ.
　　　面带微笑的　坏家伙　咒骂　骂人的话　（有）
　　　口蜜腹剑的家伙说着骂人的话。

（4）ujadadɣ　　ɣrɣn　　ɣrlap　　ɣxlap　　sɣkdaan　　irgenbɛ.
　　　听呆了的样子　歌曲　歌唱　哭泣　哭泣的样子　（有）
　　　边唱边哭的样子让人目瞪口呆。
　　　（以上两句形容女孩成长中的样子）

9.（1）xara　bural　edʒesi　xaŋsa　dɣtkan　irgenbɛ.
　　　黑　灰　爷爷　烟袋　抽烟　（有）
　　　花白头发的爷爷抽着烟袋。

（2）kadɣx　ijaʃ　ɣrkajnan　okun　dʒuŋkan　irgenbɛ.
　　　坚硬的　木头　木头名　箭　削　（有）
　　　把硬硬的木头削成了箭。

（3）xara　burul　kadɣsɣ　xajdʒɣ　dutkan　irgenbɛ.
　　　黑　灰　奶奶　剪子　拿,抓　（有）
　　　花白头发的奶奶拿着剪子。

（4）kaldar　xojnɣŋ　giʃinin　egej　buʃkan　irgenbɛ.
　　　灰　羊的　皮子　光板大衣　裁剪　（有）
　　　裁剪缝制着灰羊皮的光板大衣。

10.（1）xara　kuruŋ　daɣxlarɣ　tuman　dɣrkan　irgenbɛ.
　　　黑色　焦黄色　山　雾　下雾　（有）
　　　枯黄色的山上下起了雾。

（2）muŋkaʃ    xana    kimneri    uruxa    ʤitkun    irgenbɛ.
层峦叠嶂    深    河谷    荒凉,    野蛮    存在    （有）
在那些层峦叠嶂、人迹罕至的荒凉的山谷中。

（3）buxuaʤarɤn    axalɤx    bukdux    giriʃ    duŋmalɤx.
英雄（哥哥的名字）    英雄（妹妹的名字）    兄妹
传颂着英雄兄妹 buxuaʤarɤn、bukdux    giriʃ的故事。

（4）burunkɤnɤŋ    dɤwasɤnɤŋ    dɤgɤn    kɤmnar    bilirɤj?
很早以前    图瓦人的    历史    谁    知道
图瓦人早期的历史又有谁知道呢?

11.（1）døp-døp    bop    bødørdɛ    kadɤ    bytgen    dɤbabis.
地球    成    形成的    一起    生长    图瓦
地球形成的时候就有了我们图瓦人。

（2）ɛziyeniŋ    kørendɛ    arxa    iʃtindɛ    ʤordanbis.
亚洲的    胸部    树林    里    居住
亚洲腹地的树林里就有我们图瓦人。

（3）øzørnin    kɛʤelip    gøbøjbɛni    debɛsɛ.
增加    小,减少    没生长    没发展
但是我们图瓦人长久以来没有什么增加和发展。

（4）dyptinbergɛ    tykydɛ    atɤn    ʃkɤnban    dɤbabis.
从源头起    历史上    名字    始终如一    图瓦
但从历史的源头起我们图瓦人的名称始终是存在的。

12.（1）atɤx    ulux    enisɛ    elip    ʤorttan    dɤbabis.
著名的    伟大的    叶尼塞河    无忧无虑    居住着    图瓦
我们图瓦人在著名的叶尼塞河畔无忧无虑地生活着。

（2）taŋnɛj    kemʤik    daɤxlarɤn    ʤerlip    ʤoran    dɤbabis.
山名    山名    山    居住    （状态）    图瓦
我们图瓦人在 taŋnɛj、kemʤik 等大山间居住着。

（3）aldajdanda    aʒɤp-dyʒɤp    kɤʃtap    ʤoran    dɤbabis.
阿尔泰山上    进进出出    越冬    （状态）    图瓦
我们图瓦人也经常在阿尔泰山上过冬。

（4）kobuda    saɤxsaj    senkɤl    derdɛ    mal    øzirgen    dɤbabis.
地名    地名    地名    等等    牲畜    饲养    图瓦
我们图瓦人在 kobuda、saɤxsaj、senkɤl 等地方让牲畜繁衍生息。

13. （1）tykysindɛ　tyrk　xaan　tyrymkelip　øtgen　dɣβabis.
　　　　历史上　　突厥　汗　　统治　　　过的　　图瓦
　　　　我们是历史上被突厥可汗统治过的图瓦人。

　　（2）kɣm　gøzirgen　xɣrkɣzdarnan　kɣʃkɣrʃip　øtgen　dɣβabis.
　　　　谁　欺侮　　柯尔克孜　　　　争吵　　过的　图瓦
　　　　我们也是与谁都能欺侮的柯尔克孜人有过争吵的图瓦人。

　　（3）bokɣda　ezin　ʃiŋkɣzxaan　mool　tørøsin　bydyrerdɛ.
　　　　管理（征战）成吉思汗　蒙古　大国　建立
　　　　征战使成吉思汗建立了蒙古大帝国。

　　（4）arxa　iʃtindɛ　ʤort　adalɣp　ʤyny　gørban　dɣβabis.
　　　　森林的百姓　里面　百姓　名字　什么　看了　图瓦人
　　　　我们是见过世面的生活在大森林里的图瓦人。

14. （1）ojrat　ʤoŋkar　ʃallarɣnda　dørtbit　attɣx　dɣβabis.
　　　　卫拉特　准噶尔　时代　　多尔布特　名字　图瓦
　　　　卫拉特、准噶尔时代，我们是被称为多尔布特人的图瓦人。

　　（2）dørtbit　mooldɣŋ　iʃtindɛ　taŋnuʒaŋxaj　attɣxbis.
　　　　多尔布特　蒙古人　里面中　唐努乌梁海人　叫作
　　　　在多尔布特蒙古人里我们又被称为唐努乌梁海人。

　　（3）taŋnuʒaŋxaj　iʃtindɛ　ʤede　koʒun　dɣβabis.
　　　　唐努乌梁海　中　七　部落　图瓦
　　　　在唐努乌梁海人中我们图瓦有七个部落。

　　（4）ʤede　koʒun　dɣβalar　ʤyyn　barun　dep　bazaβar.
　　　　七个　部落　图瓦人　左　右　说　分开
　　　　七个部落的图瓦人又被分成左右两部分。

15. （1）barun　karnɣŋ　iʃtindɛ　dørt　sumun　dep　bazaβar.
　　　　右　手的　里面　四个　苏木　说　分开
　　　　右部分成了四个苏木。

　　（2）ʤyyn　karxa　ʤort　daʃkan　taŋdɣ　sojan　bazaβar.
　　　　左　手　一起的　唐德　索颜　分开
　　　　左部分成了唐德、索颜。

　　（3）aldajdanda　bɣtran　tøzøbistɛ　dɣβabis.
　　　　阿尔泰山上　散居　全部　图瓦
　　　　我们图瓦人全部散居在阿尔泰山上。

　　（4）birberenin　adɣlɣrbas　dɣβa　dɣldɣx　dɣβabis.
　　　　一个也分不开　离不开　图瓦　图瓦语　图瓦
　　　　我们是彼此分不开、讲图瓦语的图瓦人。

16.（1）ʤede xaannyŋ ʃanan beri ʤerim xamkan dɤbabis.
　　　 七个　　汗的　　　时候　以来　土地　保卫了　图瓦
　　　 我们是世世代代保卫自己土地的图瓦人。

（2）aldɤ xaannyŋ kɤzɤ ʤazy arttyn xamkan dɤbabis.
　　　 六个　汗的　　冬天　夏天　边境　保卫了　图瓦
　　　 我们是世世代代，无论冬夏都捍卫了边境的图瓦人。

（3）beʃ xaannyŋ kɤʃ ʤazy bitʃer xamkan dɤbabis.
　　　 五个　汗的　冬天　夏天　草场　保卫了　图瓦
　　　 我们是世世代代，无论冬夏都保卫草场的图瓦人。

（4）dørt xaannyŋ ʃananberi tørøsyn xamkan dɤbabis.
　　　 四个　汗的　　朝代以来　国家　保卫　图瓦人
　　　 我们是世世代代保卫了国家的图瓦人。

17.（1）ak xaannyŋ durumge ʃyrin dyre ojlatkan dɤbabis.
　　　 白　汗的　　侵略　兵　驱赶　赶走　图瓦
　　　 我们是把沙皇侵略兵赶跑了的图瓦人。

（2）ak orostyŋ mergen boosyn xara boonan baskanbis.
　　　 白　俄罗斯　钢　枪　土　枪　压下
　　　 我们是用土枪战胜了白俄钢枪的图瓦人。

（3）oŋkalaʃtyŋ ʃapkɤʃsyn ojsyratkan dɤbabis.
　　　 俄罗斯的　　侵略者　被大打跑，后退　图瓦
　　　 我们是把俄罗斯侵略者打得落荒而逃的图瓦人。

（4）oraldaanan aʤɤrɤp ojladɤp øtgen dɤbabis.
　　　 乌拉尔山　　山的那边　赶走　过去的　图瓦
　　　 我们是把敌人赶到乌拉尔山那边的图瓦人。

18.（1）xoo melɤ xoo* xorɤ ʤerdɛ xonaʒɤ kalkan
　　　 地名　　　遥远的　地方的　蒙古包的印迹　留下的
　　　 dɤbabis.
　　　 图瓦
　　　 我们是 xoo melɤ xoo 那样远的地方留下蒙古包印迹的图瓦人。

（2）aŋkɤtta attan ʃapkan izi kalkan dɤbabis.
　　　 地名　马　骑马奔跑　影子　留下的　图瓦
　　　 我们是aŋkɤtta那个地方留下骑马奔跑影子的图瓦人。

（3）børør bilen ʃaŋkɤʃdajda aʤu kalkan dɤbabis.
　　　 地名　和　　地名　灶火支撑石　留下的　图瓦
　　　 我们是 børør 和ʃaŋkɤʃdajda留下了灶火支撑石头的图瓦人。

(4) balkaʃ       marka       kødørindɛ   kyʃda   kalkan   dɤbabis.
巴尔喀什湖   马尔喀     湖边      冬窝子   留下    图瓦人
我们是巴尔喀什湖和马尔喀湖湖边留下冬窝子的图瓦人。

19. (1) tøryp   øsgyn   dobɤran   ʤyttip   dyʒyn   dɤbabis.
生长    成长    黑土     崇拜     尊重    图瓦
我们是对哺育我们成长的黑土地无限崇敬的图瓦人。

(2) oba   daɤp   aldajdin   saŋkap   tejlan   dɤbabis.
敖包   崇拜   故乡     烘烤时冒的烟   叩头   图瓦
我们是热爱故乡、崇拜敖包,对敖包缕缕青烟顶礼膜拜的图瓦人。

(3) axyin   sunyŋ   erindɛ   dødɛ   ʤoŋbas   dɤbabis.
流动    水的     边上    捧起水   不洗     图瓦
我们是对流水的洁净注意保护的图瓦人。

(4) arkasynan   bir   ijaʃta   ardɤk   gesbes   dɤbabis.
（从）树林里   一   树木   多余的   不砍    图瓦
我们是对树木重视保护的图瓦人。

20. (1) obanan   baʃka   daɤx   daʒinda   temdek   kaɤxban
（从）敖包   其他   山   石头上   痕迹    不留
dɤbabis.
图瓦
我们是除了在敖包上刻字,在其他石头上绝不乱刻乱画的图瓦人。

(2) izinin   baʃka   daɤx-daʒinda   biʤik   ojban   dɤbabis.
影子    其他    山 石头上    字    不写   图瓦
我们是在其他石头上除了影子外不留任何字迹的图瓦人。

(3) koʃkan      aaldɤŋ         ʤorttarɤn      ʃiber
搬走    几个毡房在一起   毡房占用的地方    干净
ʃirbin   dɤbabis.
草     图瓦
我们是毡房搬开后草地干干净净的图瓦人。

(4) aada-øwbeniŋ   byryndɛ   ʤatʤada   ʤɤxbas   dɤbabis.
祖先,先辈   房子的   坟墓上   墓碑     不立   图瓦
我们是为了保护土地。从不在坟墓前立碑的图瓦人。

21. (1) xaba   xanas   xaan   boldadaj
哈巴    哈纳斯   山之统称   奶子

deedʒe① ʃoptan dɤbabis.
弹洒奶子的动作　　图瓦

我们是在哈巴、哈纳斯等山地祭祀祖先时先用奶子敬天地的图瓦人。

（2）koʒun ʤortdubus xom soŋdarɤk alakak
部落　　　居住　　　霍姆　　夏牧场　　　冬牧场
（阿勒泰县夏，冬牧场）

koksu baza bar.
蓝水　　边　有

我们是也有部落居住在阿勒泰县夏，冬牧场的图瓦人。

（3）ølgyn narɤn ʃaraxamarnan ʤajlap
地名　　夏牧场名　　　　　山名　　　夏牧场名
ʤoran dɤbabis.
走动　图瓦

我们是活动于 ølgyn、narɤn、ʃaraxamarnan、ʤajlap 一带的图瓦人。

（4）tørɛm aldaj ʃaptɤx ølʃer dep oba
生长的　故乡　哺育的对象　哺育　说　敖包
daɤn dɤbabis.
祭祀　　图瓦

我们是用敖包祭祀祝福哺育我们故乡的图瓦人。

22.（1）tønyn ʤɤldan beere bistiŋ tørøbisgen aldaj dep.
几万　年（从）　以来　我们的　生长的　故乡　说
养育我们数万年的故乡啊。

（2）tørø ʃaʤyn burkanka ʤydyp øsgyn dɤbabis.
国家　宗教　活佛　　崇拜　生长　图瓦
我们是忠于国家、信奉宗教、崇拜活佛的图瓦人。

（3）ʤeʤe ʤɤldan beere bistiŋ ʤerlip
几，多少　年（从）　以来　我们的　　　地方
（故乡般）
øsgyn aldaj dep.
生长　故乡　说
多少年以来像故乡一样养育我们的地方。

---

① deedʒe 祭祀时先祭祀天地的奶子。

（4）ʤede    koʒun    ʤeriŋɡɛ    saŋkap
　　七个    部落    地方（向）敖包冒出的烟

øsɡyn    dʏbabis.
生长    图瓦人

我们是七个部落生活的地方都有袅袅炊烟升起的图瓦人。

23.（1）axka    dikken    ørɡesin    dʏbabistiŋ    syrɛ    deer.
　　平滩    搭蒙古包    大大的    我们图瓦人的    寺庙    说

平滩上搭起大大的蒙古包是我们图瓦人的寺庙。

（2）aldajdaɣx    ak    oba    ada-øwbeniŋ    zyldesɛ.
　　故乡崇拜    白    敖包    祖先的    牌位

象征故乡崇拜的白色敖包供奉的是祖先的牌位。

（3）ak    ɡidisten    diɡen    øn    dʏbabistiŋ    ørɡɛ    dejir.
　　白色 毡子（从）盖起的 蒙古包 我们图瓦人的    家    说

用白色毡子搭起的蒙古包是我们图瓦人的家。

（4）artʏʃ    dudʏp    xurajlaar    dʏba    ʤorttʏŋ    ak    søzy.
　　爬地松    抓    喇嘛祈祷的动作    图瓦    部落的    白色    崇拜

喇嘛手举着松枝，为图瓦人的白色崇拜祈祷。

24.（1）uzun    ʏrlap    eej    dʏrdʏp    ulu    tʏŋkan    dʏbabis.
　　长长的    唱歌    转调    拉    大    换口气    图瓦人

我们是唱着长调歌曲大口换气的图瓦人。

（2）ujadadʏ    ʏrlap    ʏxlap-sʏkdan    dʏbabis.
　　感动    唱歌    哭 痛苦状    图瓦人

我们是唱到动情处不禁失声痛哭的图瓦人。

（3）ɡøzylɡenɡɛ    ojlat    dʏrʏp    koʒup    øsɡyn    dʏbabis.
　　被人多次驱赶    赶走 搬来搬去,动荡    生存    图瓦人

我们是被人驱赶、居无定所的图瓦人。

（4）emeʃ    ʤort    bop    ʤabʏsbis    ʤynyr
　　人口少    居住    成为    社会地位低    什么都

ɡørban    dʏbabis.
见过的    图瓦人

我们是人口少、社会地位低、经历了太多世态炎凉的图瓦人。

25.（1）kʏmnar    kaʒan myzynkep ardʏk bistɛ ɡødyr ʤyk.
　　不管是谁    什么时候    可怜    超过 我们的 先人 帮助

我们是饱受苦难、无论何时何人都很少给予关心和帮助的图瓦人。

（2）kɤmnar　kaʒan　baar　aʒɤp　ardɤk　bistɛ　ʤederʤilk.
　　　无论何人　何时　肝　疼　超过　我们的　帮助
　　　我们是痛彻心扉、无论何时何人都很少给予资助的图瓦人。

（3）dypten　beergen　tyykte　dɤwa　kaʒan　kouʤeʤek?
　　　（从）历史　以来　历史（上）图瓦　什么　发展
　　　有史以来，我们图瓦哪里有发展？

（4）tøzyn　gøryp　belsedɛ　dɤwa　kaʒan　sergiʤik?
　　　全部、都　看见了　知道了　图瓦　什么　不管那么多
　　　世事洞明的图瓦人又在乎过什么？

# 乙　篇

## buxuaʤarɤn bukdux　giriʃi
## 布花加楞和布克杜赫·格利希

1. jerte　burun,　ʤanbɤlaŋ　ʤandɤ　dep　bydyp　durkan　ʃaɤx,
　 很早　以前　地球　洲　叫　形成　着　时候
　 很早很早以前，在地球各洲形成的时候，

2. orʤalaŋ　ʤandɤ　dep　bydyp　durkan　ʃaɤxda,
　 地球　洲　叫　形成　着　时候
　 地球各洲形成的过程中，

3. ølø　buurul　xaan　dep　bir　xaan　bytgyn　irgen.
　 黑白参半　汗　叫　一个　汗　出现，形成　了
　 一个叫ølø（灰）的国王出现了。

4. tos　muʒɤ　ʤurt　bar.　symer　ula　daɤx　dyʤylgelix,
　 九　省　人　有　高山　大山　依靠
　 当时有九个省的人口，都是靠山吃山。

5. ʤernin　dezip　geler　ʤaazy　ʤok,　dedistin　telgep　geler
　 地方　跑　来　敌人　没有　从（天）降落　来
　 ʤaa　ʤok.
　 敌人　没有
　 既没有别的地方来的敌人，也没有天敌。

6. sergeliŋ　ʤaakaj　durkan　xaan　irgen.
　 幸福、愉快　好的　存在着　汗　曾有
　 有一个让人过着幸福生活的好国王。

7. ɤŋsiŋ ʥerlɛp ʥiŋkɤz xaan bydyp durkan ʃaɤxda
平安 居住、生活 成吉思 汗 形成 着 时候
成吉思汗的时候老百姓安居乐业。

8. arʃadɤ symer ula daɤxlɤx syt køl uxual kalɤx ɤŋgyn.
山名 大 山的 奶子 湖 洗 出来的
arʃadɤ symer 大山中有像奶子一样的湖水可以洗澡，

9. ardɤʒɤ udalkazynan bytgyn daʒɤ
圆柏 烧出来的 全部的 石头 熔炼
ʃutkupkaan ʃuru ʃubusun kepdɤx,
小珠子的项链 像
有圆柏燃烧的香味，全都用石头熔炼而成的小珠子的项链。

10. ɤŋgyn ɤnjaʃɤ yʒyn kulaʃ sɤralɤx ḵalbusnɤŋ aldɤŋka,
长出的 木头 三十 度 直直的 叶子的 底下
有长着三十庹长直直叶子的大树，

11. beʒen giʃi ʥaɤxlak danɤyr ʥandan
五十 人 遮蔽物 像棕榈树一样的树
ɤnjaʃ durkan irgen.
木头 （曾存在）
有像棕榈树一样的大树可以为 50 个人遮风避雨。

12. ɤŋgyn sigini inek kuduruu、ʥysduɤx, delge kuduru、baʃdɤx,
长出的 草 牛 尾巴 关节样的 狐狸 尾巴 头
yʃ kulaʃ ølɤŋ sigin durkan.
三 庹 草名 草 曾有
有像牛尾巴、牛关节一样的草，有像狐狸尾巴、狐狸头一样的三庹
长的约龙草。

13. ʃuurkan ʃuursa ʃimʥebes, sergerliŋ ʥaakaj ʃaɤx didir.
风 刮风 不动 平安无事 好 时候 说
风刮时都不动，真是太平盛世好时候。

14. tybɛkdex kyreŋ atdɤx durkan.
小山一样 枣骝色 马的 有过
枣骝马像小山一样大。

15. ool uru ije tajʥazy、buxa ʥarɤnnɤŋ adazɤ ʥubusun.
男 女 二个 公主、王子 布花加楞的 爸爸 人名
有一个王子、一个公主，王子布花加楞的爸爸是ʥubusun。

16. ølø buurul xaannɣŋ ʤerlip ʤoruurda,
人名 汗的 居住 时
在 ølø buurul 国王在世的时候，

17. aldɣkɣ orannan xara xaannɣŋ xara moozɣ deersɛ.
下界 地方、位置 黑 汗的 黑 蟒 说
那时下界黑汗王朝有一条黑蟒。

18. gelgeʃtin ʤaalap ap olʤalap ap ʤoruj
来以后 掠夺、侵占 拿 地毯式掠夺 拿 走
bardɣ. emesbɛ?
去了 不是吗
黑蟒来了之后，把一切东西全部掠夺走了。

19. ʤee! ʤaalap ap ʤoruj bardɣ.
哎 掠夺 拿 走 去了
唉，所有的全部都掠夺走了。

20. tybekdeɣx kyrɣŋ attɣ symer ula daanɣŋ kɣrɣdɣba
小山一样大枣骝马 马 山 名 山的 向
小山一样的枣骝马跑向 symer ula 山上

21. ezir ʤonanan deziple maŋnaj barkan irgen didire.
马鞍 毡垫 逃跑 跑 去 了 说
dezip maŋnaj.
追赶着跑 自己跑
（备有全部马具的）
把备有的全部马具都带着跑了。

22. xulusunnɣŋ arasɣnda ool uru ʤygɛɛr ije tajʤe
芦苇湖的 里面 男 女 女的 两个 王子，公主
azɣp kalɣp dur,
迷路 着
王子和公主在芦苇湖迷路了，

23. ʤaanɣŋ ardɣŋka kalɣp amdɣla ʤaa ʤoj barkan.
敌人的 下面 留下状 现在 敌人 走 去了的
在敌人眼皮底下侥幸躲过，现在敌人走了，

24. kynnɣŋ bodunda tybektex kyrɣŋ attɣmla arʃadɣ
一天的 自己的 麻烦、困难 枣骝马 马 神泉
symer ula daɣxnan dɣʤyp geler,
山 名 山 下 来
躲避了一天骑着枣骝马从有神泉的 symer ula 山上下来了，

25. ool   uru   ije   tajʤe     tɤp   alkaʃdan   symer
    男    女    两个   王子，公主    找到了              山   名
    ula   daanyŋ   arka    jiŋka,
         山 的     一面
    王子和公主找到了 symer   ula山的阴面，

26. ʤøbyrɛnen   ʤadɤr   ʤazap   berip   olurup   durkan   irgen   didir.
    红松皮       马架房 盖、造（给）      坐       着     曾是    说
    在红松皮盖的马架子房子里坐下了。

27. arʃadɤ   symer   ula   daanyŋ   ʤyyn   ijiige   kyrbɛzinɛ
    神泉      山名         山的      东      方向    山麓、山脚
    azɤrap   durarda.
    喂养、抚养
    就在有神泉的 symer   ula山的东山脚下开始生活。

28. ool   tajʤenyla   ses   kylør   azɤŋka   ʤa   ʤazap   berdi,
    男    王子      八   生铁   像野猪牙样的    弓   造    给
    王子用生铁造了八张像野猪牙一样硬的弓，

29. xulusunnan   ok   ʤazap   berdi   didir,
         芦苇     箭   造     给      说
    用芦苇造了箭，

30. øøry   uʃkan   kuʒun   øørø   øt   gyrbɛjin.
    向山上   飞     鸟    向山上  越过   没过去
    来来往往、上上下下飞的鸟全部飞不过去了。

31. ool   tajʤe   attɤŋ   ʤeliŋge   xolu   ʤedeer   bop   gelerdɛ
    男    王子   马的    马脖子毛   手    抓到     成    来时
    atdɤŋka   munup   ap.
    马的       骑     拿
    当王子的手能抓到马脖子毛时，王子能骑马了。

32. aldajinɤŋ   aŋen   barɤp   adɤp   ølyryp   kerimeldyŋ     getsɛen.
       山的     野兽    去     打     死    人迹罕至的深山老林   走来走去
    到人迹罕至的深山老林去打猎，把野兽杀死，

33. xarasɤn   ølyrip   dobuk   dorzunan   deergelep ap,   doŋmazɤŋka
    里面      打死    膝盖骨   脚踝骨     绑在马鞍子拿        妹妹
    jegɛep   azɤrapla   durar   didir.
    带来     给吃       着     说
    把打死野兽的前腿、蹄子绑在马鞍上带回来给妹妹吃。

34. buxua ʤarɣn　al　bir　kyny　baza　aŋnap　ynyp　ʤorurda，
　　布哈加楞　　拿　一　天　又　打猎　出去　去了
　　一天，布哈加楞又外出打猎去了，

35. bir aaldɣŋ　　ʤurtɣnda　　xurum　gidisgɛ　orapkaan
　　一个外乡的　　地上的帐篷圈　黄色的　毡子　　包着
　　bir　ʤaʃ　uru　ɣxlap　ʤetkanyn　gørdi.
　　一个　　女孩　哭　躺着　　看见了
　　在一个拆走了毡房的帐篷圈内看见了一个用黄毡子包裹着的、刚刚
　　出生的哇哇哭的小女孩躺在那里。

36. ɛj! bo bolsa　monu　kulukurnɣ　ap　alaaʃdan　ʤaŋkɣs
　　哎　这　如果　这个　小家伙　　拿　拿以后　孤单的
　　doŋmanɣka　eʃ baraan bolsun dep.
　　妹妹　　　一起做个妹妹成为 说
　　哎，把这个小家伙带上，给我孤单的妹妹可以做个伴呢！

37. buxua ʤarɣn geep　at　ysdynyn　karbap　alajin　deerdɛ,
　　布哈加楞　来　马　上面　　抓住　　拿了　时
　　　　atty xalɣp　maŋnaj　bardy.
　　马（自己）逃开　跑　去了
　　布哈加楞在马上想把小家伙抓住拿上马时，马却自己逃开了。

38. ɛj, bo aдɣsyn　kanʤaldɣr dep　attɣŋ　ʤɣrɣɣn
　　哎 这　马　　怎么了　说　马的　嘴角
　　kulanɣŋ　døzɣŋgɛ　ʤedir.
　　耳朵的　　根部　到了
　　哎，这牲口今天怎么啦？一边拉马缰绳，把马的嘴角都扯到耳朵根
　　了。

39. ʤirɛ　dɣrdɣp　jebire　sop　gelgeʃten　attɣŋ　ysdynyn
　　使劲拉　拉　转过来　拉　来之后　　马的　背上面
　　elip　alkaʃ　ardɣŋka　uʃkarɣp　aldy　didir.
　　挑起　拿　后面　　一块带着　拿　说
　　使劲把马拉回来，把小家伙从地上抱起来放在背后一起走了。

40. uʃkarɣp　ap ʤorup kaar　bolsa, amdɣxy　ʤaʃ　uru　emes,
　　一起　拿　走（状态）　的话　刚才　出生的　小女孩 不是
　　带了一起走，可刚才出生的不是个小女孩，

41. xordan　sarɣx　mokaj　irgen　ʃulmu　didir.
　　妖怪　黄　蟒　是　魔鬼
　　而是黄蟒妖怪，是魔鬼。

42. buxuaʤarɣnnɣŋ baʒɣnnan kodu tabaaŋka ʤedir ʃinʤilep,
布花加楞的 从头 向下 到脚 到 看、监视
魔鬼把布花加楞从头到脚打量了一番,

43. tabanan øøry baʒɣŋka ʤedir ʃinʤilep geler bolsa,
从脚 向上 到头 到 看、审视 来 的话
ʤerlɛ ʤibɛ ʤaŋkɣbas.
一定 东西 打不到
又从脚到头再打量了一番,确信征服不了他。

44. temer gøk temerlɛ bytgyn bodu kaŋ boltdan bytgyn
铁 蓝色 铁 全部 身体 钢铁 用 全部
kuluknɣrka gøk temer dɣɣnbas.
家伙 蓝色 铁 压不垮
(黄蟒想)这家伙整个身体像是用蓝色的钢铁铸就的,是打不倒、征服不了的。

45. ej, ɣnʤalsada ʤok, ʤuk ʃuuzɣnɣŋ adɣrɣk moldɣru
哎 那样的话 不行 脖子 颈椎的 第一个骨节中间
bolur ʤerindɛ.
成 地方
不行的话,就从脖子的第一个骨节中间下手。

46. sumutʤanan ʃaassa ʤige ʃaassa buxua ʤarɣn
小刀 从、用 刺、杀的话 正对着 刺的话 布哈加楞
ølyr durkan irgen.
杀死 着
用小刀对准了刺的话,就能把布花加楞杀死了。

47. ʤandɣr ʃaassa ʃulmunɣŋ bodo ølyr durkannan
偏、歪 杀 魔鬼的 自己 杀 看
ʃinʤilep olurup.
看、审视 着
如果刺偏的话,就会给自己招来杀身之祸。

48. buxuaʤarɣnɣn sadanɣŋ xorundakɣ
布花加楞 弓 箭袋
(从)布花加楞的弓箭袋

49. sarɣx zɣpdɣx sumut ʤanɣ oorlap alkaʃdan,
黄色的 把子 小刀 偷 拿了
把黄把子的小刀偷出来,

50. xordan　　saryx　　ʃulmu　　ʥigɛ　　ʃaassaŋ,
　　　妖怪　　黄色的　　魔鬼　　直对　　杀的话
　　　妖怪黄蟒如果正对着刺的话,

51. bo　　buxuaʥaryn　　ølyr　　durkan,
　　　这　　布哈加楞　　死　　着
　　　布花加楞必死无疑了,

52. ʥok　　ʥandyr　　ʃaassala
　　　但、或　　偏　　刺
　　　但若是刺偏了,

53. bo　　bodum　　ølyr　　men　　dep　　ʃip-ʥip　　durkaʃ.
　　　这　　我自己　　死　　我　　说　　自言自语　　着
　　　我自己就得死了,妖怪自言自语地说。

54. buxuaʥarnyŋ　　adyryk　　moldyru　　kodu　　giir　　ʃaaʃkaʃ,
　　　布花加楞的　　颈椎的第一节骨头　　对着　　进　　杀了
　　　正对着布花加楞颈椎的第一节骨头缝就刺进去了,

55. ʥynyn　　yzy　　ʃaakyʃ.
　　　脊髓　　断了　　杀
　　　把脊髓都刺断了,

56. buxuaʥaryn　　attyŋ　　aʥyrkyjy　　kodu　　gøsdymbɛn
　　　布花加楞　　马的　　右　　边　　直直的,不弯　腿
　　budu　　gøsdynyp,
　　　弯曲变直了
　　　布花加楞马的右腿由弯曲变直了,

57. sundunban　　gylbys　　mojny　　sundunup　　ølyplɛ　　kaldy.
　　　直挺挺的　　公黄羊　　脖子　　头耷拉　　死　　了
　　　原来脖子直挺挺的公黄羊般的脑袋耷拉下来,死了。

58. xordan　　saryx　　ʃulmu　　atka　　munup　　alkaʃdan
　　　妖怪　　黄色的　　魔鬼　　马　　骑上　　以后
　　ʥorypla　　kaxydy.
　　　走　　了
　　　妖怪黄蟒骑上(布哈加楞的)马走了。

59. erdɛgɛ　　bukdux　　giriʃ　　doŋmazyŋka　　geep　　alkaʃ,
　　　以前的　　人名　　妹妹　　来　　以后
　　　来到了妹妹布克杜赫·格利希的跟前,

60. xordan saryx ʃulmula kadyx attyŋ daadʒy nørdɛ,
　　 妖怪　黄色的　妖怪　硬的　马的　声音　响
　　 听到妖怪黄蟒骑马得得的声响。

61. "akam geep kaldy" dep ynyp xalyp,
　　 哥哥　来了　说　出来　跳,跑
　　 "哥哥回来了"妹妹边说边跑了出来,

62. gøør bolsa bir saryx ool atnan dyʒyp baxlap
　　 看　的话　一个　黄色的　小伙子　从马　下来　绑
　　 dʒedir irgen。
　　 到
　　 就见一个黄色的小伙子松了绑绳从马上下来了。

63. ijelɛɛndirsi dʒadyrka girip geep dur,
　　 他们两个　马架子房　进　来
　　 两人进了马架子房,

64. ojynnan baar katkan kulukur,
　　 玩　肝　晒干的　家伙
　　 无所事事的人,

65. dʒedʒe dʒyldan beer bokdux giriʃ dʒaŋkyskan durkan,
　　 几　年　以来　人名　一个人　待着
　　 几年来bokdux giriʃ就一个人这么孤单地待着,

66. bukdux giriʃ ʃulmunan ojnapla durkan irgen,
　　 人名　妖怪　玩　着
　　 布克杜赫·格利希就和妖怪一起玩乐,

67. kyn geʒɛ bolubarkan øji dyʃdin soŋkar.
　　 白天　晚上（成为）　时间　中午　以后
　　 从白天到晚上,从早晨到中午一直在玩。

68. bukdux giriʃ ynø xalyp qeler bolsa,
　　 人名　以后　跑　来　的话
　　 布克杜赫·格利希跑出了马架子房,

69. atty yxlap durkanyn gørdyr tybekdix kyreŋ atty.
　　 马　哭　着　看见　小山一样的　枣骝　马
　　 看见了小山一样的枣骝马在哭。

70. ɛj, bokdux giriʃ kydyŋdaky durkan ʃulmunu ølyrnen.
　　 哎　人名　一起的　待着　妖怪　（去）打死
　　 哎,布克杜赫·格利希要把和自己一起待着的妖怪打死。

71. akaŋnɤ  ølyryp  kaɤxdɤ  didir .
    你的哥哥   死    了    说
    你的哥哥已经死了。

72. amdɤxɤ  bukduɤx  giriʃ  gerɛ  xalɤp  gelgeʃdin,
    现在的    人名    进   来   来起  以后
    布克杜赫·格利希又进了马架子房，

73. ʃulumuka  baʒɤbɤsdɤ  bɤtdaʒɤp  ojnakaj  dep.
    （对）妖怪  头虱子   拾捡、摘   玩    说
    对妖怪说我们捡头上的虱子玩吧。

74. bukdux  giriʃ  xola  xɤmɤʃka  xolkurʤin  ergizip,
    人名   手   勺子    铅    熔化
    布克杜赫·格利希把铅放在勺子里准备熔化，

75. xordan  ʃulmunɤ  bir  xoldan  sɤxɤʤan  bop,
    妖怪   妖精   一   手   挤虱子
    一只手给妖怪挤头上的虱子，

76. bir  xoldan  xolkurʤinɤ  ergizip,
    一   手    铅    熔化
    一只手把铅放在火上熔化，

77. ʃulumnɤŋ  bir  kulanan  kutkaʃdan
    妖精的   一   耳朵    倒以后
    从妖精的一个耳朵倒进铅水。

78. bir  kulanan  øtgyr  kutkaʃ
    一   耳朵   穿过   倒
    铅水从另一个耳朵流出来。

79. ʃulmunɤ  ølyrep  kaɤxdɤ.
    妖精   死   了
    把妖精杀死了。

80. bokdux  giriʃ  ʃulumnɤ  yndyr  søørdyp  apbarkaʃ.
    人名    妖精   出   拉拖   拿出去以后
    布克杜赫·格利希把妖精拖出了马架子房。

81. bir  ojalɤk  kodu  kabɤtkaʃ
    一   土坑   （向）放、扔
    把妖精扔进一个土坑里，

82. bukdux  giriʃ  amdɤ  ɤxlapla  durdurɤj.
    人名    现在   哭    了
    布克杜赫·格利希这时才哭了。

83. attɣ  ɛj  ʃuluun  miŋgɛlɛ  moŋkaʃdan  axaŋka bar  didi.
    马呀  哎   快    （把）我   骑        你哥哥  去   说
    马说，哎，快点骑上我去找你哥哥。

84. oj  men  silɛrgɛ  kanʤap  munarmen  didi.
    哎  我   您     怎样    骑      说
    我怎么样骑呢？

85. monbasa  ʤɣɣ  bar  men  monbadɣm?
    不骑的话   什么  有   我    不骑
    不骑的话，又怎么办呢？

86. ɑkɑm  buxuaʤarɣn  mundɣ, dep
    我哥哥  布哈加楞      骑走    说
    哥哥布花加楞骑过，

87. munusaŋ    munup  alɣrsen.  didi
    你骑的话     骑     拿       说
    你也一定能行。

88. attɣn  munup  ap  ʤorɣp  geep.
    马     骑     拿   走     来
    于是就骑上马走了。

89. buxua  ʤarɣnɣŋ  kɣdɣŋka  gelerdɛ.
    布花加楞          旁边      来
    来到了布花加楞的身边。

90. bokdux  giriʃ  at  kɣrɣnan  ɣxlar  irgen.
    人名     马  背上     哭    了
    布克杜赫·格利希（一看到哥哥）在马背上就哭了。

91. axazɣ  bir  aldajnɣŋ  ʃile  daandax  ʤɣdar  irgen
    她哥哥  一   阿尔泰   高山  山一样    躺
    她的哥哥像一座阿尔泰的高山一样地躺在那儿。

92. men  munu  kanʤap  gødɣrɛ  alɣrmɛn? dɛɛr
    我    这个   怎么    抬      拿    （说）
    我把哥哥怎样才能抬起来呢？

93. bir  bokdux  giriʃ  durbajak,
    一    人名         不是
    一个布克杜赫·格利希显然不成。

94. bir  ʤɛʤɛ  bukdux  giriʃdɛ  gødɣrɛ  albas,
    一    几个   人名        抬     拿不了
    就是几个布克杜赫·格利希也抬不起来，

95. bukdux　giriʃ　tos　kat　torkunan　kurlanan　kurʤap　alkaʃ.
　　　人名　　　　九　层　绸子的　　　腰　　腰带　　拿以后
布克杜赫·格利希把九条绸子的腰带捆在一起。

96. men　gødyrbɛdim　buxuaʤaryn　akam　gødyrdy　dep　gødyrydɛ
　　我　抬不起　　　布花加楞　　哥哥　抬了　　　　　抬时
我能抬起来我哥哥布花加楞吗？先抬起试试吧。

97. tos　kat　torkuzy　buxuaʤaryny　ʃimʤetbejin　ysdyp
　　九　层　绸子　　布哈加楞　　　没动　　　　断了
ʤaʃdaj　bardy.
　去
没拉动布花加楞，九条绸子却拉断了。

98. bukdux　giriʃ　baza　yxlar　irgen.
　　　人名　　　　又　哭　　了
布克杜赫·格利希又哭起来了。

99. men　mony　ʤynen　gødørøjin　tos　kat　torky
　　我　这个　什么　抬　　　　九　层　绸子
ʃak　gelbejin　bardy?
　　不来
九条绸子怎么一点儿都拉不动呢？

100. bukdux　giriʃ　tenek　durkan　ʤyylsen　deer　irgen!
　　　人名　　　　黄毛丫头　是　　梦吃　　说
布克杜赫·格利希还是个稚气未脱的小丫头啊！

101. atty　meen　kodurumnyŋ
　　马　我的　尾巴上的
马说把我的尾巴毛

102. bir　xylyn　gezip　alkaʃ　olap　gødyr,
　　一　马鬃　割下　拿　把他　抬
马鬃割下来编成绳子拉他起来。

103. men　gødyrbɛdim.
　　我　抬不起
可我还是抬（拉）不起来他呀。

104. buxuaʤaryn　akam　gødyrdy　dep　gødyrsaŋ.
　　布花加楞　　哥哥　抬起　　　　抬起的话
要想把我哥哥布花加楞抬起来的话。

105. ʥiik　　gødyrøbaar　sen　didi.
　　　轻轻地　　　抬起来　　你
　　　你要想不费力抬起来的话，

106. bukdux　giriʃ　men　gødyrbɛdim，
　　　　　　人名　　我　　抬不起来
　　　布克杜赫·格利希说我抬不起他。

107. buxuaʥarɣn　akam　gødyrdy　dep.
　　　布哈加楞　　　我哥哥　抬起
　　　要把哥哥布花加楞抬起来。

108. at　kɣrnan　gødyryrdɛ.
　　　马　嘴上　　抬起来
　　　先用马嘴把他拱起来。

109. ʥaʃ(ʥɛɛʃ)　uruʃɣ　ʥip-ʥiik　gødyrgeʃ.
　　　刚刚的　　小姑娘　轻轻地　　抬起来
　　　小姑娘轻轻地就把他抬起来了。

110. eziniŋ　kɣrɣnka　yŋgere　kaaʃ　ʥorɣp　kaɣxdɣ.
　　　马鞍的　　上面　　前面　　放　　走　　了
　　　横放在马鞍前面带着走了。

111. ulux　ʥalɣm　ʥakɣr　xajaka　gelgeʃ.
　　　直矗的，陡峭的　岩山　　山跟前　来
　　　来到了一座直矗高大的、陡峭的岩石跟前。

112. ʥaŋkɣzɣmnɣ　ʥedin　ʥette　ʥɣlka　ʃɣɣxʥap　ber.
　　　　一个　　　七十　　七　　年　　看管、存放　给
　　　一个看守看管了七十七年。

113. ʥalɣm-ʥakɣɣ　xajam　ʥastɣp　ber.
　　　陡峭的　　　岩石　裂开　　给
　　　陡峭的岩石裂开了。

114. ʥalɣm-ʥakɣr　xajam　talt-kɣlnɣp　ʥasdɣʃ，
　　　　陡峭的　　　岩石　啪的一声　　裂开了
　　　陡峭的岩石啪的一声裂开了。

115. bis　ʃɣɣxʥaj　albasbis.
　　　我们　看管　　拿不了
　　　我们管不了了。

116. kyn　ertɛ　deer　izɣx　bolur，
　　　太阳　早（出来）热　成了
　　　太阳出来得早，天已热了，

117. arka  ijikge  ʤalɤm-ʤakɤr  xajaka  apbar  deer  irgen .
森林  那边  直矗的、陡峭的  山  拿去  说
拿到森林那边陡峭的山上去。

118. arkajɤkɤ  xajaka  apbaɤnan  ʤaŋkɤzɤŋnɤ.
森林  岩山  拿去
你自己拿到森林那边的岩石山去。

119. ol  ʃɤɤxʤap  beer  didi .
那个  看守  给
交给那个看守。

120. bukdux  giriʃ  yŋgørɤp  olurɤp
人名  横放  （状态）
布克杜赫·格利希（把哥哥）横放好。

121. arkajɤkɤ  ʤalɤm  ʤakɤr  xajazɤŋka  apbarɤp  ʤaŋkɤzɤmnɤ.
森林  直矗的  山  带去  （我）一个
独自（把哥哥）拿到森林那边陡峭的山上去。

122. ʤedin  ʤetti  ʤɤl  ʃɤɤxʤap  ber,  ʤɤdɤt  bajin,
七十  七  年  看管  给  腐烂  不
交给了看管了七十七年山头的看守，不要让腐烂。

123. ʤasdɤp  bernen  ʤalɤm  ʤakɤr  xajam didi.
裂开  （给）  直矗的  山头  说
对着陡峭的山头说：裂开吧。

124. ʤalɤm  ʤakɤr  xajazɤ  talt  kɤlnɤpla  ʤasdɤp  berdi.
陡峭的  山  哗啦,轰隆  裂开  了
陡峭的山头轰隆一声就裂开了。

125. ʤaŋkɤzɤn  bo  kodu  giirgeʃ  ʃɤɤxʤap  kaɤxdɤ
一个  这  边  进（以后）  看管  了
emesbɛ  didire
不是吗
看守从这边就进去了。

126. unun  soonda  ʤalɤm-ʤakɤr  xajazɤ  bildirt  bejin.
这以后  陡峭的  毫无痕迹
大山（关上了）毫无痕迹。

127. ʤɤp  ʃɤnɤp  kaldɤ.
关上、合上  了
大山（自己）就关上了。

128. ow···unun ʤadɤrɤŋka geep alkaʃ,
这以后　　马架子房　来　了
又回到了马架子房，

129. akazɤnɤŋ ok ʤemsɛen ʤyji salkaʃ.
哥哥的　箭　武器　收拾　留下
把哥哥的武器、弓箭等都收好。

130. ɛʃ amdɤxɤ ʤergɛ ok ʤemsɛen yʃ kulaʃ temerlix.
哎　现在的　地方　箭　武器　三　度　铁的
这儿的弓箭、堆起来的武器有三庹多高，都是铁的。

131. yʒyn kulaʃ zɤpdɤx dyndygɛ kɤzɤl ʤɤdanɤ.
三十　度　把子的　长矛名　红　长矛
有把子长三十庹的红色的长矛。

132. men kanʤaap gødyrɤr irgenmen? deerdɛ.
我　怎么　抬　我　说
我怎么能搬得动呢？

133. oj ɤnda ʤyy bar?
哎　它　什么　有
哎，这些有什么用呢？

134. men gødyrbɛdim.
我　　搬不动
我搬不动啊。

135. buxuaʤarɤn abukɤm gødyrdy dep gødyr sɤŋsɛ
布花加楞　哥哥　抬　抬的话　可以
bolur deerdɛ.
说
布花加楞，我哥搬得动。

136. men gødyrbɛdim buxuaʤarɤn abukɤm gødyrdy.
我　搬不动　布花加楞　哥哥　抬
我反正搬不动，我哥布花加楞搬得动。

137. men dutbadɤm buxuaʤarɤn abukɤm dutty deerdɛ?
我　抓不起　布花加楞　哥哥　抓　说
我抓不住，除了我哥布花加楞，别人谁还能抓得住？

138. dyndygɛ kɤzɤl ʤɤdanɤ ʤernen suura sop alkaʃ
长矛名　红色的　长矛　地下　拔出来　拉　拿

dudup aldɣ.
　　抓　　了
把红色的 dyndygɛ 长矛从地下拔出来了。

139. ʤee　　ʤaanyŋ　　ʤeringɛ　gedir.
　　敌人的　　地方　　刺、穿
刺向敌人的（要害）部位。

140. ʤaŋkɥs dopʃylɣɣn　gøbønʤiktiŋ　aldyŋka subula,
　　一个　　扣子　　马鞍上的垫子的　下面　　放
把一个扣子放在马鞍垫子的下面，

141. ʤɣrkaldyŋ　ʤeringɛ　gedir.
　　　　地方　　穿、刺
把那地方刺穿了。

142. ʤirin tymɛn dopʃylɣɣn baza gøbønʤikdiŋ aldyŋka
　　几十　万　　扣子　　也　马鞍垫的　下面
subula alkaʃ.
　放了　以后
把很多很多的扣子也放在了马鞍垫的下面。

143. ʤigɛ soŋku ʤyk kajsen deplɛ.
　　直对　西方　方向　哪个
（马头）直对着西边。

144. ʤes xaan, aj xaan, kyn xaan, dep yʃ xaannyŋ ʤortu
　　铜汗　　月亮汗　太阳汗　　三个　汗的　居住地
ʤorur boldɣ.
　　走　了
向着铜汗、月亮汗和太阳汗三个国王的居住地出发了。

145. men ʤorubadɣm.
　　我　不走
我不走。

146. buxuaʤarɣn abum ʤordɣ dep.
　　布花加楞　我哥哥　走了
我的哥哥布花加楞走了（死了）。

147. ʤigɛ soŋku ʤyk kodu ʤorubula kaɣxdɣ.
　　直对　西　方　向　走
（他）往西方去了。

148. daa  kemniŋ  baʒɣŋka  tabannap  ʤaan  keptɣx .
山　　河的　　头　　疾、快　　下雨　　像
山上河流的源头那里好像下雨了。

149. tam-tum　　　　　bastɣrɣp  ʤorubula  kaaxdɣ .
一步从这山到那山　踩、踏　　走　　　　了
大步流星地走了。

150. erdine-kyreŋ  attɣŋ  etti  kɣzɣp  gelgende .
宝贝　枣骝　马的　肌肉　热　　来的
当枣骝宝马出汗的时候。

151. daax-danniŋ  baʒɣŋka  tabannap  tam-tum  bastɣrɣp .
山的　　头　　疾、快　一步从这山到那山　踩
从这山到那山快步走。

152. kejberde  bokdux  giriʃtiŋ  køreeniŋ  xannɣ .
一会儿　　人名　　　胸腔　　血
一会儿布格杜赫·格利希胸腔里的血。

153. xojttɣ  kajnɣp  aksɣnan  ʃɣdɣnbajin  geldi .
哗啦哗啦的声音　　从嘴　　没出　　来
颠得胸腔的血差点没从嘴出来。

154. ej , men  ʤorubadɣm  buxuaʤarɣn  abukɣm  ʤordɣ  dep .
　　我　不走　　　布哈加楞　　哥哥　　走了
我不走了，哥哥布花加楞死了。

155. køreen  tos  kat  torkɣnan  ʃarɣpla  dɣrdɣp  alkaʃ  ʤorɣp
胸部　九　层　绸子　　捆绑　　拉　　拿以后　走
kaaxdɣ didire .
　　了
他的胸部捆了九层绸子被拉走了。

156. daŋ  batkɣʒa  alakarak  ojku  ʤok ,
早晨　天黑　　黑白眼珠　睡觉　没有
一天一夜都没有合眼了，

157. kyn  batkɣʒa  bora  koduda  xool  ʤok .
太阳　落　蓝灰色　胃里　吃的　没有
也一天一夜没有吃东西了。

158. ʤaj  bolkanɣn  ʃalɣɣnnan  bilip .
夏天　到　　　露珠　　知道
夏天来了的话，露珠知道。

159. kyʃ  bolkanan  xɣrazynan  bilip.
　　　冬天　　 到　　　霜　　　 知道
　　　冬天来了的话，霜知道。

160. ʤigɛ  soŋky  ʤyk  kodu  ʤorubula  kaaxdɣr.
　　　直对　　西　 方向　向　　 走　　　 了
　　　直对着西边走了。

161. unun  bir  saramnajnyŋ  sarɣx  ʃølniŋ  uʒuŋka  ynyp  geep.
　　　以后 一个　不毛之地的　黄色的　戈壁滩　 边缘　 出现　来
　　　一块不毛之地的戈壁滩的边缘出现了。

162. bolʤadɣnɣŋ  bora　　　meʤelektiŋ　　　　 kɣrɣnan
　　　不期而遇　 蓝灰色　平原上孤零零的小山丘　 上面
　　　偶然看见在一座蓝灰色的小山丘上面

163. duranlamaj  karaan  dordoŋ-sakaan  alʤɣrnan  aʃdabyla.
　　　千里眼　　 眼睛　　 洁白色　　　 手巾　　　擦
　　　用洁白色的手巾擦了擦千里眼似的眼睛。

164. arbɣn  ʤygɣn  akdaj  dørbɣn  ʤygɣn  tøgysgej.
　　　十个　 方向　　看　　四个　　方向　看（完）了
　　　四面八方地再看了一遍。

165. kajkaar  bolsa  ʤerlɛ  odɣn-kɣdɣn  ʤok.
　　　又看　　的话　确实　小东西　　 没有
　　　又再看看，确实什么也没有。

166. durganan  gørdyry  bir  eeʃ  børylɛ  erten  geʒɛ.
　　　停了一下　 看　 一个 母　 狼　　 早　　晚
　　　停会儿再看看，看见了一只在觅食的母狼。

167. miŋnip  ʤelgen  odɣn-kɣdɣn  ereliŋnɛɛn  emestiŋnɛɛn
　　　觅食　 小跑　　小东西　　什么也没有　 若有若无
　　gøsgølyp.
　　　查看
　　　小跑着觅食，到处在找，但什么也没找到。

168. ʤelip  ʤorunun  gøldyr.
　　　小跑　　着　　 看见
　　　看见人就小跑着走掉。

169. ej  orukdɣŋ  ʤuru  bolkan.
　　　哎 路上的　 麻烦　 有
　　　哎，上路难啊。

170. seni dep kankajatbas taŋkɣt xara ʤanɣla apalkaʃ.
    你呀　百发百中　　藏族式　黑色的　弓　　拿
    你拿着藏式的黑色的弓，箭不虚发。

171. men atbadɣm.
    我　射不行
    我射不准。

172. buxuaʤarɣn abukɣm attɣ dep.
    布花加楞　　哥哥　射
    布花加楞哥哥射的话。

173. ʃipʤip durup dɣrdɣp dura bardɣ.
    瞄准　着　拉　站　起来
    站着瞄准。

174. syksuk dutkan xolum sylykbejin degisin,
    顶针　　拿　手里　弦不离手　射中
    就是手里有个顶针也能射中，

175. ine dutkan xolum edikbejin barɣp,
    针　抓　手里　不松手、手不软
    就是手里抓根针，手也不会松，

176. degejsin dep ajitkaʃla ʤorɣp kaaxdɣ.
    射中　　　说　走　　了
    也仍然射得准。

177. gelsɛ børyʤektiŋ ornɣnda oxɣ ʤɣtkanan gørdɣ.
    来看时　狼的　　地方　箭　躺的　看见了
    走过来一看，箭落在狼原来在的地方。

178. børøniŋ barkan ʤer ʤok.
    狼的　　去　地方 没有
    狼不见了。（不知去了哪里）

179. gɛlgɛndɛ ʤɛr ʤok.
    来的　　地方 没有
    狼不见了。

180. aa bo kajda barkan boldɣ? dezɛ
    啊 这 那里 去　了　说
    啊，狼到哪里去了呢？

181. xoʤulanɣŋ dybyndɛ yŋgɣrɛnij iʃdindɛ.
    箭镞的　　尽头　洞　　里面
    箭头在洞里面。

182. ɣrlaŋɣpla ʤɣtkanan gørdi.
     叫      趴     看见
看见狼在里面不停地叫。

183. aj unun ɣŋkajlapla ʤorubula kaɣxdɣ emesbε,
哎 从那儿 不停地    走    着   不是吗
从那里继续往前走,

184. bir ʤerge geebile bir daɣxnɣŋ kɣrɣnan xarap olursa.
一个 地方 来 一座 山的    上面  看见(哈借)
来到了一个地方看见了一座小山的上面。

185. sarambajinɣŋ sarɣx ʃølyniŋ uʒunda bir ak
不毛的    黄色的   戈壁滩  边上   一座 白色的
meʒeliklε gøzøldεrε.
    小山    看见了
在寸草不生的戈壁滩的尽头看见了一座白色的小山。

186. dolkandɣrɣ xaakba dezε, xaak emes,
周围 一种只可用作做柴火的小树 说的话 柴火树 不是
周围有一种只能做柴火的小树,说是呢,看了看又不是,

187. adɣl-malbadezε adɣl-mal emes.
牲口 说吧    牲口  不是
说是牲口吧,看看又不是。

188. bir xaannɣŋ teremelix øø durkan irgen.
一个 汗的   周围有支架的 房子 立着    呢
原来是一个汗王的四周带有支架的房子。

189. ʤorup olurup geler bolsa,
  走   着  来   如果
如果走过来的话,

190. ʤes xaannɣŋ ʤurttɣ durkanan gøldɣrɣ.
铜 汗的   家乡  (所在)   看见
看见铜汗王的家乡了。

191. ʤes xaannɣŋ øøŋgε gerip,
铜  汗的  房子 进
进了铜汗王的房子,

192. ʃirεʒɣnɣŋ aldɣjiŋka barɣpla.
桌子的   下面   去
走到桌子的下边。

193. ʤanbɤlap xaan dɤŋgɛ . mendɛ egɛ silerbɛ.
　　双腿跪坐　汗的　　陛下　平安　好　　您
　　向汗王双腿跪下，"您好，陛下"。

194. kɯn-mengɛ eeʤe mendɛ-egɛ silerbɛ deerdɛ.
　　皇后　　　妈妈　平安　好　您
　　皇后陛下，您好。

195. ɛɛ ɤrak ʤernin suksup gelgen.
　　遥远的　　地方　渴　来
　　哎，忍着饥渴，远道而来。

196. uru ʃɤrajlɤx oolka ʃuludaj suksɤnnɤn beriger.
　　姑娘　脸　　男孩　快快　喝的东西　给
　　快给这姑娘脸的孩子喝的东西。

197. suksɤnɤn iʒip alkanda,
　　喝的东西　喝　了以后
　　喝了以后，

198. oolum aj kajɤn gel ʤorsɤn didire .
　　我的孩子　哎　哪里　来　　　　　这
　　从哪儿来的，我的孩子。

199. xaan silɛrniŋ kadɤkar bolsa sɤjep.
　　汗王　您的　　硬的　　如果　弄断（哈借，解决）
　　汗王，我为请您解决困难而来。

200. kaŋkɤrakar　　　　　　bolsa ørødip berejin dep ʤorun
　　生马（未驯化的马）　的话　训练　给　奔走的　人
　　amtan men.
　　　　　　我
　　我是为驯化生马而来的人。

201. oj ɤndɤx bolsa bo uru ʃɤrajlɤx gydɛɛniŋ.
　　这样　的话　这　姑娘　脸的　　女婿
　　原来这样，就给这长着女孩脸的女婿。

202. øøx malɤn ʤarɤp berger dep.
　　房子　牲畜　分　　给
　　分个房子，给些牲畜。

203. dyʒømedin kɤkɤradɤrɤ ʤee ʤee.
　　　宰相　　　招呼　　　好的　好的
　　招呼着宰相，好、好（宰相就依令办了）。

204. meen ʤorum bolsa dalaʃdɤx ijik men bøgøn geldimzɛ,
　　 我的　　走的路　　　急忙的　　　　我　今天　来的话
　　 我今天来得太匆忙了，

205. taa unun geldimzɛ　　　　unaakarnɤ　beletep ʤɤdɤkar,
　　 几天以后　来的话　　　准备骑、驮运东西　准备　　妥当
　　 如果晚几天来的话，我就会把贡献给你的东西准备妥当，

206. ʤee unun ɤŋkaj ʤyy dursum ʤigɛ.
　　 好　这以后　　　不管什么　直对
　　 好，这以后不管什么直对着。

207. soŋkɤ ʤyk kajsen dep ʃipʤiplɛ ʤorɤpla.
　　 西边　方向　无论哪一个　朝着　　走
　　 朝着西边走就是了。

208. unun ɤŋkaj ʤorɤp olurɤp.
　　 以后　这样　走　着
　　 以后就这样走。

209. bir ʤergɛ barkanda erdenɛ kyryŋɤ　talt-talt
　　 一个 地方　　去时　　珍宝　枣骝马　两腿夹马声
　　 depsensedɛ ʤorɤbas.
　　 两面踢马　不走
　　 朝着一个地方去时，怎样驱赶枣骝马就是不走。

210. bir　　kulaan ʤer dɤŋnaj,
　　 一个　耳朵　地　听
　　 一个耳朵听着地上，

211. bir bodun gøzønej durupla aldɤ emesbɛ?
　　 一　腿　（往后）伸出　前面 不是
　　 一条腿往后伸着不是吗？

212. bukdux giriʃ døʒø xalɤp gelgeʃ.
　　　　　 人名　下来　跳　来之后
　　 bukdux giriʃ跳下马。

213. bo bodɤ karnɤŋ ølyrgerni bildigerbɛ?
　　 这 自己 你自己　死　　知道了吗
　　 （你不走）你的死期到了知道吗？

214. bo meen ølyrymne bildigerbɛ?
　　 这 我的　死　　知道了吗
　　 这也是我的死期知道吗？

215. ʤygɛ ʤorubadɣkɑr deerdɛ?
为什么　你不走　　说
你为什么不走啊?

216. aj bukdux giriʃ sende ølyryŋne bilbɛdim?
　　　人名　你的　死　我不知道
马说：哎，bukdux giriʃ你的死期我不知道啊?

217. bodum ølyrymdɛ bilbɛdim.
我自己　死　我不知道
我自己的死期我也不知道。

218. ʤige soŋky ʤykdɛɡɛ.
直对　西边　方面的
直对着西方。

219. kyn xɑɑnnɣŋ tajʤezɣŋka
太阳汗　　　公主
朝着太阳汗王的公主（的方向）

220. on ʤykdyŋ eɡɛ erlere.
十　方面的　好　小伙
十个方向的好小伙们。

221. ʤɣxlɣp kalkan bulaaʤɣp-ʤɣdɣrɣ,
集中　　　互相　争叫
聚在一起互不相让，

222. sen barkanda ap ʤoj bardɣrba dep?
你　去的话　拿 （走）能做到吗
你能过去拿上就走吗?

223. ʃuluun-ʃɣmdaj ok atdan al.
快点　　　箭　射箭 拿
快点把箭射出去。

224. ʤɣɣ dursun xorɣndakɣ.
不管 什么　箭袋
不管从什么箭袋里。

225. saadakdɣŋ oxun uʃda sokkaʃ,
弓的　　　箭　拉弓　拉开以后
搭上箭拉开弓以后，

226. xobuʤɣ kɣzɣl bitʤik.
快嘴的 红色的　信
写好红色的鸡毛信。

227. saryx　bitɕik　bitɕiiʃtin.
　　　黄色的　信　　写了
　　　写了黄色的信。

228. mengɛ　ɕajaannyx　bolyŋza, kyn　sadadyj　gør,
　　　对我　　爱情、姻缘　你有的话 天　　延长　　看
　　　你若是对我有爱的话，就多看看，

229. mengɛ　ɕajaaban　bolsyŋza,
　　　对我　　　没有爱的话
　　　若是对我没有爱的话，

230. bo　oxum　oruk　araka　tyʃ.
　　　这　我的箭　　半路　掉下
　　　让我的箭半路上就掉下来。

231. mengɛ　ɕajaan　boldyŋza,
　　　对我　　爱情　　有的话
　　　与我有缘的话，

232. kyn　xaannyŋ　kynnygej　gerel　tajɕezynyŋ
　　　太阳　汗的　　美丽的　　漂亮的　　公主的
　　　　　　døryŋɛ　　tyʃ　didi.
　　　房子没门的一边　掉下　说
　　　就在太阳汗的美丽漂亮公主的房门边落下吧。

233. ine　dutkaa　xolum　edikbejin,
　　　针　拿着　　手　　不软
　　　针拿在手里，手不怕扎，

234. syksyk　dutkan　xolym　syrlykbejin　degisin.
　　　顶针　　拿着　　手里　弦不离手　　射中
　　　顶针在手里照样能射中。

235. taŋkyt　xara　ɕazyt　akkajnyp,
　　　藏族　黑色　弓　拉弓的声音
　　　藏式的黑色的弓拉开了，

236. ʃiliŋkir　ʃymdakaj　oxy　ɕilirt　kajnyp　ɕoj　bardy.
　　　细直的　　快的　　　箭　箭飞的声音 跑、飞　走（到了）
　　　又细又直的箭带着嗖嗖的声响直飞过去了。

237. unun　yŋkaj　attyŋka　munup　ɕorubula　kayxdy.
　　　从　那样（上）马　骑　　走　　　了
　　　射完箭骑上马就走了。

238. ʤaj  bolkanʏn  ʃalʏŋʏnan  bilip,
　　 夏天 （到了） 露水 知道
　　 夏天到没到，露水知道，

239. kʏʃ  bolkanʏn  xʏrazʏnan  bilip,
　　 冬天 （到了） 霜 知道
　　 冬天来了没来，霜知道，

240. ʤerdɛ  ʏrakʏra  irgen.
　　 地方 很远的 走
　　 要去的地方很远。

241. er  attʏŋ  tuju  ʃergelip  ʤeder.
　　 公的 马的 蹄子 旋转 （掉了）
　　 马蹄子走掉了。

242. er  giʃiniŋ  ʤaзʏ  enelip  ʤederdɛ  ʤer  irgen.
　　 男 人的 年纪 受苦 到了 地方 是
　　 男人到了年纪，就要吃一定的苦。

243. ʤer  dedistiŋ  sapsalkaзʏnʏŋ  bedijindɛ  durkan  irgen  didire.
　　 地 天 相接处 这边 有 （是）（说）
　　 这边有天地相接之处。

244. ɛj, ʤʏʏ  dursun  bir  ʤergɛ  barʏpla.
　　 哎 不管怎样 一个 地方 去
　　 哎，不管怎样，得去一个地方。

245. duralnamaj  karaan  dordʏŋ-torko  alʤʏʏrnan  aʃdapla.
　　 千里眼般的 眼睛 白 绸子 手巾 擦
　　 用白绸子手巾擦了擦千里眼。

246. arbʏn  ʤʏgʏn  akdaj  kajkap.
　　 十 方面 白 看 （比喻一个不漏）
　　 十个方面全都看到了。

247. dørbʏn  ʤʏgʏn  tøgʏзgej  kajkap.
　　 四 方面 全部 看
　　 四个方面也全都看到了。

248. ʤerdedistiŋ  sapsalkaзʏndakʏ.
　　 地 天 相接处
　　 在天地相接处。

249. ʤʏtkan  tolajnʏŋ  kulanʏŋ  karaзʏn  ʤasbaj.
　　 躺着的 兔子的 耳朵的 黑点 清楚
　　 连趴着的兔子耳朵上的黑点都看得清清楚楚。

250. ʤee unun ɤŋkaj kajkapla olursa.
哎，好 从 那样的 看 的话（状态）
好，再看的话。

251. kyn xaannɤŋ ørgɛze ulux ak meʒelek keptɤx.
天 可汗的 毡房 大 白色的 山峰 像
gøsdybylɛ duradɤrɤ.
看见了 （状态）
好像也看见了天可汗的像山峰一样的白色的毡房。

252. ʃɤndada kɤdɤɤn gørsɛ.
真的，确实的 附近、旁边 看的话
真的就像看旁边的东西。

253. on ʤyktiŋ egɛ erleriŋ attarɤn baxlap gøzyldere.
十 方面的 好的 男人的 马 绑 看到了
看见了十个方面的好汉们的马都被绑着。

254. bir dasba-xara at kalbak daʃtɤ xajɤrdɤr depsenip
一个 黑黑的黑色 马 平平的 石头 碎了 踢
ʃɤdajin durkanan gøzydere.
不停 （状态） 看
一匹黑黝黝的马不停地把一块石头踢碎了。

255. bir ak-oj at kɤdɤnda duradɤr.
一个 灰色 马 旁边 站着
一匹灰色的马在旁边站着。

256. ije temir gøk at baza kɤdɤnda duradɤrɤ emesbɛ.
两个 铁 蓝色 马 还 旁边 站的 不是吗
两匹铁蓝色的马旁边还站着一个人。

257. ʤee, egɛ eriŋ ʤyy dursun bukduɤx giriʃ men emes.
哎 好 男人 不管怎样 女英雄名字 我 不是
好，不管这个好男人是谁，我不是 bukduɤx giriʃ。

258. buxua ʤarɤn abukɤm.
布花加楞 我哥哥
布花加楞才是我哥哥。

259. bo ʤorun dep mɤŋ giʃi kɤzɤkar mɤŋdɤsɤn kɤzɤl
这 走的（说起） 千人 好看 浅 红色
ʃɤrajin
脸
这一千人都很漂亮，有粉红色的脸。

260. tymen    giʃi    kɤzɤkar    kurkuldaj.
     万      人      好看      （小孔雀）
     万人也都很漂亮，像小孔雀。

261. kɤzɤl    ʃɤrajinka    dydʒyryp    alkaʃ    dʒorɤpla    kaɤxdɤ.
     红色的    脸的       变成了     拿以后     走      了（状态）
     变成了红脸以后就消失了。

262. zøryktenip                olurɤp    geep.
     有信心的、无畏的    （状态）      来
     满怀信心地来了。

263. dasba-kara    attan    attɤn    deŋnej    sop    gørsɛ.
     黑黑的       马      （自己）   比一比    看时
     看了看自己的黑马。

264. dasba-kara    attan    durkunan    ges    uzun ,
     黑黑的       马       长的      四拃    长
     黑马有四拃长，

265. dorazɤnan    ges    uzun.
     横向       四拃    长
     横着也有四扎宽。

266. dʒardɤk    ges    bedik    durkanen    gørdyry.
     半个      四拃    高      （状态）     看见
     马有两扎高。

267. baʃka    ɤndɤx    emes    irgen .
     其他的    这样    不是    是
     其他的马不是这样的。

268. attɤn    kɤrkan    dʒandannan    baxlap.
     马      老       棕榈树        拴
     把马拴在了老棕榈树上。

269. dʒalɤ    dʒandannan    køliŋ    gedip    kaaʃ.
     年轻的    棕榈树       乘凉    （以后）
     在小棕榈树下乘凉。

270. xaannɤŋ    øwniŋ    dʒaʃdɤŋka.
     可汗的     房子的    外面
     在可汗的房子外面。

271. dʒɤdazɤn    ʃandʒip    kakaʃ    gereplɛ    geldi .
     长矛       扔在（地上）（以后）   进来     来
     把长矛扔在地上进了屋。

272. kadʏx ʤerin kaʒʏkka ʤedirɛ baʒʏp.
　　　坚硬的　土地　脚踝　到　踩
　　　坚硬的地面（碰到了）脚踝。

273. ʤimʤak ʤerin sʏrkanka ʤedirɛ giir baʒʏp，
　　　柔软的　土地　膝盖　到　进　踩
　　　膝盖陷进了柔软的土地。

274. buxuaʤarʏn abukam men girbɛdim.
　　　布花加楞　哥哥　我　不进
　　　对哥哥布花加楞说，我不进去了。

275. buxuaʤarʏn abukam gir dep.
　　　布花加楞　哥哥　进去（状态）
　　　布花加楞哥哥进去了。

276. tos kat sʏrmal eʤikte.
　　　九　层　百纳毡　门
　　　在九层的百纳毡门边。

277. ʤarnʏŋka deerbejin girip geldi.
　　　肩胛骨　不碰　进　来了
　　　肩胛骨碰都没碰就进来了。

278. ʤʏy dursun egɛ eriŋ bedik erniŋ ektinen ardap.
　　　什么　有　好　男人　高　男人　肩头　跨过
　　　什么样的好汉能从高高的男人肩头跨过。

279. ʤabus erniŋ baʒʏnan ardap.
　　　低矮的　男人的　头　跨过
　　　可以从矮个子男人的头顶上跨过。

280. xaannʏŋ aldʏjʏŋka tos damannʏx ʃirɛzeniŋ kʏdʏŋka
　　　可汗的　下面　九　腿　桌子的　前面
　　　barʏp
　　　去
　　　来到了可汗下面的有九条腿的桌子的前边。

281. oluradʏra emesbɛ?
　　　坐　不是吗
　　　坐下吧？

282. ʤʏy dursun kajʏn gelgen amtan sen dep
　　　什么　有　从哪儿　来　人　你

xɑɑn　　surɑjdʏrʏ .
可汗　　　问
可汗问：你是从哪里来的？

283. men　silɛrniŋ　kɑdʏkɑr　bolsɑ.
我　　您的　　　坚硬的　如果是
我是您坚强的子民。

284. sʏjep　　　　　kɑŋkʏrkɑr　bolsɑ.
折断　生马、未驯化的马　如果是
如果是生马就折断吧。

285. øredip　berejin　dep　geldim ɛj didire .
训练　　给　　说　我来了 哎 说
我就是为了接受您的训教来的。

286. bukduux　giriʃtiŋ　aldʏjʏndɑ　tɑbɑkdɑʏx.
人名　　　　下面的　　盒子样的
bukduux giriʃtiŋ（脚下的）盒子样的东西。

287. kʏzʏl　arʏnnʏx　dakʃadaʏx　karadʏx
红色的　脸面　　碳一样的　　眼睛
一个红脸黑眼

288. bøølʤix　xɑrɑ　sɑldʏx
络腮胡子　黑色　胡子
长着黑络腮胡子

289. bøg　ølʤin　kʏzʏl　ʃʏrɑjlʏx
鸟名　　红的　脸的
脸像 bøg ølʤin 鸟一样的红色

290. bir　ʤɑlʏ　durkɑʃ　giʃi　ʤok　dep　duro　senbɛ?
一个　年轻　站起　人　没有　存在　你吗
年轻人站了起来，这儿没有人吗？

291. tɑbɑkdɑ　dorɑʏxlʏx　edin.
盒子上　切割　肉
盒子上切好的肉。

292. sengɛ　kʏm　beer　ʤibɛ　dep.
你　谁　给　东西　说
谁给你这东西。

293. ʤaŋʤarda　aksʏnan　on　ije　ulunʏŋ
叫喊、斥责　从嘴里　十二　大的
一边呵斥着，十二条大的

294. luunɣɣŋ  ɣɣdɣ   ynø  bardɣ  didire .
龙的    声音   出来  去    说
龙吼叫起来了。

295. kulɣnnaʒɣp       koduru  tyŋgyn.
小马（互相咬）   尾巴    没了
小马互相撕咬，把尾巴都咬秃了。

296. kujumnaʒɣp   ʤeli  tyŋgyn .
每天快跑     马鬃  完了
每天快跑，马鬃也短了。

297. adazɣŋka  ʤedimir  aldaj  ʤurdɣŋnɣŋ  attɣ  kɣm?
父亲        到达    故乡     家的      名字  谁
你老家是哪里的？

298. bo  boduŋnyŋ   attɣŋ  kɣm?
这   你自己的   名字   谁
你又是什么人？

299. aldɣŋdakɣ  kejkølyŋnɣŋ  attɣ  kɣmdep  surajdɣr.
下面的     （马的名字） 名字  谁       向了
站在下面的马又叫什么名字。

300. aldaj  ʤurdɣmnɣŋ  attɣ  suradɣŋza.
故乡     家的      名字  问的话
故乡是哪里。

301. kynniŋ  ynyʃ  ʤygyndɛ  symerula  daɣx  dyʤyl  gelix.
太阳的  出来  方向的             山    依靠   来
故乡是太阳升起的 symerula 大山的方向。

302. ølɛ  burul  xaannɣŋ  ooly  buxuaʤarɣn  deere  men  emesbɛ?
人名  可汗    儿子   布花加楞     叫     我   不是吗
我不正是 ølɛ burul 可汗的儿子布花加楞吗？

303. meni  amalaanɣŋ  aksy  karɣʃ  ʤasdɣr  ʤibɛ  emesbɛ.
我呢    名字    嘴   一扎   裂开    东西  不是吗
谁叫我的名字，他的嘴就会裂到耳根。

304. aldɣmdakɣ  kej  kynlymnɣŋ  attɣ  emene  kyreŋ  kolɣm
下面的     （马的名字）  名字  宝贵的  枣骝马
naʒɣp   koduru  dyʃbɛɛn.
互相踢  尾巴   没掉
枣骝宝马与其他马互相踢，尾巴也没掉。

305. ølyrdɛ　tɤn　ʤok.
　　　死的　　命　　没有
　　　不是该死的命。

306. øzyrdɛ　ʤaʃ　ʤok.
　　　生的　　年纪　没有
　　　哪年生的也不知道。

307. erduŋ　saj　deersɛ　men , men　didiri .
　　　人名　　说的话　　我　我　　说
　　　我是 erduŋ saj。

308. aldɤmdakɤ　attɤmnɤŋ　attɤ　sorasaŋ.
　　　 下面的　　　马的　　名字　你问的话
　　　你问下面的马的名字。

309. uzut　xaannɤŋ　keremeʤi　dasba-xara　at　didiri .
　　　海　　汗的　　墙一样的　　黑黑的　　马　说
　　　那是海汗的黝黑的马。

310. ɤnʤal　kaʃdan　ʤamʤap　darda.
　　　这样　　以后　　喊叫　　时
　　　这样喊叫之后。

311. on　ije　ulux　otdula　salbɤraj　bardɤla.
　　　十　二　大　火　　点燃　　起来了
　　　十二把大火点起来了。

312. xaj-xaj-xaj　ooldarɤm　ʃoʃbakar　yʤyʃ　begir.
　　　哎 哎 哎　我的孩子们　　不要吵　不要拼命
　　　哎，哎，哎，我的孩子们，不要吵，不要争斗，不要伤害对方。

313. birigergɛ　bersem.
　　　一个　　　给
　　　一个一个地给。

314. urumnɤ　birigengɛ　bersem　biriger　ʤaalar,
　　　我女儿　一个　　给的话　一个　　抢劫
　　　我的女儿给一个，（但是），不能白给，

315. yʃ　mørøj　kɤlɤrmen .
　　　三　比赛　进行
　　　我举办三场比赛。

316. yʃ　mørøjni　ʃyynygergɛ　urunɤ　bermen　didi.
　　　三　比赛　　胜利　　　女儿　我给　　说
　　　谁三次比赛都胜利，我就把女儿给他。

317. ʤaŋʃaʃbakar　ʃoʃbakar　ooldar　dep　ajittɣ.
　　　 不要争吵　　　 不要吵　　 孩子们　说　 说
　　　 别吵别闹，孩子们。

318. ɣnʤarda　ʃoʃbajin　ʤaŋʃaʃ bajin　kaldɣ　didiri .
　　　 这样　　 不要吵　　不要吵　　　剩下　　说
　　　 就这样不吵不闹的留下。

319. bukduɣx　giriʃim　ʤɣɣ　 dɣrsunla　ɣne　xalɣp　barɣp.
　　　 人名　　　什么　 有的话　　 出　 跳跃　去
　　　 bukduɣx giriʃim 在的话，就出去。

320. kɣn　 xaannɣŋ　　 kɣnøkej　　gereldɣx　　tajʤazɣnɣŋ
　　　 太阳　 汗的　　 美丽的、漂亮的　光彩照人的　　 公主的
　　　 øwngɛ　 bardɣrɣ.
　　　 房子　 去了
　　　 于是向着太阳汗的美丽的、光彩照人的公主的房子去了。

321. bo　kandɣx　ʤimɛ　bolduruj?
　　　 这　 怎么的　东西　 是，成为
　　　 这是什么东西？

322. erdedɛkɣ　　　　 oxum　　 gelgen　 bodɣba　 dep.
　　　 原来的、早发的　 哥哥　　 来了　　 没有　　 想
　　　 早就出发的哥哥来了没有。

323. bukduɣx giriʃ　　 kɣnøk ej　 tajʤeniŋ　 øwngɛ　 barɣpla
　　　 人名　　　 美丽的、漂亮的　 公主的　　 房子　　 去
　　　 gøryp　olursa.
　　　 看　 （状态）
　　　 bukduɣx giriʃ到美丽的公主的房子去看了一下。

324. dɣrøniŋ　baʒɣnda　geep.
　　　 房子的　 头上　 来
　　　 来到房子跟前。

325. xadakdan　ʃimepkan　ertidɛk　atkan　oxu　gørdi.
　　　 哈达　　 绑上的　 原来的　 射出的　箭　 看见了
　　　 看见了用哈达绑着的射出的箭。

326. bøgyngezin　durkannen　gørøplɛ.
　　　 今天　　 存在的　 看见的
　　　 今天看见了，确实在那儿。

327. ɑdɑ　kulukur　durkɑn　ʤyl　deplɛ　ojnɑplɑ　olurdɣ.
　　　原来　小伙子　（在的）　　　说　　开玩笑　（状态）
　　　原来小伙子就是她。

328. meenlɛ　giʃim　irgen　dep.
　　　我的　　人　　是　　说
　　　她就是我的人。

329. bukduɣx　　giriʃlɛ　　　ʤɑɑskɑn　　bøgyngizin　xɑplɑ
　　　人名　　　自己、独自的　　今天　　　　　打　　　玩
　　　ojnɑplɑ　durɑrdɣr.
　　　（状态）
　　　bukduɣx giriʃ今天正在自己玩呢。

330. ojnɑp-ojnɑp　ʤyy　dursun　pɛttɛ　ʃimen　geldiri.
　　　玩啊玩啊　　什么　有　　　　　消息　　来了
　　　玩着玩着就有消息来了。

331. ɑt　ʤɑrɣʃ　dɣrkɑr　dep　gelerdɛ　ʤyy　dursun.
　　　马　请赛马吧　　说　来　什么　有
　　　快来骑马吧。

332. xɑɑn　yʃ　mørøj　kɣlɣrmen　dep　ɑt　ʃɑpdɣrɑr　bir　mørøj,
　　　可汗　三　比赛　参加　　　说　马　赛马　　一　比赛
　　　可汗的三场比赛我都参加，先赛马，

333. bøgø　kyrɛʃdilɛr　ije　mørøj,
　　　摔跤　　　　　二　比赛
　　　摔跤是第二场比赛，

334. ok　ɑtdɣrɑr　yʃ　mørøj,
　　　箭　射箭　　三　比赛
　　　射箭是第三场比赛，

335. bo　yʃ　mørøjne　ɑl　sɑkɑr,
　　　这　三　比赛　　拿到　获胜
　　　这三场比赛都取胜的话，

336. urumnɣ　bermen　dep　xɑɑn　ʤɑrlɣp　boldur.
　　　我女儿　给　　　说　可汗　命令、宣布　是，成
　　　可汗宣布说："我就把女儿许配给他。"

337. ʤee　ɣndɣx　bolsɑ　ok　ɑtdɑr　kɑndɣx　mørøj　didir?
　　　好　这样　的话　箭　射箭　怎样的　比赛　说
　　　这样的话，射箭比赛的结果会怎样呢？

338. bettyŋdɛge ʤetti tebeneniŋ ydyn ʤerbejin øtgyr atdar,
　　 这边的　七个　大针　针眼　不碰　穿过、越过　射箭
　　第一箭需穿过这边七枚大针的针眼儿，不能碰着针眼儿的内边，

339. oŋ yndyndaky ʤetti ketben yr yŋen øtgyr atdar,
　　 它　后面　七个　砍土镘　把子孔　穿过　射箭
　　之后，这第二箭要穿过七个砍土镘的把子孔，

340. oŋ yndyndaky ʤeatti inektyx xara daʃdy bylʤa atdar,
　　 它　之后　七　牛　黑　石头　碎　射箭
　　之后，要把七块像牛一样大的黑色石头射碎，

341. oŋ yndyndaky ʤetti temer terekte domura atkaʃdan,
　　 它　之后　七　铁　杨树　倒掉　射箭
　　之后，这第三箭要把七棵铁杨树全部射倒，

342. oŋ yndyndaky ʤettin tebɛ ʤygy yjaʃty ørt-kapsyj
　　 它　之后　七　骆驼　驮的　木头　着火
　　atkaʃdan,
　　　射箭
　　之后，这第四箭要将七峰骆驼驮的木头射得着火燃烧，

343. oŋ yndyndaky bylʤatnyŋ bora meʤelin ʤaʃdady atsala.
　　 它　之后　地名　杂色　山峰　（打）下去　射的话
　　之后，还要用箭削下去 bylʤat 那里的五彩山头。

344. mørøj bo bolur didiri.
　　 比赛　这　完成　说
　　这才算把射箭比赛全部赛完了。

345. at ʤatyʃdyrar mørøj bolurda,
　　 马　赛　比赛　是、成为
　　说到赛马的话，

346. ʤer-ʤerdeŋe sap-sa kaka baryp.
　　 各地　交接处　去
　　到各地的交接处。

347. at dobundayx myŋgeni yttep.
　　 马　膝盖骨样的　常年冰雪不化　穿个洞
　　像马的膝盖骨那样大小的一块常年不化的冰，在上面穿个洞。

348. dergelep alkaʃ ergisbejin gelsɛ,
　　 绑在马鞍（后面）拿以后　不滑　来的话
　　绑在马鞍后面不滑下来的话，

349. mørøj  bo  bolur  didiri.
     比赛  这  是  说
     这就是赛马比赛。

350. ʤee , ɤndɤx  bolsa  at  ʤarɤʃ  dɤrarla.
     好  这样  的话  马  赛
     好，这样的话，就准备赛马了。

351. xaannɤŋ  xuj-ʃokaar  attɤŋka  bir  ʃyyne  mundɤ
     可汗  花斑  马  一  女人（女妖）  骑
     一个女人骑上了可汗的花斑马。

352. erdiŋ  sajnɤŋ  dasbaxara  attɤŋka  bir  ʃyyne  mundɤ .
     艾尔冬·萨伊  黑黑的  马  一  女人  骑
     一个女人骑着艾尔冬·萨伊的黑马。

353. dedistiŋ  temer  bøgøsiniŋ  temer  gøk  attɤŋka  bir
     天的  铁  大力士的  铁  蓝色  马  一
     ʃyyne  mundɤ .
     女人  骑
     一个女人骑上了可汗的铁力士的铁青马。

354. amdɤla  bukduɤx  giriʃtiŋ  erdene  kyryŋ  attiŋka
     马上，现在  人名  宝贵  枣骝  马
     munar  giʒi  dɤbɤlbadɤ .
     骑  人  找不到
     现在找不到能骑布克杜赫·格利希的枣骝宝马的人。

355. kyn  xaannɤŋ  kynøkɛj  gerel.
     天  可汗  美丽的、漂亮的  来
     天可汗美丽的（公主）来了。

356. tajʤezɤ  toorʤuniŋ  bir  ʤalazɤn  yzø  zookkaʃ
     公主  蒙古带的一种帐子  一  线  断  拉断
     公主把戴的蒙古帽子的一个线扯断了。

357. bir  ool  kɤldɤr  tɛrbideʃten  ʤygɤrtɤp  saldɤ.
     一  男孩  变成  念咒后变出来的  跑  了
     念动咒语，跑出来一个男孩。

358. ʤesteŋniŋ  kyryŋ  attɤn  barɤp  munup  bergejsen  didilɛ.
     姐夫的  枣骝马  马  去  骑  给  说
     到姐夫的枣骝马的跟前去，把姐夫的马骑上。

359. ool ʤygyrp gelgeʃ: "ʤestej ʤesteej men keptyx
男孩　跑去　　后　　姐夫　姐夫　我　　像

giʒi munarka bolurba dep?"
人　　骑　　　可以吗

男孩跑过去说："像我这样的人骑姐夫的马可以吗？"

360. bukduɣx giriʃtin sorajdyr.
　　　人名　　　　　问

问 bukduɣx giriʃ。

361. ɛj munarka bolbanda kanʤar ʤime dep ajittɣ?
哎　骑　　　不可以吧　怎样　东西　说

哎，你不骑的话，谁又能骑呢？

362. ool øl ʃɣbɣn kurlanka asdɣp,
男孩　湿的　树枝　腰带　　押上

男孩把湿的树枝绑在腰上，

363. kurkak ʃɣbɣn xoluŋka dudup,
干的　　树枝　手　　拿

把干树枝拿在手里，

364. alkaʃdan ʤorup kaɣrdɣ.
拿以后　　跑　　了

都拿好后就骑上枣骝马跑了。

365. ʤorup olururda bir ʃyyne yjiŋ-xyjiŋ dyʤyplɛ,
跑　时　　一　女妖　动作丑陋、摇头摆尾像（下去）

跑的时候，一个女妖摇头晃脑地跟在后面跑了，

366. ije ʤaʤy ije ʤygyndɛ kaklanypla ʤorup oluru didiri.
两　辫子　两　边、方向　甩、晃荡　　跑　着　说

女妖的两条辫子一边一条地甩着。

367. syyneniŋ ije ʤaʤy kaklanɣp yjiŋ-xyjiŋ dyʃgen soonda
女妖的　　两　辫子　甩　　晃里晃荡　下去　以后

女妖的两条辫子甩来甩去。

368. ʃyynelɛr geldir yji.
女妖　　来　哎

女妖来了啊。

369. ɣrakka ʤorup gørbɛn.
远处　跑走　没见过

从来没有往远处去过。

370. ʤaaʃ-ool  kulukur  aʃdap  kalkan  bolursen  deplɛ.
年轻 男孩  小伙子  饿  了  （可以）  说
小伙子说他饿了。

371. bir  dydyk  kara  kurttv  apla  berdiri .
一（长了毛的、发霉了的）  黑色  奶疙瘩  拿  给
于是给他了一块发了霉、颜色都黑了的奶疙瘩。

372. monv  ʤip  al  oolum  didi .
这个  吃  拿  我的孩子  说
我的孩子，把这个吃了吧。

373. alvrnvŋ  kaj  ʤarvnda  erdene  kyryŋ  xalvpla  ʤoj
拿  还没拿上的时候  宝贵的  枣骝马  跳  跑、走
bardvrv .
去了
还没拿到手，枣骝马跳起来就跑了。

374. al  ordakv  ʃyynegɛ  geldiri .
拿  中间的  女妖  来
还没拿到时，女妖来了。

375. ordakv  ije  ʃyyne  vrakka  ʤorup  gørbɛn.
中间  两个  女妖  远处  走跑  没看见
要拿时，就看见两个女妖从远处走过来了。

376. kulukur  suksap  kalkan  durkan.
小伙子  渴  了  （状态）
小伙子渴了。

377. ʤyyl  dep  amdvxv  ʤerdɛ  kurkulʤyn  daʒvvrdakv  xoranin
什么  说  刚才的  地方  铅  杯子  毒
berdi .
给
从刚才的地方拿了个铅杯子、装上毒药给了他。

378. bo  kvrnvsdv  iʤip  al  dep  berdi.
这  马奶子  喝  掉  说  给
把这马奶子拿去喝了吧。

379. alvrnvŋ  kaj  ʤarvnda  erdene  kyryŋ  at  xalvj  bardv .
拿  差  时候  宝贵的  枣骝马  蹦跳  去了
还没有端起杯子，枣骝马又一次跳开了。

380. aksɣdɣba　ʃutkup　ʤitkan　ʃɣɣne,
（向）嘴里　倒　正在　女妖
女妖正往他嘴里倒,

381. xoranny　ʤerkodu　kudup　darda
毒　地上　倒下　时
女妖把毒药（不小心）倒在了地上。

382. ʤer　ʤettin　kulaʃ　ørdɣnyj　bardɣ.
地　七十　庹　燃烧　了
七十庹大的一把火燃烧起来了。

383. xoran　irgen　didiri.
毒　是　说
原来是毒水啊。

384. alunun　ɣŋkaj　ʤorupla　kaɣrdɣ.
然后　那样　走　了
然后就走了。

385. ʃɣɣnelɛrnin　kadɣ　ʤorup　oluradɣr.
女妖们　一起　走　了
女妖们也一起走了。

386. ʤer　dedistiŋ　sapsalka-zɣnɣ　ʤandɣr　barɣp.
地　天　交接处　交接　到
来到了一处地与天的交接处。

387. attɣn　eziren　alkaʃ　attɣn　ʤandan　ɣjaʃka　baxlap,
马　鞍子　拿下后　马　像棕榈一样的树　树　拴、系
把马鞍子卸下后把马拴在了树上, 让马休息,

388. 　soodɣp　　kaaʃdan　ʃɣɣnelɛr　udupla
长途后让马站着休息　以后　女妖们　睡觉
ʤɣdɣp　aldɣ.
躺　了
经过长途跋涉, 让马站着休息, 女妖们也都躺下睡觉了。

389. ɛj　la　bo　xordan　kurukurnɣŋ　kɣdɣnka　　ʤɣttɣmza,
哎　这　妖怪　家伙们的　跟前、旁边　我躺下（的话）
我要是在这些妖怪们的旁边躺下的话,

390. mengɛ　dɣʃdɣk　berbeslɛ　durkan.
我　休息　不给
我休息不成啊。

391. ʤyyl dep ʏnʤa mynʤazʏka barʏp.
  什么 说 那样 骑 去了
  于是就又骑上马。

392. erdene kyryŋ ooldy amdʏxʏ xooʤinnarnan gørgøniŋ
  宝贵的 枣骝马 小男孩 刚才的 老太婆 看到
  kʏlʏp.
  （那样）做
  小伙子骑上枣骝马，像刚才在老太婆那儿看到的那样做。

393. atnʏŋ eziren alkaʃ soodyp baxlap kaʏxdʏ.
  马的 鞍子 拿下 让马站着休息 拴、系 了
  把马鞍子卸下，把马拴在树上让马站着休息。

394. bodu udupla ʤʏdʏp aldy emesbɛ.
  自己 休息 躺下 了 不是吗
  自己也躺下休息了。

395. ooldʏŋ udunun gøryp durkan,
  小男孩 睡觉 看见 了
  小伙子也睡觉了，

396. dee ʤibegɛ xooʤinnar ool udup kalʏrda.
  那 家伙 老妖女们 小男孩 睡觉 着了
  那些老妖婆们看见小伙子睡着了。

397. ʃuluun attʏn ezirtep alkaʃdan,
  快、迅速 马 鞍子 拿了以后
  很快又备上马鞍，

398. at dobundaʏx miŋgezin xapla alkaʃdan.
  马 膝盖骨一样 冰 打 拿了以后
  拿上马膝盖骨一样大的一块冰。

399. ʃyyneler ʤorupla kaʏxdʏ didir.
  女妖们 走 了 说
  女妖们就走了。

400. ɛj, erdine kyryŋ attim ʤyy dursun.
  宝贵的 枣骝 马 待着
  哎，枣骝马不管了。

401. ʃyyneler barkannan beer, bir ʤeʤe yjø boldy.
  女妖们 去了以后 以来 一 几个 月 成了
  女妖们走了以后，几个月过去了。

402. ɛj, bo bodum bolsada bitɕi soodum kanɣn ɛj.
　哎　这　我自己　如果　小　休息（休息好）哎
我自己也要休息好一点儿。

403. bo bitɕi ɕaʃ ɕibɛniŋ bitɕide bolsa,
　　这　小　年纪　东西　一点儿　如果（也）
如果这小伙子再小一点的话，

404. ujkɣzɣ xansɣn dørt bolt damanɣm gestip kalbaza,
　睡觉（睡好）四　钢铁（牲畜的）腿　切断　不
睡着了，四条钢柱般的马腿砍断的话，

405. bo kulukurka ɕedir ɕok menbɛ dep durdɣ.
　　这　家伙　到　没有　成　（状态）
这家伙也到不了我这里了。

406. monɣ ølyrypkan durkan ɕyyl dep.
　　这　打死了　（状态）　想
想把这（小伙子）也打死了。

407. uzun buku tɣnɣn kerdep.
　长　鹿皮　绳子　绑上
长长的鹿皮绳子绑上了。

408. yzø dɣrdɣp moŋkaʃ buku tɣnɣn doŋkaʃdep.
　断　拉　缰绳　鹿皮　绳子　往下一低头
往下一低头，鹿皮缰绳也拉断了。

409. yzø dɣrdɣp gelsɛ,
　断　拉　时
拉断时，

410. ooldɣŋ iʃte baarɣ gøgørø-dydyj barkannan gørdyry.
　男孩的　肚内　肝脏　变蓝了，已经发霉了　去了以后　看见了
看见小伙子肚子里的肝脏已经发霉变成蓝色的了。

411. ɕyy ʃaɣxda ooldɣ ølyrypka men gørdi.
　　早　时候　男孩　杀害　我　看见
我早就知道小伙子已经被害了。

412. øry gørnyp at yʃ bɣlkɣrɣp darda.
　往上　看　马　三　打响鼻　时
往上看时，马打了三次响鼻。

413. ɕigɛ soŋkɣ ɕykten tebɛdex xara boulut gelgeʃden.
　正　西　方　像骆驼一样　黑　云　来以后
从正西方飘过来像骆驼大小一样的黑云。

414. gyry　　kɑjnɤp-xarɤkɑjnɤpla　edip　durup　ʤaɤxdɤda.
　　　打雷　　轰隆轰隆打雷的声音　响　（状态）下雨时
　　下雨时又传来了轰隆轰隆的打雷声。

415. xoran　ʃyysinin　arʃaan-monba　geep　ʤaaʃdan.
　　　毒　　毒素　　　泉水　　　来　　下
　　毒水像泉水一般下来了。

416. xoran　ʃyysinin　yndyr　ʤaappa　kaɤxda.
　　　毒　　毒素　　出来　下　　　了
　　毒水下来了。

417. unun　gedɛer　ol　bazala　øry　gørnyp　yʃ　bɤʃkɤrɤp　darda.
　　　这以后　它　又　往上　看　三　打响鼻　时
　　之后它又往上看时，又打了三次响鼻。

418. bir　xara　bulut　gelgeʃden,
　　　一　黑色的　云　来以后
　　一块黑色的云飘过来，

419. ʤyyden　ulux　udup　kaɪkan　durkan
　　　怎么　大　睡　　（状态）
　　我怎么睡得那么久（像死了一样）。

420. ʤyyl　men　dep　arɤnɤn　syjmap　ornɤnan　duradɤrɤj.
　　　　　我　　　脸　摸　地方　起来
　　我摸摸脸，从地上爬起来。

421. katkanɤnɤŋ　baʃy　yry　udup　kaldɤŋba?
　　　已经死了的　头　久远　睡　了
　　睡过头了，睡死了吗？

422. yry　udup　kalɤrɤŋda.
　　　久远　睡　了
　　睡死过去的时候。

423. ɑmdɤxɤ　xordɑnnɑr　ølyrypkɑn　durbajɤkbɑ?
　　　刚才的　妖怪们　害死了　不是吗？
　　刚才（我被）妖怪们害死了吗？

424. barkalɤ　yry　boldɤ.
　　　（去）走　久　了
　　她们走了很久了。

425. ʃuluun-ʃamdɑj　at　dobundaɤx　miŋgene　xap　alkaʃ.
　　　快点　马　膝盖骨样　冰　打下　拿以后
　　迅速地敲下马膝盖骨大小的一块冰。

426. yttep      dergelip     al .
     穿洞     绑在马鞍后    拿
     在冰块上穿洞，绑在马鞍子上。

427. ije   taar  elesinne  meen   kɤrɤmka   ʤydyr .
     两   麻袋   沙子    我的    上面      驮上
     在马鞍上又驮了两袋沙子。

428. ije   taar  elesinne  kudup   olurɤpla ,
     两   麻袋   沙子     装     （上了）
     两麻袋沙子装上了，

429. at   kɤrɤŋkala  bodu   munupda  alkaʃ  ʤorupla  kaɤxdɤ .
     马    上面     自己    骑上    以后     走       了
     骑上了马就走了。

430. øl    ʃɤbɤ       øzøk              delgeʒe ,
     湿    树枝      （树中心髓）剩下个小头
     湿树枝打得只剩下一点点。

431. kurkax  ʃɤbɤ   urajkɤʤa   tyngyʤe   kaksada .
     干枯的   树枝             破碎     打（的话）
     干枯的树枝被打得全断了。

432. ʤerlɛ   maŋnabas   duradɤr   emesbɛ .
     绝对     不跑      （站着）   不是吗
     （我就站着任打任罚）绝对不跑。

433. ɛj,  ʤerdedistiŋ   sapsalkasɤnnan .
          地 天的         交接处
     从地与天的交接处。

434. monɤla   kaɤx    buxuaʤarɤn .
     把这    （放）下   布花加楞
     布花加楞下了马。

435. daaj   eʤem   monɤ   xaaj   ʤok .
     舅舅   舅父   把这   鼻子   没有
     舅舅把鼻子都气歪了。

436. kaŋkɤl   buxua   dep   munup   gelʤik   irgibɛ?
     笨重的、走不动的   公牛       骑     来     是吗
     难道你是骑着笨重的老牛来的吗？

437. attɤm   dep   munup   gelʤik   irgibɛ   deplɛ .
     马          骑   来的      是吗     说
     我是骑马来的。

438. ʤooka-ʤookanɣ geʤer maŋnar bopla geldi.
（流水）坑　坑　过去　跑　是　来
趟过水坑跑过来的。

439. kulak døʒø ʃɣkɣplɛ geler boldɣ didir.
耳朵　根（出汗）湿了　来　了　说
（马）跑得满头是汗。

440. kuzukdaɣx ak gøbyk ynyp gelgen ʃaɣxda.
像松子样　白　沫子　出来　来了　时候
（马鼻子上）像松子一样的白沫子也出来了。

441. ɛj, ʃuluun-ʃamdaj ool didir.
　　　快快地　　男孩　说
哎，快点儿跑，小伙子说。

442. ije taar elesinne gezip dyʤyrybit.
两　麻袋　沙子　破开（在两麻袋中间隔开）　掉下
把两袋沙子从中间分开，扔下来。

443. adaŋnɣ bɣʒɣx bygyryn.
　下面　骑好
你要骑好了。

444. men birteberep gørøjin didir.
我　追赶　看看　说
我追一下试试。

445. erdene-kyryŋ ʤee amdɣ xorannarnan ʃimɛn barba didiri?
宝贵的 枣骝马　好　刚才的　妖怪的　消息 有吗 说
枣骝马说：刚才的妖怪有消息吗？

446. ɛj ol xordannar ʤer dedisten ortusɣnda.
那些　妖怪　地　天　中间
那些妖怪在地和天之间的地方。

447. sarambajnɣŋ sarɣx ʃølønɣŋ ortusɣnda.
　不毛的　　戈壁滩　中间
在荒凉的草木不生的戈壁滩上。

448. ymra maas keptɣx eliŋ kajnɣp bar ʤɣtkan
蚊子 牛虻　像　上下翻飞　去（正在）
ʤyyl didiri?
不是吗
像蚊子、牛虻一样正在乱飞乱撞，不是吗？

449. ʤee, ɣnʤalsa ol xordannarnan kanʤap ødɣr
好　那样的话　那　妖怪们　　怎么样　越过，赶过
boldubus?
　是
那样的话，那些妖怪们又是怎样过去的呢？

450. adaaŋnɣ bɣʒɣx bøgøryp bernen.
　下面　骑好　　　　给
骑稳了。

451. erdene kyryŋ ʤorupla kaɣxdɣ.
宝贵的　枣骝马马　　走　了
枣骝马走了。

452. ool arttɣ kodu dyʤyp kalajin deerdɛ.
男孩　后边（向）（下）摔倒　说
小伙子向后晃了一下。

453. kudurukduŋ　　　majlɣ　ʤøbøp aʤɣrkɣjɣ kodu
尾巴的　　　　　马臀和马尾接处　挡（住）　右边　向
ʤaʃdaj barajin deerdɛ.
　摔　　　倒　说
被马尾巴和马屁股的连接处挡了一下，又晃了一下。

454. døbynʤik ten ʤøbøløp murnɣ kodu aʤa barajin deerdɛ.
鞍子下垫的东西　挡　　前边（向）（往前）扑倒
又被马鞍下垫的东西挡了一下，往前扑倒了。

455. ɣdɣk　　　　ʤele ʤøbøp olurar boldɣ.
马鬃上绑的一个红白布　马鬃　挡　（状态）了
条相间的、辟邪的东西
又被绑有红白相间，可以辟邪的布条的马鬃挡了一下。

456. ʤee(ʤaa) unun ɣŋkajaanda xaajnan.
　　　好　从　那边去　（从）鼻子
从鼻子那儿过去。

457. ije byrɛ byʃgɣrnɣŋ ɣɣdɣ ynyplɛ.
两　　　打响鼻的　声音　出来
听见了两声打响鼻的声音。

458. kulanɣŋ sajnan xurakan-kulakdɣŋ ɣɣdɣ ynyp.
耳朵的　山谷　草名　耳朵　声音　出来（喻马耳里边）
耳朵里有类似山谷的声音传出来。

459. dygynɪŋ　　　saany　tymen　ʤetgen　ʃeʤinniŋ　ɣɣdɣ　ynyp.
（动物的）毛的　数字　万　　到　　　　　声音　出来
数毛数到了万，听见声音了。

460. dørt bolt dujunan dopʃuurnɯŋ ɣɣdɣ ynyp gelerdɛ.
四　结实　蹄子　冬不拉的　声音　出来　来了
四个结实的蹄子踏地发出了冬不拉似的声音。

461. dirkajnɣp-dirgerep　　　　kɣdɣ　　　　ʃyyneniŋ
马跑的得得声　　　这边的（喻最后边的）女妖的　（从）旁边
kɣdɣnan　ødɣr　bo　boldɣ.
　赶过　　这　去了
马蹄的得得声，像是女妖从旁边过去了。

462. ardɣkɣ ʃyynege ʤedip geep kɣdɣnan ødyp ʤidarda.
后边的　女妖　　赶　来　从旁边　过去　刚过去
后边的女妖也刚刚从旁边追过去。

463. bo xordan ʤedip gelgen durkan ʤyyl dep.
这　妖怪　到　　来了　（状态）
妖怪也到了。

464. ardɣkɣ ʃyyne temer ediresinin dørt bolt dujun
后边的　女妖　铁　　鞣皮的工具　四　钢铁
gezɛ al dep.
蹄子　切断　拿
后面来的女妖想用鞣皮的铁棒把四只坚硬的马蹄打断。

465. ʃipʤip durkaʃ kakarda.
瞄准 打，掷　射击
瞄准了打。

466. erdene-kyryŋ　　ajɣlkadɣpkaan　　ʤimɛlɛ.
宝贵的 枣骝马　知道（后面女妖放箭）　　　了
枣骝马知道女妖要从后面放暗箭。

467. erdene kyryŋ ysdɣykɣ orankodu xalɣp ynø bardɣ.
宝贵的　枣骝马 上边的 （向）地方 跳 出　去
枣骝马向着上天的地方跳上去了。

468. ysdɣykɣ orannan bar ʤidarda.
上边的　地方　去 刚刚到
刚刚到了上边。

469. ordaky　ʃyyne　gøryp　kaaʃtan　temer　ediresinin.
中间的　女妖　看见　以后　铁的　鞣皮子的工具
中间的女妖看见了用铁棒子。

470. ʥigɛ　xara　mojnyn　geze　al　ʃipʥip　durup.
正，准确的　黑　脖子　切断　拿　瞄准　（状态）
照准（马的）黑脖子就砍下去了。

471. kakarda　ajilkadypkaan　erdine　kyryn　aldyky
投掷时（已经）知道的　宝贵的　枣骝马　下边的
orankodu　dyʥyp　gelgeʃ.
（向）地方　下去　以后
砍的时候枣骝马已经往下躲了。

472. baʃky　ʃyynenin　kydynan　øde　mannadyp　ʥidarda.
头上的　女妖的　（从）旁边　赶走　跑　时
前面的女妖从旁边跑过时。

473. baʃky　ʃyyne　koʥalan　alban-ʥezinan　ʥigɛ　xara
头里的　女妖　绳子　缰绳　准确地　黑
mojnynka
脖子
女妖用绳子对准了（黑脖子）枣骝马。

474. gedirej　tyʃdep　kakarda　ʥijinge　xara
穿过（像扔套索一样）　朝下　扔、掷　细细的　黑
mojnynka.
脖子
朝下扔向了细细的黑脖子枣骝马。

475. dyʃ　geʃ　yʃ　bop　yne　barkaʃ.
套上了　烟　成为　出去　以后
套上了，但（枣骝马）变成一道烟出去了。

476. erdine　kyryn　murnynka　dyʥyplɛ　ʥorup　kayxdy.
宝贵的　枣骝马（朝）前面　下去了　走　了
枣骝马朝下边跑了。

477. murnuku　ʃyynenin　munkany　erdon　sajnyn　ølyrdɛ
前面的　女妖的　骑的　艾尔冬·萨伊　死的
tyny　ʥok.
命　没有
前面的女妖骑的艾尔冬·萨伊的黑马，是长生不老的马。

478. øzyrdɛ    ʤaʃ    ʤok.
生长时，活时  年岁   没有
活着的时候没有年纪（长生不老）。

479. uzut   xaannyŋ   keremeʤi   xara   attɤ   irgen.
海     汗的      墙一样的    黑    马    是
是汗的像墙一样的（高大的）黑色的马。

480. murnɤŋka   dɤʤyp   ajil   kadɤp   olursa.
（向）前面   下去   猜想    着
猜想着会朝着前面下去。

481. erdoŋ   sajnyŋ   xara   attɤ   ije   sooduɤxkanda.
人名    黑    马    两   休息  休息好（以后）
erdoŋ saj 的黑马休息了两次。

482. yʃ   sooduɤxda   barkaʃ   ʤedir   durkannen   bildilɛ.
三   马休息    去    到     着       就知道
知道马得休息三次。

483. erdine    kyryŋ   monɤla   ajilkadɤp   olura   yjdɤr.
宝贵的   枣骝马   这个    猜到      知道了
枣骝马早已猜到了这一点。

484. amdɤla   erdene   kyryŋ   murnɤŋka   dɤʤyp   alkaʃdan
刚才    宝贵的   枣骝马   前面      下去    以后
ʤorupla   kaɤxdɤ.
走、跑    了
于是枣骝马从前面下去以后跑掉了。

485. ɛj, ʤyy   dursun   erdoŋ sajnyŋ   dasba-xara   attɤ   ardɤnan
什么     有   艾尔冬·萨伊   黑黑的    马    后面
kalbajin   gelʤidadɤr.
没留下    来了
艾尔冬·萨伊的黝黑的马从后边走了。

486. bɤlkɤrɤp-bɤʃkɤrɤp   alkaʃdan.
打响鼻        了以后
马又打了响鼻。

487. ulux   ʤɤdɤx   xara   tuman   dɤʤyryp   alkaʃdan.
大    臭    黑    雾    下去    以后
臭气熏天的黑雾飘过以后。

488. ulux yzɛ ʤaxsɤp.
　　　大　　暴风雨　下（雨）
　　　暴风雨又来了。

489. amdɤ erdene kyryŋniŋ kɤdɤŋka koʤarlaʤɤp gelerdɛ.
　　　刚才　宝贵的　枣骝马　跟前、旁边　并行跑　　来时
　　　刚才和枣骝马旁边并行的黑马。

490. ije bodɤnan teplɛ kyler munup damkaj.
　　　两　腿　　　踢　生铁　骑　马镫子
　　　两条腿踢铁铸的马镫子。

491. dujunan bir　　øʃten　　　sija teplɛ kaɤxdɤ.
　　　蹄子　一个　前腿上部的骨头　断　踢　　了
　　　一个蹄子把前腿上部的骨头踢断了。

492. erdoŋ sajnɤŋ xara attɤm ɤnʤanda ʤok.
　　　人名　　黑　　马　（这样的）　没有
　　　erdoŋ saj 的黑马没有这样。

493. mornɤnan gel ʤidɤrdan ardɤnda barkaʃ gel
　　　（从）前面　来　　　　后面　去以后　来
　　　ʤedɤr emesbɛ?
　　　不是吗
　　　从前面来又从后面跑了，不是吗？

494. onɤ ʤykaj kaʤa yneder emesbɛ.
　　　这　靠近　牲口圈　出来　不是吗
　　　是从靠近牲口圈这边出来的。

495. ege erlɛr erdoŋ sajnɤŋ disbɛ xarɤn bo.
　　　好　男人们　艾尔冬·萨伊　东西　这
　　　好汉们，艾尔冬·萨伊的东西就是他了。

496. uzut xaan aj kelemeʤi dasba-xara attɤ tak
　　　　　汗　月亮　　　　　黑黑的　马　最前面
　　　murnɤnan gelbɛsɛ.
　　　不来的话
　　　如果汗的月亮黑马不是第一个来到的话。

497. men kulamnɤ gezip berejin men edip durdɤ.
　　　我　耳朵　割下　给　　我　喊　了
　　　我情愿把我的耳朵给割下来。

498. duju  uʃdɣnɣp  kalɣr  bolbasa  murnɣnan  geler  didir .
　　蹄子　砍掉　　　　不成　　前面　　来　说
　　如果不是第一个来，把马蹄子也砍掉。

499. mørøjni  alɣrmen  didiri .
　　比赛　　取胜　　说
　　我一定会赢得比赛。

500. buxua  mojnɣn  moŋkan  yʒɣn  kulaʃ  sɣraka  zɣpdaan
　　公牛　脖子　　骑　　三十　度　细长的　套马杆
　　duradɣr .
　　套上了
　　三十庹长的细细的套马杆把公牛套住了。

501. xuj  ʃokaarnɣŋ  toosɣnnɣ  durkan .
　　花斑马的　　　　灰尘　　是
　　是花斑马搅起的灰尘。

502. ʤyyl  buruŋkɣ  ʤalɣ  ʃanda  tak  kanʤap  geler  dep .
　　　　以前的　年轻　时候　怎么样　　来
　　以前年轻的时候就是这样的。

503. kɣn  xaannɣŋ  temer  degesin  zɣpdapla  duru  didiri .
　　天　汗的　　铁　套马钩　套上　　了　说
　　天汗的铁制套马钩套上了。

504. dedistiŋ  oolɣ  temer  bøgøniŋ  temer  gøk attɣnɣŋ  toosɣnnɣ
　　上天的　男孩　铁　大力士的　铁　蓝色的马的　　烟尘
　　durkan  ʤyyl dep .
　　　　　　就是
　　就是老天的儿子铁力士的铁蓝色马搅起的灰尘。

505. ol  temer  degesin  zɣpdap  durdɣj .
　　他　铁　套马钩　套上　　了
　　他把铁制套马钩套上了。

506. bukduɣx  giriʃ  men  emes .
　　　人名　我　不是
　　我不是 bukduɣx giriʃ。

507. buxuaʤarɣn  abuxɣm  deplɛ .
　　布花加楞　我哥哥　是
　　我是哥哥布花加楞。

508. buxua  mojnɤ  bolkan    temer  degesin  yʒyn  kulaʃ  zɤpdɤx
公牛　　脖子　（成的）　　铁　　套马钩　三十　　度　　把子的
ɤjaʒyŋka  zɤpdapla  durdɤj .
木头　　套上　　　了
用木把子三十庹长的铁制套马钩把公牛从脖子那儿套住了。

509. kajkarnɤ  emes  at  darkarnyŋ  toosynnen  tannɤbas?
你们自己　不是　马　你们的　　烟尘　　不认识
你们难道看不出来你们自己的马搅起的烟尘吗？

510. ʤyydan  amtan  sen  didirij .
怎么样　　人　　你　说
你说你们是怎么搞的？

511. ɛj, xara  ool  deeʃten    kaj    bolsada  dɤʤø  bar .
哎 黑　男孩　像　　不论哪儿　　下　　去
哎，不管从哪儿下去都像我的黑皮肤的儿子。

# 图瓦语词汇（按国际音标排序）

| 图瓦 Tu | 汉 Han | 图瓦 Tu | 汉 Han |
|---|---|---|---|
| ɑ | 啊 | adʏ | 名声，名气，姓 |
| aa, gøk-dediis | 啊呀 | adʏlʏ- | 分离 |
| aajʏnʃa | 依照 | adʏr | 丘陵 |
| aakʏ-ɛj | 啊（惊叹） | adʏr | 分支 |
| aal | 阿吾勒、村子、乡村 | adʏr, kadar ʤergeleʃ | 行，排（量词） |
| aal, ʤurt | 家乡 | adʏrʏ | 分开 |
| aalʃʏ | 旅客 | adʏrʏ- | 划分，分割 |
| aar | 重的 | adʏrʏ- | 离去 |
| aar | 艰巨的 | adʏʃ, arbak | 捧（量词） |
| aarʏ | 蜂 | adʏx | 熊 |
| aarʏx | 疼痛 | adres | 地址 |
| aarʏx | 病 | aga | 哥哥 |
| aarʏx  giʃi | 病人 | aga- | 流 |
| aarʏx, doorʏx | 痛哭 | agaar- | 变白 |
| aarlʏ | 重量 | agardʏ- | 刷白，弄净 |
| aas | 口，嘴 | aj | 月亮，月份 |
| aas  xooraj | 斋月 | aja- | 爱惜、珍视 |
| aaʃ  bʏlaaʃʏ- | 争论 | ajak, ʃaaʤaŋ | 碗 |
| aaʤʏ | 父亲，爸爸 | ajas | 严寒 |
| aba | 母亲，妈妈 | ajda-, sʏrgʏn- | 押送 |
| abʏgaldʏx, kɛrɛltix | 有情义的 | ajdar  gʏl | 鸡冠花 |
| abʏral, kɛrɛ | 情义 | ajdʏŋ gerɛli | 月光 |
| abʏʃ | 手掌，欢迎 | ajʏ | 套（量词） |
| adal | 公正，正义 | ajʏʏl | 灾难 |
| adal | 忠诚 | ajʏʏr | 木叉，叉子 |
| adaldʏk | 忠实的 | ajʏnlga, bolʤa | 推测 |
| adan | 巨大的 | ajʏŋkʏ | 雷 |
| adan  daʃ | 巨石 | ajgʏn | 鲜明的 |
| adaʃ | 同志 | ajlʏk | 工资 |
| adʏ | 名声 | ajmak | 专区 |

| 图瓦 Tu | 汉 Han | 图瓦 Tu | 汉 Han |
|---|---|---|---|
| ajtɤ- | 说、说话、讲 | algɤmak | 千里马 |
| ak | 白的 | algɤɤ | 宽度 |
| ak kuu | 天鹅 | alkɤ | 宽阔的 |
| ak køøl | 良心 | alma | 苹果 |
| akɤn | 阿肯（哈族歌手） | almas | 砖石 |
| akɤwal | 政权 | aldʒɤɤr | 毛巾、头巾 |
| akkøøl | 真诚的 | ambar | 储藏室、仓库 |
| akmak, meedʒok | 愚笨的，傻瓜 | amdan | 味道，滋味 |
| aksa- | 跛行 | amdannɤx | 甜蜜的 |
| aksak | 白胡椒 | amdɤ | 现在、如今 |
| aksak | 跛的，瘸的 | amɤr, amgɤɤlɤŋ | 和平 |
| aksak | 瘸子 | amɤra | 舒适 |
| aksakgurɤt | 水蛭 | amɤra- | 感到舒适 |
| aktara | 小麦 | amɤra-, køl algɤ- | 舒畅 |
| aktebɛ | 蝎子 | amɤra-, ʃagɤʃ algɤ-erge | 舒畅，舒服 |
| al- | 拿 | amɤra, sagɤʃ algɤɤr | 舒畅（名词） |
| ala | 杂色的 | amɤrap | 痛快地 |
| alagak | 裆 | amɤrmende | 健康 |
| alalɤx | 特别地 | amrak | 情人 |
| alaŋ | 奇怪的 | amsa- | 品尝 |
| alaŋ | 怪，挺、很（副词） | amtan | 平民 |
| alaŋ bolɤr | 惊奇（动词） | amur, mendɛ | 平安 |
| alban | 徭役 | amza | 仍然 |
| aldɤ | 前面 | anar | 石榴 |
| aldɤ | 下面 | anda-, sunda | 间或 |
| alda- | 哄骗 | anɤk | 清楚的 |
| alda-, megelɛ- | 欺骗 | ankɤlɤx | 特别的 |
| aldam | 骗局 | aŋ | 猎，猎物 |
| aldan | 六十 | aŋdar | 译员 |
| aldan- | 受蒙蔽 | aŋdar- | 推翻，推倒 |
| aldɤ | 六 | aŋdarɤ- | 翻 |
| aldɤgɤ dakdaj, dʒer dakdaj | 地板 | aŋdarɤ- | 翻译 |
| aldɤn | 金 | aŋdarma | 翻译（名词） |
| aldɤn togɤz | 孔雀 | aŋkaʃdanɤ- | 打滚 |
| aldɤntʃi aj | 六月 | aŋna- | 打猎 |
| aldɤrʃa- | 叮当作响 | aŋdʒɤ | 猎人 |
| algɤ- | 变宽 | appak | 雪白的 |

| 图瓦 Tu | 汉 Han | 图瓦 Tu | 汉 Han |
|---|---|---|---|
| amalijat，ʃyndɤk | 实际（名） | artda- | 迈步 |
| amalijat，nakdɤlɤ | 实际 | as | 少 |
| amalijat，ʃyndɤk | 实际的（形） | askabak | 南瓜 |
| aral | 岛屿 | askɤr | 骟马，公马 |
| aralaʃ | 混合 | aʃ | 食粮 |
| aralaʃɤ- | 混合 | aʃ | 饭 |
| aralaʃtɤr- | 搅拌 | aʃ- | 开 |
| aralɤɤ | 距离 | aʃ- | 翻阅 |
| arba | 大麦 | aʃ-，adʑa- | 增长，越过 |
| arba ogɤ | 线轴 | aʃda- | 饥饿 |
| arɤ- | 疼、患病 | aʃdaaʃkɤn | 抹布 |
| arga | 办法 | aʃdaʃ | 饥饿的 |
| arga，arɤx | 森林 | aʃɤk | 公开的 |
| argak | 彩条缎 | aʃɤk | 清楚的、公开的 |
| argamdʑɤ | 绳子 | aʃɤk | 慷慨的 |
| argar | 螺角羊 | aʃɤkanɤr- | 暴露 |
| argasɤn，guxmɤjak | 牛马粪 | aʃɤn | 恼怒 |
| argadʑok | 一点儿 | aʃkɤjak | 老汉，老大爷 |
| arka | 办法、方法 | at | 马，名字 |
| arkɤlɤk | 通过 | at- | 投，射 |
| arɤk | 消瘦的、瘦的 | ata- | 称呼，叫做 |
| arɤk | 排水沟 | atburʃak | 蚕豆 |
| arɤkda- | 消瘦 | atdanɤ- | 嫁 |
| arɤn | 脸，面，页，面貌 | atgar | 执行 |
| arɤn bɤrɤdʑɤ | 酒窝 | atkadʑa | 马厩 |
| arɤz | 控诉（名词） | attan ʃimdʑen | 动员（名词） |
| arɤz | 状子 | attɤ | 名称，名义 |
| aragɤ | 露酒、酒 | attɤx | 著名的 |
| armurt | 梨 | awdan | 县 |
| artɤ- | 连续地 | awɤstɤr- | 调动 |
| artɤk | 优越 | axbarat | 情报 |
| artɤʃ | 柏 | axmak | 糊涂的 |
| artuk | 多余的 | aza | 悬挂 |
| arxazɤ | 本事 | aza | 鬼，哀悼（名词） |
| arzalaŋ | 狮子 | aza- | 迷失 |
| arzanda- | 便宜，贱（动词） | azaba- | 迷失 |
| arʃaan | 温泉 | azar gandʑɤx | 奇异的 |

续表

| 图瓦 Tu | 汉 Han | 图瓦 Tu | 汉 Han |
|---|---|---|---|
| azat | 解放的 | bakʃa | 园子 |
| azɣldaʃ | 宝石 | bal | 蜜 |
| azɣra，terbijy | 培育，爱护 | bala | 夯 |
| azɣx diʃ | 白齿 | balɣk | 鱼 |
| azɣx sal | 胡须 | balɣx | 炎症 |
| aʤar- | 超越 | balɣx giʃi | 伤员 |
| aʤy- | 发酵 | bankɣ | 银行 |
| aʤy- | 凝结 | bar | 有 |
| aʤybaan kulur | 死面 | bar- | 去 |
| aʤyɣlɣx，kereldix | 敬爱的 | baraan | 消沉的 |
| aʤylʧɣn | 工人 | barɣɣn | 西 |
| aʤym | 皱纹 | barɣn | 左 |
| aʤynɣ- | 生气 | barɣzɣ | 过程 |
| aʤyx | 苦，辣，脾气 | bargyt | 灯芯绒 |
| aʤyx | 悲伤（名词） | bartija | 党（维借） |
| aʤyx suw | 葡萄糖 | baruun | 西 |
| aʤyxlanɣ- | 发脾气 | basbalta | 台阶 |
| baar | 肝 | basbaxana | 出版社 |
| baatɣr | 勇士、英雄 | basdɣ | 糟蹋（名词） |
| badam | 巴旦杏 | basgɣʃ | 梯子 |
| badɣk | 诗歌 | bastɣ | 重要的 |
| bag | 包（量词） | baʃda- | 带领，开始 |
| bagaj | 坏的 | baʃdaj，murun | 先前 |
| bagaj bol- | 变坏 | baʃdaj，murunudur | 预见 |
| bagaj ʤala | 罪孽 | baʃdak | 领导（名词） |
| bagaj，nɣsɣr | 低劣的 | baʃdan | 重新 |
| bagɣnɣ | 投降（名词） | baʃ | 头 |
| bagla- | 绊,拴,包,捆(动词) | baʃa- | 变空闲 |
| baj | 丰富的、富有的,财主 | baʃa- | 变松 |
| bajɣ- | 变富 | baʃdɣk | 首长、主任 |
| bajlanɣʃ | 关系 | baʃdɣk | 头发 |
| bajlans | 联系 | baʃga，unnun baʃga | 此外 |
| bajlɣ | 财富 | baʃka | 别的 |
| bajzaj | 白菜 | baʃkɣʃ | 阶段 |
| bak | 运气 | baxʃɣ | 阿訇、巫师、老师 |
| bakaj | 坏的 | baxʃɣ | 工匠，师傅 |
| bakda- | 说坏话 | baxʃɣ，mɣrza | 先生 |

| 图瓦 Tu | 汉 Han | 图瓦 Tu | 汉 Han |
|---|---|---|---|
| baxʃɤ, ʤoladɤkʃɤ | 导师 | ber- | 给 |
| baza | 还，又，再，以及 | ber- | 转让 |
| baza, bolbasa | 或者 | bes | 腺体 |
| baza-, kɤs- | 压 | besgɛk | 痢疾 |
| baza，…bolbasa | 即 | beʃ | 五 |
| baza…baza | 既不……又不…… | beʃen | 五十 |
| bazada, un- unda artɤk | 更加 | beʃenʧi aj | 五月 |
| bazar | 集市 | bɛɛdil, akwal | 情况 |
| bazɤm | 步子 | bɛɛdil, ʤagdaj | 形势 |
| bazɤm | 步伐 | belen | 某 |
| baʤa | 连襟 | betinkɛ | 皮鞋 |
| bedɛ | 首蓿 | beʤi | 税 |
| bedi- | 升高 | beʤi, taraa | 公粮 |
| bedik | 高的 | bij | 舞蹈 |
| beer | 以来 | bijir | 钢笔、毛笔、笔 |
| beer，boodɤba | 往这边 | bikɛr | 白费，徒劳 |
| bedel | 威信，声望 | bikɤr | 驼子 |
| bex | 王、王爷（维借） | bil- | 知道 |
| beesi, walij | 专员 | bilek | 手腕 |
| belgɛ | 卦 | bilekdɛʃ | 手镯 |
| belgi | 记号 | bilen | 和，及 |
| belgi be- | 变明显 | bilgisis | 不知道的 |
| bejin | 幸福 | bilim | 知识 |
| bejne | 表现（名词） | bilim, erdem | 学识 |
| bejnesɤ- | 表现（动词） | bilimnix giʃ, zɤjalɤ | 知识分子 |
| bekitir | 批准（名词） | bilimsis | 无知的 |
| bekit- | 批准（动词） | binʃi | 饺子（汉借） |
| bel | 腰 | bir | 一 |
| belaaʃ | 争论，争执（名词） | bir | 每，各 |
| belaaʤɤ- | 争论，争执（动词） | bira | 卷曲的 |
| beldii | 裤腰 | birbirlep | 逐渐 |
| belek, xadak | 礼品 | birɛzi, mɛlɤm bize | 某一个 |
| belen | 现成的 | birleʃi | 联合 |
| belet | 票，券 | birlik | 统一 |
| beletdɛ | 准备好（名词） | birlik | 单位 |
| beletgel- | 准备 | bis | 我们 |
| benʃi | 馄饨（汉借） | biʃek | 刀子、小刀 |

| 图瓦 Tu | 汉 Han | 图瓦 Tu | 汉 Han |
|---|---|---|---|
| bit- | 收口，愈合 | bolʃu- | 帮助（动词） |
| bitʃi kalkak | 汤匙 | bolʃuur giʃi | 助手 |
| birak, ɯldʒa- | 但是 | bolur, boldu | 行，可以 |
| birledʒi- | 联合 | boluʃ | 帮助（名词） |
| bitdʒi amɯra- | 停歇 | boldʒa | 揣测，推测 |
| bidʒi aga | 叔父 | boldʒa, bodal | 设想（名词） |
| bidʒi- | 写 | boldʒa-, mølʃerle- | 估计，推测（动词） |
| bidʒii | 小的 | bomby | 炸弹 |
| bidʒik | 信，文字 | boo | 枪 |
| bidʒik dedʒi- | 通信 | boo dʒemsek | 武器 |
| bidʒikxap, kɛnpart | 信封 | boonak | 结子 |
| bidʒɛtʃi | 秘书，文书 | boxda | 佛 |
| bidʒɛtdʒi | 文书 | boza | 包槽酒 |
| bidʒile- | 变小 | boorsak | 油炸馃子、玉米馕 |
| bitdʒik xap | 信封 | boos, jibat | 怀胎的 |
| biz | 刃，锋 | boosɛj | 菠菜（汉借） |
| bizɛ- | 削尖 | boosta | 咽喉，喉咙 |
| bo | 束，把（量词） | bootaj | 炮台 |
| bo | 这、这个 | bor | 粉笔 |
| bo zaman-dangan | 现代的 | bora | 灰白的 |
| bod, magamut | 身躯 | boraan | 暴风 |
| boda- | 思索 | borda- | 肥育 |
| bodagan | 驼糕，下驼羔 | bordabur | 肥料 |
| bodagɣ | 意识 | bordak | 肥育的 |
| bodal, sagɣʃ | 念头，意见、主意 | bordubur ʃaʃ- | 施厩肥 |
| bodalga, maksat | 意图 | bormɣj | 玉米 |
| bodaŋ | 公野猪 | borzɣk | 獾 |
| bodaʃ | 念头 | boʃ | 空的、松的 |
| bodɣ, gaj bodɣ | 各自 | boʃ, dʒebegen | 软弱的 |
| bodundaj | 照原样地 | boʃdajgɣ | 最初的 |
| bojsun | 遵守 | bot | 自己 |
| bokɣla- | 监督 | bot, magamut | 身体，身材 |
| bol | 成为，是 | botara | 互相 |
| bolat | 钢 | bow- | 勒，扎 |
| bolbasa, baza | 或 | budu- | 染 |
| bolka | 面包 | buduk | 染料，墨水 |
| bolsada | 虽然 | buduk | 树枝、枝条 |

| 图瓦 Tu | 汉 Han | 图瓦 Tu | 汉 Han |
|---|---|---|---|
| budɣkda- | 长树枝 | bɣda | 黄 |
| buga | 公牛 | bɣdɣra- | 散开 |
| bugaltɣr，jetsipʃi | 会计 | bɣdɣrandɣ | 散乱的 |
| bugra，askɣr tebɛ | 骟驼 | bɣdɣrandɣ，dargak | 分散的 |
| bugua | 渠 | bɣla- | 抢劫 |
| bujruk | 命令 | bɣlaap- tonaar | 抢夺（名词） |
| bulgar | 油脂革 | bɣlga- | 蘸 |
| burguat | 天花 | bɣlgan-dalgan | 毁坏的 |
| buruksɣ- | 飞扬 | bɣldʑɣ- | 碾，研，砸、碎 |
| buruksu- | 奔驰 | bɣldʑɣrak | 谬论 |
| burun | 以前，从前 | bɣn | 分（量词） |
| burungɣ | 过去 | bɣŋdaotsi | 粉条（汉借） |
| burunnan | 一向 | bɣʃ- | 熟，成熟 |
| buruŋkɣ kyn | 前天 | bɣʃalaŋ | 散漫的 |
| buruun | 古代 | bɣʃdak | 奶酪 |
| bus | 蒸汽 | bɣʃɣx | 结实的，坚固的 |
| bustan- | 哈气 | bɣʃɣx | 加固 |
| buʃar | 脏的 | bɣʃɣxla- | 弄紧 |
| buura | 公驼 | bɣʃgan | 熟的 |
| buza- | 拆卸，破坏 | bɣt | 虱子 |
| buzaa | 牛犊 | bɣdʑar et | 赃物 |
| budʑur- kandʑɣx | 麻烦 | bɣdʑɣvgan nan，bɣʃkan nan | 烤馍（名词） |
| buzuk | 流氓 | bɣdʑi，ʃyy | 赋税 |
| buzul-，etgir- | 变坏 | bɣdʑur | 禁忌的 |
| buluk | 犁 | bødej øwx | 牧人住房 |
| buluk | （双牛的）犁 | bødølgɛ | 瓶子 |
| buluŋ | 角落，角（桌子角） | bødølgɛ，loŋga | 瓶 |
| buluŋgɣ- | 变淡 | bødønɛ | 鹌鹑 |
| bulut | 云 | bødyl- | 办理 |
| bulutda- | 天阴 | bøgyn | 今天 |
| burgan | 佛像 | bøl- | 分配（动词） |
| burgan | 真主 | bøldyresgej | 穗子，缨子 |
| burguat | 牛痘 | bølek，doŋgɣlak | 块（量词） |
| burko | 锥子 | bølim | 科室 |
| burko | 旱獭 | børø，ookaj | 狼 |
| but | 腿 | bøs | 布、土布、粗布 |
| bɣdaa | 糜子、黄米 | bøs gur | 布腰带 |

| 图瓦 Tu | 汉 Han | 图瓦 Tu | 汉 Han |
|---|---|---|---|
| børt | 帽子 | dak | 斑点 |
| bøøgɛ，baatʏr | 勇士、英雄（蒙借） | daka | 鸡 |
| byde- | 产生，完成，完毕 | dakdaj | 木板 |
| bydylɛɛr，dozar | 封锁（名词） | dakyja | 丝绒小帽 |
| bydym | 协定 | dala-，udʏ- | 麻木 |
| bydymʤa，ʃoralga | 成绩 | dalaj，teŋkʏs | 海、洋 |
| bydyn | 全部的，绝不 | dalaʃ | 紧，仓促 |
| bydyn，dybynen | 根本 | dalaʃbajʏn | 有耐心的 |
| bydyn，mʏldɛ | 甚至 | dalaʃ-dulaʃ | 匆匆忙忙地 |
| bydyn，uktegi | 根本，绝对 | dalaʃsʏs | 耐心 |
| bydyndej，bydynʃej | 完成地 | dalgan | 炒面 |
| bydyr- | 完成 | dalganna-，doora- | 捣碎 |
| byldyrgɛ，zep | 心子 | dalma | 抽风（疾病） |
| byrgy- | 喷 | dalʃyk | 纤维 |
| bylyrtiŋ | 模糊 | daman | 脚 |
| bylyrtiŋ | 浅浅的 | damazgʏ | 引火柴 |
| byrgek，deŋ | 灯笼 | damdy- | 滴 |
| byrgenir alʤʏvr | 面纱 | damdy，suw dam dʏsʏ- | 滴，滴水 |
| byrgø- | 蒙住 | dana | 份（量词） |
| byrgøk | 阴的 | danyʃban | 贤明的 |
| byt-，doozeldʏ- | 完毕 | daŋ bilen | 黎明，清晨 |
| bytgyl，bytgyldej | 完全地 | daŋbilen | 清晨 |
| byyrøk | 肾 | daŋ-duŋ | 叮当 |
| daaj abaj | 甜面糊 | daŋ gereli，ala køleŋgi | 霞 |
| daaj aga | 舅父 | daŋgʏr-，duŋgur | 叮当作响 |
| daan | 很 | daŋka | 聋子 |
| daan tybɛktyx | 错综复杂的 | daŋkʏ ʤem | 早点 |
| daan，ødø | 十分（副词） | dap deere | 暂时 |
| daaranz | 裁缝 | dapda | 重复（名词） |
| dabaʤak | 长袍 | dapda- | 重复、复习（动词） |
| daga | 马掌 | dapsʏr-，tølep ber- | 交付 |
| dagala- | 钉马掌 | dapsʏrma | 作业 |
| dagdaj | 木板 | dapʤʏ- øøndɛlɛ- | 发展（名词） |
| dajak | 棒子，拐棍 | dara- | 缝 |
| dajʏn，belen | 就绪 | darʏʏlga | 癣 |
| dajkak | 滑的 | dargatʏ- | 散开 |
| dajna- | 嚼 | darsʏlda- | 噼啪作响 |

续表

| 图瓦 Tu | 汉 Han | 图瓦 Tu | 汉 Han |
|---------|--------|---------|--------|
| dartba | 钐镰 | dekʃi ʤaagaj | 正义 |
| darza | 乐曲，大曲 | dekʃilɛ- | 平整，弄平 |
| das | 鸳 | dekter | 本子 |
| dasdarxan | 餐布 | deldiger，delden | 奢拉着的 |
| daʃ | 石头 | delgeran | 繁荣 |
| daʃ oruk | 公路 | dem，dember | 激情 |
| daʃ paxa | 乌龟 | dem | 安闲 |
| daʃye | 大学（汉借） | dem | 瞬间 |
| dat | 锈 | deme- | 搀扶 |
| datar | 塔吉克族 | demej，køølsiz | 粗糙的 |
| datdanɣ- | 生锈 | demekorat | 民主 |
| dazɣl | 根 | demɛr gyʃ，itgi gyʃ | 推动力 |
| daʤa- | 扔，抛 | dene tɛrbijɛ tijy | 体育 |
| daʤɣ | 压迫（名词） | den | 同样 |
| daʤɣ- | 溢出，运输 | denɛ- | 调配 |
| daʤɣma søs | 传说 | deniz ajdakar | 海龙 |
| daʤɣmal，tɣranspot | 运输（名词） | dep- | 踢 |
| daʤɣr- | 压迫 | depʃi | 木盆 |
| dax | 山 | derdi- | 出汗 |
| de，ol | 那个 | dergi | 捎绳 |
| debeʤen | 天堂 | derlik | 汗鞬 |
| dedir | 倒的，反的 | dermɛk | 耳坠子 |
| dedir gelir | 违背 | des- | 逃跑 |
| dee | 就是那个 | desgini- | 旋转 |
| dee，ol | 就那个 | deʃ- | 穿孔 |
| deedis | 天空 | dez- | 背弃 |
| deedis，kurmusdɣ | 上天，苍天 | dijala | 案子 |
| deer | 汗 | dil- | 剖开 |
| deermek | 圆环 | dilɛ- | 寻找 |
| deermetʃi | 恶霸 | dilgɛ | 狐狸 |
| deget | 好 | dilikɣram | 电报 |
| degɛ | 公山羊 | dilim | 牙儿（量词） |
| degiʃi，ɣndɣx | 那么，那样 | din | 宗教 |
| dekepar | 骄傲 | din | 相等，相似的 |
| dekser- | 检查，检讨，调查 | din | 煤油灯（汉借） |
| deksɛ | 平的 | dingɛsenir | 信徒 |
| dekʃi | 均匀的 | diris-darɣs | 噼啪 |

| 图瓦 Tu | 汉 Han | 图瓦 Tu | 汉 Han |
|---|---|---|---|
| diriw | 活的 | dokdam | 合同 |
| dirli- | 复活 | dol- | 充满 |
| dis，distin | 队列 | doldur　baza- | 装载，放入 |
| dis，gadarlaʃdɣr | 并排的 | dolga- | 旋，扭、拧 |
| disgek | 髌骨（膝盖骨），膝 | dolɣ | 满的 |
| diʃ | 牙齿 | dolɣ，dolɣk | 满的 |
| diʃ　gagɣʤa- | 倒牙 | dolɣk | 圆满的 |
| diz- | 贯穿，串，排列 | dolɣk，bɣdɣn | 完全的 |
| dizer | 串 | dolɣk，ʤige | 完好的 |
| dizim | 清单 | dolɣm | 资格 |
| debazi | 抬筢子（工具） | dolɣm，kølem | 体积 |
| degine | 公主 | dolkun | 波浪 |
| del | 恰巧 | dollar，tiŋge | 元（货币单位） |
| del，ʃɣnɣnda | 确实 | domak，sos，yzyk | 话语，词 |
| delbodonuŋ | 专有的 | doŋ | 冻的 |
| deldɛ- | 对准 | doŋ- | 冻结 |
| deldej | 针对 | doŋgaj- | 俯身 |
| deriʤi | 等级 | dolgak | 阵痛 |
| dertip | 秩序，顺序 | doŋɣrak | 剃刀 |
| dezmel | 熨斗 | doŋmojun | 顽固的 |
| dobʃuur | 冬不拉（乐器） | doora | 横的 |
| doburak | 土坷垃，土壤 | doora- | 切碎 |
| dodar | （衣服）里子 | doosdɣ- | 结束 |
| dodar　ot | 骆驼刺 | dop | 球 |
| dodarla- | 上里子 | dopalaŋ | 叛乱（名词） |
| doga，ʃugum | 尺 | dopʃɣ，tana | 纽扣 |
| dogda- | 等候 | dorɣx | 枣红的 |
| dogu- | 编，织 | dorga- | 绰 |
| doj | 喜庆 | dosdu- | 结束 |
| doj　baʃdɣɣ | 宣礼员 | doskar | 水槽，槽 |
| dojla- nɛrlɛ- | 庆贺（动词） | dostɣk | 友谊 |
| dojlaar，nɛrlɛr | 庆贺（名词） | doʃ | 冰 |
| dojlɣk，belek | 聘礼 | doʃ　ʤigir | 冰糖 |
| dokaʃ | 窝窝囊 | doxda- | 等待 |
| dokbak | 大棒，大头棒 | doxdurka　buda | 大米饭 |
| dokbakda- | 用棒打 | dozalgɣ | 障碍 |
| dokdaa- | 停止 | dozalgɣ，kedergi | 障碍物 |

| 图瓦 Tu | 汉 Han | 图瓦 Tu | 汉 Han |
|---|---|---|---|
| dozar | 期待 | dønøn | 四岁马 |
| dɤba- | 获得 | dønøryk | 四岁牛 |
| dɤba-, tɤp al- | 获得，找到 | døŋ | 丘，岗 |
| dɤbɤʃyk | 谜语，谚语 | døŋgørisge garsy | 反革命 |
| dɤbɤzɤk yleger | 譬喻 | døøjemes, deŋemes | 不同的 |
| dɤbɤzɤk, ajla | 智谋 | dør | 上座 |
| dɤjɤn | 松鼠 | dørbøldʒin garak | 方格 |
| dɤl | 舌头，语言 | dørt | 四 |
| dɤl, tarɤɤ | 适宜的 | dørtindʒi aj | 四月 |
| dɤlʃɤ | 记者 | dørtøn | 四十 |
| dɤlʃɤ, eldʒi | 媒人 | dørɤɤ, tamɤ- gɤ dɤrtɤm | 四分之一，刻 |
| dɤldʒok | 哑巴 | døʃøk | 床、褥子、床垫、铺盖 |
| dɤm | 潮湿 | døʃøk kirlik | 床单 |
| dɤmdax | 丝毫的 | døz | 铁砧 |
| dɤnbas | 钝的 | dødʒen | 铺开的 |
| dɤnɤʃ | 安静的、平静的 | dudum, bagɤlam, gezim | 束（量词） |
| dɤŋna- | 听 | duduʃ | 相连的 |
| dɤŋsɤx | 紧的 | dujraa | 鹤 |
| dɤp-dɤʃ | 肃静 | dujuk | 蹄 |
| dɤpkɤrlɤx | 创造 | dukdurga, gɤryʃ | 大米 |
| dɤra- | 梳，梳理 | dumaa | 鼻涕 |
| dɤrbɤɤʃ | 耙子 | duŋgyn | 回族 |
| dɤrda- | 抽、吸（烟） | duŋkulak | 谷粒 |
| dɤrdɤk | 歪斜的 | duŋma | 弟弟,小叔子,小舅子 |
| dɤrgak | 梳子 | duŋsɤ | 疯子 |
| dɤrkak | 指甲 | dur- | 存在 |
| dɤrtdɤnɤ- | 拘束 | dur- | 居住 |
| dɤrtip | 纪律 | dura- | 模仿 |
| dɤʃ, amɤr | 安定 | duralɤx | 兴趣 |
| dɤʃ, amɤr amgɤɤlɤŋ | 和平的 | durazɤnda | 当然 |
| dɤʃdɤx | 安全的，安定的 | durusguul | 塑像 |
| døbø ʃuurkan | 暴风雪 | dus | 盐 |
| dødø | 直接地 | duʃ, ges | 遭遇（名词） |
| døjle | 描写（名词） | dut- | 捉 |
| døjle- | 描写（动词） | dut-, kɤza- | 抓，握 |
| dølbøldʒin | 正方 | dutgan | 俘房 |
| dølgɤɤr | 钥匙 | duttar | 都塔尔(乐器,维借) |

| 图瓦 Tu | 汉 Han | 图瓦 Tu | 汉 Han |
|---|---|---|---|
| duza- | 腌 | edix kaarma | 肉黏饭 |
| duzak | 套绳，捕兽夹，套儿 | ee | 和卓 |
| dybyndɛ, tegindɛ | 总会，终归 | ee, jɛ | 是的 |
| dydɛmɛl | 含糊的 | een | 荒芜的 |
| dydy-, udʒu- | 降，下 | eer | 斜的，弯曲的 |
| dygyryk | 疲 | eer- | 吠 |
| dyj- | 结，系 | eer kyʃ | 纺锤，捻 |
| dyk | 绒毛、毫毛、毛 | eerek | 朽的 |
| dykdɛ- | 拔毛 | eerek- uurak | 曲里拐弯的 |
| dykdyx børt | 有耳皮帽 | eergiʃ | 纺锤 |
| dyn | 夜晚、夜 | eeri- | 纺 |
| dyndyk | 天窗 | eerim | 漩涡 |
| dyŋ | 总结（名词） | eedʒek | 后跟 |
| dyŋmøk | 大腿 | eezi | 主人 |
| dyp | 底、底细 | egin | 肩膀 |
| dyp | 棵，根（量词） | egitʃe | 大姐、姐姐 |
| dyp | 根，底 | ej-oj, kaj | 嗨 |
| dyp, ɣrak, tajlɤ | 久远的 | ekeri- | 痊愈 |
| dyr | 折叠 | ekke at, nerelix | 荣誉，好名声 |
| dyr- | 卷 | ekkedur | 再见 |
| dyrsyn | 印象 | eldir | 胎羔皮 |
| dyrym | 制度 | elek | 讥笑（名词） |
| dyʃ | 梦 | elesyn | 沙 |
| dyʃ | 中午 | element | 元素，要素 |
| dyʃ-, dydʒe- | 下落，降落 | elgek | 罗（罗面工具）、筛 |
| dyyn | 昨天 | | 子、粗筛子 |
| dyyʃgen | 结子 | elgɛ-, sezkylɛ- | 筛 |
| dydʒym | 收获（名词） | eldʒedir- | 养育 |
| dydʒymet | 大臣 | eldʒi | 使节 |
| dydʒynik | 见解 | eldʒigen | 驴 |
| ebɛʃdy- | 表少 | em | 药 |
| ebi gel- | 顺当 | em- | 吸乳 |
| edek | 衣襟 | em dom | 疗法 |
| edek køjleŋ | 裙子 | emdik | 生马 |
| eder- | 沿着，顺着 | em-dom | 疗效 |
| edikʃi | 鞋匠 | em-dom, domnaar | 医务的 |
| edik | 皮鞋、皮靴 | emerdiŋ | 黄昏 |

| 图瓦 Tu | 汉 Han | 图瓦 Tu | 汉 Han |
|---|---|---|---|
| emes | 非，不是 | erii，ʤeek | 岸 |
| emix | 乳房 | erik，ʤɤdʏn | 腐朽的 |
| emnɛ- | 治疗 | erii | 边沿 |
| emnɛ- | 治疗 | erikʃɛ | 特殊的 |
| emil，ʤemi | 核 | erin | 嘴唇 |
| emʤi | 医师、大夫 | eriŋ | 眼屎 |
| emʤilik | 加速 | eriti- | 冶炼 |
| en | 幅，幅画 | erte ʃɑɣx，øwbø ʃɑɣx | 古代的 |
| enej | 祖母，奶奶 | erten | 明天 |
| eni | 祖母，奶奶，姥姥 | esgertbe | 备注 |
| enik | 崽 | esgetkɤʃ sɑrɑj | 博物馆 |
| eŋ | 最，十分，非常 | eʃ | 伙伴 |
| eŋ ɑdɑ | 末了 | eʃdi- | 披 |
| eŋbekʃi | 勤劳的 | eʃdin | 披风 |
| eŋ øry | 最高的 | eʃteʃi- | 合伙 |
| ep kɑbyjɑɑ | 团结 | eʃti- | 游水 |
| ep，ɑɑj | 窍门 | et | 财产 |
| eptɛ-，septɛ- | 将就 | et | 肉 |
| eptix，ɑɑjlɤx | 灵巧的 | et belek | 礼物 |
| er | 主人，丈夫，男人，雄的 | et ʤøørɛ，sɑjmɑn | 用具，器具 |
| er elʤigen | 公驴 | et ʤorɛ | 陈设，货物 |
| erbentʃik | 蜘蛛 | etdix kɑɑrmɑ | 油煎包子 |
| erdem | 水平 | eteʃ | 公鸡 |
| erdem，tɛlim，surgɑɑl | 学说 | ezep | 账，账目 |
| erdeni | 珍宝 | ezep ʃot，ʃot | 算盘 |
| erdɛ | 早 | ezepdɛ- | 算账 |
| eregen | 念珠 | ezezi，kubizi | 贡献 |
| erge | 旧的 | ezɛ | 倍 |
| erge，erkin | 自由 | ezɛ- | 打哈欠 |
| ergen | 门坎 | ezɛɛr | 哈欠 |
| ergɛ | 娇惯的 | eʤej | 祖父，爷爷 |
| ergilɛ- | 绕 | eʤi | 朋友 |
| ergindik | 自由 | eziŋɛ | 镫 |
| ergir- | 变旧 | ezir | 鞍子 |
| ergɛlɛ- | 撒娇 | ezir | 老鹰 |
| ergi bøs | 旧布 | ezir sɑl- | 放鹰（打猎） |
| eri- | 消融、腐朽 | ezirkek | 残暴的 |

| 图瓦 Tu | 汉 Han | 图瓦 Tu | 汉 Han |
|---|---|---|---|
| fota | 摄影 | garɤsda- | 以拃量 |
| fiwadali- | 封建主义 | garga- | 骂，咒骂 |
| gabaj | 摇床 | garmon | 手风琴 |
| gabɤjalɤx | 和睦的 | garsɤ | 反对 |
| gabɤn, gɤrtdɤʃ | 瓜皮 | garsɤ ijik | 对面 |
| gadar | 管制 | garsɤ ijik, ol ijik | 对面 |
| gadar | （衣服）面子 | garsɤk, teme | 题目 |
| gadarlaʃdɤ- | 挨近，并排 | garsɤlaʃ- | 对抗 |
| gadat, pos | 哨岗 | gasgan | 蒸笼 |
| gadɤrgan gak | 瓜果干 | gat- | 凝结，变硬 |
| gajda | 衣袋 | gatnas | 交通 |
| gajɤ, al | 请吧 | gaz- | 挖掘 |
| gakba | 捕兽夹 | gazɤna, kor | 资金 |
| gakbak | 锅盖 | gadʑaa | 圈 |
| gakda- | 烘烤 | gegirik | 嗝儿 |
| gaksa-, zarla- | 叫苦 | gegiri- | 打嗝儿 |
| gal- | 留下 | gel- | 来 |
| galap yyrɤɤr | 世界末日 | gem | 过失 |
| galbak | 扁的 | geŋ sirik | 鼻梁 |
| galbɤ | 叶子 | gerbiʃ | 砖，土块 |
| galbɤ, dɤdʑer | 落叶，枯叶 | gerdi- | 刻 |
| galdɤk | 剩余的 | gerel | 光 |
| galgak | 簸箕 | gereldeni- | 发光 |
| galgan | 盾牌 | gereldix | 明亮的 |
| galgɤ-, ɛrejlɛ- | 缓慢 | geretʃi | 证明、证人 |
| galgɤ- | 漂浮 | geredʑi | 事实 |
| galdʑan | 显脸（动物头上的白斑） | geresi | 遗嘱 |
| galdʑɤɤ | 狂人 | gerik aldɤ, ɛpdɛ aldɤ | 星期六 |
| galdʑɤɤ | 患狂犬病的 | gerik beʃ, ɛpdɛ beʃ | 星期五 |
| galdʑɤraj | 疯狂地 | gerik dørt, ɛpdɛ dørt | 星期四 |
| gaŋ | 干旱 | gerik yʃ, ɛpdɛ yʃ | 星期三 |
| gaŋ gɤltɤɤr | 铁皮 | gerik bir | 星期一 |
| gaŋsɤ- | 发苦涩味 | ges | 档子（长度单位） |
| garaar, kamijaar | 属于 | gesbɤ | 面片 |
| garbɤs, tarbɤs | 西瓜 | gesgin | 果断的 |
| garɤs | 拃 | geʃ | 涉过 |
| garɤs ijik, oldʑarɤk | 对面的 | geʃ, bɤlgaar | 皮，皮革 |

续表

| 图瓦 Tu | 汉 Han | 图瓦 Tu | 汉 Han |
|---|---|---|---|
| geʃɛ | 晚上 | giŋgirgɛ | 鼓 |
| geʃɛ | 困难的 | giŋgirgɛ | 高音鼓 |
| geʃɛn | 脚镣 | girbik | 睫毛 |
| get- | 穿，佩戴 | giriʃ，kʏl | 弦 |
| gez- | 漫游 | giʃi | 人 |
| gezek，bølym | 部分 | giʃi tørølgytyn | 人类 |
| gezet-，nakta- | 肯定 | giʃi，amtan | 人 |
| gezim | 判断 | giʃdɛ- | 驴叫 |
| geʤɛɛ bol- | 变困难 | giʤi- | 发痒 |
| geʤirim | 原谅（名词） | giʤiir | 痒（痒的感觉） |
| geʤirim，duza | 仁慈 | giʤik | （胳肢窝）痒 |
| geʤix | 关口 | giʤik aarɣx | 瘟疫 |
| gʏbar et | 燃料 | giʤikte- | 胳肢，使痒 |
| gʏdʏɣ | 身边 | giʤennɛ- | 扣上，扣住 |
| gʏjdi- | 请，邀请 | gøbej- | 增多，添加 |
| gʏjsʏk，kʏjgaʃ | 斜 | gøbik | 泡沫 |
| gʏlaŋa- | 亮，发光 | gøbøryn | 桥 |
| gʏlaŋna | 闪光的 | gødyr- | 举，提 |
| gʏlaŋna- | 闪光 | gødyr-，bitʤi- | 抄写 |
| gʏlaʃ-gʏlaʃ | 一闪一闪地 | gødyrliʃ | 起义 |
| gʏlʏmyj | 科学的 | gødyrʃy- | 抬 |
| gʏmʏʃ | 汤勺 | gøgøry- | 发霉 |
| gʏp gʏlaŋ | 光秃秃的 | gøk | 蓝 |
| gʏr，ʃet | 边 | gøk bʏrʤak | 绿豆 |
| gʏrdʏʃ，ʤøbyrɛ | 树皮 | gøk sigin | 绿草 |
| gʏrgʏ- | 剪毛，剃 | gøk yzy | 植物油 |
| gʏrgyt，gʏza | 威胁（名词） | gøkdeedis | 安拉，老天 |
| gʏrtʏʃ，kabʏk | 壳 | gøkdɛɛn，tara | 麦芽糖 |
| gʏsgar- | 变短 | gøkdix ʤer，ʤeʤektix ʤer | 花草地 |
| gʏsgaʃ | 钳子，夹子 | gøpdi | 公家 |
| gʏz-，ʃʏmʃʏ- | 掐，捏 | gør- | 看，探望 |
| gʏzʏl ot | 缬草 | gøs karas | 观点 |
| gʏzʏl ʤalaŋgaʃ | 裸体 | gørme zat | 样品 |
| gʏzʏr | 不产犊的 | gørymʤi，yzymʤi | 现象 |
| gidis | 毡子 | gørymʤilix | 卓越的 |
| gilɛm | 地毯 | gørymʤyk | 玻璃，镜子 |
| giŋgirgɛ | 手鼓 | gøʃ- | 转移，迁移 |

| 图瓦 Tu | 汉 Han | 图瓦 Tu | 汉 Han |
|---|---|---|---|
| gølʤyrgene | 鸽子 | gyzyn | 秋 |
| gøʃɛ | 街 | gyʤyrkek, erlix | 干劲 |
| gøʤøgɛ | 帘子，幕 | gyʤyrkɛ- | 振作 |
| gøzøx | 拨火棍 | gɛdil | 桶、水桶 |
| godajγ- | 翘 | gɛzet | 报纸 |
| godan | 群（量词） | gudu | 下面 |
| golun | 马肚带 | gudula-, dyʤe- | 下降 |
| gomus | 考木孜琴 | gujgyʃ | 漏斗 |
| goo | 直的，直 | gulgax | 干枯的 |
| gorbγldaj, （dodγ）lomak kuʃ | 鹦鹉 | gulʤa, argar | 盘羊 |
| gorʤa- | 包围（动词） | gunaʤyn | 三岁母牛 |
| gos- | 添加 | gundγs | 水獭 |
| gorʤaar | 包围（名词） | gurda, kγjma | 灌肠（食品） |
| goʃ, goʃgan | 联合的 | guruʃ- | 收缩 |
| goʃ, per | 双（量词） | gurʤakda- | 抱 |
| goʃda- kolda- | 赞同 | gut-, kapda- | 装入 |
| goʃ-goʤu- | 编纂 | gutgar | 拯救（名词） |
| gozγl- | 同意 | guu, oj | 灰色的 |
| gozγl, gir- | 加入 | guur | 坟墓 |
| gydɛɛ | 女婿、新郎 | jaamγn | 机关、衙门（汉借） |
| gydyk | 汽笛 | jaŋzγ | 样子（汉借） |
| gymɛn | 疑惑 | jasilij | 托儿所 |
| gyŋsγ, seriktik | 公司 | jaxaj | 啊呀 |
| gyr-gyr | 哗哗 | jekdɛ | 肩 |
| gyryn, tørɛ | 国家 | jekʃikyzyk | 字母表 |
| gysdyŋ soŋ aj | 九月 | jelik | 讥笑 |
| gysdyŋ orta aj | 八月 | jepʃi, kγs | 母的 |
| gysgɛ | 老鼠 | jezirik | 醉的 |
| gyʃ | 力量，力气 | jidializm | 唯心主义 |
| gyt- | 侍奉 | jija deʃgiʃ, kaʃaw | 凿子 |
| gyyr | 陵墓 | jijaʃ | 树 |
| gyzel, arman | 心愿 | jijaʃ | 斗（量具） |
| gyzel, gyzeleŋ | 理想 | jijaʃ | 擀面杖 |
| gyzel, talap | 要求（名词） | jijaʃ | 柴火，木头 |
| gyzet- | 观察 | jijaʃ kømyr | 木炭 |
| gyzɛ- | 乞求，祝愿 | jijaʃγ | 木匠 |
| gyzøl | 心愿，愿望 | jijat | 惭愧、羞耻 |

续表

| 图瓦 Tu | 汉 Han | 图瓦 Tu | 汉 Han |
|---------|--------|---------|--------|
| jijɑt，ɣjɑt | 羞愧 | kajʏ | 哪里 |
| …jik…jik | 方，方面 | kajʏk | 小艇 |
| jimɑm | 依麻木（宗教人士） | kajʏn- | 沸腾 |
| jinɛ | 针 | kaj-kajsʏ | 各个 |
| jiŋgen | 母骆驼 | kaj-kuj | 喂 |
| jirede | 顺序 | kajnʏʏn | 沸腾的，开的 |
| jiʃʏk，ɣʤʏk | 浮肿 | kajsʏ | 哪个 |
| jit- | 推动 | kajsʏ bolsɑdɑ | 无论哪个 |
| jitee- | 推 | kajʃʏlʏk | 矛盾 |
| jiʤɑr-，ɣʤɑ- | 肿 | kajʃʏlʏkdʏx | 矛盾的 |
| jozun | 规矩，规则 | kajtʤʏ | 剪刀 |
| kaɑgɑn boorsɑk | （祭祀用）油饼 | kajtʤʏlɑ- | 剪（动词） |
| kaɑj | （鸟兽的）嘴，喙 | kallektip | 集体 |
| kaɑrgɑn mɑndʏʏ | 烤包子 | kɑltɑ | 袋子 |
| kaɑrmɑ | 态度 | kɑmɑ- | 关押 |
| kaɑʃ | 感冒 | kɑmɑndir，ʃerix bɑʃdʏx | 指挥员 |
| kɑbaɑ | 眼皮 | kɑmɑnistir | 共产党人 |
| kɑbʏlɑnʏ- | 折弯 | kɑmdɑ | 供应（名词） |
| kɑbʏldaɑr | 接见 | kɑmdɑ- | 供应（动词），供给 |
| kɑbʏʃdʏʏ | 有关的 | kɑmgɑlɑ- | 保卫 |
| kadɑ aba | 婆婆，岳母 | kɑmijɑ-，gɑrɑ- | 归属 |
| kadɑ- mʏjʏz | 锅，钉，别上 | kɑminizim | 共产主义 |
| kadɑ-，dypde- | 装订 | kɑmitet | 委员会 |
| kadɑgɑ | 疮 | kɑnɑl | 运河 |
| kadɑk | 礼物 | kɑndʏx | 怎样 |
| kadɑx | 鸡眼 | kɑndʏx bolsɑdɑ | 无论怎样 |
| kadʏ | 一同 | …kɑndʏx bolsɑdɑ… | 反正 |
| kadʏn | 夫人，妻子 | kɑndʏxbir | 任何一个 |
| kadʏsdʏx | 有关的 | kɑndʏxol | 剑子手 |
| kadʏʃdʏx | 取决于 | kɑniʤer，buzuk | 暴君 |
| kadʏx | 坚硬的 | kɑniʤer，ʤɑwʏz | 凶恶的 |
| kadʏx，dʏŋsʏx | 严厉的 | kɑnnʏx xol | 凶手 |
| kadir | 干部（哈借） | kɑnpit | 糖果 |
| kaj | 啊呀 | kak- | 打，击、敲，钉 |
| kajɑ | 在哪儿 | kakaj | 猪 |
| kajɑ | 峭壁，岩 | kakbɑ | 大门 |
| kajdɑ | 哪儿 | kakdʏɣʏʃ，aɑʃ-dʏl | 冲突 |

| 图瓦 Tu | 汉 Han | 图瓦 Tu | 汉 Han |
|---|---|---|---|
| kakʤɤ | 咔叽（汉借） | kastom | 西服 |
| kalbak | 扁的 | kaʃanbir | 任何时候 |
| kalɤptaʃɤ- | 定型 | kaʃɤk | 踝骨 |
| kalɤsdɤk | 领带，领巾 | kaʃ-xaʃ | 玉石 |
| kalɛndir | 日历 | kaʃʤɤr | 头巾 |
| kalgɤ- | 打盹 | kat | 层 |
| kalka | 面颊 | kat aga | 大伯子，大舅子 |
| kalkan | 剩余的 | kat aʤa | 公公，岳父 |
| kalkɤ- | 撤除 | kat øwx | 楼房 |
| kap | 套子，盒子 | kat ʤeŋge | 大姑子，大姨子 |
| kapasta | 包心菜（圆白菜） | katkɤk | 笑容，笑（名词） |
| kapitalizɤm | 资本主义 | katkɤra- | 笑（动词） |
| karadaŋ bilen | 早晨 | kawap | 烤肉（维借） |
| karadap gɤmen | 疑惑（名词） | kazak | 哈萨克族 |
| karaj- | 变黑 | kazam | 誓言 |
| karak | 眼睛 | kazɤ | 哈孜（宗教法官） |
| karak kørymʤyk | 眼睛 | kazɤrgɤ | 旋风 |
| karak ogɤ | 瞳仁 | kaʤan | 何时 |
| karaktɤŋ ʤaʃɤ | 眼泪 | kaʤanda | 时时刻刻 |
| karala- | 指责 | kaʤat, kerek | 需要 |
| karaŋgɤ | 黑暗的 | kaʤɤ | 哈吉，朝觐者 |
| karar, gezim | 决定 | kaʤɤk | 蝉 |
| kara sagɤʃ, metʃer zalɤmdɤk | 诡计 | kebek | 麸皮 |
| karɤk dat- | （日，月）蚀 | kee, børt keezi | 帽花 |
| karɤndaʃ | 铅笔 | keeleni- | 打扮 |
| karɤs-kurɤs | 咕嘟咕嘟 | keelenkɤʃ | 爱打扮的 |
| kar-kyr | 咯吱（模拟词） | keelexʃi | 首饰匠 |
| kartdɤga | 雀鹰 | keelɛ | 装饰，修饰 |
| kartoʃ | 土豆 | keele- | 装饰 |
| karttɤga | 兔鹘 | keersix | 涩的 |
| karxana | 企业 | kedergi | 障碍，干扰 |
| karz | 借（名词） | kej | 气 |
| kas | 鹅 | kejagar | 空气 |
| kasdɤŋ | 鬓角 | kejbeer | 某些 |
| kasdir | 出纳员 | kek | 杜鹃 |
| kasdirlik | 出纳 | kelbɛerɤ- | 形成 |
| kastɤk | 阴谋 | kelesgɛ | 蝎虎 |

续表

| 图瓦 Tu | 汉 Han | 图瓦 Tu | 汉 Han |
|---|---|---|---|
| kelin | 媳妇 | kezɛdɛ | 时常 |
| kelizi- | 协商 | keŋeʃ | 协商会议 |
| keliziir | 相宜 | kʏdɑ | 肛门 |
| kem | 洼 | kʏdɑt | 汉族 |
| kem，duduu | 短缺 | kʏdʏx | 顶针 |
| kemer- | 啃 | kʏdʏx | 旁边，侧，岸 |
| kemiir- | 变少 | kʏj- | 剪 |
| kemir- | 啃 | kʏjɑk sigin | 马莲草 |
| kemsin- | 悔恨 | kʏjɑr | 黄瓜 |
| kemʧilik，buruu | 缺点 | kʏjdi- | 叫 |
| kemʤi- | 节省 | kʏjʏktɑ- | 瞪眼 |
| kemʤi- | 量，测量 | kʏjnɑ- | 折磨 |
| ken | 矿 | kʏjnɑɑr | 刑讯 |
| kenderbɛ | 脊背 | kʏl | 鬃毛 |
| kendir | 麻 | kʏl-，iste- | 做 |
| kenerten | 突然 | kʏlɑjdʏ- | 磨光 |
| kenerten | 突然地 | kʏlɑŋ | 光滑的 |
| kenerten | 突然 | kʏlʏʏ | 行为 |
| kenʤɛ | 清贫的 | kʏlʏm | 学者，科学 |
| kep | 模子，楦头，套（量词） | kʏlʏn | 厚的 |
| kep，yleger | 形式 | kʏlʏn bɛldi | 皮帽 |
| kepil | 保证 | kʏlʏr | 斜眼，斜视者 |
| ker- | 撑开 | kʏlʏs | 罪行 |
| kerek | 需要，应该 | kʏlʏʃ | 套鞋 |
| kerek-，kereksil | 需要（名词） | kʏm | 谁 |
| kerekti | 必要的 | kʏm bolsɑ- dɑ | 无论谁 |
| kerektix | 中用的 | kʏmʏŋ | 革命（汉借） |
| kereksilet | 用品 | kʏmʏŋʃil | 革命的（汉借） |
| kerem | 堡垒 | kʏmʏs | 马奶酒 |
| keremet | 神通 | kʏmʏʃ | 水瓢 |
| kerɛɛ | 作用 | kʏmʏskɑjɑk | 蚂蚁 |
| kermeʤin | 暂时 | kʏmʤʏ | 鞭子 |
| kerp ojnɑ- | 旅行 | kʏmʤʏlɑ- | 鞭打 |
| kesgen，gezip | 坚决 | kʏmʤii | 规格 |
| kenʤe | 最小的 | kʏn | 鞘 |
| ketben | 镢头（维借） | kʏp- | 燃烧 |
| ketmen | 坎土曼（维借） | kʏr | 棱 |

| 图瓦 Tu | 汉 Han | 图瓦 Tu | 汉 Han |
|---|---|---|---|
| kɣr- | 进入 | kɛrem | 城墙 |
| kɣram | 克（量词） | kɛɛreel | 喜钱 |
| kɣre | 能力 | kɛɛrɛl, ekilik | 恩情 |
| kɣrɣn | 肚子 | kɛɛrɛldix | 敬爱的 |
| kɣrɣz xuduk | 坎儿井 | købelek | 蝴蝶 |
| kɣrgɣz | 柯尔克孜族 | købyŋ | 棉籽 |
| kɣrkan | 长者，年老的，老人 | køgʤyn | 发展（名词） |
| kɣrtɣʃ | 壳 | køjdy-, ʃɣla- | 浸泡 |
| kɣs- | 夹，挤，逼迫 | køjløŋ | 衬衣 |
| kɣs daka | 母鸡 | køjløŋ | 连衣裙 |
| kɣs kakaj | 母猪 | køkʤym | 音乐 |
| kɣska | 短的 | køl | 湖泊 |
| kɣʃkɣ- | 呼喊、叫喊 | køldyx doj | 喜庆 |
| kɣʃkɣ | 呐喊声 | køldyx kajlɣx | 隆重 |
| kɣʃkɣrɣm, li | 里（量词） | køldyx, nɣɣrlix | 热烈的 |
| kɣʃtɣŋ orta aj | 十一月 | kølem, barɣk | 规模 |
| kɣʃtɣŋ suŋkaj | 十二月 | køleŋgɣ ijik, ezim ijik | 背阴的 |
| kɣʃɣn | 冬 | køleŋkɣ | 影子 |
| kɣzɣl | 红 | køl-gøzyr | 声势 |
| kijskɣ- | 扬 | køløsø | 租 |
| kikilɛ | 结巴 | kølsiz | 懵懂 |
| kilekɣram, kile | 公斤（维借） | køltʃil | 仁慈 |
| kilometir | 公里（维借） | kølʤadura | 棋，国际象棋 |
| kin | 肚脐 | køm- | 埋 |
| kino | 电影（哈借） | kømyr | 煤 |
| kinoxana | 电影院（哈借） | kømyr ken | 煤矿 |
| kir | 污垢 | kømysgɛ | 眉 |
| kirɛɛ | 锯 | køn | 硬革 |
| kirim, kiris | 收入 | køn- | 同意 |
| kirsabɣŋ | 肥皂 | kørektɛ-, ʃeedʒilɛ- | 背诵 |
| kisɛɛl, nom | 功课 | kørkømønɛr | 艺术 |
| kitapxana | 书店（哈借） | kørpɛ | 被子 |
| kitapxana | 图书馆 | køryŋ | 棉花 |
| klas | 班级 | køødyx | 兴趣 |
| kɛlɛ, tebek | 毽子 | køø søs, yleger søs | 童话 |
| kɛloktiptik | 公共的 | køødeʃ, sagɣʃdaʃ | 齐心的 |
| kɛpis | 石膏 | køøl | 心愿 |

| 图瓦 Tu | 汉 Han | 图瓦 Tu | 汉 Han |
|---|---|---|---|
| køøl | 感情 | korgan | 防御（名词） |
| køøl | 心意 | korgar，kojar | 恐惧（名词） |
| køøl bøler | 关心的 | kortdan | 凶，不吉利 |
| køøl gaar | 重视 | kortdɣk | 懦夫 |
| køøldɣx | 愉快的、欢乐的 | kortdɣk | 怯懦的 |
| køølka- | 注意 | kortɣndɣ-，la- ʤɣɣʃ- dɣrɣ- | 作总结 |
| køørki- | 怜悯，痛心 | kortɣndɣ，ʤɣɣʃdɣr | 总结（名词） |
| køølsirgek | 仁慈的 | koruul | 监禁（名词） |
| køøl sagɣʃ | 心意 | koruul tam，ʃarbak | 围墙 |
| køøl ʤyrek jirix | 心灵 | kosxumux | 管子，筒 |
| køøl ʤyrek-degi køøl | 心愿 | koʃ，ʤarɣk | 缝隙 |
| køørɣk | 锹 | koʃa | 邻居 |
| kodan | 兔子 | koʃa | 庭院 |
| kodu | 胃、肚子，城市 | kozul-，kozlu- | 赞同 |
| koduraʃ | 咽喉 | kudaga | 理性 |
| koj-，kojar- | 受惊 | kudaj | 天空 |
| kojɣn | 怀抱 | kuduk | 井 |
| kojnɣ | 怀，怀抱 | kudul-，des- | 摆脱 |
| kojɣx | 浓的 | kuduldɣr- | 挽救 |
| kojux | 稠密，浓 | kudur- | 猖獗 |
| kojtbak | 酸奶 | kuduruk | 尾巴 |
| kol tergen | 小车 | kuj | 洞穴 |
| kola-，gat- | 加、添、掺入 | kujuk，syttiŋ kujuu | 奶渣 |
| kol-but，dɣrtar | 分娩（名词） | kul | 奴隶 |
| kolduk | 腋 | kulak | 耳朵 |
| kolɣma | 附加物 | kulakʤok | 聋子 |
| kool | 烟囱 | kulaʃ | 庹 |
| koola- | 弄直 | kulaʃda- | 越、迈，迈步 |
| koor- | 炒 | kulun | 小马驹 |
| koorgɣʃ | 炒麦仁 | kulun，guduruk | 萬苣 |
| koorma et | 馅 | kulur | 面团 |
| koorʃok | 木偶，玩偶 | kulusɣn | 芦苇 |
| koŋga | 铃 | kuluu | 葫芦（汉借） |
| kop，kobuutʤi | 谗言 | kuman | 怀疑 |
| kopar- | 砌 | kumar | 赌博 |
| koranda- | 毒害 | kumarʃɣ | 赌徒 |
| korga- | 怕 | kun | 成本 |

| 图瓦 Tu | 汉 Han | 图瓦 Tu | 汉 Han |
|---|---|---|---|
| kunan | 三岁公马 | kyndy, kyndiler | 尊敬 |
| kundɣs | 海狸 | kyn-dɣn，søtge | 一昼夜 |
| kur | 带子、皮带 | kyndɣs | 白昼 |
| kur- | 建设（动词） | kynjik | 向阳的 |
| kuraganna- | 产羊羔 | kyre- | 铲 |
| kuram | 成分 | kyreɛ | 清真寺，庙宇 |
| kuran | 可兰经 | kyreʃ | 斗争，摔跤（名词） |
| kurban | 烈士，牺牲品 | kyreʤi- | 摔跤（动词） |
| kurga- | 干，枯 | kyryʃ | 稻 |
| kurkax | 干的，干燥的 | kyyrek | 锹 |
| kurlɣs | 建设（名词） | laa | 石蜡、蜡烛（汉借） |
| kurmusdɣ | 天空 | laazy | 辣椒 |
| kurt | 虫，酸奶干 | labɣlap telmir- | 盼望 |
| kuruppa | 小组 | laj, balkaʃ | 泥土，泥 |
| kurux | 空的，徒劳的 | lakɣr | 阵营，阵线 |
| kuanʤjux | 非常 | lama | 喇嘛 |
| kurʤax | 箍 | laŋ | 两 (重量单位,汉借) |
| kurʤok | 妻子 | laŋmyn | 拉面，抻面（汉借） |
| kus- | 呕吐 | laʃɣn | 隼 |
| kusko- | 吐 | lazɣ | 辣椒（汉借） |
| kuʃ | 鸟 | lobɣ | 萝卜（汉借） |
| kuʃa, irt | 公绵羊 | løgɣr | 谚语 |
| kusgɣn | 山乌鸦 | løgɣr, yleger | 例子 |
| kuʃkaʃ | 云雀，麻雀 | lugat | 词典 |
| kuʃuukda- | 抱 | luu | 龙（汉借） |
| kut- | 灌注，铸造 | luza | 骡子（汉借） |
| kuurɣlda- | 刨 | magamut, bot | 身体 |
| kuwa, anɣkdama | 证明 | magnijt | 磁石 |
| kuwman | 洗手壶 | majdan | 场地、立场 |
| kux, zalɣm | 狡猾的 | majgan | 帐篷 |
| kux-zalɣm, kara sagɣʃ | 阴谋诡计 | majsa | 苗 |
| kuzuk | 瓜子，葵花子 | mak，dajɣn | 现成的 |
| kydɣr | 麝香 | makala | 文章 |
| kyl | 灰 | makda- | 夸奖 |
| kyn | 太阳，日，日子 | makdan- | 自豪 |
| kyn ʤaje | 阳光 | mal, adɣɣsɣn | 牲畜，野兽 |
| kyndekɣ | 每天的 | mal argasɣnɣ | 牲畜粪 |

| 图瓦 Tu | 汉 Han | 图瓦 Tu | 汉 Han |
|---|---|---|---|
| mal eezi | 牧主 | mege | 流言，谣言，虚假的 |
| mal syrtik | 畜群 | mejɾɛm | 节日 |
| maldʒi | 牧民 | men | 我 |
| mandʒɣɣ | 满族（汉借） | mende, amur mende | 平安 |
| maŋnaj | 前额 | mendɛkal- | 生存，活 |
| maral | 母鹿 | mendi sora- | 问候（动词） |
| marga bɣzaa | 两岁公牛 | mergɛn | 神射手 |
| marka，at | 招牌 | merzim | 时期 |
| marksizim | 马克思主义 | meʃibɛt | 衣服 |
| maʃɣk | 联系 | metɛl | 金属 |
| maʃina | 卡车 | metir | 公尺 |
| matɣrjal | 材料 | medʒel artdagalɣr | 落后的 |
| maxabat | 爱情 | mɛdenij | 文明的 |
| maxsat | 目的 | mɛɛrɛ- | 羊叫 |
| mazak | 穗 | mɛlim | 已知的 |
| mazmun | 内容 | mɛlmɛt | 报道 |
| maas, inek ʃaʃkak | 牛虻 | mɛndi | 包子 |
| mɣja | 苦豆子 | mɛne | 意义 |
| mɣjak | 牢固的 | mɛnkɣ | 永恒 |
| mɣjɣn | 脖子、颈 | mɛnsɛbi | 官职 |
| mɣjɣn aldʒɣɣr | 围巾 | meʃine | 机器 |
| mɣjes | 特角 | metʃin | 猴子 |
| mɣj-mɣj | 唤猫声 | medʒi edik | 软底靴 |
| mɣndɣx | 这样的，这么 | midetkɣga- | 任命 |
| mɣŋ | 千 | mijna | 地雷 |
| mɣrʃak | 豆子 | milijon | 百万 |
| mɣs | 猫 | mindet | 任务 |
| mɣskal | 钱（重量单位） | mines | 性格 |
| medel | 才能，能力 | minet | 分（时间单位） |
| medeldix | 有能力的 | miril | 战果（名词） |
| medildix giʃi | 人士 | misana | 目标 |
| mediledʒir | 拜访（名词） | molla | 毛拉 |
| mee | 脑 | montʃak | 珠子 |
| mee alɛ- | 记忆 | mondʒa | 浴室 |
| mee，baʃ | 脑袋 | mort, dort | 脆的 |
| meedʒok | 笨拙的，笨蛋 | mølʃernin, uzun sannan | 大约 |
| mege søs | 谣言 | mølʃøre, ezebi | 大约，左右 |

| 图瓦 Tu | 汉 Han | 图瓦 Tu | 汉 Han |
|---|---|---|---|
| mølʃørlɛ- | 打闪 | nɣɣdirlɣ-, ʃagala- | 拜节 |
| mølʤir | 估计（名词） | nɣɣlɛ-, dojla- | 庆贺 |
| mølʤi- | 估计（动词） | nɣɣr kɣn | 节日 |
| møndyr | 冰雹 | nɣɣrix, ʤaagaj | 吉祥的 |
| møŋgen, tiŋge | 金额 | nɣgɣz | 紧密的 |
| møŋgɣn | 银 | negɛ | 婚姻 |
| møørɛ- | 啜泣 | negis | 基础 |
| mør | 印，章 | nerbɛ | 神经 |
| mørɛ- | 牛叫 | nerin | 认真 |
| mu | 亩（面积单位） | nɛʃer | 低劣的 |
| mumkun | 可能 | nɛʃput | 香梨 |
| muŋ | 愁闷（名词） | nɛtiʤɛ | 结果 |
| muŋdanɣ- | 愁闷（动词） | nɛzir | 乃孜尔(布施,维借) |
| muŋgara | 忧愁 | niikimdik, kogamdɣk | 社会的 |
| muŋgara- | 烦闷 | nikim | 社会（蒙借） |
| muŋgara, muŋgaran-ʤɣx | 忧郁的 | nirgi- | 鸣 |
| murna- | 超越 | nir-nir | 哗哗 |
| murnɣnda | 前夕 | noga- | 变绿 |
| murnugɣ | 前线 | nogan | 绿的，蔬菜、菜 |
| murnuu | 南 | nojɣn, mɛnsɛp | 官职 |
| murnuugɣ | 前一个 | nom | 课程，书（蒙借） |
| musɣlman | 穆斯林 | nom, erdem | 学业 |
| muzika | 乐器 | nom-erdem | 教育（名词） |
| myde, pajda | 利益 | nomsaŋ, kitapxana | 阅览室 |
| myldɛn, dɣp-dazɣlɣnan | 根本的 | nomʃu- | 读 |
| myn | 肉汤 | nopus | 人口 |
| myrin-kem | 江河 | norma | 定量 |
| myʤe | 成员，器官 | nota | 乐谱 |
| nak, ʃɣn | 现实的 | nøl | 零 |
| nak, tuŋ, jozɣlɣx | 正当的 | nømyr | 号码 |
| nakdɣlɣ | 详细的 | nørlɣx | 光荣 |
| namaz | 礼拜（维借） | …ntʃɛ… | 按照 |
| nan | 馕（维借） | nɣɣldɣx | 不公平的 |
| nar | 单峰驼 | nɣɣrʤok, bɣʤar, ɣjat ʤok | 可耻的 |
| narazɣ | 不满意的 | obaala- | 堆垛 |
| narɣn | 纳仁（食品，哈借） | objete | 对象 |
| nazarija | 理论 | obulɣs, ʤuu | 州 |

| 图瓦 Tu | 汉 Han | 图瓦 Tu | 汉 Han |
|---|---|---|---|
| oda | 除草（名词） | oŋaj bilen | 容易的 |
| oda- | 除草（动词） | oŋaj, ebi gelir | 方便，便利 |
| odaga | 冕，王冠 | oŋajladʒy- | 变容易 |
| odar | 牧草 | oŋkar dʒer | 洼地 |
| odu- | 醒 | ool | 孩子，儿子，男孩 |
| odun | 星 | oolda-, kol-, dog- but dyrta- | 生，分娩（动词） |
| ogdu- | 懂得 | oor | 贼 |
| oj- | 刻，剜 | oorga, øzy | 脊髓 |
| ojaldʒyk | 盆地 | oorgalan- | 依靠（动词） |
| ojyk | 壁龛 | oorgalan gan | 依靠者 |
| ojyl- | 起泡 | oorka | 后背 |
| ojyn | 玩笑 | oorla- | 偷窃 |
| ojlat- | 追 | ooʃgy kyzyl | 粉红的 |
| ojma | 雕刻（名词） | opdʒok | 粗鲁的，粗劣的 |
| ojma- | 雕刻（动词） | oraza | 斋戒 |
| ojna- | 玩 | orda | 汗庭 |
| ojun | 游戏 | oryk bazar, oryk dʒoryyr | 旅程 |
| ojundʒijuk | 玩具 | orynda- | 满足（动词） |
| ok | 箭镞，子弹 | oryndaar | 满足（名词） |
| ok, ogy | 轴 | orgak | 带条纹的 |
| okyl- | 烧 | orgu | 平的 |
| okuwʃy | 学生 | orkan, jaamyn | 机构 |
| ol | 那，他 | orma | 收割（名词） |
| ol ijik | 往那边 | ornady- | 安装 |
| olar | 他们、她们，那些 | ornalaʃy- | 安置 |
| olur- | 乘（车，船） | ornat- | 镶嵌 |
| oluruʃ | 聚会 | órny, oryn | 共同的 |
| oldʒa | 战利品 | ornykdyx salmakdyx | 稳重的 |
| oldʒalaŋ, gøkagar | 宇宙 | ornyn bazar giʃi, arttyn bazar giʃi | |
| oldʒalaŋ, gøkagar | 宇宙 | | 继承人 |
| olyr- | 坐 | ortʃalaŋ | 世界 |
| on | 十 | ortalyk | 中央 |
| on myŋ | 万 | orty | 中间 |
| …on bilen kady… | 而且 | ortekdix, ynelix | 宝贵 |
| ontyjyn | 角（货币单位） | ora- | 卷 |
| oŋ- | 褪色 | ora-, baxla- | 扎，捆 |
| oŋ, dʒyyn | 右 | oraa- | 裹 |

| 图瓦 Tu | 汉 Han | 图瓦 Tu | 汉 Han |
|---|---|---|---|
| oraj | 时机 | øŋɣ | 脸色 |
| oralaŋ | 精明的，贤明的 | øŋɣ busdu- | 变脸 |
| oralɤk | 首都 | øŋgyr | 洞、山洞 |
| oraʃdɤla-，ʃɤrmalɤ- | 复杂化，变乱 | øŋnu | 漂亮 |
| ortuzy | 中间 | ørgyldʒe | 总是，经常 |
| oru- | 撕开 | ørgøn | 桩子，橛子 |
| oruk | 路 | ørgøʃ | 驼峰 |
| orukdɤx | 有理的 | øldε-ʃɤgɤt- | 弄湿 |
| orunbazar | 副的 | ølgen magamut | 尸体 |
| orunda-，magzen，kandɤr- | 满足 | ølkε | 省（名词） |
| oʃuk | 炉灶 | ølym | 死亡，逝世（名词） |
| ot | 火，草 | ørtdek | 酬金 |
| ot kɤrkɤʃ | 火钳 | ørtdekdeni- | 涨价 |
| ot tergen | 火车 | ørte- | 烧焦，烫 |
| otta- | 吃草 | ørtextyx | 珍贵的 |
| ottɤk | 箅子 | ørtε | 价格 |
| otdʒaʃdandɤ | 火星 | øry- | 编（编辫子） |
| oxʃar- | 吻，爱 | øry，saŋ øry | 上面，往上 |
| ozat | 先进的 | øryk | 杏干、杏 |
| ozaxajla | 顺利的 | ørylε- | 升高，提高，上升 |
| ozuruk | 屁 | ørym | 股，绺（量词） |
| ødɤ | 很 | ørym，burko zuanzi | 钻子 |
| ødryk | 鸭子 | øryt- | 教，传授 |
| øgøj | 后继的 | øryygi | 上面的 |
| øjge- | 摩擦，搓 | øsgys | 孤儿 |
| øjgølø- | 磨损 | øʃ | 成见，仇恨 |
| økbε | 肺 | øʃ- | 灭 |
| økyl | 代表（名词） | øʃgy | 山羊 |
| øl- | 死 | øt | 胆 |
| øl，ʃɤk | 湿的 | øt- | 过，通过 |
| ølym men ømyr | 生死 | øte- | 履行 |
| ølym | 死亡 | øtgendεegi，burungy | 原来的 |
| ømir syrydy | 存在 | øti | 坑 |
| øndiris | 生产 | øtken dʒɤl | 去年 |
| ønegε | 榜样 | øty- | 渗 |
| ønyrκesip | 工业 | øzεε | 心子 |
| øŋ | 颜色 | øzgør- | 变化 |

| 图瓦 Tu | 汉 Han | 图瓦 Tu | 汉 Han |
|---|---|---|---|
| øʤyrgiʃ | 橡皮 | pɛmidor | 西红柿 |
| øz- | 生长 | pɛrɛ | 贿赂 |
| øzyk | 字 | pilim | 影片 |
| øzym，pajda | 利润 | pilosopija | 哲学 |
| øzbek | 乌孜别克族 | pirensip | 原则 |
| øwx | 房屋，房间，卧室，家 | piʃipaan | 生的 |
| øwx bylø，øwx simijɛ | 家庭 | ponkyt | 风格，作风 |
| ørødyy- | 教育（动词） | port | 港口 |
| ørøgɛ | 户（量词） | poʃta | 邮政 |
| ørømɛ | 奶皮 | potnos，depsi tabak | 托盘 |
| ørøny- | 学习（动词） | proletarjat | 无产者 |
| øør，kodan | 畜群 | puzɛ | 店铺（汉借） |
| øøren- | 习惯，适应 | pylys | 平绒 |
| øøriʃky | 愉快的 | pyty- | 完成，结束 |
| øørleʤi-，taarʤy- | 适应 | prazenit | 百分数 |
| øøryy- | 高兴 | qaraasu | 泉 |
| paga | 蛙 | radyja | 无线电 |
| paga oɣylɣ | 蝌蚪 | rajon | 区 |
| pajda bol- | 产生，出现（名词） | rakmet | 感谢（维借） |
| pajdalan- | 利用，参考 | ramonyt | 修理（名词） |
| paj-paj | 哎呀 | rawap，ojgɣr dopʃuur | 热瓦普（乐器） |
| pana | 庇护 | razɣ | 满意 |
| par | 老虎 | redaksyja- | 编辑（动词） |
| paratʃøk | 粉末 | redaktor | 编辑（名词） |
| paraxot | 轮船 | reporma | 改革 |
| park | 差别 | respuwlika | 共和国 |
| paska | 铁锤，大铁锤 | ret，gezek | 次，届（量词） |
| paskak | 盘腿 | rezeŋke | 橡胶 |
| pasijip，ʤydek | 消极的 | rɛsip | 处方 |
| paʃ | 锅 | rɛsmi | 正式的 |
| paʃʃɣ | 炊事员 | rɛsmijet | 手续 |
| pedik | 高，竖 | rɛxmet | 感谢（维借） |
| perma | 谨慎 | rok | 精神 |
| peʃet | 封条 | rol | 舵，方向盘 |
| pɣjma | 毡靴 | roman | 小说 |
| pɣraandɣk | 饼干 | ruukanij | 精神的 |
| pɣʃ-，bɣʤa- | 划，割 | saada | 迟 |

| 图瓦 Tu | 汉 Han | 图瓦 Tu | 汉 Han |
|---|---|---|---|
| saadak | 箭 | sandaj | 椅子 |
| saam，ret | 次，回（量词） | saŋ | 仓（汉借） |
| saar | 产奶的 | saŋ jijaʃ | 桑 |
| saasyn | 纸 | saŋ jijaʃ ʤemi | 桑葚 |
| saaskan | 喜鹊 | saŋmaj | 鬈发 |
| saba | 缸，器皿 | saŋzy | 馓子（汉借） |
| saba- | 抽打，打松 | saŋ-ʤøøre | 宝库 |
| saba ʤuur bøs | 洗碗布 | saraj | 宫 |
| sabar | 手指，鸟巢 | sarba | 筷子 |
| sabyl，stakan | 木碗 | saryx | 黄的 |
| sabyŋ | 麦草 | saryx ojgyr | 裕固族 |
| sada- | 迟到 | sarkajy- | 变黄 |
| sadɣ | 玄孙 | sarlyx | 牦牛 |
| sagat | 钟表、小时 | sart | 维吾尔族 |
| sagɣʃga dyʤy-，bodalga- | 回忆 | sarxoj | 母羊 |
| saj | 河滩 | sarʤan | 丈（量词） |
| saja，køleŋky | 影子，荫 | sas | 沼泽 |
| sajasat | 政策（哈借） | sawak | 教训 |
| sajasy | 政治（哈借） | sawat | 常识 |
| sajla- | 选举（动词） | seek | 苍蝇 |
| sajlam | 选举（名词） | segɛɛ | 纯净的，清澈的 |
| sajman | 器具 | sek | 点（名词） |
| sakana talbuur | 舞台 | sekunat | 秒 |
| sakta- | 保存 | selemɛ | 大刀，剑 |
| sakty- | 想念 | semir- | 发胖 |
| sakʃy | 警察 | semir- | 上膘 |
| sal | 髭 | semis | 肥胖的 |
| sal- | 盛，装，放置 | sen | 你 |
| sala | 系统 | sen- | 相信 |
| salaa | 部门 | senim | 信仰，信心 |
| salar | 撒拉族 | serbyŋ | 游览（名词） |
| saldɣrʋk bez | 钱 | serejip kal- | 发愣 |
| salyʃdy- | 相比 | serengɛ | 火柴 |
| samabɣr | 茶炊 | sergek，zak | 警觉的 |
| san | 数（名词） | serin | 凉爽的 |
| sana- | 点数，计算 | sestra | 护士 |
| sandaj | 位置 | sez- | 感觉 |

| 图瓦 Tu | 汉 Han | 图瓦 Tu | 汉 Han |
|---|---|---|---|
| sezge- | 感觉（动词） | sileler | 您们 |
| sezilge, sezek, ugaan | 知觉 | siler | 您 |
| sezim | 感觉（名词） | simɯnɤt | 水泥 |
| sɤbɤr- sɤbɤr | 细语声 | simʤet- ɛrekettendi- | 发动，行动 |
| sɤbɤrla- | 耳语 | sinap | 水银 |
| sɤjlɤk | 奖励 | sir | 漆 |
| sɤjma-, dɤr- | 抒 | sirlɛ- | 哆嗦，发抖 |
| sɤkdɤ- | 挤 | sirt | 誓言 |
| sɤla- | 抹墙 | sirttɤ- | 吃惊 |
| sɤlak temir | 泥抹子 | sɛldɛ alʤɤɤr | 缠头巾 |
| sɤn- | 断 | sɛlɛm | 敬礼、问候（哈借） |
| sɤn, øŋ | 有缺口的 | sendi medir | 厘米 |
| sɤna- | 试验（动词） | sepɛer | 发展（名词） |
| sɤnak | 考验（名词） | sɛrɛdi- | 改善 |
| sɤnna | 批评（名词） | sɛs | 八 |
| sɤnna- | 批评（动词） | setin | 缎子 |
| sɤŋ- | 容纳 | sewis | 胡萝卜（维借） |
| sɤŋgan, sɤnɤk | 断的 | sɛzen | 八十 |
| sɤŋsɤx | 骄傲的 | sogana | 洋葱 |
| sɤra | 啤酒 | sogɤr | 瞎子 |
| sɤrga | 耳坠 | sogur | 瞎子 |
| sɤrgawɤl | 橡子 | sogus | 战，战斗 |
| sɤrla- | 上油漆 | soj- | 剥皮 |
| sɤrnaj | 唢呐 | soj- | 宰杀 |
| sɤr-sɤr | 嘶嘶 | sojaa | 芽 |
| sɤtga bul | 檩 | sojaala-, eniktɛ- | 发芽 |
| sɤstɤk | 枕头 | sojul | 文化 |
| sɤɤj | 膝胍 | sojɯwʃɤ | 屠夫 |
| sɤɤk | 浅的、肤浅的 | sokta- | 敲，弹 |
| sɤɤk, sɤɤkdɑt, sɤɤkdɑdɤ- | 稀疏的 | solagaj | 左撇子 |
| sɤɤn | 鹿 | solu- | 交换 |
| sɤɤrgak | （牛羊的）小腿 | solʤɤ- | 交换 |
| sidik | 尿 | sonɤrxa- | 喜爱 |
| sidiktɛ- | 尿，解小便 | son- | 伸 |
| sigiin | 草 | soŋkar, gedɛer | 以后 |
| siir | 肌腱、筋,消化（名词） | soŋkus kɤn | 大后天 |
| sijix | 线条 | soo- | 变冷 |

| 图瓦 Tu | 汉 Han | 图瓦 Tu | 汉 Han |
|---|---|---|---|
| sook | 冷的 | suuk | 稀的 |
| sookte- | 受寒 | suw | 水 |
| sooŋkus kyn | 后天 | suwaŋ | 扫雪（野兽） |
| sor | 盐碱 | suwlandɣ-, sugar- | 灌溉 |
| sor- | 吮，吸 | suwlɣk | 嚼子 |
| sora- | 问 | suwsa- | 渴 |
| sorak | 问题 | suwurma | 抽屉 |
| soramʤɣ | 乞丐 | suwʤajɣk | 洪水 |
| sorkal | 教育 | syjma- | 抚摸 |
| sot, sot mekemesi | 法院 | syjøk | 骨头 |
| sotsijalizim | 社会主义 | sylmyrej- | 蜷缩 |
| sowlu- | 凋谢 | sylysin | 猞猁 |
| stagan, kundɣk | 酒杯 | symɛ | 塔 |
| søgødɛ- | 跪 | syn, suŋ | 寸（汉借） |
| søj- | 拉长 | syndet | 割礼 |
| søjyndɛ | 肠 | synøsyn | 灵魂 |
| sølen- | 依靠 | syr- | 驱赶，驾驶 |
| søŋ- | 呈献 | syr gør-, gyzyyr | 游行 |
| søøsgen | 灌木 | syre-, ojlatɣ- | 驱逐 |
| søøgydiriw, tɣnnɣw | 活泼的 | syrgin | 流放（名词） |
| søøk | 骨头 | syrgy, xaarɣl | 刨子 |
| søøl | 猴子，痣 | syrkɣn- | 流放 |
| søs | 话 | syrlɛ, ɣʃda | 熏的 |
| sudasɣn | 脉 | syrlɛ-, ɣʃda- | 熏 |
| sugar- | 饮牲畜 | syrlɣx, oraatɣn | 凶猛的 |
| suk- | 塞入 | syt | 奶 |
| sulɣx, ʤaagaj | 漂亮的 | sytte- | 挤奶 |
| sulu | 燕麦 | syypi- | 滤 |
| sulux, ʤaagaj | 美丽的 | syzyk | 习俗 |
| sumduk guwgɣ | 诡计 | taalaj | 上颚 |
| suŋku | 北 | taar | 袋子，大口袋 |
| sura- | 乞求 | taar | 合适 |
| surakga dɣrtda- | 审问 | taarɣ- | 适合，中意 |
| suramʃɣ | 乞丐 | taarɣx, dɛl, ɣlajɣk | 合适的 |
| surawla- | 催促 | taarɛɛ | 值得的 |
| surkujlɣ | 学校 | taarʃɣ- | 和解 |
| surukʤɣ | 徒弟 | taarʃɣ- | 合得来 |

续表

| 图瓦 Tu | 汉 Han | 图瓦 Tu | 汉 Han |
|---------|--------|---------|--------|
| taartdɤ- | 看中 | taŋsa | 交际舞 |
| taba | 火盆 | tap | 阶级 |
| tabaa | 地基 | tapdɤx | 甜的 |
| tabak | 脚掌 | tar | 窄的 |
| tabak | 张（量词） | tara | 庄稼 |
| tabak | 碟子 | tara- | 流传 |
| tabak, desge tabak | 圆盘 | tara-, ʥajlɤ- | 泛滥 |
| tabaʥak | 袷袢 | tara-buda | 粮食 |
| tabɤɤr | 柜台 | tarajɤ- | 变狭窄 |
| tabijgat, begaal | 自然的 | taranʥɤ | 农民 |
| tadɤldap kɤtkɤ- | 哈哈大笑 | taraʥa | 天平 |
| tagɤ | 宝座 | taraʥer, taralaŋ | 田 |
| taj- | 滑 | tarɤ- | 合身，栽，种 |
| taja- | 滑 | tarɤɤr | 合适 |
| taja tal | 红柳 | tarex | 曾孙 |
| tajka ɤt | 猎狗 | tarmal kutzuk | 葵花 |
| takaj | 驴驹 | tart- | 磨面 |
| takda-, bɤʥɤxla- | 封闭 | tartʃɤ | 合得来 |
| takdaj dybynge ʥedir | 彻底 | tarx-, yresin tarɤ- | 播种 |
| takta- | 闩 | tas | 秃子 |
| tal | 个，根（量词），柳树 | tebɛ | 骆驼 |
| tal ʥeʥek | 夹竹桃 | tegenɛ | 盆 |
| talap | 要求（名词） | tegi, dyby | 底，根底 |
| talda- | 挑选 | tegindɛ | 原来的 |
| talgɤ | 讨论 | teginnen | 传统 |
| tam kabɤtʥɤx | 墙皮 | temdek | 标记 |
| tamaʃa | 游玩（名词） | temir | 铁 |
| tamɤkɤ | 烟草 | temir duzak | 金属丝 |
| tanɤ- | 吨 | temir ʃakbɤ | 投石器 |
| tanɤbas | 陌生的 | temir ʥol | 铁路 |
| tanɤm | 认识（名词） | temirʃiʃ | 烤肉扦子 |
| tanɤʃ | 认识的，熟悉的 | ten | 刺（名词） |
| taŋba | （牲畜）烙印 | ten imertʃi | 流浪者 |
| taŋba yzy | 印泥 | ten ʥeʥek | 玫瑰 |
| taŋɛ, bilbes | 不知道 | tendir gedep | 摇摆 |
| taŋgɤrak, anɤt | 忏悔 | tenimerz | 流浪者 |
| taŋma | 印章 | teŋ | 捆子 |

| 图瓦 Tu | 汉 Han | 图瓦 Tu | 汉 Han |
|---|---|---|---|
| terek | 杨树 | tilijpon | 电话 |
| tereŋ | 深 | tiŋge | 钞票，资金、经费 |
| tereŋnedi- | 变深 | tiŋgen | 铜钱，银圆 |
| teresyn | 席子 | tiŋʤaŋ | 厅长（汉借） |
| teresin | 芨芨草 | tisdøøt | 钳子 |
| tergen ʤok pojes | 无轨电车 | tøbøt kɤzɤl ʤeʃe | 藏红花 |
| tergen | 车 | tødø | 全部，所有 |
| terize | 窗子，窗户 | tøgøryk | 圆的 |
| termis | 热水瓶 | tøgyryk eeri | 圆周 |
| teʃten | 相当的 | tøk | 电，电流 |
| texnik | 技术员 | tøk- | 倾倒，泼 |
| texnika | 技术 | tøl | 幼畜，羔，驹 |
| teermek | 环 | tølde- | 产羔 |
| teerme | 磨坊 | tølɛ- | 支付 |
| tyjanak dandy- | 落实 | tøle- | 赔偿 |
| tyjɤn | 分（货币单位） | tørgyn | 绿洲 |
| tɤn | 生命 | tørmebilim | 天才 |
| tɤn mun-, gaʃdany- | 窒息 | tøʃ | 胸脯 |
| tɤn gumur | 寿命 | tøʤøk | 树桩 |
| tɤn muŋgaʃtɤn | 扯手 | tøøge | 轮子 |
| tɤn tɤnɤ | 缰绳 | tøørɛ | 范围，周围 |
| tɤnɤʃ | 呼吸（名词），气息 | tøøʃ | 胸口 |
| tɤnɤʃ byber | 闷热的 | tøødø | 所有的 |
| tɤnɤx bødys | 生物 | todu- | 饱 |
| tɤŋ | 荒的 | toduu | 饱的 |
| tɤrakdɤr | 拖拉机（维借） | togam, buga | 堤坝 |
| tɤrɤs | 咔嚓 | togaʃ | 小圆馍 |
| tɤrt- | 拉，扯，抽，拖，拽 | tom | 卷，著作 |
| tɤt | 松树 | ton | 皮袄，大衣 |
| tɤxbak | 矮的 | tonar | 认识（动词） |
| tɛnky | 坦克 | tool | 故事 |
| tɛsir | 影响（名词） | toola- | 叙述 |
| tɛwekel | 盲动，冒险（名词） | toona | 猪 |
| tibit | 山羊毛 | toosun | 扬尘、尘土 |
| tijatɤr | 戏剧 | top, dyrkim | 批（量词） |
| tijgaŋ | 提纲（汉借） | topda- | 积累，集中 |
| tik-, durgɤs- | 支起 | tor | 网，狭窄的 |

| 图瓦 Tu | 汉 Han | 图瓦 Tu | 汉 Han |
|---|---|---|---|
| toraŋgʏ | 胡杨 | wakʏjga, kerekyner | 事件 |
| torelgek | 罗（罗面工具） | walijbol | 排球 |
| torga | 啄木鸟 | waŋ | 王，王爷（汉借） |
| torgʏ udasʏn | 丝 | wɛdɛ | 诺言 |
| torgʏkurt | 蚕 | wolt | 伏特（电） |
| torgu | 花绸 | xaaj | 鼻子 |
| torla | 雪鸡 | xaaj ʏtʏ | 鼻腔 |
| torla- | 结网 | xaan | 汗、可汗，皇帝 |
| tormʏz | 刹车（名词） | xaan duʤʏ | 朝代 |
| tos | 九 | xaan ogʏlʏ | 王子 |
| tos- | 阻碍 | xaanʏx okʏjga | 惨案 |
| tosan | 九十 | xaarkam ot | 闪电 |
| tujaa- | 闪耀 | xaartʃak | 箱子 |
| tuk | 旗帜，纛，旌旗 | xabar | 消息 |
| tulup, barbu | 皮口袋，皮囊 | xabʏʏ, xabʏk | 皮，壳 |
| tuman, bus | 雾 | xada- | 钉（动词） |
| tuŋguʃ | 首次的 | xadak | 哈达 |
| tur- | 起来 | xadax | 钉子 |
| turuwba | 管子 | xadʏ- | 收割（动词） |
| tuuʤʏ | 叙事诗 | xadʏʏr | 镰刀 |
| tyk | 任何（否定） | xadʏk | 健康的 |
| tylɛ- | 脱毛 | xadʏŋ | 桦树 |
| tyr | 种类，色彩 | xadʏr | 直的 |
| tyr, buduk | 胭脂 | xaduŋma | 亲戚 |
| tyrge adʏ- | 分类 | xaja | 崖 |
| tyri | 种类，相貌，脸色 | xajʏk | 船 |
| tyrmɛ, kalaŋgʏ øwx | 监牢 | xajnara | 源泉 |
| tʏgʏ | 型，样子 | xak- | 弹，奏，打 |
| tʏrʏ, arnʏ | 脸色，面色 | xal, mʏŋ | 胎记（皮肤色斑） |
| tʏryk | 突厥 | xala- | 愿意 |
| tʏrykdiŋ | 突厥的 | xalaj | 锡 |
| tʏryʃgen | 同胞 | xalakʏra | 国际 |
| tʏryymʤi | 困难 | xalaŋna- | 奉拉 |
| tʏryymʤi-lix | 困难的 | xalbʏrajʏ-, zʏlbʏge- | 奉拉，下垂 |
| tywɛn | 团（汉借） | xalʏ- | 跳 |
| tʏykø | 历史，历史的 | xalʏpdʏx | 正常的 |
| wagan | 车厢 | xam | 女巫，萨满 |

续表

| 图瓦 Tu | 汉 Han | 图瓦 Tu | 汉 Han |
|---|---|---|---|
| xamɣr | 坟墓 | xol | 手臂，手 |
| xan | 血 | xol alʤɣʏr | 手帕 |
| xan ɣn- | 出血 | xol biʤik | 收据 |
| xandala | 臭虫 | xol biʤik kuʤat | 文件 |
| xar | 雪 | xol xap | 手套 |
| xar gøk | 靛蓝 | xol ʤadɣr | 伞 |
| xara | 黑的 | xolda- | 支持 |
| xara burɣʃ | 胡椒 | xolda- ʤøpgø | 赞成，支持 |
| xara dorɣx | 棕色 | xoldamba | 手册 |
| xara øryk | 酸梅 | xoldan- | 采用 |
| xara sakdɣɣr gaz | 阴谋 | xoldan duda- | 用爪抓 |
| xara suw | 泉眼 | xoldukda- | 搀扶 |
| xara ʃaj | 浓茶 | xoldukda- | （用胳肢窝）夹 |
| xara tamakɣ | 鸦片 | xolka | 门 |
| xarada | 对待 | xon- | 住宿，栖息 |
| xarajaʃ | 榆树 | xonak | 客人 |
| xarakan- gurt | 蜈蚣 | xonak øwx | 客店 |
| xaraktir | 性质 | xool | 烟囱 |
| xaratut | 哀悼 | xootʤɣ, domak | 谈话（名词） |
| xaraʤat | 费用 | xootʤɣla-, domak ta- | 谈话（动词） |
| xardaskɣ | 黑板 | xooʤɣ | 谈话（名词） |
| xarɣlɣx ʃuurgan | 暴风雪 | xooʤɣlaʤɣ, domak daʤɣ- | 谈话（动词） |
| xargɣʃ- | 遇见 | xooʤɣn | 老妇，老太太 |
| xarkan | 乌鸦 | xoran | 毒 |
| xarkanoru deedis | 银河 | xoran em | 毒药 |
| xarkolʤɣn | 铅 | xoran sogana | 大蒜 |
| xarlɣkaʃ | 燕子 | xortaŋ | 炖肉 |
| xars | 借贷（名） | xorʤɣn | 褡裢 |
| xartɣga | 鹰隼 | xos, ɣt, jiʤɛɛn | 穴 |
| xat | 层 | xoʃ | 双的 |
| xat boorsak | 千层饼 | xoʃuun | 部落联盟 |
| xaʤɣɣ | 斜的，歪的，歪歪扭扭的 | xuda | 亲家 |
| xɛrɣn | 也许 | xudurka | 后鞧 |
| xobɣn | 甜瓜 | xujlɣ | 法令 |
| xoj | 绵羊 | xulop | 俱乐部 |
| xojun | 襟 | xulur | 面粉 |
| xoju-xoju | 零零碎碎的 | xulur* buda | 面条 |

| 图瓦 Tu | 汉 Han | 图瓦 Tu | 汉 Han |
|---|---|---|---|
| xumɑlɑk | 粪蛋儿 | ynø- | 出，登上 |
| xurɑkɑn | 一岁绵羊羔 | yŋ | 颜色 |
| xurɤm | 铬鞣革 | yŋgɛ- | 攀登，爬 |
| xurlus | 建筑物 | yr- | 吹 |
| xuur | 号，喇叭 | yre-sadɤ | 孙子 |
| xuurŝun | 羽毛 | yrgyldʒe | 经常的，一贯的 |
| xemijɛ | 化学 | yrøsin | 种子，后代 |
| xeeri- | 狗吠 | yryn- | 学习（名词） |
| xɤjɤkdɑ- | 瞪眼 | ys | 油，油脂，石油 |
| xɤrɑ | 霜 | ysdykɤ dakdaj | 天花板 |
| xɤrɤktɤk | 羊毛剪 | ystɤx | 油饼 |
| ygyt，tarkɑɑl | 宣传（名词） | ysɤ- | 抵，撞 |
| ygyttɛ- | 宣传（动词） | yst | 上面 |
| ygyylɛ，dʒartɤktɤn | 瘫痪 | ystɤ | 上面的 |
| yje | 世纪 | yʃ | 三 |
| yjym | 组织，团体（名词） | yʃbyl | 石鸡 |
| yjymdɑʃ- dɤrɛ- | 组织（动词） | yz- | 掐断 |
| yldyryk | 蒲绒 | yzɛ- | 上油 |
| yleger | 寓言 | yzyk | 字母 |
| yleger，ylgɛɛ | 样式 | yzyk | 断的 |
| ylegertdʒi，akɤn | 诗人（哈借） | yzym | 葡萄 |
| ylɛɛʃ，eŋbɛɛ | 贡献（名词） | yzym dʒize | 景色 |
| ylɛʃ | 份 | yzyyr nom | 文选 |
| ylɛʃ- | 瓜分 | yʃyntʃi aj | 三月 |
| ylɛ- | 分 | yʃdʒen | 三十 |
| ylɛɛʃ，bølyʃ | 分配（名词） | ydʒy- | 冻伤 |
| ylger | 昂星 | ydʒyk | 霜冻 |
| yløgø | 榜样 | ydʒyyr | 典型的，优越的 |
| yløgør | 经验 | yyndy，dekʃilɤyn doburak | 土台 |
| yløsyn | 结子 | yyrendi | 碎末 |
| ymyt | 希望（名词） | yyreti- | 研碎，弄碎 |
| ymytten- | 希望（动词） | yyrmɤk daʃ | 砾石，碎石 |
| yn- | 出，冒出 | zaɑn | 大象 |
| yne，ørtek | 价值 | zada- | 卖 |
| ynelix | 珍贵 | zadɤraʃ | 理发师 |
| ynezi，ørttek | 价值 | zadɤx | 商业 |
| ynezi，ørttek | 昂贵，珍贵 | zadɤx，sawda | 生意 |

| 图瓦 Tu | 汉 Han | 图瓦 Tu | 汉 Han |
|---|---|---|---|
| zadɣxʃɣ | 买卖人，商人 | zoguʃ daŋɣ | 战乱 |
| zajan, zagɣɣsɣn | 恩惠 | zoka | 木犁 |
| zajɣk | 礼貌 | zokgɣ | 打击 |
| zak, zakdɣk | 警惕的 | zorla- | 强迫 |
| zakaz | 预定的，挂号的 | zorlɣk | 被迫 |
| zakbɣ | 筷子 | zøk- | 拆 |
| zal | 走廊，大厅 | zømka | 提包 |
| zalbɣj-, xaldɣj- | 耷拉，下垂 | zøpʃɛ-, bolur de- | 答应 |
| zalgɣn | 翅膀 | ʥa | 弓 |
| zamdar | 破烂的，破破烂烂的 | ʥaa | 敌人，仇敌，战争 |
| zaŋ | 法律 | ʥaa | 新的 |
| zaŋdɣlɣk | 规律 | ʥaa- | 蘸 |
| zaŋnɣx, orunnɣx | 合法的 | ʥaabɣ | 一定 |
| zasik | 政府 | ʥaabɣɣ, ʥolaa, surgumʤɣ | 教导 |
| zat | 产品 | ʥaagaj | 美丽 |
| zatkɣn | 叛徒 | ʥaak | 腮，下颌 |
| zawat | 工厂 | ʥaala- | 更新 |
| zɣbɣ | 蒂，蔓，蔓菁 | ʥaala, ʥaa | 侵略（名词） |
| zɣjan | 损失 | ʥaar | 疮 |
| zɣm | 畜牧场 | ʥaar | 鞍疮 |
| zɣŋ | 天平 | ʥaaʃ | 淳朴的，老实的 |
| zɣp | 柄，把子 | ʥaaʃkɣn | 雨 |
| zɣp | 杆 | ʥaaʃkɣn, kar | 降水（雨雪等） |
| zɣp | 主干，杆 | ʥaba | 韭菜 |
| zɣpta- | 安把子 | ʥabaa | 一岁马驹 |
| zɛn, bonkijt | 站 | ʥabana | 脾脏 |
| zejan, ʃegen | 花费 | ʥabɣs | 低的 |
| zekbil | 雀斑 | ʥadaɣx | 徒步 |
| zeŋberek | 大炮 | ʥadɣ | 铡刀 |
| zerik- | 寂寞，厌烦 | ʥadɣx | 步行的 |
| zerkɛ | 阉山羊 | ʥagaj, ʥaŋnɣx | 和蔼的 |
| zjaan, bak | 命运 | ʥagɣ, ʥøleniir | 柱子，支柱 |
| zigir | 胡麻 | ʥaj øt- | 度夏 |
| zilgi- | 抖动 | ʥajɣk, suw ʥajɣk | 洪水 |
| zirkɛ | 虮子 | ʥajga- | 摇，甩，漱，涮 |
| zoga, buluk | 犁 | ʥajlaw | 牧场 |
| zoga, ʥaa | 战斗（名词） | ʥajlɣ-, egili- | 倾斜 |

续表

| 图瓦 Tu | 汉 Han | 图瓦 Tu | 汉 Han |
|---------|--------|---------|--------|
| ʤajɪna | 摊子 | ʤaŋgʏr- | 响起 |
| ʤajmaʃʏ | 摊贩 | ʤaŋgʏs | 单的，孤单的 |
| ʤakʤa，kaarʃak | 匣子 | ʤaŋgʏsgat，ʤuga | 单薄的 |
| ʤala | 赋税 | ʤaŋgʏzla，…da…da | 仅仅 |
| ʤala | 侮辱，污蔑（名词） | ʤaŋger | 帝国主义 |
| ʤala-，kʏjdi- | 邀请，恳请 | ʤaŋkʏr tʏr | 单色的 |
| ʤalaa，dʏbir | 进攻 | ʤaŋxak | 核桃 |
| ʤalaar | 邀请（名词） | ʤapa | 辛苦 |
| ʤalaŋgaʃ | 裸体的 | ʤapʤa | 刚才，方才 |
| ʤalbar- | 央求 | ʤap-ʤada | 刚才那个 |
| ʤalbʏsan，ʤʏʏnda | 总计 | ʤar- | 劈，剖 |
| ʤalbʏsan，ʤʏʏnsan | 共计 | ʤaraa | 唾沫 |
| ʤaldarʏ- | 翻悔 | ʤaraa | 口水 |
| ʤalʏn | 火焰 | ʤaramaj | 刺猬 |
| ʤanʏʏ | 磨石 | ʤardʏk | 半，半个 |
| ʤanʤʏk，kapʤʏk | 小袋子 | ʤarʏk | 山沟，峡谷 |
| ʤalbʏz | 薄荷 | ʤarʏk | 缝隙，裂缝 |
| ʤalʏʏ | 青年，小伙子 | ʤarʏl- | 裂 |
| ʤalgʏʏ | 懒的，懒汉 | ʤarʏs | 比赛 |
| ʤalpʏlaʃtʏrʏ- | 推广 | ʤargʏ | 诉讼 |
| ʤama- | 缝补 | ʤarjala- | 宣告 |
| ʤamak | 垃圾 | ʤarlʏx，ɛmir | 命令，布告，告示 |
| ʤamax | 补丁 | ʤartʏ | 部分 |
| ʤambaʃ，symɛɛ | 胯，髋 | ʤartʤʏ- | 雇 |
| ʤamdʏkda | 有时 | ʤartʤʏlʏk | 雇佣的 |
| ʤan- | 返回（动词） | ʤas | 春 |
| ʤanama at | 外号 | ʤasdʏ- | 爆炸 |
| ʤanan，dedir | 重新 | ʤasga | 耳光 |
| ʤanandʏ，yol ʤazaan | 人造的 | ʤasgʏ | 蝙蝠 |
| ʤandan | 檀香 | ʤaʃ | 年龄 |
| ʤanʏ- | 磨 | ʤaʃ ʃarʏx | 青春 |
| ʤaŋ | 姜，生姜 | ʤaʃ，ʤaa | 嫩的，新鲜的 |
| ʤaŋ，balgoʃʤaŋ | 墙 | ʤaʃdʏ- | 躲藏 |
| ʤaŋbaʃ，saar | 臀部 | ʤaʃdʏʏ ˈarnʏ | 封面 |
| ʤaŋbʏlaŋ | 折磨 | ʤaʃdʏjʏkkɛ | 向外面 |
| ʤaŋʏ | 性格 | ʤaʃdʏp kir- | 潜入 |
| ʤaŋgaa | 护身符 | ʤaʃdʏn | 野外，外边，外面 |

| 图瓦 Tu | 汉 Han | 图瓦 Tu | 汉 Han |
|---|---|---|---|
| ʤaʃdɤn，een | 野外 | ʤonak | 鞍垫 |
| ʤaʃdɤn，ʤaʃdɤɣjik | 外面 | ʤook | 近的 |
| ʤaʃdɤn，ʤaʃdɤɣɤ | 外面的 | ʤookdaaɣɤ | 最近的 |
| ʤaʃdɤŋkar | 乱糟糟的 | ʤookta- | 接近，临近 |
| ʤi- | 吃 | ʤook xa-duŋma | 亲戚 |
| ʤibɛ | 东西 | ʤoon | 粗大的，粗壮的 |
| ʤider | 消失 | ʤoonna- | 变大 |
| ʤidix | 锐利的 | ʤop | 意愿 |
| ʤigesinen | 直率地 | ʤopɤr | 驾驶员 |
| ʤige | 正确的 | ʤor- | 走，通行 |
| ʤigir sej | 甜菜 | ʤordu- | 展开，铺开 |
| ʤigirlix boorsak，prandɤk | 饼干 | ʤornal | 杂志 |
| ʤigiʃ | 糖 | ʤoru- | 走 |
| ʤiik | 轻，轻松 | ʤosbar | 计划 |
| ʤiik | 急躁的 | ʤosbarla- | 订计划 |
| ʤiik | 便宜，贱（形容词） | ʤot-，aʃda- | 涂抹 |
| ʤiikte- | 减轻 | ʤozulnɤx | 品德 |
| ʤijiŋ | 细的 | ʤødyl | 咳嗽（名词） |
| ʤikɤr | 糖 | ʤødyr- | 咳嗽（动词） |
| ʤilix yzy | 骨髓 | ʤøp gøør | 接受 |
| ʤimʤak | 软绵绵的 | ʤøp ʤozɤn | 真理 |
| ʤin gɤrɤn | 杂碎 | ʤøp，ʤøpduw | 应当的 |
| ʤiŋ | 斤（量词，汉借） | ʤørgem | 襁褓 |
| ʤiŋ ʃaj | 清茶 | ʤøørɛ | 遗产 |
| ʤiptur | 贪污 | ʤu- | 洗，洗澡 |
| ʤipʤiŋkɤ | 纤细的 | ʤudan | 甜面糊 |
| ʤirbeʃ | 项链 | ʤudɤrɤk | 拳头 |
| ʤirgar | 幸福 | ʤuga | 薄的 |
| ʤit- | 遗失，消失 | ʤugɤrɤn ʤak | 拘谨的 |
| ʤoba- | 困乏,疲倦,疲劳(动词) | ʤula | 伏天 |
| ʤobaar | 疲劳（名词） | ʤumɤr | 爆炒面 |
| ʤobalaŋ | 苦衷，苦难 | ʤumurga | 蛋，卵 |
| ʤoda，sɤɤrkak | 小腿 | ʤuŋma | 野羊 |
| ʤok | 没有 | ʤur- | 画（动词） |
| ʤokdux | 穷人，贫穷的 | ʤurɤk tɤrtɤ- | 拍照 |
| ʤokdux | 贫苦的 | ʤurt | 群众 |
| ʤokɤ，daɤx baʤɤ | 顶，峰 | ʤurt | 人民 |

续表

| 图瓦 Tu | 汉 Han | 图瓦 Tu | 汉 Han |
|---|---|---|---|
| ʤurt | 公众 | ʤytdʏ sej | 芫荽，香菜 |
| ʤurt | 大家，民众，居民点 | ʤytdʏx ʃaŋ | 香（线香） |
| ʤuruk | 图画、照片 | ʤyx | 生的 |
| ʤurukʃy | 画家 | ʤybyr | 衬裤 |
| ʤuʃi | 主席（汉借） | ʤyden | 何等 |
| ʤut | 灾难 | ʤydyk | 肮脏的 |
| ʤuta- | 拔，揪 | ʤydyr- | 使驮，使负载 |
| ʤuwak | 小渠 | ʤyge, ʤyʤimege | 为什么 |
| ʤux | 净，净身 | ʤygenne- | 戴嚼子 |
| ʤuxly- | 打滚 | ʤygɛɛr | 妇女 |
| ʤumurga-lyx boorsak | 鸡蛋饼 | ʤygɛɛr duŋma | 小姑子，小姨子，妹妹 |
| ʤergeleʤip | 队列 | ʤygɛɛr yt | 母狗 |
| ʤerlik | 地方的，野的，方言 | ʤygyn | 嚼子 |
| ʤerlik at | 野驴 | ʤygyry- | 跑 |
| ʤerlik daka | 雉，野鸡 | ʤygyryk | 善跑的 |
| ʤerniŋ ʤuruu | 地图 | ʤyk | 包袱，行李 |
| ʤes | 铜，黄铜，青铜 | ʤyk | 边，方向 |
| ʤet- | 到达，取得 | ʤyk | 驮子，负载物 |
| ʤet-, ʤetʤi- | 赶上 | ʤyktɛ- | 驮，背负 |
| ʤetger | 事故 | ʤyk-ʤøk | 周围 |
| ʤetʤi- | 繁荣 | ʤyrek | 胆子，胆量，内心 |
| ʤeʤe | 多少，几个 | ʤyrekde, bodanldaʃ | 齐心 |
| ʤeʤe bolsada | 无论多少 | ʤyryk | 心脏 |
| ʤeʤek | 花 | ʤyrykdyx | 胆量 |
| ʤeʤek alaŋy | 花坛 | ʤys | 百 |
| ʤeʤek kyjyy | 花边镟子 | ʤytgelʤeŋ | 勤奋的 |
| ʤeʤek kørɛzi | 花边 | ʤyzdyk | 戒指 |
| ʤeʤek ʤemi | 花蕾 | ʤyzin- | 混乱的 |
| ʤeʤekbes ʤemnix | 无花果 | ʤyzyn- byryn | 各种 |
| ʤeʤekte- | 开花 | ʤyzynyndɛ | 根据 |
| ʤeziil | 哨兵 | ʤyy bolsada | 无论什么 |
| ʤezir, belbisin | 守寡的，寡居 | ʤyy, ʤyyl | 什么 |
| ʤyrtkyʃ | 凶恶的 | ʤyyn | 左，东 |
| ʤyʃyn suw | 洪水 | ʤerɛʃ | 令人喜爱的 |
| ʤyt | 气味 | ʃaa | 领子 |
| ʤyt- | 嗅，闻 | ʃaakaj | 鞋 |
| ʤytdany- | 发出气味 | ʃaaʃgak | 楔子 |

| 图瓦 Tu | 汉 Han | 图瓦 Tu | 汉 Han |
|---|---|---|---|
| ʃaaʤaŋ | 小茶碗，陶碗 | ʃeber, xol ʃeber | 手艺 |
| ʃaba-, byla- | 抢夺（动词） | ʃeber | 干净的，清洁的 |
| ʃabadan | 手提箱 | ʃeber, taza | 纯洁 |
| ʃagaa | 春节 | ʃeberle- | 打扫 |
| ʃaj | 茶，茶叶 | ʃeberlik | 清洁，卫生（名词） |
| ʃaj-paj | 茶点类饮食 | ʃeezы | 茄子（汉借） |
| ʃala, bitʤi | 略微 | ʃeeʤile | 记忆（名词） |
| ʃala, kem | 不足 | ʃegen- | 后退 |
| ʃala-mala | 潦草地 | ʃegirge | 蝗虫 |
| ʃalbыыr | 裤子 | ʃek | 界，界限 |
| ʃalbur | 皮裤，裤子 | ʃek- | 套牛 |
| ʃaldыr- gyldyr | 哗啦啦，沙沙响 | ʃek, toʃkы | 点 |
| ʃaldыr- ʃuldyr | 叮当 | ʃekben | 长衫 |
| ʃaldыrla- | 变稀少，哗啦啦响 | ʃemeʃej | 小拇指 |
| ʃalыŋ | 露 | ʃenik | 肘 |
| ʃalma | 套马索 | ʃep-ʃeber | 纯净的 |
| ʃanʤyp, aarvыr, ʤidiŋnыыr | 刺痛状 | ʃerix | 军队，士兵，部队 |
| ʃandaʃ | 碌磗 | ʃerixniŋ, albanы | 军事的 |
| ʃedow | 菜刀（汉借） | ʃeʃ- | 解开，脱 |
| ʃaŋgыrga, sopaj | 萨帕伊（乐器） | ʃet- | 赶上 |
| ʃanna- | 奖励 | ʃetʤik | 树苗 |
| ʃapdar | 棕黄 | ʃыbar | 有斑点的 |
| ʃaptal | 桃子 | ʃыda- | 忍受 |
| ʃaptla- | 剜 | ʃыdam | 忍耐，耐性 |
| ʃar ʃaaʤaŋ, ʃaaʤaŋ | 陶碗 | ʃыga- | 瞄准 |
| ʃar, ʃar doburak | 陶土 | ʃыgala- | 瞄准 |
| ʃara | 措施，手段 | ʃыjan ʤaŋ | 县长 |
| ʃarak, ʃak | 小米，粟 | ʃыk | 潮湿的 |
| ʃarbak | 篱笆，篮子 | ʃыk, ʃыgыt | 湿润 |
| ʃardaʃ ыsdagan | 搪瓷茶缸子 | ʃыkdыk, ʃыgыdыы | 湿度 |
| ʃarы | 耕牛，犍牛 | ʃыldыr- | 潺潺 |
| ʃarыt-ʃurыt | 噼噼啪啪地 | ʃыldыrla- | 潺潺声 |
| ʃar-ʃar, ʃart-ʃurt | 咔嚓 | ʃыmʤy- | 捏 |
| ʃart | 条件 | ʃыn | 真实的 |
| ʃart- ʤagыdaj | 条件，环境 | ʃыn bolat | 纯钢 |
| ʃaʤыn | 宗教的 | ʃыnar ʃыdm, zapa | 质量 |
| ʃavx | 时代，时节，时候，时间 | ʃыnыnda | 真实的 |

| 图瓦 Tu | 汉 Han | 图瓦 Tu | 汉 Han |
|---|---|---|---|
| ʃɣnɣnda, nak | 究竟 | ʃom buu, termis | 热水瓶 |
| ʃɣnɣgɣ- | 锻炼 | ʃorbadʒɣ- | 缠绕 |
| ʃɣndʒɣr | 链子 | ʃoʃ-belaaʃ | 争端，争吵（名词） |
| ʃɣŋ | 升（量词，汉借） | ʃot | 算盘 |
| ʃɣʃɣs dʒɣk | 东方 | ʃookar | 麻子 |
| ʃɣt | 花布 | ʃoor | 笛子 |
| ʃɣxʃa, zapas | 贮备 | ʃoodʒɣ | 锁 |
| ʃɣɣrak | 吝啬的 | ʃoodʒɣla- | 上锁 |
| ʃɛk | 票据 | ʃøgɣ- | 沉没 |
| ʃɛkbɛn | 切克曼（纺织品） | ʃøgɣ ol- | 跪下 |
| ʃɛpki, bɣrt | 有檐帽 | ʃøl | 沙漠，平原 |
| ʃigela- | 嘶嘶作响 | ʃølɛɛ | 许可 |
| ʃijpɣŋ torgɣ | 乔其纱 | ʃølen | 机会 |
| ʃilbi | 纽袢 | ʃøldʒer | 戈壁 |
| ʃilɛɛ | 贪欲 | ʃøtgø | 刷子 |
| ʃimdʒe- | 移动，震动 | ɛbirɛ | 麻烦，娄子 |
| ʃimdʒen- | 动身 | ɛdebiʃ | 文学的 |
| ʃimdʒeniir, erekɛt | 动作，活动 | ɛdetɛ | 普通的，平凡的 |
| ʃimdʒet- | 挪动，激起 | ɛdɛdi, tegengɛ | 风俗习惯 |
| ʃindʒi | 珊瑚，珍珠 | ɛdej | 故意地 |
| ʃindʒi gurɣt | 贝，蚌 | ɛdijal | 毯子，线毯 |
| ʃiŋ | 公斤 | ɛdil | 公道的 |
| ʃiŋsej | 芹菜（汉借） | ɛdilija | 司法 |
| ʃinʃi | 星期（汉借） | ɛdis | 办法 |
| ʃirbɛ- | 扫 | ɛdis | 祈祷（名词） |
| ʃirbiʃ | 扫帚 | ɛdit | 习惯 |
| ʃirɛɛ | 桌子（蒙借） | ɛditɛ, dʒonata | 平常的 |
| ʃirik | 草皮 | ɛkimtʃilik | 行政的 |
| ʃiʃ | （骆驼）鼻拴 | ɛktip | 积极的 |
| ʃiʃdɛ-, ʃandʒɣ- | 刺、扎 | ɛli bidʒii, ɛlsis | 弱的 |
| ʃiwe | 锡伯族 | ɛlsis, nɛzik | 衰弱的 |
| ʃuldɣr | 沙沙 | ɛmdirel, turmuʃ | 生活 |
| ʃuluun | 立刻，立即，迅速，快的 | ɛmir | 指示（名词） |
| ʃiirdek | 花毡 | ɛnɛ | 绵羊羔 |
| ʃojlaʃkan | 蚯蚓 | ɛnej | 山羊羔 |
| ʃokta- | 啄 | ɛŋk deer | 吭声 |
| ʃolman | 启明星，金星 | ɛpgiʃ | 扁担 |

| 图瓦 Tu | 汉 Han | 图瓦 Tu | 汉 Han |
|---|---|---|---|
| εrεj | 慢，缓慢的 | ulux | 大的，伟大的，重大的 |
| εrεjdep | 勉强，勉强地 | ulux aga | 伯父 |
| εrεj-εrεj | 渐渐地 | ulux, køldooʃdɤx | 盛大的 |
| εrtis | 演员 | umaʃ | 糊糊，面糊（维借） |
| εsεr | 感想 | umaʃ køʤε, gesbe køʤε | 汤面 |
| εserleni- | 受感动 | undak, dalgan | 细碎的 |
| εtir suw | 香水 | undakalɤx | 危险 |
| εεtdεx | 响亮的 | upa | 粉 |
| udaj | 继续 | uraa | 口号，标语 |
| udasɤn, ʤep, argamʤɤ | 细绳 | urgumul, øsimdik | 植物 |
| udu- | 睡觉 | urua | 号召 |
| udulbaa | 正文 | uruara- | 呼唤 |
| udur- dedir, garsɤ | 对立的 | urunzokaal | 文学 |
| ugaan | 智慧 | urux | 姑娘，女儿 |
| ugaan sagɤʃ | 智谋 | urux tarɤx | 子女 |
| ugaan, ugamzɤr | 道德 | uʃ, adɤr | 极，极端 |
| ugaanɤx | 智力的 | uʃar mεʤinε | 飞机 |
| ugaa-sagɤʃ | 记忆，记性 | uʃua- | 飞 |
| ugum | 概念 | uʃun | 为了 |
| uja | 巢 | uttu- | 忘记 |
| ujala- | 筑巢 | ux-ʃuu | 喧闹声 |
| ujgu | 瞌睡 | uza- | 变长 |
| ujma-, edirεŋne- | 搓 | uzun | 长的 |
| ujmaʃda- | 起皱褶 | uzun ʤoozɤ | 长条桌 |
| uk | 袜子 | uzunɤ, uzundɤɤ | 长度 |
| ukdurɤx | 通知（名词） | uzunus | 建议（名词） |
| ukturuw | 告示 | uʤa, søøk | 骶骨 |
| ukuk gaŋ | 权力 | uʤɤra- | 企图 |
| ula- | 连接，连接 | uʤε, bizi | 尖，端 |
| ulanut | 麻疹 | …uʤun | 关于 |
| ulax | 商队 | uʤur | 原因，意义 |
| ulduŋ | 鞋底 | uʤuraʃɤ- | 遇见 |
| ulɤx | 蜗牛 | uʤuru- | 砍，伐 |
| ulgadɤ- | 变大 | uurok | 初乳 |
| ulgat- | 变大 | uuʃda- | 揉 |
| ult | 民族 | uu-ʃuu | 喧嚷 |
| ulus | 国家，祖国，邦 | idimʤilix, erix | 顽强的 |

| 图瓦 Tu | 汉 Han | 图瓦 Tu | 汉 Han |
|---|---|---|---|
| ijat | 羞耻（名词） | idʑer-dʑiir，dʑem | 食品 |
| ijdija | 思想 | idʑɛrɛ-，korada- | 愤怒（动词） |
| iji | 二 | idʑi | 职业 |
| ijigat | 姑母 | izi- | 变热 |
| ijik | 方面 | izi-，ɣzɣ- | 发热 |
| ijitalaj | 不一定 | izix | 热的，烫的 |
| iknomika | 经济 | ɣgla- | 流泪 |
| iknomikalɣ | 经济的 | ɣj，uj | 喂 |
| il- | 挂 | ɣjat- | 害羞 |
| ildeŋ | 顽皮的 | ɣmraa | 蚊子 |
| iler ʃaakaj | 凉鞋 | ɣndʑalsa，ɛger | 假如 |
| ilgek | 钩儿 | ɣndʑaŋ- gadʑdan | 因此 |
| ilgiʃ | 挂钩 | ɣndʑaŋgaʃ，...udʑun | 因为 |
| ilitgil | 报告 | ɣndɣx | 那样，那样的 |
| inek | 牛，乳牛 | ɣndɣx，degiʃi | 那么 |
| inek kurt | 牛虻 | ɣndɣxɣndɣx | 等等 |
| inɛ | 婴儿哭声 | ɣnʃɣkɣ | 好像 |
| irbiʃ | 豹 | ɣr | 民歌，歌曲 |
| iriŋ | 脓 | ɣr ajas | 曲调 |
| iriŋnɛ- | 化脓 | ɣra- | 远离 |
| irmek，kɣr | 边，埂 | ɣrak | 远的 |
| is | 踪迹 | ɣrakda- | 远离 |
| isbazar | 接班人 | ɣrla- | 歌颂，唱 |
| islɛm | 伊斯兰 | ɣsrap | 浪费 |
| istet- | 使用 | ɣʃ | 烟，炊烟 |
| iste- | 查找 | ɣʃta- | 熏 |
| iʃ | 小腹，里面 | ɣt | 狗 |
| iʃ | 事，事情，工作，劳动 | ɣt bɣt | 跳蚤 |
| iʃ- | 喝 | ɣrttʃikuʃ，bulbul | 歌鸲 |
| iʃ aarɣx | 痢疾 | ɣxla- | 哭 |
| iʃpijon | 特务 | ɣz- | 噙，含 |
| iʃʃil，eŋbekʃil | 勤劳的 | ɣzɣ- | 咬 |
| iʃte- | 工作，干活儿 | ɣzɣboʃ | 石灰 |
| iʃtɛ-，dʑaza- | 做 | ɣzɣlda- | 嗖嗖响 |
| iʃti，iʃtiiji | 里面的 | ɣɣr | 民谣 |
| iʃdʑi，eŋbekʃi | 劳动者 | ɣɣʃ | 声音 |
| itti- | 顶，支撑 | ɣɣt | 声音 |
| | | ɣɣt ajas | 音调 |

# 图瓦语词汇（按汉语拼音排序）

| 汉 Han | 图瓦 Tu | 汉 Han | 图瓦 Tu |
|---|---|---|---|
| 啊 | a | 鞍子 | ezir |
| 啊（惊叹） | aaky-ɛj | 岸 | erii，ʤeek |
| 阿訇 | baxʃy | 岸 | kvdyx |
| 阿肯 | akyn | 案子 | dijala |
| 阿吾勒 | aal | 肮脏的 | ʤydyk |
| 啊呀 | aa，gøk-dediis | 昂贵，珍贵 | ynezi，ørttek |
| 啊呀 | aa，gøk-dediis | 八 | sɛs |
| 啊呀 | jaxaj | 八十 | sɛzɛn |
| 啊呀 | kaj | 八月 | gysdyŋ orta aj |
| 哎呀 | paj-paj | 巴旦杏 | badam |
| 哀悼 | xaratut | 拔，揪 | ʤuta- |
| 哀悼（名词） | aza | 拔毛 | dykdɛ- |
| 挨近，并排 | gadarlaʃdy- | 爸爸 | aaʤy |
| 矮的 | tyxbak | 白菜 | bajzaj |
| 爱 | oxʃar- | 白的 | ak |
| 爱打扮的 | keelenkyʃ | 白费，徒劳 | biker |
| 爱护 | azra | 白昼 | kyndys |
| 爱情 | maxabat | 百 | ʤys |
| 爱惜 | aja- | 百分数 | prazenit |
| 安把子 | zyvta- | 百万 | milijon |
| 安定 | dyʃ，amyr | 柏 | artyʃ |
| 安静的 | dyvnyʃ | 摆脱 | kudul-，des- |
| 安拉 | gøkdeedis | 拜访（名词） | medileʤir |
| 安全的 | dyʃdyx | 拜节 | nyydirly-，ʃagala- |
| 安闲 | dem | 班级 | klas |
| 安置 | ornalaʃ- | 斑点 | dak |
| 安装 | ornady- | 办法 | ɛdis |
| 鹌鹑 | bødønɛ | 办法 | arga |
| 鞍疮 | ʤaar | 办理 | bødyl- |
| 鞍垫 | ʤonak | 半，半个 | ʤardyk |

| 汉 Han | 图瓦 Tu | 汉 Han | 图瓦 Tu |
|---|---|---|---|
| 绊，拴 | bagla- | 爆炒面 | ʤumɤr |
| 绊索 | duʤak | 爆炸 | ʤasdɤ- |
| 帮助（动词） | bolʃu- | 悲伤（名词） | aʤɤx |
| 帮助（名词） | boluʃ | 北 | suŋku |
| 榜样 | ønegɛ | 贝，蚌 | ʃinʤi gurɤt |
| 榜样 | ɤløgø | 备注 | esgertbe |
| 棒子 | dajak | 背弃 | dez- |
| 包（动词） | bagla- | 背诵 | kørektɛ-, ʃeeʤilɛ- |
| 包（量词） | bag | 背阴的 | køleŋɤ ijik, ezim ijik |
| 包槽酒 | boza | 倍 | ezɛ |
| 包袱 | ʤɤk | 被迫 | zorlɤk |
| 包围（动词） | gorʤa- | 被子 | kørpɛ |
| 包围（名词） | gorʤaar | 奔驰 | buruksu- |
| 包心菜（圆白菜） | kapasta | 锛子 | ʃot |
| 包子 | mɛndi | 本事 | arxazɤ |
| 薄的 | ʤuga | 本子 | dekter |
| 饱 | todu- | 笨拙的，笨蛋 | meeʤok |
| 饱的 | toduu | 逼迫 | kɤs- |
| 宝贵 | ortekdix, ynelix | 鼻梁 | geŋ sirik |
| 宝库 | saŋ-ʤøørɛ | 鼻腔 | xaaj yty |
| 宝石 | azɤldaʃ | 鼻拴（骆驼） | ʃiʃ |
| 宝座 | tagɤ | 鼻涕 | dumaa |
| 保存 | sakta- | 鼻子 | xaaj |
| 保卫 | kamgala- | 比赛 | ʤarɤs |
| 保证 | kepil | 笔 | bijir |
| 堡垒 | kerem | 必要的 | kerekti |
| 报道 | mɛlmɛt | 庇护 | pana |
| 报告 | ilitgil | 箅子 | ottɤk |
| 报纸 | gɛzet | 壁龛 | ojɤk |
| 抱 | gurʤakda- | 边 | gɤr, ʃet |
| 抱 | kuʃuukda- | 边，方向 | ʤɤk |
| 豹 | irbiʃ | 边，埂 | irmek, kɤr |
| 暴风 | boraan | 边沿 | erii |
| 暴风雪 | døbø ʃuurkan | 编（编辫子） | øry- |
| 暴风雪 | xarɤlɤx ʃuurgan | 编，织 | dogu- |
| 暴君 | kaniʤer, buzuk | 编辑（动词） | redaksyja- |
| 暴露 | aʃɤkanɤr- | 编辑（名词） | redaktor |

续表

| 汉 Han | 图瓦 Tu | 汉 Han | 图瓦 Tu |
|---|---|---|---|
| 编纂 | goʃ-goʤu-，dogɤ-dogɤ- | 标记 | temdek |
| 蝙蝠 | ʤasgɤ | 表现（动词） | bejnesɤ- |
| 鞭打 | kɤmʤɤla- | 表现（名词） | bejne |
| 鞭子 | kɤmʤɤ | 别的 | baʃka |
| 扁担 | ɛpgiʃ | 髌骨 | disgek |
| 扁的 | kalbak | 髌骨（膝盖骨） | disgek |
| 变白 | agaar- | 鬓发 | saŋmaj |
| 变大 | ʤoonna- | 鬓角 | kasdɤŋ |
| 变大 | ulgadɤ- | 冰 | doʃ |
| 变大 | ulgat- | 冰雹 | møndyr |
| 变淡 | buluŋgɤ- | 冰糖 | doʃʤigir |
| 变短 | gɤsgar- | 兵 | ʃerix |
| 变富 | bajɤ- | 柄，把子 | zɤp |
| 变黑 | karaj- | 饼干 | ʤigirlix boorsak，prandyk |
| 变红 | kɤzar- | 并排的 | dis，gadarlaʃdyr |
| 变化 | øzgør- | 病 | aarɤx |
| 变坏 | baɡaj bol- | 病人 | aarɤx giʃi |
| 变坏 | buzul-，etgir- | 拨火棍 | gøzøx |
| 变黄 | sarkajɤ- | 波浪 | dolkun |
| 变旧 | ergir- | 玻璃 | gørimʤik |
| 变空闲 | baʃa- | 玻璃，镜子 | gørymʤyk |
| 变宽 | algɤ- | 剥皮 | soj- |
| 变困难 | geʤɛɛ bol- | 菠菜（汉借） | boosɛj |
| 变冷 | soo- | 播种 | tarx-，yresin tarɤ- |
| 变脸 | øŋɤ busdu- | 伯父 | ulux aga |
| 变绿 | noga- | 伯克 | beɤx |
| 变明显 | belgi be- | 脖子 | mɤjɤn |
| 变热 | izi- | 博物馆 | esgetkɤʃ saraj |
| 变容易 | oŋajlaʤɤ- | 跛的，瘸的 | aksak |
| 变少 | kemiir- | 跛行 | aksa- |
| 变深 | tereŋnedi- | 薄荷 | ʤalbɤz |
| 变松 | baʃa- | 簸箕 | galgak |
| 变稀少 | ʃaldɤrla- | 补丁 | ʤamax |
| 变狭窄 | tarajɤ- | 捕兽夹 | gakba |
| 变小 | biʤilɛ- | 捕兽夹，套儿 | duzak |
| 变硬 | gat- | 不，否 | ʤok |
| 变长 | uza- | 不产犊的 | gɤzɤr |

| 汉 Han | 图瓦 Tu | 汉 Han | 图瓦 Tu |
|--------|---------|--------|---------|
| 不公平的 | nyyldyx | 草 | ot |
| 不满意的 | narazy | 草 | sigiin |
| 不是 | emes | 草皮 | ʃirik |
| 不同的 | døøjemes，deŋemes | 层 | kat |
| 不一定 | ijitalaj | 嚓 | ʃart |
| 不知道 | taŋɛ，bilbes | 茶，茶叶 | ʃaj |
| 不知道的 | bilgisis | 茶炊 | samabyr |
| 不足 | ʃala，kem | 茶点类饮食 | ʃaj-paj |
| 布 | bøs | 查找 | iste- |
| 布告，告示 | ʤarlɤk | 差别 | park |
| 布腰带 | bøs gur | 拆 | zøk- |
| 步伐，步子 | bazɤm | 拆卸 | buza- |
| 步行的 | ʤadɤx | 柴火 | jijaʃ |
| 部队 | ʃerix | 搀扶 | deme- |
| 部分 | ʤarty | 搀扶 | xoldukda- |
| 部分 | gezek，bølym | 搀人 | kola-，gat- |
| 部落联盟 | xoʃuun | 谗言 | kop，kobuutʤi |
| 部门 | salaa | 缠绕 | ʃorbaʤɤ- |
| 才能，能力 | medel | 缠头巾 | sɛlde alʤɤɤr |
| 材料 | matɤrjal | 蝉 | kaʤɤk |
| 财产 | et | 蝉 | kam kabagan |
| 财富 | bajlɤ | 潺潺 | ʃɤldɤr- |
| 裁缝 | daaranz | 潺潺声 | ʃɤldɤrla- |
| 采用 | xoldan- | 产羔 | tølde- |
| 彩条缎 | argak | 产奶的 | saar |
| 菜 | nogan | 产品 | zat |
| 菜刀（汉借） | ʃedow | 产生 | byde- |
| 参考 | pajdalan- | 产生，出现（名词） | pajda bol- |
| 餐布 | dasdarxan | 产羊羔 | kuraganna- |
| 残暴的 | ezirkek | 铲 | kyre- |
| 蚕 | torgɤkurt | 忏悔 | taŋgyrak，anyt |
| 蚕豆 | atburʃak | 猖獗 | kudur- |
| 惭愧 | jijat | 长的 | uzun |
| 惨案 | xaanɤx okɤjga | 长度 | uzunɤ，uzundɤɤ |
| 仓（汉借） | saŋ | 长袍 | dabaʤak |
| 仓库 | ambar | 长衫 | ʃekben |
| 苍蝇 | seek | 长树枝 | budɤkda- |

续表

| 汉 Han | 图瓦 Tu | 汉 Han | 图瓦 Tu |
|---|---|---|---|
| 长条桌 | uzun ʤoozɣ | 城墙 | kɛrem |
| 肠 | søjyndɛ | 城市 | kodu |
| 常识 | sawat | 乘（车，船） | olur- |
| 场地、立场 | mɑjdan | 吃 | ʤi- |
| 唱 | ɣrla- | 吃草 | otta- |
| 抄写 | gødyr-, bitʤi- | 吃惊 | sirttɣ- |
| 钞票 | tiŋgɛ | 迟 | saada |
| 超越 | aʤar- | 迟到 | sada- |
| 超越 | murna- | 尺 | doga, ʃugum |
| 巢 | uja | 翅膀 | zalgɣn |
| 朝代 | xaan duʤɣ | 冲突 | kakdɣgɣʃ, aaʃ-dɣl |
| 潮湿 | dɣm | 充满 | dol- |
| 潮湿的 | ʃɣk | 虫 | kurt |
| 炒 | koor- | 重复（名词） | dapda |
| 炒麦仁 | koorgɣʃ | 重新 | ʤanan, dedir |
| 炒面 | dalgan | 重新 | baʃdan |
| 车 | tergɛn | 抽、吸（烟） | dɣrda- |
| 车厢 | wagan | 抽打，打松 | saba- |
| 车站 | mɛʃinɛ | 抽风（疾病） | dalma |
| 扯手 | tɣn, muŋgaʃtɣn | 抽屉 | suwurma |
| 彻底 | takdaj dɣbɣnge ʤedir | 仇敌 | ʤaa |
| 尘埃 | uja | 仇恨 | øʃ |
| 尘土 | toosun | 酬金 | ørtdek |
| 沉没 | ʃøgɣ- | 稠密，浓 | kojux |
| 陈设 | et ʤorɛ | 愁闷（动词） | muŋdanɣ- |
| 衬裤 | ʤybɣr | 愁闷（名词） | muŋ |
| 衬衣 | køjløŋ | 臭虫 | xandala |
| 称呼，叫做 | ata- | 出，登上 | ɣnø- |
| 撑开 | ker- | 出，冒出 | ɣn- |
| 成本 | kun | 出版社 | basbaxana |
| 成分 | kuram | 出汗 | derdi- |
| 成绩 | bɣdɣmʤa, ʃoralga | 出纳 | kasdirlik |
| 成见 | øʃ | 出纳员 | kasdir |
| 成为，是 | bol | 出血 | xan ɣn- |
| 成员 | mɣʤe | 初乳 | uurok |
| 呈献 | søŋ- | 除草（动词） | oda- |
| 城门 | gakba | 除草（名词） | oda |

| 汉 Han | 图瓦 Tu | 汉 Han | 图瓦 Tu |
|---|---|---|---|
| 储藏室 | ambar | 刺（名词） | ten |
| 处方 | rɛsip | 刺、扎 | ʃiʃdɛ-, ʃandʒʏ- |
| 畜牧场 | zʏm | 刺痛状 | ʃandʒʏp, aarʏʏr, dʒidiŋnʏʏr |
| 畜群 | mal syrtk | 刺猬 | dʒaramaj |
| 畜群 | øør, kodan | 匆匆忙忙地 | dalaʃ-dulaʃ |
| 触及 | de- | 从前 | burun |
| 揣测，推测 | boldʒa | 粗布 | bøs |
| 穿 | get- | 粗糙的 | demej, køølsiz |
| 穿孔 | deʃ- | 粗大的，粗壮的 | dʒoon |
| 传说 | dadʒyma søs | 粗鲁的，粗劣的 | opdʒok |
| 传统 | teginnen | 粗筛子 | elgek |
| 船 | xajʏk | 催促 | surawla- |
| 橡子 | sʏrgawʏl | 脆的 | mort, dort |
| 串 | dizer | 村 | aal |
| 疮 | dʒaar | 存在 | dur- |
| 疮 | kadaga | 存在 | ømir syrydy |
| 窗子，窗户 | terize | 寸（汉借） | syn, suŋ |
| 床 | døʃøk | 搓 | øjge- |
| 床单 | døʃøk kirlik | 搓 | ujma-, edireŋne- |
| 床垫 | døʃøk | 措施 | ʃara |
| 创造 | dʏpkʏrlʏx | 错误的 | dʒige emes |
| 吹 | yr- | 错综复杂的 | daan tybɛktʏx |
| 炊事员 | paʃʃʏ | 耷拉 | xalaŋna- |
| 春 | dʒas | 耷拉，下垂 | xalbʏrajʏ-, zʏlbʏge- |
| 春节 | ʃagaa | 耷拉，下垂 | zalbʏj-, xaldʏj- |
| 纯钢 | ʃʏn bolat | 耷拉着的 | deldiger, deldeŋ |
| 纯洁 | ʃebɛr, taza | 褡裢 | xordʒyn |
| 纯净 | segɛɛn | 答应 | zøpʃɛ-, bolur de- |
| 纯净的 | ʃep-ʃebɛr | 打 | xak- |
| 唇 | erin | 打，击 | xak- |
| 淳朴的 | dʒaaʃ | 打扮 | keeleni- |
| 啜泣 | møørɛ- | 打盹 | kalgʏ- |
| 词典 | lugat | 打嗝儿 | gegiri- |
| 磁石 | magnijt | 打滚 | aŋkaʃdanʏ- |
| 此外 | baʃga, unnun baʃga | 打滚 | dʒuxlʏ- |
| 次，回（量词） | saam, ret | 打哈欠 | eze- |
| 次，届（量词） | ret, gezek | 打击 | zokgʏ |

| 汉 Han | 图瓦 Tu | 汉 Han | 图瓦 Tu |
|---|---|---|---|
| 打猎 | aŋna- | 袋子，大口袋 | taar |
| 打扫 | ʃebɛrlɛ- | 戴嚼子 | ʤygennɛ- |
| 打闪 | mølʃørlɛ- | 单薄的 | ʤaŋɣsgat, ʤuga |
| 大棒，大头棒 | dokbak | 单的 | ʤaŋɣs |
| 大伯子，大舅子 | kat aga | 单峰驼 | nar |
| 大臣 | dyʤymet | 单色的 | ʤaŋkɣr tyr |
| 大刀 | seleme | 单位 | lsada ʤoq, birlik |
| 大的 | ulux | 胆 | øt |
| 大夫，医师 | emʤe | 胆量 | ʤɣrykdux |
| 大姑子，大姨子 | kat ʤeŋge | 胆子，胆量 | ʤyrek |
| 大后天 | soŋkus kyn | 但是 | birak, ɣlʤa- |
| 大家 | ʤurt | 蛋，卵 | ʤumurka |
| 大姐 | egitʃe | 当然 | durazɣnda |
| 大哭 | møre- | 裆 | alagak |
| 大麦 | arba | 档子（长度单位） | ges |
| 大门 | kakba | 党（维借） | bartija |
| 大米 | dukdurga, gyryʃ | 刀子 | biʃek |
| 大米饭 | doxdurga buda | 导师 | baxʃɣ, ʤoladɣkʃɣ |
| 大米粥 | doxturga suw | 岛屿 | aral |
| 大木碗 | sabɣl | 捣碎 | dalganna-, doora- |
| 大炮 | zeŋberek | 倒的，反的 | dedir |
| 大蒜 | xoran sogana | 倒牙 | diʃ gagɣʤa- |
| 大铁锤 | paska | 到达 | ʤet- |
| 大厅 | zal | 道德 | ugaan, ugazɣr |
| 大腿 | dyŋmøk | 稻 | kyryʃ |
| 大象 | zaan | 纛，旌旗 | tuk |
| 大学（汉借） | daʃye | 灯 | diŋ |
| 大衣 | ton | 灯笼 | byrgek, deŋ |
| 大约 | mølʃernin, uzun sannan | 灯芯绒 | bargɣt |
| 大约，左右 | mølʃøre, ezebi | 等待 | doxda- |
| 大蜘蛛 | erbeʤik | 等等 | ɣndɣx-ɣndɣx |
| 代表（名词） | økyl | 等级 | dɛriʤi |
| 带领 | baʃda- | 瞪眼 | kyjɣkta- |
| 带领，开始 | baʃda- | 镫 | ezinge |
| 带条纹的 | orgak | 低的 | ʤabɣs |
| 带子 | kur | 低劣的 | bagaj, nɣsɣr |
| 袋子 | kalta | 低劣的 | neʃer |

| 汉 Han | 图瓦 Tu | 汉 Han | 图瓦 Tu |
|---|---|---|---|
| 堤坝 | toɡam，buɡa | 叮当 | daŋ-duŋ |
| 滴 | damdɤ- | 叮当作响 | aldɤrlʃa- |
| 滴水 | suw damdɤsɤ | 叮当作响 | daŋɡɤr-duŋɡur |
| 敌人 | ʤaa | 顶，峰 | ʤokɤ，daɤx baʤɤ |
| 笛子 | ʃoor | 顶，支撑 | itti- |
| 抵，撞 | ɤsɤ- | 顶针 | kɤdɤx |
| 底，底细 | dɤp | 订计划 | ʤosbarla- |
| 底，根底 | teɡi，dɤbɤ | 钉 | kak- |
| 骶骨 | uʤa，søøk | 钉（动词） | xada- |
| 地板 | aldɤɡɤ dakdaɟ，ʤer dakdaɟ | 钉马掌 | daɡala- |
| 地方的 | ʤerlik | 钉子 | xadax |
| 地基 | tabaa | 定量 | norma |
| 地雷 | mijna | 定型 | kalɤptaʃɤ- |
| 地毯 | ɡilem | 东 | ʤɤɤn |
| 地图 | ʤerniŋ ʤuruu | 东方 | ʃɤʃɤs ʤɤk |
| 地址 | adres | 东西 | ʤibɛ |
| 弟弟 | duŋma | 冬 | kɤʃɤn |
| 帝国主义 | ʤaŋɡer | 冬不拉（乐器） | dobʃuur |
| 帝王 | xaan | 冬牧场 | kɤstax |
| 蒂 | zɤbɤ | 懂得 | oɡdu- |
| 典型的 | yʤɤyr | 动身 | ʃimʤen- |
| 点 | ʃek，toʃkɤ | 动员（名词） | attan ʃimʤen |
| 点（名词） | sek | 动作，活动 | ʃimʤeniir，ɛreket |
| 点数，计算 | sana- | 冻的 | doŋ |
| 电，电流 | tøk | 冻结 | doŋ- |
| 电报 | dilikɤram | 冻伤 | yʤɤ- |
| 电话 | tilijpon | 洞 | øŋɡyr |
| 电影（哈借） | kino | 洞穴 | kuj |
| 电影院（哈借） | kinoxana | 抖动 | zilɡi- |
| 店铺（汉借） | puzɛ | 斗（量具） | jijaʃ |
| 凋谢 | sowlu- | 斗争 | kɤrɛʃ |
| 雕刻（动词） | ojma- | 豆子 | mɤrʃak |
| 雕刻（名词） | ojma | 都塔尔（乐器，维借） | duttar |
| 调查 | dekser- | 毒 | xoran |
| 调动 | awɤstɤr- | 毒害 | koranda- |
| 碟子 | tabak | 毒药 | xoran em |
| 叮当 | ʃaldɤr- ʃuldɤr | 读 | nomʃu- |

| 汉 Han | 图瓦 Tu | 汉 Han | 图瓦 Tu |
|---|---|---|---|
| 赌博 | kumar | 恩惠 | zaȷan, zaɢɤɤsɤn |
| 赌徒 | kumarʃɤ | 恩情 | keerɛl, ekilik |
| 杜鹃 | kek | 儿子，男孩 | ool |
| 肚脐 | kin | 而且 | ……on bilen kadɤ…… |
| 肚子 | kɤrɤn | 耳朵 | kulak |
| 度夏 | ʥaj øt- | 耳光 | ʥasga |
| 短的 | kɤska | 耳语 | sɤbɤrla- |
| 短缺 | kem, duduu | 耳坠 | sɤrga |
| 断 | sɤn- | 耳坠子 | dermɛk |
| 断的 | sɤŋgan, sɤnɤk | 二 | iji |
| 断的 | yzyk | 发出气味 | ʥɤtdanɤ- |
| 缎子 | sɛtin | 发动，行动 | simʥet- ɛrekettendi- |
| 锻炼 | ʃɤnɤɢɤ- | 发抖 | sirlɛ- |
| 堆垛 | obaala- | 发光 | gereldeni- |
| 队列 | ʥergeleʥip | 发酵 | aʥɤ- |
| 队列 | dis, distin | 发苦涩味 | gaŋsɤ- |
| 对待 | xarada | 发愣 | serejip kal- |
| 对抗 | garsɤlaʃ- | 发霉 | gøgørɤ- |
| 对立的 | udur- dedir, garsɤ | 发胖 | semir- |
| 对面 | garsɤ ijik, ol ijik | 发脾气 | aʥɤxlanɤ- |
| 对面的 | olʥarɤk | 发热 | izi-, ɤzɤ- |
| 对象 | objete | 发芽 | sojaala-, eniktɛ- |
| 对准 | dɛldɛ- | 发芽 | sojala- |
| 碓 | bala | 发痒 | giʥi- |
| 吨 | tanɤ- | 发展（动词） | dapʥɤ- øøndɛlɛ- |
| 炖肉 | xortaŋ | 发展（名词） | køgʥɤn |
| 钝的 | dɤnbas | 发展（名词） | sepɛɛr |
| 盾牌 | galgan | 法令 | xujlɤ |
| 多 | gøbɛj | 法律 | zaŋ |
| 多少 | ʥeʥe | 法院 | sot, sot mekemesi |
| 多余的 | artuk | 翻 | aŋdarɤ- |
| 哆嗦 | sirlɛ- | 翻 | aŋdarɤ- |
| 躲藏 | ʥaʃdɤ- | 翻译 | aŋdarɤ- |
| 剁 | ʃaptla- | 翻译（名词） | aŋdarma |
| 舵，方向盘 | rol | 翻阅 | aʃ- |
| 鹅 | kas | 烦闷 | muŋgara- |
| 恶霸 | deermeʧi | 繁荣 | ʥetʥi- |

续表

| 汉 Han | 图瓦 Tu | 汉 Han | 图瓦 Tu |
|---|---|---|---|
| 繁荣 | delgeran | 分（量词） | bʏn |
| 反对 | garsʏ | 分（时间单位） | minet |
| 反革命 | døŋgørisge garsʏ | 分开 | adʏrʏ |
| 反悔 | ʤaldarʏ- | 分类 | tʏrge adʏ- |
| 返回（动词） | ʤan- | 分离 | adʏlʏ- |
| 饭 | aʃ | 分娩（名词） | kol-but，dʏrtar |
| 泛滥 | tara-，ʤajlʏ- | 分配（动词） | bøl- |
| 范围 | tøørɛ | 分配（名词） | ylɛɛʃ，bølʏʃ |
| 方便，便利 | oŋaj，ebi gelir | 分散的 | bʏdʏrandʏ，dargak |
| 方法 | arka | 分支 | adʏr |
| 方格 | dørbølʤin garak | 坟墓 | guur |
| 方面 | ijik | 坟墓 | xamʏr |
| 方向 | ʤyk | 粉 | upa |
| 方言 | ʤerlik søs | 粉笔 | bor |
| 防御（名词） | korgan | 粉红的 | ooʃgʏ kʏzʏl |
| 房间，卧室，房屋 | øwx | 粉末 | paratʃøk |
| 纺 | eeri- | 粉条（汉借） | bʏŋdaotsi |
| 纺锤 | eergiʃ | 份 | ylɛʃ |
| 放鹰（打猎） | ezir sal- | 份（量词） | dana |
| 放置 | sal- | 粪 | ot tergen |
| 飞 | uʃua- | 粪蛋儿 | xumalak |
| 飞机 | uʃar meʤinɛ | 愤怒（动词） | iʤɛrɛ-，korada- |
| 飞扬 | buruksʏ- | 丰富的 | baj |
| 非，否，不是 | emes | 风格，作风 | ponkʏt |
| 非常 | kuanʤjux | 风俗习惯 | ɛdɛdi，tegenge |
| 肥料 | bordabur | 封闭 | takda-，bʏʤʏxla- |
| 肥胖的 | semis | 封建主义 | fiwadali- |
| 肥育 | borda- | 封面 | ʤaʃdʏ arnʏ |
| 肥育的 | bordak | 封锁（名词） | bydylɛer，dozar |
| 肥皂 | kirsabʏŋ | 封条 | peʃet |
| 吠 | eer- | 疯狂地 | galʤʏraj |
| 肺 | økbɛ | 疯子 | duŋsʏ |
| 沸腾 | kajʏn- | 蜂 | aarʏ |
| 沸腾的，开的 | kajnʏʏn | 缝 | dara- |
| 费用 | xaraʤat | 缝补 | ʤama- |
| 分 | ylɛ- | 缝隙 | koʃ，ʤarʏk |
| 分（货币单位） | tʏjʏn | 佛 | boxda |

续表

| 汉 Han | 图瓦 Tu | 汉 Han | 图瓦 Tu |
|---|---|---|---|
| 佛像 | burgan | 感到舒适 | amɯra- |
| 夫人，妻子 | kadɯn | 感觉 | sez- |
| 肤浅的 | sɯɣk | 感觉 | sezik, sezilge |
| 麸皮 | kebek | 感觉（动词） | sezge- |
| 伏特（电） | wolt | 感觉（名词） | sezim |
| 伏天 | ʤula | 感冒 | kaaʃ |
| 俘虏 | dutgan | 感情 | køøl |
| 浮肿 | jiʃɣk, yʤɣk | 感想 | ɛser |
| 幅，幅画 | en | 感谢（维借） | rakmet |
| 抚摸 | syjma- | 感兴趣 | kɯzɯk- |
| 斧头 | baldɣ | 擀面杖 | jijaʃ |
| 俯身 | doŋgaj- | 干部（哈借） | kadir |
| 腐朽 | eri- | 干劲 | gyʤɣrkek, erlix |
| 腐朽的 | erik, ʤɣdɣɣn | 刚才；方才 | ʤapʤa |
| 父亲，爸爸 | aaʤɣ | 刚才那个 | ʤap-ʤada |
| 妇女 | ʤygɛɛr | 肛门 | kɣda |
| 附加物 | kolɣma | 钢 | bolat |
| 复活 | dirli- | 钢笔 | bijir |
| 复习（动词） | dapda- | 缸 | saba |
| 复杂化，变乱 | oraʃdɣla-, ʃɣrmalɣ- | 港口 | port |
| 副的 | orunbazar | 高，竖 | pedik |
| 赋税 | ʤala | 高的 | bedik |
| 赋税 | bɣʤi, ʃyy | 高兴 | øøryy- |
| 富有的，财主 | baj | 高音鼓 | giŋgirge |
| 富裕的 | baj | 告示 | ukturuw |
| 改革 | reporma | 戈壁 | ʃølʤer |
| 改善 | sɛredi- | 咯吱（模拟词） | kar-kɯr |
| 概念 | ugum | 哥哥 | aga |
| 肝 | baar | 胳肢，使痒 | giʤikte- |
| 杆 | zɣp | 鸽子 | gølʤɣrgene |
| 干，枯 | gurga- | 歌鸲 | ɣrttʃikuʃ, bulbul |
| 干的，干燥的 | kurkax | 歌曲 | ɣr |
| 干旱 | gaŋ | 歌颂 | ɣrla- |
| 干净的 | ʃebɛr | 割礼 | syndet |
| 干枯的 | gurgax | 革命（汉借） | kɯmɯŋ |
| 赶上 | ʃet- | 革命的（汉借） | kɯmɯŋʃi |
| 赶上 | ʤet-, ʤetʤi- | 嗝儿 | gegirik |

| 汉 Han | 图瓦 Tu | 汉 Han | 图瓦 Tu |
|---|---|---|---|
| 个 | tal | 公马 | askɣr |
| 个别的 | ʤaŋkɣs | 公绵羊 | kuʃa, irt |
| 各个 | kaj-kajsɣ | 公牛 | buga |
| 各种 | ʤɣzɣn- bɣryn | 公山羊 | degɛ |
| 各自 | bodɣ, gaj bodɣ | 公司 | gɣŋsɣ, seriktik |
| 铬鞣革 | xurɣm | 公驼 | buura |
| 给 | ber- | 公野猪 | bodaŋ |
| 根 | dazɣl | 公正，正义 | adal |
| 根（量词） | tal | 公众 | ʤurt |
| 根，底 | dyp | 公主 | deginɛ |
| 根本 | bydɣn, dybynen | 功课 | kisɛɛl, nom |
| 根本，绝对 | bydɣn, uktegi | 宫 | saraj |
| 根本的 | myldɛn, dyp-dazɣlɣnan | 共产党人 | kamanistir |
| 根据 | ʤɣzɣnyndɛ | 共产主义 | kaminizim |
| 耕牛 | ʃarɣ | 共和国 | respuwlika |
| 更新 | ʤaala- | 共计 | ʤalbɣsan, ʤɣɣnsan |
| 更加 | bazada, un- unda artɣk | 共同的 | ornɣ, orɣn |
| 工厂 | zawat | 贡献 | ezezi, kubizi |
| 工匠，师傅 | baxʃɣ | 贡献（名词） | ylɛɛʃ, eŋbɛɛ |
| 工人 | aʤɣltʃɣn | 供给 | kamda- |
| 工业 | ønyrkɛsip | 供应（动词） | kamda- |
| 工资 | ajlɣk | 供应（名词） | kamda |
| 工作 | iʃ | 钩儿 | ilgek |
| 工作，干活儿 | iʃte- | 狗 | ɣt |
| 弓 | ʤa | 估计（动词） | mølʤi- |
| 公尺 | metir | 估计（名词） | mølʤir |
| 公道的 | ɛdil | 估计，推测（动词） | bolʤa-, mølʃerle- |
| 公公，岳父 | kat aʤa | 咕嘟咕嘟 | karɣs-kurɣs |
| 公共的 | kɛloktiptik | 孤儿 | øsgys |
| 公鸡 | etɛʃ | 姑母 | ijigat |
| 公家 | gøpdi | 姑娘 | urux |
| 公斤（维借） | kilekɣram, kile | 箍 | kurʤax |
| 公开的 | aʃɣk | 古代 | buruun |
| 公里（维借） | kilometir | 古代的 | erte ʃaɣx, øwbø ʃaɣx |
| 公粮 | bɛʤi, taraa | 谷粒 | duŋkulak |
| 公路 | daʃ oruk | 股，绺（量词） | ørym |
| 公驴 | er elʤigen | 骨髓 | ʤilix yzy |

| 汉 Han | 图瓦 Tu | 汉 Han | 图瓦 Tu |
|---|---|---|---|
| 骨头 | søøk | 归属 | kamija-，gara- |
| 骨头 | syjøk | 规格 | kymʤii |
| 鼓 | giŋgirge | 规矩，规则 | jozun |
| 故事 | tool | 规律 | zaŋdylyk |
| 故意地 | ɛdej | 规模 | kølem，barɤk |
| 雇 | ʤartɕyɣ- | 诡计 | kara sagyʃ，metʃer zalymdyk |
| 雇佣的 | ʤartɕylɣk | 诡计 | sumduk　guwgy |
| 瓜分 | yleʃ- | 鬼 | aza |
| 瓜果干 | gadyrgan　gak | 柜台 | tabyyr |
| 瓜皮 | gabyn，gyrtdyʃ | 刽子手 | kandyxol |
| 瓜子 | kuzuk | 跪 | søgødɛ- |
| 卦 | belge | 跪下 | ʃøgy　ol- |
| 挂 | il- | 棍棒 | dajak |
| 挂钩 | ilgiʃ | 锅 | paʃ |
| 挂号的 | zakaz | 锅盖 | gakbak |
| 拐棍 | dajak | 国，邦 | ulus |
| 怪，挺、很（副词） | alaŋ | 国际 | xalakyra |
| 关口 | geʤix | 国家 | gyryn，tørɛ |
| 关系 | bajlanyʃ | 国家 | ulus |
| 关心的 | køøl　bøler | 果断的 | gesgin |
| 关押 | kama- | 果肉 | et |
| 关于 | …uʤun | 裹 | oraa- |
| 观察 | gyzet- | 过，通过 | øt- |
| 观点 | gøs　karas | 过程 | baryɤy |
| 官职 | nojyn，mensep | 过去 | burungy |
| 管制 | gadar | 过失 | gem |
| 管子 | turuwba | 哈达 | xadak |
| 管子，筒 | kosxumux | 哈哈大笑 | tadyldap　kytky- |
| 贯穿，串，排列 | diz- | 哈吉，朝觐者 | kaʤy |
| 灌肠（食品） | gurda，kyjma | 哈气 | bustan- |
| 灌溉 | suwlandy-，sugar- | 哈欠 | ezɛɛr |
| 灌木 | søøsgen | 哈萨克族 | kazak |
| 灌注，铸造 | kut- | 哈孜（宗教法官） | kazy |
| 光 | gerel | 嗨 | ej-oj，kaj |
| 光滑的 | kylaŋ | 还，尚 | baza |
| 光荣 | nørlyx | 孩子 | ool |
| 光秃秃的 | gyp　gylaŋ | 海、洋 | dalaj，teŋkys |

| 汉 Han | 图瓦 Tu | 汉 Han | 图瓦 Tu |
|---|---|---|---|
| 海狸 | kundʏs | 核桃 | ʤaŋxak |
| 海龙 | deŋiz ajdakar | 盒子 | kap |
| 害羞 | ʏjat- | 鹤 | dujraa |
| 含糊的 | dydɛmel | 黑暗的 | karaŋgʏ |
| 汉族 | kʏdɑt | 黑板 | xardaskʏ |
| 汗 | deer | 黑的 | xara |
| 汗，可汗 | xaɑn | 很 | daan |
| 汗鞴 | derlik | 很 | ødʏ |
| 汗庭 | orda | 横的 | doora |
| 旱獭 | burko | 烘烤 | gakda- |
| 夯 | bala | 红 | kʏzyl |
| 行，排（量词） | adʏr, kadar ʤergeleʃ | 红花（药材） | kʏzʏlʏm ʤeʤek |
| 毫毛 | dyk | 红柳 | taja, tal |
| 好 | deget | 洪水 | ʤʏʃʏn suw |
| 好像 | ʏnʃʏkʏ | 洪水 | ʤajʏk |
| 号，喇叭 | xuur | 洪水 | suwʤajʏk |
| 号码 | nømyr | 哄骗 | alda- |
| 号召 | uruɑ | 喉咙 | boosta |
| 喝 | iʃ- | 猴子 | mɛtʃin |
| 合得来 | taarʃʏ- | 瘊子 | søøl |
| 合法的 | zaŋnʏx, orunnʏx | 后背 | oorka |
| 合伙 | eʃteʃi- | 后代 | yresin |
| 合身 | tarʏ- | 后跟 | eeʤek |
| 合适 | taar | 后继的 | øgøj |
| 合适 | tarʏʏr | 后鞧 | xudurka |
| 合适的 | taarʏx, dɛl, ʏlajʏk | 后天 | sooŋkus kyn |
| 合同 | dokdam | 后退 | ʃegen- |
| 何等 | ʤyden | 厚的 | kʏlʏn |
| 何时 | kaʤan | 呼喊 | kʏʃkʏ- |
| 和，及 | bilen | 呼唤 | uruara- |
| 和解 | taarʃʏ- | 呼吸（名词） | tʏnʏʃ |
| 和睦的 | gabʏjalʏx | 狐狸 | dilgɛ |
| 和平 | amʏr, amgʏʏlʏŋ | 胡椒 | xara burʏʃ |
| 和平的 | dʏʃ, amʏr amgʏʏlʏŋ | 胡萝卜（维借） | sewis |
| 和卓 | ee | 胡麻 | zigir |
| 河滩 | saj | 胡须 | azʏx sal |
| 核 | emil, ʤemi | 胡杨 | toraŋgʏr |

| 汉 Han | 图瓦 Tu | 汉 Han | 图瓦 Tu |
|---|---|---|---|
| 葫芦 | kuluu（汉借） | 怀疑 | kuman |
| 湖泊 | køl | 踝骨 | kaʃʏk |
| 蝴蝶 | købelek | 坏的 | bagaj |
| 糊糊，面糊 | umaʃ（维借） | 欢乐的 | køøldyx |
| 糊涂的 | axmak | 獾 | borzʏk |
| 互相 | botara | 环 | teermek |
| 户（量词） | ørøgɛ | 缓慢 | galgʏ-, ɛrɛjlɛ- |
| 护身符 | ʤaŋgaa | 缓慢的 | ɛrɛj |
| 护士 | sestra | 唤猫声 | mʏj-mʏj |
| 花 | ʤeʤek | 患狂犬病的 | galʤʏʏ |
| 花边 | ʤeʤek kørɛzi | 荒的 | tʏŋ |
| 花边馃子 | ʤeʤek kʏjʏʏ | 荒芜的 | een |
| 花布 | ʃʏt | 皇帝 | xaan |
| 花草地 | gøkdix ʤer, ʤeʤektix ʤer | 黄的 | sarʏx |
| 花绸 | torgu | 黄瓜 | kʏjar |
| 花费 | zejan, ʃegen | 黄昏 | emerdiŋ |
| 花蕾 | ʤeʤek ʤemi | 黄米 | bʏdaa |
| 花坛 | ʤeʤek alaŋʏ | 黄铜 | ʤes |
| 花毡 | ʃiirdek | 蝗虫 | ʃegirge |
| 花毡 | ʃiirdek | 灰 | kyl |
| 划，割 | pʏʃ-, bʏʤa- | 灰白的 | bora |
| 划分，分割 | adʏrʏ- | 灰色的 | guu, oj |
| 哗哗 | gʏr-gʏr | 回，返回 | ʤan- |
| 哗啦啦 | ʃaldʏr gyldyr | 回忆 | sagʏʃga dyʤʏ-, bodalga- |
| 哗啦啦响 | ʃaldʏrla- | 回族 | duŋgyn |
| 滑 | taj- | 悔恨 | kemsin- |
| 滑 | taja- | 毁坏的 | bʏlgan- dalgan |
| 滑的 | dajkak | 会计 | bugaltʏr, jetsipʃi |
| 化脓 | iriŋɛ- | 贿赂 | pɛrɛ |
| 化学 | xemijɛ | 婚姻 | negɛ |
| 画（动词） | ʤur- | 馄饨（汉借） | benʃi |
| 画家 | ʤurukʃʏ | 混合 | aralaʃ- |
| 话 | søs | 混乱的 | ʤyzin- |
| 话语，词 | domak, sos, yzyk | 活的 | diriw |
| 桦树 | xadʏŋ | 活泼的 | søøgydiriw, tʏnnʏw |
| 怀，怀抱 | kojnʏ | 火 | ot |
| 怀胎的 | boos, jibat | 火柴 | sereŋɛ |

| 汉 Han | 图瓦 Tu | 汉 Han | 图瓦 Tu |
|---|---|---|---|
| 火车 | ot tergen | 集市 | bazar |
| 火车 | tyrdyrsi，pozatsyja | 集体 | kallektip |
| 火盆 | taba | 集中 | topta- |
| 火钳 | ot kʏrkʏʃ | 几个 | ʥeʥɛ |
| 火星 | otʥaʃdandʏ | 虮子 | zirkɛ |
| 火焰 | ʥalʏn | 挤 | kʏs- |
| 伙伴 | eʃ | 挤 | sʏktʏ- |
| 或 | bolbasa，baza | 脊背 | kenderbɛ |
| 或者 | baza，bolbasa | 脊髓 | oorga，øzy |
| 货物 | et ʥøre | 脊椎 | oorga |
| 获得 | dʏba- | 计划 | ʥosbar |
| 获得，找到 | dʏba-，tʏp al- | 记号 | belgi |
| 讥笑 | jelik | 记忆 | mee alɛ- |
| 击中 | de- | 记忆（名词） | ʃeeʥilɛ |
| 饥饿 | aʃda- | 记忆，记性 | ugaa-sagʏʃ |
| 饥饿的 | aʃdaʃ | 记者 | dʏlʃʏ |
| 芨芨草 | teresin | 纪律 | dʏrtip |
| 机构 | orkan，jaamʏn | 技术 | texnika |
| 机关、衙门（汉借） | jaamʏn | 技术员 | texnik |
| 机会 | ʃølɛn | 季，季度 | kʏwaldal |
| 机器 | meʃinɛ | 既不……又不…… | baza……baza |
| 肌腱 | siir | 继承人 | ornyn bazar giʃi, |
| 鸡 | daka | | arttyn bazar giʃi |
| 鸡蛋饼 | ʥumrga-lʏx boorsak | 继续 | udaj |
| 鸡冠花 | ajdar gyl | 寂寞 | zerik- |
| 鸡眼，趼子 | kadax | 加，添 | kola-，gat- |
| 积极的 | ɛktip | 加固 | bʏʃʏx |
| 积累 | topda- | 加入 | gozyl，gir- |
| 基础 | negis | 加速 | emʥilik |
| 犄角 | mʏjes | 家 | øwx |
| 缉 | dorga- | 家庭 | øwx bylø，øwx simijɛ |
| 激起 | ʃimʥet- | 家乡 | aal，ʥurt |
| 激情 | dem，dember | 夹（用胳肢窝） | xoldukda- |
| 吉祥的 | nʏʏrix，ʥaagaj | 夹，挤 | kʏs- |
| 极，极端 | uʃ，adʏr | 夹竹桃 | tal ʥeʥek |
| 即 | baza，……bolbasa | 夹子 | gʏsgaʃ |
| 急躁的 | ʥiik | 甲虫，牛虻 | inek kurt |

| 汉 Han | 图瓦 Tu | 汉 Han | 图瓦 Tu |
|---|---|---|---|
| 假的 | mekɛ | 箭镞 | ok |
| 假如 | ʏnʤalsa，ɛger | 江河 | myrin-kem |
| 价格 | ørtɛ | 将就 | eptɛ-，septɛ- |
| 价值 | yne，ørtek | 姜，生姜 | ʤaŋ |
| 驾驶 | syr- | 缰绳 | tʏn，tynʏ |
| 驾驶员 | ʤopʏr | 讲 | ajt- |
| 嫁 | atdanʏ- | 奖励 | ʃaŋna- |
| 尖，端 | uʤe，bizi | 奖励 | svjlʏk |
| 坚固的 | byʤʏx | 降，下 | dydy-，uʤu- |
| 坚决 | kesgen，gezip | 降水（雨雪等） | ʤaaʃkyn，kar |
| 坚硬的 | kadʏx | 交付 | dapsʏr-，tølep ber- |
| 间或 | anda-，sunda | 交换 | solʤʏ- |
| 肩 | jekdɛ | 交换 | solu- |
| 肩膀 | egin | 交际舞 | taŋsa |
| 艰巨的 | aar | 交通 | gatnas |
| 监督 | bokʏla- | 娇惯的 | ergɛ |
| 监禁（名词） | koruul | 骄傲 | dekepar |
| 监牢 | tyrme，kalaŋʏ øwx | 骄傲的 | svŋsʏx |
| 犍牛 | ʃarʏ | 嚼 | dajna- |
| 检查，检讨 | dekser- | 嚼子 | ʤygyn |
| 减轻 | ʤiik | 嚼子 | suwlʏk |
| 减轻 | ʤiikte- | 角（货币单位） | ontʏjʏn |
| 剪 | kʏj- | 角（桌子角） | buluŋ |
| 剪（动词） | kajtʤʏla- | 角落 | buluŋ |
| 剪刀 | kajtʤʏ | 狡猾的 | kux，zalʏm |
| 剪毛，剃 | gʏrgʏ- | 饺子（汉借） | binʃi |
| 见解 | dyʤynik | 脚 | daman |
| 建设（动词） | kur- | 脚镣 | geʃen |
| 建设（名词） | kurlʏs | 脚掌 | tabak |
| 建议（名词） | uzunus | 搅拌 | aralaʃtʏr- |
| 建筑物 | xurlus | 叫 | kʏjdi- |
| 剑 | selemɛ | 叫喊 | kʏʃkʏr- |
| 健康 | amʏrmende | 叫苦 | gaksa-，zarla- |
| 健康的 | xadʏk | 教，传授 | øryt- |
| 渐渐地 | ɛrej-ɛrej | 教导 | ʤaabʏʏ，ʤolaa，surgumʤʏ |
| 毽子 | kɛlɛ，tebek | 教师 | baxʃʏ |
| 箭 | saadak | 教训 | sawak |

| 汉 Han | 图瓦 Tu | 汉 Han | 图瓦 Tu |
|--------|---------|--------|---------|
| 教育 | sorkal | 金属丝 | temir duzak |
| 教育（动词） | ørødyy- | 筋 | siir |
| 教育（名词） | nom-erdem | 襟 | xojun |
| 阶段 | baʃkyʃ | 仅仅 | ʤaŋgyzla, ……da……da |
| 阶级 | tap | 紧，仓促 | dalaʃ |
| 接班人 | isbazar | 紧的 | dyŋsyx |
| 接见 | kabyldaar | 紧密的 | nygyz |
| 接近，临近 | ʤookta- | 谨慎 | perma |
| 接受 | ʤøp gøør | 进攻 | ʤalaa, dybir |
| 街 | gøʃɛ | 进入 | kyr- |
| 节日 | mejrɛm | 近的 | ʤook |
| 节日 | nyɣr kyn | 浸泡 | køjdy-, ʃyla- |
| 节省 | kemʤi- | 禁忌的 | byʤur |
| 结，系 | dyj- | 经常 | yrgylʤe |
| 结巴 | kikilɛ | 经费 | tiŋɛ |
| 结果 | nɛtiʤɛ | 经济 | iknomika |
| 结实的 | byʃyx | 经济的 | iknomikaly |
| 结束 | doosdy- | 经验 | yløgør |
| 结束 | dosdu- | 惊奇 | alaŋ bolyr |
| 结网 | torla- | 精明的 | oralaŋ |
| 结子 | boonak | 精神 | rok |
| 结子 | dyyʃgɛn | 精神的 | ruukanij |
| 结子 | yløsyn | 井 | kuduk |
| 睫毛 | girbik | 颈 | myjyn |
| 姐姐，大姐 | egiʤe | 景色 | yzym ʤize |
| 解放的 | azat | 警察 | sakʃy |
| 解开 | ʃeʃ- | 警觉的 | sergek, zak |
| 戒指 | ʤyzdyk | 警惕的 | zak, zakdyk |
| 界，界限 | ʃek | 净，净身 | ʤux |
| 借（名词） | karz | 敬爱的 | aʤylyx, kɛrɛldix |
| 借贷（名） | xars | 敬爱的 | kɛɛrɛldix |
| 斤（量词，汉借） | ʤiŋ | 敬礼、问候（哈借） | sɛlɛm |
| 今天 | bøgyn | 究竟 | ʃynynda, nak |
| 金 | aldyn | 九 | tos |
| 金 | aldɣn | 九十 | tosan |
| 金额 | møŋgen, tiŋge | 九月 | gysdyŋ son aj |
| 金属 | metɛl | 久远的 | dyp, ɣrak, tajlɣ |

| 汉 Han | 图瓦 Tu | 汉 Han | 图瓦 Tu |
|---|---|---|---|
| 韭菜 | ʤaba | 卡车 | maʃina |
| 酒 | aragʏ | 开 | aʃ- |
| 酒杯 | stagan, kundʏk | 开花 | ʤeʤekte- |
| 酒窝 | arʏn bʏrʏʤʏ | 坎儿井 | kʏrʏz xuduk |
| 旧布 | ergi bøs | 坎土曼（维借） | ketmen |
| 旧的 | erge | 砍，伐 | uʤuru- |
| 白齿 | azʏx diʃ | 看 | gør- |
| 就那个 | dee, ol | 看中 | taartdy- |
| 就是那个 | dee | 慷慨的 | aʃʏk |
| 就绪 | dajʏn, belen | 考木孜琴 | gomus |
| 舅父 | daaj aga | 考验（名词） | sʏnak |
| 鹜 | das | 烤包子 | kaargan mandʏʏ |
| 拘谨的 | ʤugʏrʏn ʤak | 烤馍（名词） | bʏʤʏʏgan nan, bʏʃkan nan |
| 拘束 | dʏrtdʏnʏ- | 烤肉（维借） | kawap |
| 居民点 | ʤurt | 烤肉扦子 | temirʃiʃ |
| 居住 | dur- | 柯尔克孜族 | kʏrgʏz |
| 锔，钉，别上 | kada- mʏjʏz | 科室 | bølim |
| 举 | gødʏr- | 科学 | kʏlʏm |
| 巨大的 | adan | 科学的 | gʏlʏmʏj |
| 巨石 | adan daʃ | 棵，根（量词） | dyp |
| 俱乐部 | xulop | 瞌睡 | ujgu |
| 距离 | aralʏʏ | 蝌蚪 | paka ogʏlʏ |
| 锯 | kireɛ | 壳 | gʏrtʏʃ, kabʏk |
| 聚会 | oluruʃ | 壳 | kʏrtʏʃ |
| 卷 | dyr- | 咳嗽（动词） | ʤødyr- |
| 卷 | ora- | 咳嗽（名词） | ʤødyl |
| 卷 | tom | 可爱的 | ʤagaj, ʤaŋnʏx |
| 卷曲的 | bira | 可耻的 | nyyrʤok, bʏʤar, vjat ʤok |
| 决定 | karar, gezim | 可兰经 | kuran |
| 绝不 | bydʏn | 可能 | mumkun |
| 镢头（维借） | ketben | 渴 | suwsa- |
| 军队 | ʃerix | 克（量词） | kʏram |
| 军事的 | ʃerixniŋ, albanʏ | 刻 | gerdi- |
| 均匀的 | dekʃi | 刻，剜 | oj- |
| 咔嚓 | ʃar-ʃar, ʃart-ʃurt | 客店 | xonak øwx |
| 咔嚓 | tʏrʏs | 客人 | xonak |
| 咔叽（汉借） | kakʤʏ | 课程 | nom |

续表

| 汉 Han | 图瓦 Tu | 汉 Han | 图瓦 Tu |
|---|---|---|---|
| 骒马 | kyzrak | 困乏 | ʤoba- |
| 肯定 | gezet-, nakta- | 困难 | tyryymʤi |
| 恳请 | ʤala- | 困难的 | geʃɛ |
| 啃 | kemir- | 困难的 | tyryymʤi- lix |
| 坑 | øti | 垃圾 | ʤamak |
| 吭声 | ɛŋk deer | 拉，扯，抽 | tyrt- |
| 空的 | boʃ | 拉面，抻面（汉借） | laŋmyn |
| 空的，徒劳的 | kurux | 拉长 | søj- |
| 空气 | kejagar | 喇嘛 | lama |
| 孔雀 | aldyn togyz | 蜡烛（汉借） | la |
| 恐惧（名词） | korgar, kojar | 辣椒 | kyzyl bu-ruʃ, laazy |
| 控诉（名词） | aryz | 辣椒（汉借） | lazy |
| 口号，标语 | uraa | 来 | gel- |
| 口水 | ʤaraa | 蓝 | gøk |
| 扣上，扣住 | giʤenne- | 蓝靛 | xar gøk |
| 哭 | yxla- | 篮子 | ʃarbak |
| 苦，辣，脾气 | aʤyx | 懒的，懒汉 | ʤalgyv |
| 苦豆子 | myja | 狼 | børø, ookaj |
| 苦难 | ʤobalaŋ | 浪费 | vsrap |
| 苦衷 | ʤobalaŋ | 劳动 | iʃ |
| 裤腰 | beldii | 劳动者 | iʃʤi, ɛŋbekʃi |
| 裤子 | ʃalbur | 牢固的 | myjak |
| 夸奖 | makda- | 老妇，老太太 | xooʤyn |
| 胯，髋 | ʤambaʃ, symɛɛ | 老汉，老大爷 | aʃkyjak |
| 块（量词） | bølek, doŋgylak | 老虎 | par |
| 快的 | ʃuluun | 老师 | baxʃy |
| 筷子 | sarba | 老实的 | ʤaaʃ |
| 筷子 | zakby | 老鼠 | gysgɛ |
| 宽度 | algyv | 老鹰 | ezir |
| 宽阔的 | alky | 烙印（牲畜） | taŋba |
| 宽阔的 | alky | 勒，扎 | bow- |
| 狂人 | galʤyv | 雷 | ajyŋky |
| 矿 | ken | 棱 | kyr |
| 葵花 | tarmal kutzuk | 冷的 | sook |
| 葵花子 | kuzuk | 厘米 | sɛndi medir |
| 捆 | bagla- | 离去 | advry- |
| 捆子 | teŋ | 梨 | armurt |

| 汉 Han | 图瓦 Tu | 汉 Han | 图瓦 Tu |
|---|---|---|---|
| 犁 | zoga，buluk | 联系 | maʃɣk |
| 犁（双牛的） | buluk | 镰刀 | xadɣyr |
| 黎明 | daŋ bilen | 脸，面 | aryn |
| 篱笆 | ʃarbak | 脸色 | øŋɣ |
| 礼拜（维借） | namaz | 脸色，面色 | tyry，arnɣ |
| 礼貌 | zajɣk | 链子 | ʃynʤyr |
| 礼品 | belek，xadak | 良心 | ak køøl |
| 礼物 | et belek | 凉爽的 | serin |
| 里（量词） | kɣʃkɣrɣm，li | 凉鞋 | iler ʃaakaj |
| 里面 | iʃ | 粮食 | tara-buda |
| 里面的 | iʃti，iʃtiiji | 两（重量单位，汉借） | laŋ |
| 里子（衣服） | dodar | 两岁公牛 | marga byzaa |
| 理发师 | zadɣraʃɣ | 亮，发光 | gɣlaŋa- |
| 理论 | nazarija | 量，测量 | kemʤi- |
| 理想 | gyzel，gyzeleŋ | 疗法，疗效 | em dom |
| 理性 | kudaga | 潦草地 | ʃala-mala |
| 力量，力气 | gyʃ | 烈士 | kurban |
| 历史 | tyykø | 猎，猎物 | aŋ |
| 历史的 | tyykɣ | 猎，猎物 | aŋ |
| 立刻，立即 | ʃuluun | 猎狗 | tajka ɣt |
| 利润 | øzym，pajda | 猎人 | aŋʤɣ |
| 利益 | myde，pajda | 裂 | ʤarɣl- |
| 利用 | pajdalan- | 裂缝 | ʤarɣk |
| 例子 | løgyr，yleger | 邻居 | koʃa |
| 砾石，碎石 | yyrmɣk daʃ | 檩 | svtga bul |
| 痢疾 | besgɛk | 吝啬的 | ʃɣɣrak |
| 痢疾 | iʃ aarɣx | 灵魂 | synøsyn |
| 连接 | ula- | 灵巧的 | eptix，aajlɣx |
| 连襟 | baʤa | 铃 | koŋga |
| 连续地 | artɣ- | 陵墓 | gyyr |
| 连衣裙 | køjløŋ | 零 | nøl |
| 怜悯，痛心 | køørki- | 零零碎碎的 | xoju-xoju |
| 帘子，幕 | gøʤøgɛ | 领带，领巾 | kalɣsdɣk |
| 联合 | birleʃi | 领导（名词） | baʃdak |
| 联合的 | goʃ，goʃgan | 领导人 | baʃdɣk |
| 联结 | ula- | 领子 | ʃaa |
| 联系 | bajlans | 令人喜爱的 | ʤɛreʃ |

续表

| 汉 Han | 图瓦 Tu | 汉 Han | 图瓦 Tu |
|---|---|---|---|
| 留下 | gal- | 骆驼 | tebɛ |
| 流 | aga- | 骆驼刺 | dodar ot |
| 流传 | tara- | 落后的 | medʒel artdagalɣr |
| 流放 | syrkɣn- | 落实 | tɣjanak dandɣ- |
| 流放（名词） | syrkɣn | 落叶，枯叶 | galbɣ, dydʒer |
| 流浪者 | ten imertʃi | 驴 | eldʒigen |
| 流浪者 | tenimerz | 驴叫 | giʃde- |
| 流泪，哭泣 | ɣgla- | 驴驹 | takaj |
| 流氓 | buzuk | 捋 | syjma-, dyr- |
| 流言，谣言 | megɛ | 旅程 | orɣk bazar, orɣk dʒorɣvr |
| 柳树 | tal | 旅行 | kerp ojna- |
| 六 | aldɣ | 旅客 | aalʃɣ |
| 六十 | aldan | 履行 | øte- |
| 六月 | aldɣntʃi aj | 绿的 | nogan |
| 龙（汉借） | luu | 绿豆 | gøk bɣrdʒak |
| 聋子 | daŋka | 绿洲 | tørgɣn |
| 聋子 | kulakdʒok | 滤 | syypi- |
| 隆重 | køldɣx kajlvx | 略微 | ʃala, bitdʒi |
| 楼房 | kat øwx | 麻 | kendir |
| 漏斗 | gujgvʃ | 麻烦 | budʒur- kandʒvx |
| 芦苇 | kulusɣn | 麻烦，娄子 | ebirɛ |
| 炉灶 | oʃuk | 麻木 | dala-, udɣ- |
| 鹿 | sɣɣn | 麻雀 | kuʃkaʃ |
| 碌碡 | ʃaŋdaʃ | 麻疹 | ulanut |
| 路 | oruk | 麻子 | ʃookar |
| 露 | ʃalɣŋ | 马 | at |
| 露酒 | aragɣ | 马肚带 | golun |
| 乱糟糟的 | dʒaʃdɣŋkar | 马厩 | atkadʒa |
| 轮船 | paraxot | 马克思主义 | marksizim |
| 轮子 | tøøgɛ | 马莲草 | kɣjak sigin |
| 罗（罗面工具） | elgek | 马奶酒 | kɣmɣs |
| 罗（罗面工具） | torelgek | 马掌 | daga |
| 萝卜（汉借） | lobɣ | 蚂蚁 | kɣmɣskajak |
| 骡子（汉借） | luza | 骂 | garga- |
| 螺角羊 | argar | 埋 | køm- |
| 裸体 | gɣzɣl dʒalaŋgaʃ | 买卖人 | zadɣxʃɣ |
| 裸体的 | dʒalaŋgaʃ | 迈步 | artda- |

| 汉 Han | 图瓦 Tu | 汉 Han | 图瓦 Tu |
|---|---|---|---|
| 迈步 | kulaʃda- | 美丽的 | sulux，ʤaagaj |
| 麦草 | sabɤŋ | 妹妹 | ʤygɛɛ　duŋma |
| 麦芽糖 | gøkdɛɛn，tara | 闷热的 | tɣnɣʃ　byber |
| 卖 | zada- | 门 | xolka |
| 脉 | sudasɣn | 门槛 | ergen |
| 蔓菁 | zɣbɣ | 蒙住 | byrgø- |
| 满 | dol- | 懵懂 | kølsiz |
| 满的 | dolɤ | 梦 | dyʃ |
| 满的 | dolɤ，dolɤk | 迷失 | aza- |
| 满意 | razɣ | 迷失 | azaba- |
| 满足（动词） | orɣnda- | 谜语 | dɣbɣʃɣk |
| 满足（名词） | orɣndaar | 糜子 | bɣdaa |
| 满族（汉借） | manʤɤɤ | 秘书 | biʤeʧi |
| 蔓 | zɣbɣ | 蜜 | bal |
| 漫游 | gez- | 绵羊 | xoj |
| 慢 | ɛrej | 绵羊羔 | ɛnɛ |
| 盲动，冒险（名词） | tewekel | 棉花 | kørɣŋ |
| 猫 | mɣs | 棉籽 | købɣŋ |
| 毛 | dyk | 勉强 | ɛrejdep |
| 毛笔 | bijir | 勉强地 | ɛrejdep |
| 毛巾 | alʤɤɤr | 冕，王冠 | odaga |
| 毛拉 | molla | 面 | arɣn |
| 矛盾 | kajʃɣlɤk | 面包 | bolka |
| 矛盾的 | kajʃɣlɤkdɣx | 面粉 | xulur |
| 牦牛 | sarlɤx | 面颊 | kalka |
| 帽花 | kee，børt　keezi | 面貌 | arɣn |
| 帽子 | børt | 面片 | gesbɣ |
| 没有 | ʤok | 面纱 | byrgenir　alʤɤɤr |
| 玫瑰 | ten　ʤeʤek | 面条 | xulur　buda |
| 眉 | kømysgɛ | 面团 | xulur |
| 媒人 | dɣlʃɤ，elʤi | 面子（衣服） | gadar |
| 煤 | kømyr | 苗 | majsa |
| 煤矿 | kømyr　ken | 描写（动词） | døjle- |
| 煤油灯（汉借） | diŋ | 描写（名词） | døjlɛ |
| 每，各 | bir | 瞄准 | ʃɤga- |
| 每天的 | kyndɛkɣ | 瞄准 | ʃɤgala- |
| 美丽 | ʤaagaj | 秒 | sekunat |

续表

| 汉 Han | 图瓦 Tu | 汉 Han | 图瓦 Tu |
|---|---|---|---|
| 庙宇 | kyrɛ | 母狗 | ʤygɛɛr ɤt |
| 灭 | øʃ- | 母鸡 | kɤs daka |
| 民歌 | ɤr | 母鹿 | maral |
| 民谣 | ɤɤr | 母骆驼 | jiŋgen |
| 民众 | ʤurt | 母亲，妈妈 | aba |
| 民主 | demekorat | 母羊 | sarxoj |
| 民族 | ult | 母猪 | kɤs kakaj |
| 民族医 | emʤi | 亩（面积单位） | mu |
| 名称，名义 | attɤ | 木板 | dagdaj |
| 名声，名气 | adɤ | 木板 | dakdaj |
| 名字 | at | 木本花 | tal ʤeʤek |
| 明亮的 | gereldix | 木叉，叉子 | ajɤɤr |
| 明天 | erten | 木匠 | jijaʃɤ |
| 鸣 | nirgi- | 木犁 | zoka |
| 命令 | ʤarlɤx，ɛmir | 木偶，玩偶 | koorʃok |
| 命令 | bujruk | 木盆 | depʃi |
| 命运 | zjaan，bak | 木披 | kap |
| 谬论 | bɤlʤɤrak | 木炭 | jijaʃ kømyr |
| 模仿 | dura- | 木头 | jijaʃ |
| 模糊 | bylyrtiŋ | 木碗 | sabɤl，stakan |
| 摩擦 | øjgɛ- | 目标 | misana |
| 磨 | ʤanɤ- | 目的 | maxsat |
| 磨坊 | teermɛ | 苜蓿 | bedɛ |
| 磨光 | kɤlajdɤ- | 牧草 | odar |
| 磨面 | tart- | 牧场 | ʤajlaw |
| 磨石 | ʤanɤɤ | 牧民 | malʤi |
| 磨损 | øjgølø- | 牧人住房 | bødej øwx |
| 抹布 | aʃdaaʃkɤn | 牧主 | mal eezi |
| 抹墙 | sɤla- | 穆斯林 | musɤlman |
| 末了 | eŋ ada | 拿 | al- |
| 陌生的 | tanɤbas | 哪儿 | kajda |
| 墨水 | buduk | 哪个 | kajsɤ |
| 某 | bɛlɛn | 哪里 | kajɤ |
| 某些 | kejbeer | 那 | ol |
| 某一个 | birɛzi，mɛlɤm bize | 那个 | de，ol |
| 模子，楦头 | kep | 那么 | ɤndɤx，degiʃi |
| 母的 | jepʃi，kɤs | 那么，那样 | degiʃi，ɤndɤx |

| 汉 Han | 图瓦 Tu | 汉 Han | 图瓦 Tu |
|---|---|---|---|
| 那些 | olar | 镊子 | kɯskɯʃ |
| 那样的 | ɣndɣx | 您 | siler |
| 呐喊声 | kɯʃkɯ | 您们 | sileler |
| 纳仁（食品，哈借） | narɯn | 凝结 | adʒɣ- |
| 乃孜尔（布施，维借） | nɛzir | 凝结 | gat- |
| 奶 | syt | 牛 | inek |
| 奶酪 | bɯʃdak | 牛痘 | burguat |
| 奶皮 | ørømɛ | 牛犊 | buzaa |
| 奶渣 | kujuk, syttiŋ kujuu | 牛叫 | mørɛ- |
| 耐心 | dalaʃsɯ | 牛马粪 | argasɯn, guxmɣjak |
| 耐性 | ʃɣdam | 牛虻 | maas, inek ʃaʃkak |
| 男人 | er | 扭，拧 | dolga- |
| 南 | murnuu | 纽扣 | dopʃɣ, tana |
| 南瓜 | askabak | 纽袢 | ʃilbi |
| 馕（维借） | nan | 农民 | carandʒɣ |
| 馕坑 | tonar | 浓的 | kojɣx |
| 恼怒 | aʃɣn | 脓 | iriŋ |
| 脑袋 | mee, baʃ | 弄紧 | bɯʃɣxla- |
| 脑子 | mee | 弄平 | dekʃilɛ- |
| 呢（助词） | ……ɣx, ……nɣ | 弄湿 | øldɛ-ʃɣgɣt- |
| 内容 | mazmun | 弄碎 | yyreti- |
| 内心 | dʒɣrek | 弄直 | koola- |
| 嫩的，新鲜的 | dʒaʃ, dʒaa | 奴隶 | kul |
| 能力 | kɣrɛ | 挪动 | ʃimdʒet- |
| 泥，泥土 | laj, balkaʃ | 诺言 | wɛdɛ |
| 泥抹子 | sɣlak temir | 懦夫 | kortdɣk |
| 你 | sen | 女儿 | urux |
| 年老的，老人 | kɣrgan | 女巫 | xam |
| 年龄 | dʒaʃ | 女婿 | gydɛɛ |
| 碾，研 | bɯldʒɣ- | 呕吐 | kus- |
| 念头 | bodal, sagɯʃ | 爬 | yŋgɛ- |
| 念珠 | eregen | 耙子 | dɣrbɯɣʃ |
| 鸟 | kuʃ | 怕 | korga- |
| 鸟巢 | sabar | 拍照 | dʒurɣk tɣrtɣ- |
| 尿 | sidik | 排球 | walijbol |
| 尿，解小便 | sidiktɛ- | 排水沟 | arɣk |
| 捏 | ʃɣmdʒɣ- | 攀登，爬 | yŋgɛ- |

| 汉 Han | 图瓦 Tu | 汉 Han | 图瓦 Tu |
|---|---|---|---|
| 盘腿 | pɑskɑk | 皮裤 | ʃɑlbur |
| 盘羊 | gulʤɑ, ɑrgɑr | 皮帽 | kɣlɣn bɛldi |
| 判断 | gezim | 皮囊 | tulup |
| 盼望 | lɑbɣlɑp telmir- | 皮鞋 | betinkɛ |
| 叛乱（名词） | dopɑlɑŋ | 皮鞋、皮靴 | edik |
| 叛徒 | zɑtkɣn | 疲倦 | ʤobɑ- |
| 旁边，侧 | kɣdɣx | 疲劳（动词） | ʤobɑ- |
| 膀胱 | sɣɣj | 疲劳（名词） | ʤobɑɑr |
| 刨 | kuurɣldɑ- | 啤酒 | sɣrɑ |
| 刨子 | syrgy, xɑɑrɣl | 脾脏 | ʤɑbɑnɑ |
| 跑 | ʤygyry- | 匹（量词） | top |
| 泡沫 | gøbik | 屁 | ozuruk |
| 炮台 | bootɑŋ | 譬喻 | dɣbɣzɣk yleger |
| 培育 | ɑzɣrɑ, terbijɣ | 便宜，贱（动词） | arzɑndɑ- |
| 赔偿 | tølɛ- | 便宜，贱（形容词） | ʤiik |
| 佩戴 | get- | 骗局 | aldɑm |
| 喷 | byrgy- | 骗局 | aldɑm |
| 盆 | tegenɛ | 漂浮 | galgy- |
| 盆地 | ojɑlʤɣk | 漂亮 | øŋnu |
| 朋友 | eʤi | 漂亮的 | sulɣx, ʤɑɑgɑj |
| 棒（量词） | ɑdɣʃ, ɑrbɑk | 票，券 | belet |
| 批（量词） | top, dyrkim | 票据 | ʃek |
| 批评（动词） | sɣnnɑ- | 撤除 | kɑlkɣ- |
| 批评（名词） | sɣnnɑ | 贫苦的 | ʤokdux |
| 批准（动词） | bekit- | 贫穷的，贫苦的 | ʤokdux |
| 批准（名词） | bekitir | 品尝 | amsɑ- |
| 披 | eʃdi- | 品德 | ʤozulnɣx |
| 披风 | eʃdin | 聘礼 | dojlɣk, belek |
| 劈，剖 | ʤɑr- | 平安 | amur, mendɛ |
| 噼啪 | diris-dɑrɣs | 平安 | amur, mendɛ |
| 噼啪作响 | dɑrsɣldɑ- | 平安 | mendɛ, amur mendɛ |
| 噼噼啪啪地 | ʃɑrɣt-ʃurɣt | 平常的 | ɛditɛ, ʤonɑtɑ |
| 皮，壳 | xɑbɣɣ, xɑbɣk | 平的 | deksɛ |
| 皮，皮革 | geʃ, bɣlgɑɑr | 平的 | orgu |
| 皮袄 | ton | 平静的 | dɣnɣʃ |
| 皮带 | kur | 平民 | amtɑn |
| 皮口袋 | tulup, barbu | 平绒 | pylɣs |

| 汉 Han | 图瓦 Tu | 汉 Han | 图瓦 Tu |
|---|---|---|---|
| 平原 | ʃøl | 起义 | gødyrliʃ |
| 平整 | dekʃilɛ- | 起皱褶 | ujmaʃda- |
| 苹果 | alma | 气 | kej |
| 瓶 | bødølge, loŋga | 气味 | dʒyt |
| 瓶子 | bødølge | 气息 | tʋnyʃ |
| 婆婆，岳母 | kada aba | 汽笛 | gydyk |
| 破坏 | buza- | 砌 | kopar- |
| 破烂的 | zamdar | 器官 | mydʒe |
| 剖开 | dil- | 器具 | sajman |
| 铺盖 | døʃøk | 器皿 | saba |
| 铺开的 | dødʒen | 掐，捏 | gyz-, ʃʋmʃy- |
| 葡萄 | yzym | 掐断 | yz- |
| 葡萄糖水 | adʒyx suw | 裕祥 | tabadʒak |
| 蒲绒 | yldyryk | 恰巧 | del |
| 普通的，平凡的 | ɛdetɛ | 千 | myŋ |
| 妻子 | kurdʒok | 千层饼 | xat boorsak |
| 栖息 | xon- | 千里马 | algymak |
| 期待 | dozar | 铅 | xarkoldʒyn |
| 期限 | ʃaʋx | 铅笔 | karʋndaʃ |
| 欺骗 | alda-, megelɛ- | 前额 | maŋnaj |
| 漆 | sir | 前面 | aldy |
| 齐心 | dʒyrekdeʃ, bodanldaʃ | 前天 | buruŋky kyn |
| 齐心的 | køødeʃ, sagʋʃdaʃ | 前夕 | murnynda |
| 奇怪的 | alaŋ | 前线 | murnugʋ |
| 奇异的 | azar gandʒyx | 前一个 | murnuugʋ |
| 奇异的 | azar gandʒyx | 钱 | saldʋrʋk bez |
| 祈祷（名词） | ɛdis | 钱（重量单位） | myskal |
| 棋，国际象棋 | køldʒadura | 钳子 | gʋsgaʃ |
| 旗帜 | tuk | 钳子 | tisdøøt |
| 乞丐 | suranmdʒy | 潜入 | dʒaʃdʋp kir- |
| 乞求 | sura- | 浅的 | sʋʋk |
| 乞求，祝愿 | gyzɛ- | 浅浅的 | bylyrtiŋ |
| 企图 | udʒyra- | 枪 | boo |
| 企业 | karxana | 强迫 | zorla- |
| 启明星，金星 | ʃolman | 墙 | dʒaŋ, balgoʃdʒaŋ |
| 起来 | tur- | 墙皮 | tam kabʋtdʒyx |
| 起泡 | ojʋl- | 抢夺（动词） | ʃaba-, bʋla- |

| 汉 Han | 图瓦 Tu | 汉 Han | 图瓦 Tu |
|---|---|---|---|
| 抢夺（名词） | bɤlaap- tonaar | 清洁的 | ʃeber |
| 裉裸 | ʤørgem | 清贫的 | kenʤe |
| 锹 | kyyrek | 清真寺 | kyrɛɛ |
| 敲 | kak- | 情报 | axbarat |
| 敲，弹 | sokta- | 情况 | bɛɛdil, akwal |
| 乔其纱 | ʃijpɤŋ torgɤ | 情人 | amrak |
| 桥 | gøbørɤn | 情义 | abɤral, kɛrɛ |
| 峭壁，岩 | kaja | 请，邀请 | gɤjdi- |
| 窍门 | ep, aaj | 请吧 | gajɤ, al |
| 翘 | godajɤ- | 庆贺 | nɤɤlɛ-, dojla- |
| 鞘 | kɤn | 庆贺（动词） | dojla- nɛrlɛ- |
| 切克曼（纺织品） | ʃekben | 庆贺（名词） | dojlaar, nɛrlɛr |
| 切碎 | doora- | 亲家 | xuda |
| 茄子（汉借） | ʃeezɤ | 穷人 | ʤokdux |
| 怯懦的 | kortdɤk | 丘，岗 | døŋ |
| 侵略（名词） | ʤaala, ʤaa | 丘陵 | adɤr |
| 亲戚 | ʤook, xa- duŋma | 秋 | gyzyn |
| 亲戚 | xa-duŋma | 蚯蚓 | ʃojlaʃkan |
| 芹菜（汉借） | ʃiŋsej | 球 | dop |
| 勤奋的 | ʤɤtgelʤeŋ | 区 | rajon |
| 勤劳的 | eŋbekʃi | 驱逐 | syre-, ojlatɤ- |
| 勤劳的 | iʃʃil, eŋbekʃil | 渠 | bugua |
| 噙，含 | ɤz- | 曲里拐弯的 | eerek- uurak |
| 青（草绿） | nogan | 曲调 | ɤr ajas |
| 青春 | ʤaʃ ʃarɤx | 取得 | ʤet- |
| 青年 | ʤalɤɤ | 取决于 | kadɤʃdɤx |
| 青铜 | ʤes | 去 | bar- |
| 轻，轻松 | ʤiik | 去年 | øtken ʤɤl |
| 倾倒，泼 | tøk- | 圈 | gaʤaa |
| 倾斜 | ʤajlɤ-, egili- | 权力 | ukuk gaŋ |
| 清茶 | xara ʃaj, ʤiŋ ʃaj | 全部 | tødø |
| 清澈的 | segɛɛn | 全部的 | bydyn |
| 清晨 | daŋbilen | 泉眼 | xara suw |
| 清楚的 | anɤk | 拳头 | ʤudɤryk |
| 清楚的、公开的 | aʃɤk | 痊愈 | ekeri- |
| 清单 | dizim | 蜷缩 | sylmyrej- |
| 清洁，卫生（名词） | ʃeberlik | 缺点 | kemtʃilik, buruu |

| 汉 Han | 图瓦 Tu | 汉 Han | 图瓦 Tu |
|---|---|---|---|
| 缺少 | kem | 任务 | mindet |
| 瘸子 | aksak | 扔，抛 | daʤa- |
| 雀斑 | zekbil | 仍然 | amza |
| 雀鹰 | kartdɤga | 日历 | kalɛndir |
| 确实 | dɛl，ʃynɤnda | 荣誉，如名声 | ekke at，nerelix |
| 裙子 | edek køjleŋ | 绒毛 | dyk |
| 群（量词） | godan | 容纳 | sɤŋ- |
| 群众 | ʤurt | 容易的 | oŋaj bilen |
| 燃料 | gɤbar et | 揉 | uuʃda- |
| 燃烧 | kɤp- | 肉 | ęt |
| 染 | budu- | 肉 | et |
| 染料 | buduk | 肉汤 | myn |
| 绕 | ergilɛ- | 肉粘饭 | edix kaarma |
| 热的，烫的 | izix | 如今 | amdɤ |
| 热烈的 | køldɤx，nɤɤrlix | 乳房 | emix |
| 热水瓶 | ʃom buu，termis | 乳牛 | inek |
| 热瓦普（乐器） | rawap，ojgɤr dopʃuur | 褥子 | døʃøk |
| 人 | giʃi，amtan | 软底靴 | meʤi edik |
| 人口 | nopus | 软绵绵的 | ʤimʤak |
| 人类 | giʃi tørølgytyn | 软弱的 | boʃ，ʤebegen |
| 人民 | ʤurt | 锐利的 | ʤidix |
| 人士 | medildix giʃi | 弱的 | ɛli biʤii，ɛlsis |
| 人造的 | ʤanandɤ，yol ʤazaan | 撒娇 | ergɛlɛ- |
| 仁慈 | geʤirim，duza | 撒拉族 | salar |
| 仁慈 | køltʃil | 萨满 | xam |
| 仁慈的 | køølsirgek | 萨帕伊（乐器） | ʃaŋgɤrga，sopaj |
| 忍耐，耐性 | ʃɤdam | 腮 | ʤaak |
| 忍受 | ʃɤda- | 塞入 | suk- |
| 刃，锋 | biz | 三 | yʃ |
| 认识（动词） | tonar | 三十 | yʃʤen |
| 认识（名词） | tanym | 三岁公马 | kunan |
| 认识的，熟悉的 | tanɤʃ | 三岁母牛 | gunaʤɤn |
| 认真 | nerin | 三月 | yʃyntʃi aj |
| 任何（否定） | tyk | 伞 | xol ʤadɤr |
| 任何时候 | kaʃanbir | 馓子（汉借） | saŋzɤ |
| 任何一个 | kandɤxbir | 散开 | bɤdɤra- |
| 任命 | midetkɤga- | 散开 | dargatɤ- |

| 汉 Han | 图瓦 Tu | 汉 Han | 图瓦 Tu |
|--------|---------|--------|---------|
| 散乱的 | bɣdɣrandɣ | 商业 | zadɣx |
| 散漫的 | bɣʃalaŋ | 上膘 | semir- |
| 桑 | saŋ jijaʃ | 上颚 | taalaj |
| 桑葚 | saŋ jijaʃ ʤemi | 上里子 | dodarla- |
| 扫 | ʃirbɛ- | 上面 | yst |
| 扫雪（野兽） | suwaŋ | 上面，往上 | øry, saŋ øry |
| 扫帚 | ʃirbiʃ | 上面的 | øryygi |
| 色彩 | tɣr | 上面的 | ysty |
| 涩的 | keersix | 上升 | ørylɛ- |
| 森林 | arga, arɣx | 上锁 | ʃooʤɣla- |
| 刹车（名词） | tormɣz | 上天，苍天 | deedis, kurmusdɣ |
| 沙 | elesɣn | 上油 | yzɣ- |
| 沙漠 | ʃøl | 上油漆 | sɣrla- |
| 沙沙响 | ʃaldɣr- | 上座 | dør |
| 筛 | elgɛ-, sezkɣlɛ- | 捎绳 | dergi |
| 筛子 | elgek | 烧 | okɣl- |
| 山 | daɣx | 烧焦 | ørte- |
| 山洞 | øŋgɣr | 少 | as |
| 山沟 | ʤarɣk | 少年 | ool |
| 山乌鸦 | kusgɣn | 哨兵 | ʤeziil |
| 山羊 | øʃgy | 哨岗 | gadat, pos |
| 山羊羔 | ɛnɛj | 猞猁 | sɣlɣsin |
| 山羊毛 | tibit | 舌头，语言 | dɣl |
| 钐镰 | dartba | 设想（名词） | bolʤa, bodal |
| 珊瑚 | ʃinʤi | 社会（蒙借） | nikim |
| 闪电 | xaarkam ot | 社会的 | niikimdik, koɣamdɣk |
| 闪动状 | gɣlaʃ-gɣlaʃ | 社会主义 | sotsijalizim |
| 闪光 | gɣlaŋna- | 涉过 | geʃ |
| 闪光的 | gɣlaŋna | 摄影 | fota |
| 闪耀 | tujaa- | 麝香 | kɣdɣr |
| 善跑的 | ʤɣgɣrɣk | 伸 | soŋ- |
| 骟马 | askɣr | 身边 | gɣdɣɣ |
| 骟马 | askɣr | 身体 | bot, maɣamut |
| 骟驼 | bugra, askɣr tebe | 深 | tereŋ |
| 伤员 | balɣx giʃi | 什么 | ʤɣy, ʤɣyl |
| 商队 | ulax | 神经 | nerbɛ |
| 商人 | zadɣʃɣ | 神射手 | mergen |

| 汉 Han | 图瓦 Tu | 汉 Han | 图瓦 Tu |
|---|---|---|---|
| 神通 | keremet | 虱子 | bɤt |
| 审问 | surakga dɤrtda- | 狮子 | arzalaŋ |
| 审问，疑问，| surakga dɤrta- tʃɤɤ, sorak | 施厩肥 | bordubur ʃaʃ- |
| 肾 | byyrøk | 湿的 | øl, ʃɤk |
| 甚至 | bɤdɤn, mɤldɛ | 湿度 | ʃɤktɤk, ʃɤgɤdɤɤ |
| 渗 | øty- | 湿润 | ʃɤk, ʃɤgɤt |
| 升（量词，汉借） | ʃɤŋ | 十 | on |
| 升高 | bedi- | 十二月 | kɤʃtɤŋ suŋkaj |
| 升高 | ørylɛ- | 十分（副词） | daan, ødø |
| 生，分娩（动词） | oolda-, kol-, dog-but dɤrta- | 十分，非常 | øty, eeŋ |
| 生产 | øndiris | 十一月 | kɤʃtɤŋ orta aj |
| 生存，活 | mendɛkal- | 十月 | kɤʃtɤŋ baʃkaj |
| 生的 | dʒɤx | 石（量词） | jijaʃ |
| 生的 | piʃipaan | 石膏 | kepis |
| 生活 | ɛmdirel, turmuʃ | 石灰 | ɤzɤboʃ |
| 生马 | emdik | 石鸡 | yʃbyl |
| 生命 | tɤn | 石蜡（汉借） | laa |
| 生气 | adʒɤnɤ- | 石榴 | anar |
| 生死 | ølim men ømyr | 石头 | daʃ |
| 生物 | tɤnɤx bødys | 石油 | ys |
| 生锈 | datdanɤ- | 时常 | kezedɛ |
| 生意 | zadɤx, sawda | 时代，时候，时节 | ʃaɤx |
| 生长 | øz- | 时机 | oraj |
| 声势 | køl-gøzyr | 时间 | ʃaɤx |
| 声音 | ɤɤʃ | 时期 | merzim |
| 声音 | ɤɤt | 时时刻刻 | kadʒanda |
| 牲畜 | mal adɤɤsɤn | 实际的（形） | amalijat, ʃɤndɤk |
| 牲畜粪 | mal arga- sɤnɤ | 食粮 | aʃ |
| 绳子 | argamdʒɤ | 食品 | idʒer-dʒiir, dʒem |
| 省（名词） | ølkɛ | 蚀（日，月） | karɤk dat- |
| 盛，装 | sal- | 使节 | eldʒi |
| 盛大的 | ulux, køldooʃdɤx | 使驮，使负载 | dʒydyr- |
| 剩余的 | galdɤk | 使用 | istet- |
| 剩余的 | kalkan | 士兵 | ʃerix |
| 尸体 | ølgen magamut | 世纪 | yje |
| 诗歌 | badɤk | 世界 | ortʃalaŋ |
| 诗人（哈借） | ylegertdʒi, akɤn | 世界末日 | galap yyrɤɤr |

| 汉 Han | 图瓦 Tu | 汉 Han | 图瓦 Tu |
|---|---|---|---|
| 事，事情 | iʃ | 首次的 | tuŋguʃ |
| 事故 | ʤetger | 首都 | oralvk |
| 事件 | wakyjga, kerekyner | 首饰匠 | keelexʃi |
| 事实 | gereʤi | 首长 | baʃdvk |
| 侍奉 | gyt- | 寿命 | tvn, gumur |
| 试验（动词） | syna- | 受感动 | ɛserleni- |
| 是的 | ee, jɛ | 受寒 | sook te- sook tuda- |
| 适合 | taarv- | 受惊 | koj-, kojar- |
| 适宜的 | dvl, taarvv | 受蒙蔽 | aldan- |
| 适应 | øørleʤi-, taarʤv- | 瘦的 | arvk |
| 逝世（名词） | ølim | 书（蒙借） | nom |
| 誓言 | kazam | 书店（哈借） | kitapxana |
| 誓言 | sirt | 书桌 | ʃirɛ |
| 收割（动词） | xadv- | 叔父 | biʤi aga |
| 收割（名词） | orma | 梳，梳理 | dvra- |
| 收获（名词） | dyʤym | 梳子 | dvrgak |
| 收据 | xol biʤik | 舒畅 | amyra-, køl algv- |
| 收口，愈合 | bit- | 舒畅，舒服 | amyra-, ʃagvʃ algv- erge |
| 收入 | kirim, kiris | 舒适 | amyra |
| 收缩 | guruʃ- | 蔬菜 | nogan |
| 手 | sambar | 熟，成熟 | bvʃ- |
| 手 | xol | 熟的 | bvʃgan |
| 手臂 | xol | 属于 | garaar, kamijaar |
| 手册 | xoldamba | 束（量词） | dudum, bagvlam, gezim |
| 手段 | ʃara | 束，把（量词） | bo |
| 手风琴 | garmon | 树 | jijaʃ |
| 手鼓 | giŋgirge | 树苗 | ʃetʤik |
| 手帕 | xol alʤvvr | 树皮 | gvrdvʃ, ʤøbyrɛ |
| 手套 | xol xap | 树枝 | buduk |
| 手提箱 | ʃabadan | 树桩 | tøʤøk, tøʤek |
| 手腕 | bilek | 数目 | san |
| 手续 | rɛsmijet | 漱，涮 | ʤajga- |
| 手艺 | ʃeber, xol ʃeber | 刷白，弄干净 | agardv- |
| 手掌，欢迎 | abvʃ | 刷子 | ʃøtgø |
| 手指 | sabar | 衰弱的 | ɛlsis, nɛzik |
| 手镯 | bilekdeʃ | 摔跤（动词） | kyreʤi- |
| 守寡的，寡居 | ʤezir, belbisin | 摔跤（名词） | kyreʃ |

| 汉 Han | 图瓦 Tu | 汉 Han | 图瓦 Tu |
|---|---|---|---|
| 闩 | takta- | 死亡 | ølym |
| 双（量词） | goʃ, per | 四 | dørt |
| 双的 | xoʃ | 四分之一，刻 | døryy, tamɣ- gɤ dɤrtym |
| 霜 | xɤra | 四十 | dørtøn |
| 霜冻 | yʤyk | 四岁马 | dønøn |
| 谁 | kɤm | 四岁牛 | dønøryk |
| 水 | suw | 四月 | dørtinʤi aj |
| 水槽，槽 | doskar | 松的 | boʃ |
| 水泥 | simɤnɤt | 松鼠 | dɤjɤn |
| 水瓢 | kɤmɤʃ | 松树 | tɤt |
| 水平 | erdem | 嗖嗖 | nir-nir |
| 水獭 | gundɤs | 嗖嗖响 | ɤzɤlda- |
| 水桶 | gɛdil | 诉讼 | ʤargɤ |
| 水银 | sinap | 肃静 | dɤp-dɤʃ |
| 水蛭 | aksakgurɤt | 塑像 | durusguul |
| 水蛭 | aksakgurɤt | 酸梅 | xara øryk |
| 税 | bɛʤ | 酸奶 | kojtbak |
| 睡觉 | udu- | 酸奶干 | kurt |
| 吮，吸 | sor- | 算盘 | ezep ʃot, ʃot |
| 顺当 | ebi gel- | 算账 | ezepdɛ- |
| 顺利的 | ozaxajla | 虽然 | bolsada |
| 顺序 | jirede | 碎 | bɤlʤɤ- |
| 瞬间 | dem | 碎末 | yyrendi |
| 说 | ajtɤ- | 穗 | mazak |
| 说坏话 | bakda- | 穗子，缨子 | børlyresgej |
| 司法 | ɛdilija | 孙子 | yre-sadɤ |
| 丝 | torgɤ udasɤn | 损失 | zɤjan |
| 丝毫的 | dɤmdax | 隼 | laʃɤn |
| 丝绒小帽 | dakyja | 所有，全部 | tødø |
| 思索 | boda- | 唢呐 | sɤrnaj |
| 思想 | ijdija | 锁 | ʃooʤɤ |
| 撕开 | oru- | 他 | ol |
| 撕裂的 | oruk | 他们，她们 | olar |
| 嘶嘶 | sɤr-sɤr | 塔 | symɛ |
| 嘶嘶作响 | ʃigela- | 塔塔尔族 | datar |
| 死 | øl- | 胎羔皮 | eldir |
| 死面 | aʤɤbaan kulur | 胎记（皮肤色斑） | xal, mɤŋ |

| 汉 Han | 图瓦 Tu | 汉 Han | 图瓦 Tu |
|---|---|---|---|
| 台阶 | basbalta | 套牛 | ʃek- |
| 抬 | gødyrʃy- | 套绳 | duzak |
| 抬笆子（工具） | dɛbazi | 套鞋 | kylyʃ |
| 太阳 | kyn | 套子 | kap |
| 太阳，日，日子 | kyn | 特别的 | ankylyx |
| 态度 | kaarma | 特别地 | alalyx |
| 贪污 | ʤiptur | 特殊的 | erikʃɛ |
| 贪欲 | ʃilɛɛ | 特务 | iʃpijon |
| 摊贩 | ʤajmaʃy | 疼、患病 | ary- |
| 摊子 | ʤajma | 疼痛 | aaryx |
| 瘫痪 | ygyylɛ, ʤartyktyn | 梯子 | basgyʃ |
| 谈话（动词） | xooʤyɫaʤy, domak daʤy- | 踢 | dep- |
| 谈话（名词） | xootʤy, domak | 提 | gødyr- |
| 痰 | dygyryk | 提包 | zømka |
| 檀香 | ʤandan | 提纲（汉借） | tijgaŋ |
| 弹，奏 | xak- | 提高 | ørylɛ- |
| 坦布尔（乐器） | dobʃur | 题目 | garsyk, teme |
| 毯子 | ɛdijal | 蹄 | dujuk |
| 探望 | gør- | 体积 | dolym, kølem |
| 汤面 | umaʃ køʤɛ, gesbe køʤɛ | 体育 | dene tɛrbijɛ tijy |
| 汤勺 | gymyʃ | 剃刀 | doŋyrak |
| 汤匙 | bitʃi kalkak | 天才 | tørmebilim |
| 搪瓷茶缸子 | ʃardaʃ ysdagan | 天窗 | dyndyk |
| 糖 | ʤigiʃ | 天鹅 | ak kuu |
| 糖 | ʤikyr | 天花 | burguat |
| 糖果 | kanpit | 天花板 | ysdyky dakdaj |
| 坦克 | tɛnky | 天空 | deedis |
| 烫 | ørte- | 天空 | kudaj |
| 逃跑 | des- | 天空 | kurmusdy |
| 桃子 | ʃaptal | 天平 | taraʤa |
| 陶土 | ʃar, ʃar doburak | 天平 | zyŋ |
| 陶碗 | ʃaaʤaŋ | 天堂 | debeʤeŋ |
| 陶碗 | ʃar ʃaaʤaŋ, ʃaaʤaŋ | 天阴 | bulutda- |
| 讨论 | talgy | 添加 | gos- |
| 套（量词） | ajy | 田 | taraʤer, taralaŋ |
| 套（量词） | kep | 甜菜 | ʤigir sɛj |
| 套马索 | ʃalma | 甜的 | tapdyx |

| 汉 Han | 图瓦 Tu | 汉 Han | 图瓦 Tu |
|---|---|---|---|
| 甜瓜 | xobɤn | 痛哭 | aarɤx，doorɤx |
| 甜蜜的 | amdannɤx | 痛哭 | aarɤx，doorɤx |
| 甜面糊 | ʤudan | 痛快地 | amɤrap |
| 甜面糊 | daaj　abaj | 偷窃 | oorla- |
| 挑选 | talda- | 头 | baʃ |
| 条件 | ʃart | 头发 | baʃdyk |
| 条件，环境 | ʃart- ʤaɤydaj | 头巾 | alʤɤyr |
| 调奶 | syttɛ- | 头巾 | kaʃʤɤr |
| 调配 | deŋe- | 投，射 | at- |
| 跳 | xalɤ- | 投降（名词） | bagɤnɤ |
| 跳蚤 | ɤt　bɤt | 投石器 | temir　ʃakbɤ |
| 铁 | temir | 秃子 | tas |
| 铁锤 | paska | 突厥 | tyryk |
| 铁炉 | xobɤŋ | 突厥的 | tyrykdiŋ |
| 铁路 | temir　ʤol | 突然 | kenerten |
| 铁皮 | gaŋɤɤldɤɤr | 突然地 | kenerten |
| 铁砧 | døz | 图画、照片 | ʤuruk |
| 厅长（汉借） | tiŋʤaŋ | 图书馆 | kitapxana |
| 听 | dɤŋna- | 徒步 | ʤadaɤx |
| 庭院 | koʃa | 徒弟 | surukʤɤ |
| 停歇 | bitʤi　amɤra- | 涂抹 | ʤot-，aʃda- |
| 停止 | dokdaa- | 屠夫 | sojuwʃɤ |
| 通过 | arkɤlɤk | 土布 | bøs |
| 通行 | ʤor- | 土豆 | kartoʃ |
| 通信 | biʤik deʤi- | 土坷垃 | doburak |
| 通知（名词） | ukdurɤx | 土块 | gerbiʃ |
| 同胞 | tyrɤʃgen | 土壤 | doburak |
| 同样 | deŋ | 土台 | yyndy，dekʃilɤɤn　doburak |
| 同意 | gozɤl- | 吐 | kusko- |
| 同意 | køn- | 兔鹘 | karttɤga |
| 同志 | adaʃ | 兔子 | kodan |
| 铜 | ʤes | 团（汉借） | tywɛn |
| 铜钱 | tiŋge | 团结 | ep　kabɤjaa |
| 童话 | køø søs yleger søs | 推 | jitee- |
| 瞳仁 | karak ogɤ | 推测 | ajɤnlga，bolʤa |
| 统一 | birlik | 推动 | jit- |
| 桶 | gedil | 推动力 | demɛr gɤʃ，itgi gɤʃ |

| 汉 Han | 图瓦 Tu | 汉 Han | 图瓦 Tu |
|---|---|---|---|
| 推翻，推倒 | aŋdar- | 玩 | ojna- |
| 推广 | ʤalpylaʃtyry- | 玩具 | ojunʤijuk |
| 腿 | but | 玩笑 | ojyn |
| 褪色 | oŋ- | 顽固的 | doŋmojun |
| 臀 | ʤaŋbaʃ | 顽皮的 | ildeŋ |
| 臀部 | ʤaŋbaʃ, saar | 顽强的 | idimʤilix, erix |
| 托儿所 | jasilij | 挽救 | kuduldyr- |
| 托盘 | potnos, depsi tabak | 晚上 | geʃe |
| 拖，拽 | tyrt- | 碗 | ajak, ʃaaʤaŋ |
| 拖拉机（维借） | tyrakdyr | 万 | on myŋ |
| 脱 | ʃeʃ- | 王，王爷（汉借） | waŋ, bex |
| 脱毛 | tylɛ- | 王子 | xaan ogyly kanzada |
| 驮，背负 | ʤykte- | 网 | tor |
| 驮子，负载物 | ʤyk | 往那边 | ol ijik |
| 驼峰 | ørgøʃ | 往这边 | beer, boodyba |
| 驼羔 | bodagan | 忘记 | uttu- |
| 驼子 | bikyr | 危险 | undakalyx |
| 庹 | kulaʃ | 威胁（名词） | gyrgyt, gyza |
| 唾沫 | ʤaraa | 威信，声望 | bedel |
| 挖掘 | gaz- | 为了 | uʃun |
| 洼 | kem | 为什么 | ʤyge, ʤyʤimege |
| 洼地 | oŋkar ʤer | 违背 | dedirgelir |
| 蛙 | paga | 围 | gorʤa- |
| 袜子 | uk | 围巾 | myjyn alʤyr |
| 歪歪扭扭的 | xaʤyy | 围墙 | koruul tam, ʃarbak |
| 歪斜的 | dyrdyk | 唯心主义 | jidializm |
| 外号 | ʤanama at | 维生素，维他命 | witamin |
| 外面 | ʤaʃdyn, ʤaʃdyyjik | 维吾尔族 | sart |
| 外面的 | ʤaʃdyn, ʤaʃdygy | 伟大的 | ulux |
| 弯曲的 | eer | 尾巴 | kuduruk |
| 完毕 | bydy- | 委员会 | kamitet |
| 完毕 | byt-, doozeldy- | 卫生 | ʃeberlik |
| 完成 | bydy- | 位置 | sandaj |
| 完成地 | bydyndej, bydynʃej | 味道，滋味 | amdan |
| 完好的 | dolyk, ʤige | 胃 | kodu |
| 完全的 | dolyk, bydyn | 胃，肚子 | kodu |
| 完全地 | bytgyl, bytgyldej | 喂 | yj, uj |

| 汉 Han | 图瓦 Tu | 汉 Han | 图瓦 Tu |
|---|---|---|---|
| 喂 | kaj-kuj | 无线电 | radyja |
| 温泉 | arʃaan | 无知的 | bilimsis |
| 瘟疫 | giʤik aarɣx | 蜈蚣 | xarakan- gurt |
| 文化 | sojul | 五 | beʃ |
| 文件 | xol biʤik kuʤat | 五十 | beʃen |
| 文明的 | mɛdenij | 五月 | beʃentʃi aj |
| 文书 | biʤetʤi | 武器 | boo ʤemsek |
| 文选 | yzyyr nom | 侮辱 | ʤala |
| 文学 | urunzokaal | 舞蹈 | bij |
| 文学的 | ɛdebiʃ | 舞台 | sakana talbuur |
| 文章 | makala | 雾 | tuman，bus |
| 文字 | biʤik | 西 | baruun |
| 蚊子 | ɣmraa | 西服 | kastom，ʃifu |
| 吻 | oxʃar- | 西瓜 | garbɥs，tarbɥs |
| 稳重的 | ornɣkdɣx salmakdɣx | 西红柿 | pɛmidur |
| 问 | sora- | 吸乳 | em- |
| 问候（动词） | mendi sora- | 吸吮 | sor- |
| 问题 | sorak | 希望（动词） | ymytten- |
| 莴苣 | kulun，guduruk | 希望（名词） | ymyt |
| 窝窝囊 | dokaʃ | 牺牲品 | kurban |
| 蜗牛 | ulɣx | 稀的 | suuk |
| 我 | men | 稀疏的 | sɣɣkdat，sɣɣkdadɣ- |
| 我们 | bis | 锡 | xalaj |
| 乌龟 | daʃ paxa | 锡伯族 | ʃiwɛ |
| 乌鸦 | xarkan | 膝 | disgek |
| 乌孜别克族 | øzbek | 习惯 | ɛdit |
| 污垢 | kir | 习惯，适应 | øøren- |
| 污蔑（名词） | ʤala | 习俗 | syzyk |
| 巫师 | baxʃɣ | 席子 | teresɣn |
| 无产者 | proletarjat | 媳妇 | kelin |
| 无轨电车 | tergen ʤok pojes | 洗 | ʤu- |
| 无花果 | ʤeʤekbes ʤemnix | 洗手壶 | kuwman |
| 无论多少 | ʤeʤe bolsada | 洗碗布 | saba ʤuur bøs |
| 无论哪个 | kajsɣ bolsada | 洗澡 | ʤu- |
| 无论什么 | ʤyy bolsada | 喜爱 | sonɣrxa- |
| 无论谁 | kɣm bolsa- da | 喜钱 | kɛereel |
| 无论怎样 | kandɣx bolsada | 喜庆 | doj |

| 汉 Han | 图瓦 Tu | 汉 Han | 图瓦 Tu |
|---|---|---|---|
| 喜庆 | køldyx doj | 现象 | gørymʤi, yzymʤi |
| 喜鹊 | saaskan | 现在 | amdy |
| 戏剧 | tijatyr | 线毯 | ɛdijel |
| 系统 | sala | 线条 | sijix |
| 细的 | ʤijiŋ | 线轴 | arba ogy |
| 细绳 | udasyn, ʤep, argamʤy | 馅 | koorma et |
| 细碎的 | undak, dalgan | 腺体 | bes |
| 细语声 | syvyr- syvyr | 乡村 | aal |
| 瞎子 | sogur | 相比 | salyʃdy- |
| 匣子 | ʤakʤa, kaarʃak | 相当的 | teʃtɛn |
| 峡谷 | ʤaryk | 相等 | diŋ |
| 狭窄的 | tor | 相反 | dedir |
| 霞 | daŋ gereli, ala køleŋgi | 相连的 | duduʃ |
| 下颌 | ʤaak | 相貌，脸色 | tyri |
| 下降 | gudula-, dyʤe- | 相似的 | diŋ |
| 下落，降落 | dyʃ-, dyʤe- | 相信 | sen- |
| 下面 | aldy | 相宜 | keliziir |
| 下面 | gudu | 香（线香） | ʤytdyx ʃaŋ |
| 夏 | ʤas | 香梨 | nɛʃput |
| 先进的 | ozat | 香水 | ɛtir suw |
| 先前 | baʃdaj, murun | 箱子 | xaartʃak |
| 先生 | baxʃy, myrza | 镶嵌 | ornat- |
| 纤维 | dalʃvk | 详细的 | nakdyly |
| 纤细的 | ʤipʤiŋky | 响亮的 | ɛɛtdɛx |
| 锹 | køøryk | 响起 | ʤaŋgyr- |
| 鲜明的 | ajgyn | 想念 | sakty- |
| 贤明的 | danyʃban | 向外面 | ʤaʃdyjykkɛ |
| 贤明的 | oralaŋ | 向阳的 | kynjik |
| 弦 | giriʃ, kyl | 项链 | ʤirbeʃ |
| 显脸（动物头上的白斑）galʤan | | 橡胶 | rezeŋke |
| 县 | awdan | 橡皮 | øʤyrgiʃ |
| 县 | awdan | 消沉的 | baraan |
| 县长 | ʃyjan ʤaŋ | 消化（名词） | siir |
| 现成的 | belen | 消极的 | passijip, ʤydek |
| 现成的 | mak, dajyn | 消融 | eri- |
| 现代的 | bo zaman-dangan | 消失 | ʤider |
| 现实的 | nak, ʃyn | 消失 | ʤit- |

| 汉 Han | 图瓦 Tu | 汉 Han | 图瓦 Tu |
|---|---|---|---|
| 消瘦 | arɣkda- | 鞋匠 | edikʃi |
| 消瘦的 | arɣk | 缰草 | gɣzɣl ot |
| 消息 | xabar | 写 | biʤi- |
| 小茶碗 | ʃaaʤaŋ | 心灵 | køøl, ʤyerk jirix |
| 小车 | kol tergen | 心意 | køøl, sagɣʃ |
| 小袋子 | ʤanʤɣk, kapʤɣk | 心愿 | gyzel, arman |
| 小刀 | biʃek | 心愿 | køøl, ʤyrek-degi køøl |
| 小的 | biʤii | 心脏 | ʤyryk |
| 小腹 | iʃ | 心子 | byldyrgɛ, zep |
| 小姑子，小姨子 | ʤygeer duŋma | 心子 | øzɛɛ |
| 小伙子 | ʤalɣ | 辛苦 | ʤapa |
| 小马驹 | kulun | 新的 | ʤaa |
| 小麦 | aktara | 新郎 | gydɛɛ |
| 小米，粟 | ʃarak, ʃak | 信 | biʤik |
| 小拇指 | ʃemeʃej | 信封 | biʤikxap, kɛnpart |
| 小渠 | ʤuwak | 信徒 | diŋgesenir |
| 小叔子，小舅子 | duŋma | 信心，信仰 | senim |
| 小说 | roman | 星 | odun |
| 小艇 | kajɣk | 星期（汉借） | ʃinʃi |
| 小腿 | ʤoda, sɣɣrkak | 星期六 | gerik aldɣ, ɛpdɛ aldɣ |
| 小腿（牛羊的） | sɣɣrgak | 星期三 | gerik yʃ, ɛpdɛ yʃ |
| 小圆馍 | togaʃ | 星期四 | gerik dørt, ɛpdɛ dørt |
| 小组 | kuruppa | 星期五 | gerik beʃ, ɛpdɛ beʃ |
| 笑（动词） | katkɣra- | 星期一 | gerik bir |
| 笑容，笑（名词） | katkɣk | 刑讯 | kɣjnaar |
| 楔子 | ʃaaʃgak | 形成 | kelbeerɣ- |
| 蝎虎 | kelesgɛ | 形式 | kep, yleger |
| 蝎子 | aktebɛ | 形势 | beɛdil, ʤagdaj |
| 协定 | bydym | 型 | tyry |
| 协商 | kelizi- | 行，可以 | bolur, boldu |
| 协商会议 | | 行李 | ʤyk |
| 斜 | gɣjsɣk, kɣjgaʃ | 行为 | kɣlɣɣ |
| 斜的 | eer | 行政的 | ɛkimtʃilik |
| 斜的 | xaʤɣɣ | 醒 | odu- |
| 斜眼，斜视者 | kɣlɣr | 兴趣 | duralɣx |
| 鞋 | ʃaakaj | 兴趣 | køødɣx |
| 鞋底 | ulduŋ | 杏干 | øryk |

| 汉 Han | 图瓦 Tu | 汉 Han | 图瓦 Tu |
|---|---|---|---|
| 杏子 | øryk | 悬挂 | ɑzɑ |
| 幸福 | ʤirgar | 旋，扭 | dolga- |
| 幸福 | bejin | 旋风 | kazʏrgʏ |
| 性格 | ʤɑŋʏ | 旋转 | desgini- |
| 性格 | mines | 漩涡 | eerim |
| 性质 | xɑrɑktir | 选举（动词） | sɑjlɑ- |
| 姓 | ɑdʏ | 选举（名词） | sɑjlɑm |
| 凶，不吉利 | kortdɑn | 癣 | dɑrʏʏlgɑ |
| 凶恶的 | ʤʏrtkʏʃ | 削尖 | bizɛ- |
| 凶恶的 | kaniʤer，ʤɑwʏz | 穴 | xos，yt，jiʤɛɛn |
| 凶猛的 | syrlyx，orɑɑtʏn | 学生 | okuwʃʏ |
| 凶手 | kannʏx xol | 学识 | bilim，erdem |
| 胸口 | tøøʃ | 学说 | erdem，tɛlim |
| 胸脯 | tøʃ | 学习（动词） | ørønʏ- |
| 雄的，男子 | er | 学习（名词） | yrʏn- |
| 熊 | ɑdʏx | 学校 | surkujlʏ |
| 修理（名词） | ramonʏt | 学业 | nom，erdem |
| 修饰 | keelɛ- | 学者 | kʏlʏm |
| 羞耻 | jijɑt | 雪 | xɑr |
| 羞愧 | jijɑt，ʏjɑt | 雪白的 | ɑppak |
| 朽的 | eerek | 雪鸡 | torlɑ |
| 锈 | dɑt | 血 | xɑn |
| 嗅，闻 | ʤʏt- | 熏 | syrlɛ-，ʏʃdɑ- |
| 虚假的 | megɛ | 熏的 | syrlɛ-，ʏʃdɑ |
| 需要 | kɑʤat，kerek | 寻找 | dilɛ- |
| 需要（名词） | kerek-，kereksil | 迅速 | ʃuluun |
| 许多 | gøbɛj | 压 | baza-，kʏs- |
| 许可 | ʃølɛɛ | 压迫 | dɑʤʏr- |
| 叙事诗 | tuuʤʏ | 压迫（名词） | dɑʤʏ |
| 叙述 | toolɑ- | 押送 | ajdɑ-，syrgʏn- |
| 宣传（动词） | ygytte | 鸦片 | xɑrɑ tamakʏ |
| 宣传（名词） | ygyt，tarkaal | 鸭子 | ødryk |
| 宣告 | ʤɑrjɑlɑ- | 牙齿 | diʃ |
| 宣礼员 | doj bɑʃdʏʏ | 牙儿（量词） | dilim |
| 喧闹声 | ux-ʃuu | 芽 | sojɑɑ |
| 喧嚷 | uu-ʃuu | 崖 | xɑjɑ |
| 玄孙 | sadʏ | 哑巴 | dʏlʤok |

续表

| 汉 Han | 图瓦 Tu | 汉 Han | 图瓦 Tu |
|---|---|---|---|
| 咽喉 | koduraʃ | 痒（胳肢窝） | gidʑik |
| 咽喉，喉咙 | boosta | 痒（痒的感觉） | gidʑiir |
| 胭脂 | tyr, buduk | 样品 | gørme zat |
| 烟，炊烟 | ɣʃ | 样式 | jaŋzɣ, tyry |
| 烟草 | tamɣkɣ | 样式 | yleger |
| 烟囱 | xool | 腰 | bel |
| 阉山羊 | zerkɛ | 邀请 | dʑala-, kɣjdi- |
| 腌 | duza- | 邀请（名词） | dʑalaar |
| 严寒 | ajas | 要求（名词） | gyzel, talap |
| 严厉的 | kadɣx, dɣŋsɣx | 要求（名词） | talap |
| 炎症 | balɣx | 谣言 | mege søs |
| 沿着，顺着 | eder- | 摇，甩 | dʑajga- |
| 研碎 | yyret- | 摇摆 | tendir gedep |
| 盐 | dus | 摇床 | gabaj |
| 盐碱 | sor | 徭役 | alban |
| 颜色 | øŋ | 咬 | ɣzɣ- |
| 颜色 | yŋ | 药 | em |
| 眼睛 | karak | 钥匙 | dølgyyr |
| 眼睛 | karak kørymdʑyk | 也许 | xerɣn |
| 眼泪 | karaktɣŋ dʑaʃɣ | 冶炼 | eriti- |
| 眼皮 | kabaa | 野的 | dʑerlik |
| 眼屎 | eriŋ | 野驴 | dʑerlik at |
| 演员 | ertis | 野兽 | mal, adɣɣsɣn |
| 厌烦 | zerik- | 野外 | dʑaʃdɣn |
| 谚语 | dɣbɣzɣk | 野外 | dʑaʃdɣn, een |
| 谚语 | løgyr | 野羊 | dʑuŋma |
| 燕麦 | sulu | 叶子 | galbɣ |
| 燕子 | xarlɣkaʃ | 页 | arɣn |
| 央求 | dʑalbar- | 夜 | dɣn |
| 扬 | kijskɣ- | 夜晚 | dɣn |
| 扬尘、尘土 | toosun | 腋 | kolduk |
| 羊叫 | mɛɛrɛ- | 一 | bir |
| 羊毛剪 | xɣrɣktɣk | 一点儿 | argadʑok |
| 阳光 | kyn dʑaje | 一定 | dʑaabɣ |
| 杨树 | terek | 一贯的 | yrgyldʑe |
| 洋葱 | sogana | 一闪一闪地 | gɣlaʃ-gɣlaʃ |
| 养育 | eldʑedir- | 一岁马驹 | dʑabaa |

续表

| 汉 Han | 图瓦 Tu | 汉 Han | 图瓦 Tu |
|---|---|---|---|
| 一岁绵羊羔 | xurakan | 意义 | udʒur |
| 一同 | kadɣ | 意愿 | dʒop |
| 一向 | burunnan | 溢出 | dadʒɣ- |
| 一昼夜 | kyn-dyn, søtge | 因此 | ɣndʒaŋ- gadʒdan |
| 伊斯兰 | islɛm | 因为 | ɣndʒaŋgaʃ, …udʒun |
| 衣袋 | gajda | 阴的 | byrgøk |
| 衣服 | meʃibet | 阴谋 | kastɣk |
| 衣襟 | edek | 阴谋 | xara sakdɣɣr gaz |
| 医师 | emdʒi | 阴谋诡计 | kux-zalɣm, kara sagɣʃ |
| 医务的 | em-dom, domnaar | 音乐 | køkdʒym |
| 依靠 | sølen- | 音调 | ɣɣt ajas |
| 依靠（动词） | oorgalan- | 银 | møŋgyn |
| 依靠着 | oorgalan-gan | 银行 | banky |
| 依麻木（宗教人士） | jimam | 银河 | xarkanoru deedis tiji |
| 依照 | aajɣnʃa | 银圆 | tiŋgen |
| 依照 | ……ntʃɛ…… | 引火柴 | damazgɣ |
| 移动 | ʃimdʒe- | 饮牲畜 | sugar- |
| 遗产 | dʒøørɛ | 印，章 | mør |
| 遗失 | dʒit- | 印泥 | taŋma yzy |
| 遗嘱 | gerɛsi | 印象 | dyrsyn |
| 疑惑 | gymɛn | 印章 | taŋma |
| 疑惑（名词） | karadap gymɛn | 应当的 | dʒøp, dʒøpduw |
| 已知的 | mɛlim | 应该 | kerek |
| 以后 | soŋkar, gedɛɛr | 婴儿哭声 | iŋɛ |
| 以及 | baza | 鹦鹉 | gorgɣldaj, lomak kuʃ |
| 以来 | beer | 鹰隼 | xartɣga |
| 以前，从前 | burun | 影片 | pilim |
| 以拃量 | garɣsda- | 影响（名词） | tɛsir |
| 椅子 | sandaj | 影子 | køleŋkɣ |
| 艺术 | kørkømøner | 影子，荫 | saja, køleŋkɣ |
| 异常的 | tʃixdɣx | 硬革 | køn |
| 译员 | aŋdar | 永恒 | mɛnkɣ |
| 译员 | aŋdar | 勇士、英雄 | baatɣr |
| 意见 | bodal | 勇士、英雄（蒙借） | bøøgɛ, baatɣr |
| 意识 | bodagɣ | 用棒打 | dokbakda- |
| 意图 | bodalga, maksat | 用具，器具 | et dʒøørɛ, sajman |
| 意义 | mɛne | 用品 | kerɛksilet |

| 汉 Han | 图瓦 Tu | 汉 Han | 图瓦 Tu |
|---|---|---|---|
| 用爪抓 | xoldan duda- | 愉快的 | øøriʃkʏ |
| 优越 | artʏk | 榆树 | xarajaʃ |
| 优越的 | ydʒyyr | 愚笨的，傻瓜、没脑子的 | akmak，meedʒok |
| 忧愁 | muŋgara | 宇宙 | oldʒalaŋ，gøkagar |
| 忧郁的 | muŋgara，muŋgaran-dʒʏx | 羽毛 | xuursun |
| 邮政 | poʃta | 雨 | dʒaaʃkʏn |
| 油，油脂 | ys | 玉米 | bormʏj |
| 油饼（祭祀用） | kaagan boorsak | 玉米馍 | boorsak |
| 油煎包子 | etdix kaarma | 玉石 | kaʃ-xaʃ |
| 油炸的 | ystʏx | 浴室 | mondʒa |
| 油炸馃子 | boorsak | 预定的 | zakaz |
| 油脂革 | bulgar | 预见 | baʃdaj，murunudur |
| 游行 | syr gør-，gyzyyr | 遇见 | udʒuraʃʏ- |
| 游览（名词） | serbʏŋ | 遇见 | xargʏʃ- |
| 游水 | eʃti- | 寓言 | yleger |
| 游玩（名词） | tamaʃa | 裕固族 | sarʏx ojgʏr |
| 游戏 | ojun | 元（货币单位） | dollar，tiŋge |
| 友谊 | dostʏk | 元素，要素 | element |
| 有 | bar | 芫荽，香菜 | dʒʏtdʏ sej |
| 有斑点的 | ʃʏbar | 园子 | bakʃa |
| 有耳皮帽 | dʏkdʏx børt | 原来的 | øtgendɛegi，burungʏ |
| 有关的 | kadʏsdʏx | 原来的 | tegindɛ |
| 有理的 | orukdʏx | 原谅（名词） | gedʒirim |
| 有耐心的 | dalaʃbajʏn | 原因 | udʒur |
| 有能力的 | medeldix | 原则 | pirensip |
| 有情义的 | abʏgaldʏx，kɛreltix | 圆的 | tøgørʏk |
| 有趣的 | kʏzʏkdʏx | 圆环 | deermek |
| 有趣味的 | kʏzʏkʏʏrlʏr | 圆满的 | dolʏk |
| 有缺口的 | sʏn，øŋ | 圆盘 | tabak，desge tabak |
| 有时 | dʒamdʏkda | 圆周 | tøgʏrʏk eeri |
| 有时 | dʒamdʏkta | 源泉 | xajnara |
| 有檐帽 | ʃepki，bʏrt | 远的 | ʏrak |
| 又，再 | baza | 远离 | ʏra- |
| 右 | oŋ，dʒyyn | 远离 | ʏrakda- |
| 幼畜，羔，驹 | tøl | 愿望 | gʏzøl |
| 鱼 | balʏk | 愿意 | xala- |
| 愉快的 | køøldʏx | 乐谱 | nota |

续表

| 汉 Han | 图瓦 Tu | 汉 Han | 图瓦 Tu |
|---|---|---|---|
| 乐器 | muzika | 早晨 | karadaŋ bilen |
| 乐曲，大曲 | darza | 早点 | daŋkɥ ʤem |
| 月光 | ajdɥŋ gerɛli | 枣红的 | dorɥx |
| 月亮，月份 | aj | 贼 | oor |
| 阅览室 | nomsaŋ, kitapxana | 怎样 | kandɥx |
| 越，迈 | kulaʃda- | 曾孙 | tarɛx |
| 云 | bulut | 增多 | gøbɛj- |
| 云雀 | kuʃkaʃ | 增长，越过 | aʃ-, aʤa- |
| 运河 | kanal | 扎，捆 | ora-, baxla- |
| 运气 | bak | 铡刀 | ʤadɥ |
| 运输 | daʤɥ- | 炸弹 | bombɥ |
| 运输（名词） | daʤɥmal, tɥranspot | 斋戒 | oraza |
| 熨斗 | dezmel | 斋月 | aas xooraj |
| 杂色的 | ala | 窄的 | tar |
| 杂碎 | ʤin gɥrɥn | 毡靴 | pɥjma |
| 杂志 | ʤornal | 毡子 | gidis |
| 砸 | bɥlʤɥ- | 拃 | garɥs |
| 灾难 | ajɥɥl | 展开，铺开 | ʤordu- |
| 灾难 | ʤut | 战，战斗 | sogus |
| 栽，种 | tarɥ- | 战斗（名词） | zoga, ʤaa |
| 宰杀 | soj- | 战利品 | olʤa |
| 崽 | enik | 战利品 | olʤa |
| 再见 | ekkedur | 战果（名词） | miril |
| 在哪儿 | kaja | 战乱 | zoguʃ daŋɥ |
| 攒昂，昂星 | ylger | 战争 | ʤaa |
| 暂时 | dap deere | 站 | zɛn, bonkijt |
| 暂时 | kermeʤin | 蘸 | ʤaa- |
| 赞成，支持 | xolda- ʤøpgø | 蘸 | bɥlga- |
| 赞同 | goʃda- kolda- | 张（量词） | tabak |
| 赞同 | kozul-, kozlu- | 长者 | kɥrkan |
| 赃物 | bɥʤar et | 涨价 | ørtdekdeni- |
| 脏的 | buʃar | 丈（量词） | sarʤan |
| 藏红花 | tøbøt kɥzɥl ʤeʃ | 丈夫 | er |
| 遭遇（名词） | duʃ, ges | 帐篷 | majgan |
| 糟蹋（名词） | basdɥ | 账，账目 | ezep |
| 凿子 | jija deʃgiʃ, kaʃaw | 障碍 | dozalgɥ |
| 早 | erdɛ | 障碍，干扰 | kedergi |

| 汉 Han | 图瓦 Tu | 汉 Han | 图瓦 Tu |
|---|---|---|---|
| 障碍物 | dozalgɤ，kedergi | 拯救（名词） | gutgar |
| 招牌 | marka，at | 正常的 | xalɤpdɤx |
| 沼泽 | sas | 正当的 | nak，tuŋ，jozɤlɤx |
| 召集 | gɤlaŋna- | 正方 | dølbøldʒin |
| 照片 | dʒuruk | 正确的 | dʒigɛ |
| 照原样地 | bodundaj | 正式的 | resmi |
| 折叠 | dɤr | 正文 | udulbaa |
| 折磨 | dʒaŋbɤlaŋ | 正义 | dekʃi dʒaagaj |
| 折磨 | kɤjna- | 证明 | geretʃi |
| 折弯 | kabɤlanɤ- | 证明 | kuwa，anɤkdama |
| 哲学 | pilosopija | 证人 | geretdʒi |
| 这 | bo | 政策（哈借） | sajasat |
| 这样的 | mɤndɤx | 政府 | zasik |
| 针 | jinɛ | 政权 | akɤwal |
| 针对 | dɛldej | 政治（哈借） | sajasɤ |
| 珍宝 | erdeni | 支持 | xolda- |
| 珍贵 | ɤnelix | 支付 | tølɛ- |
| 珍贵的 | ørtextɤx | 支起 | tik-，durgɤs- |
| 珍视 | aja- | 支柱 | dʒagɤ，dʒøleniir |
| 珍珠 | ʃindʒi | 只有 | tek，…ŋla |
| 真诚的 | akkøøl | 枝 | buduk |
| 真理 | dʒøp dʒozɤn | 知道 | bil- |
| 真实的 | ʃɤn | 知觉 | sezilge，sezek，ugaan |
| 真实的 | ʃɤnɤnda | 知识 | bilim |
| 真主 | burgan | 知识分子 | bilimnix giʃi，zɤjalɤ |
| 枕头 | sɤstɤk | 蜘蛛 | erbentʃik |
| 阵痛 | dolgak | 执行 | atgar |
| 阵线 | lagɤr | 执行 | atgar |
| 阵营 | lakɤr | 直的 | xadɤr |
| 振作 | gɤdʒɤrkɛ- | 直的，直 | goo |
| 震动 | ʃimdʒe- | 直接地 | dødø |
| 争端，争吵（名词） | ʃoʃ-belaaʃ | 直率地 | dʒigesinen |
| 争论 | aaʃ bɤlaaʃɤ- | 值得的 | taarɛɛ |
| 争论，争执（动词） | belaadʒɤ- | 职业 | idʒi |
| 争论，争执（名词） | belaaʃ | 植物 | urgumul，øsimdik |
| 蒸笼 | gasgan | 植物油 | gøk ɤzɤ |
| 蒸汽 | bus | 纸 | saasɤn |

续表

| 汉 Han | 图瓦 Tu | 汉 Han | 图瓦 Tu |
|---|---|---|---|
| 指挥员 | kamandir, ʃerix baʃdɯx | 周围 | ʤyk-ʤøk |
| 指甲 | dɯrkak | 周围 | tøørɛ |
| 指示（名词） | emir | 轴 | ok, ogɣ |
| 指责 | karala- | 肘 | ʃenik |
| 至，到 | ...nen...ga | 咒骂 | garga- |
| 制度 | dyrym | 皱纹 | aʤɯm |
| 质量 | ʃɯnar ʃɣdm, zapa | 珠子 | montʃak |
| 治疗 | emne- | 猪 | kakaj |
| 治疗，疗法 | em, dom | 猪 | toona |
| 秩序，顺序 | dertip | 逐渐 | birbirlep |
| 窒息 | tɯn mun-, gaʃdanɯ- | 主干，杆 | zɣp |
| 智慧 | ugaan | 主人 | eezi |
| 智力的 | ugaanɣx | 主人 | er |
| 智谋 | dɯbɯzɯk, ajla | 主任 | baʃdɯk |
| 智谋 | ugaan sagɣʃ | 主席（汉借） | ʤuʃi |
| 痣 | søøl | 主意 | bodal |
| 雉，野鸡 | ʤerlik daka | 助手 | bolʃuur giʃi |
| 中间 | ortdɣ | 住宿 | xon- |
| 中间 | ortuzɣ | 贮备 | ʃɣxʃa, zapas |
| 中午 | dyʃ | 注意 | køølka- |
| 中央 | ortalɯk | 柱子 | ʤaɣɣ |
| 中意 | taarɯ- | 著名的 | attɣx |
| 中用的 | kerektix | 著作 | tom |
| 忠诚 | adal | 筑巢 | ujala- |
| 忠诚 | adal | 抓，握 | dut-, kɣza- |
| 忠实的 | adaldɯk | 抓饭 | balaw |
| 钟表，小时 | sagat | 专区 | ajmak |
| 肿 | jiʤar-, ɣʤa- | 专有的 | delbodonuŋ |
| 种类 | tyr | 专员 | beesi, walij |
| 种子 | yrøsin | 砖 | gerbiʃ |
| 重大的 | ulux | 砖石 | almas |
| 重的 | aar | 转让 | ber- |
| 重量 | aarlɣ | 转移，迁移 | gøʃ- |
| 重视 | køøl gaar | 庄稼 | taraa |
| 重要的 | bastɣ | 桩子，橛子 | ørgøn |
| 州 | obulɣs, ʤuu | 装订 | kada-, dypde- |

| 汉 Han | 图瓦 Tu | 汉 Han | 图瓦 Tu |
|---|---|---|---|
| 装入 | gut-, kapda- | 总结（名词） | dyŋ |
| 装饰 | keelɛ- | 总结（名词） | kortyndy, ʤyyʃdyr |
| 装载，放入 | doldur baza- | 总是，经常 | ørgylʤe |
| 状子 | aryz | 走 | ʤor- |
| 追 | ojlat- | 走廊 | zal |
| 锥子 | burko | 租 | køløsø |
| 准备 | beletgel- | 阻碍 | tos- |
| 准备好（名词） | beletdɛ | 组织（动词） | yjymdaʃ- dyrɛ- |
| 捉 | dut- | 组织（名词） | yjym |
| 桌子（蒙借） | ʃirɛ | 祖父，爷爷 | eʤej |
| 卓越的 | gørymʤilix | 祖国 | ulus |
| 啄 | ʃokta- | 祖母，奶奶 | enej |
| 啄木鸟 | torga | 祖母，奶奶，姥姥 | eni |
| 资本 | kor, gok | 钻子 | ørym, burko zuanzi |
| 资本主义 | kapitalizym | 嘴，喙（鸟兽的） | kaaj |
| 资格 | dolym | 嘴唇 | erin |
| 资金 | gazyna, kor | 最 | eŋ |
| 资金 | tiŋgɛ | 最初的 | boʃdajgy |
| 髭 | sal | 最高的 | eŋøry |
| 子弹 | ok | 最近的 | ʤookdaagy |
| 子女 | urux taryx | 最小的 | kenʤe |
| 自豪 | makdan- | 罪行 | kylys |
| 自己 | bot | 罪孽 | bagaj ʤala |
| 自然的 | tabijgat, bɛgaal | 醉的 | jezirik |
| 自由 | erge, erkin | 尊敬 | kyndy, kyndiler |
| 自由 | ergindik | 遵守 | bojsun |
| 字母 | yzyk | 昨天 | dyyn |
| 字母表 | jekʃikyzyk | 左 | ʤyyn |
| 宗教 | din | 左 | baryn |
| 宗教的 | ʃaʤyn | 左撇子 | solagaj |
| 棕黄 | ʃapdar | 作业 | dapsyrma |
| 棕色 | xara doryx | 作用 | kerɛɛ |
| 踪迹 | is | 作总结 | kortyndy-, la-ʤyyʃ- dyry- |
| 鬃毛 | kyl | 坐 | olyr- |
| 总会，终归 | dybyndɛ, tegindɛ | 做 | iʃtɛ-, ʤaza- |
| 总计 | ʤalbysan, ʤyynda | 做 | kyl-, iste- |

# 后 记

2009 年，经中国社会科学院民族研究所的吴安其研究员、亚森·吾守尔研究员的引荐，我结识了中央民族大学维吾尔语言文学系主任，艾尔肯·阿热孜教授和土耳其安卡拉大学的 Olmez Mehmet 教授，他们二位对我的硕博论文非常感兴趣，认为应该出版，以飨学界同仁。2010 年艾尔肯·阿热孜教授和 Olmez Mehmet 教授，还共同出资赞助我去新疆阿拉泰图瓦人居住的地区进行再调查，后几经波折，书稿未能付梓。去年（2014 年）艾尔肯·阿热孜教授和 Olmez Mehmet 教授又再次提出出版的建议，经吴安其研究员、艾尔肯·阿热孜教授的极力襄助，争取到了中央民族大学戴庆厦教授的鼎力支持，将本书纳入了中央民族大学"985 工程"中国少数民族语言文化教育与边疆史地研究创新基地文库《跨境语言研究系列丛书》，这本硕博论文的结集终于出版。在此谨向中央民族大学戴庆厦教授、艾尔肯·阿热孜教授、中国社会科学院民族研究所吴安其研究员、土耳其安卡拉大学 Olmez Mehmet 教授致以深深的感谢。

本书责任编辑，中国社会科学出版社编审任明先生在本书的编辑工作中付出了大量的心血，在此谨致谢意。

在书稿的录入过程中，得到了中央民族大学少数民族语言系博士研究生侬长生同学和买里耶姆同学的大力协助，在此一并感谢。

2015 年 10 月

作 者